सकारात्मक सोच की शक्ति

सकारात्मक सोच की शक्ति

नॉर्मन विन्सेंट पील

अनुवाद : डॉ. सुधीर दीक्षित

MANJUL

मंजुल पब्लिशिंग हाउस

मानवता के प्रभावशाली सहायक मेरे भ्राता रॉबर्ट क्लिफ़र्ड पील, एम डी एवं आदरणीय लियनर्ड डिलेनी पील को समर्पित।

MANJUL

मंजुल पब्लिशिंग हाउस

कॉरपोरेट एवं संपादकीय कार्यालय

• द्वितीय तल, उषा प्रीत कॉम्प्लेक्स, 42 मालवीय नगर, भोपाल-462003

विक्रय एवं विपणन कार्यालय

•7/32, अंसारी रोड, दरियागंज, नई दिल्ली-110002

वेबसाइट : www.manjulindia.com

वितरण केन्द्र

अहमदाबाद, बेंगलुरू, भोपाल, कोलकाता, चेन्नई,
हैदराबाद, मुम्बई, नई दिल्ली, पुणे

नॉर्मन विन्सेन्ट पील द्वारा लिखित मूल अंग्रेजी पुस्तक
द *पॉवर ऑफ़ पॉजिटिव थिंकिंग* का हिन्दी अनुवाद

The Power of Positive Thinking by *Norman Vincent Peale* - Hindi Edition

मूल प्रकाशक साइमन ऐंड शुस्टर,
इनकॉर्पोरेटिड के सहयोग से प्रकाशित

यह हिन्दी संस्करण 2003 में पहली बार प्रकाशित
23वीं आवृत्ति 2021

ISBN 978-81-86775-58-5

हिन्दी अनुवाद : डॉ. सुधीर दीक्षित

मुद्रण व जिल्दसाज़ी : थॉमसन प्रेस (इंडिया) लिमिटेड

भूमिका

इस पुस्तक की बीस लाखवीं प्रति बिकने पर

यह पुस्तक लिखते समय मैंने सोचा भी नहीं था कि इसकी बीस लाख प्रतियों के बिकने का समारोह आयोजित किया जायेगा। सच कहूँ तो मैं इस बात के लिये कृतज्ञ नहीं हूँ कि यह पुस्तक इतनी ज़्यादा बिकी, बल्कि इस बात के लिये कृतज्ञ हूँ कि इतने सारे लोगों ने मेरी इस पुस्तक की आसान और ज़िंदगी में काम आने वाली फ़िलॉसफ़ी से लाभ उठाया है।

इस पुस्तक में जो जादुई सिद्धांत दिये गये हैं, उन्हें मैंने बहुत कष्ट उठाकर सीखा है। ज़िंदगी की राह की अपनी व्यक्तिगत खोज में मैंने कोशिश कर-करके और ग़लती कर-करके इन्हें सीखा है। परंतु मुझे इनमें अपनी समस्याओं का जवाब मिल गया और यक़ीन मानिये मैं वह सबसे मुश्किल व्यक्ति हूँ जिसके साथ मैंने काम किया है। इस पुस्तक में मेरी यही कोशिश रही है कि मैं अपने आध्यात्मिक अनुभव को सबके साथ बाँटूँ, क्योंकि अगर यह मेरी मदद कर सकता है, तो मुझे लगता है यह दूसरों की भी मदद कर सकता है।

जीवन की आसान फ़िलॉसफ़ी बनाते समय मुझे अपनी सारी समस्याओं के जवाब ईसा मसीह के उपदेशों में मिले। मैंने केवल उन्हीं सच्चाइयों का वर्णन ऐसी भाषा और विचारों के रूप में करने की कोशिश की है जो वर्तमान युग में लोगों को समझ में आ जाये। यह पुस्तक जीवन की जिस राह को बताती है वह बेहद अद्भुत है। यह आसान नहीं है। दरअसल, यह अक्सर कठिन है, परंतु यह खुशी, आशा और विजय से भरी हुई है।

मुझे वह दिन याद है जब मैंने यह किताब लिखना शुरू की। मैं जानता था कि सर्वश्रेष्ठ काम के लिये जितनी योग्यता चाहिये थी वह मुझमें नहीं थी और इसलिये मुझे मदद की ज़रूरत थी जो केवल ईश्वर ही कर सकता था। मैं और मेरी पत्नी दोनों की आदत है कि हम अपनी सारी समस्याओं और गतिविधियों में ईश्वर को पार्टनर बना लेते हैं। इसलिये हमने बहुत गंभीरता से प्रार्थना की, ईश्वर से मार्गदर्शन माँगा और इस पूरे काम को ईश्वर के हाथों में सौंप दिया। जब पुस्तक प्रकाशक के पास जाने के लिये तैयार हो गयी

तब भी मैंने और मेरी पत्नी ने एक बार फिर प्रार्थना की और इसे प्रभु के चरणों में समर्पित किया। हमने केवल यही माँगा कि यह लोगों की ज़िंदगी को अधिक प्रभावी और बेहतर बनाने में मदद करे। जब इन बीस लाख प्रतियों में से पहली पुस्तक छपकर हमारे पास आयी तो हमारे लिये वह एक बार फिर एक आध्यात्मिक क्षण था। हमने ईश्वर को उनकी मदद के लिये धन्यवाद दिया और एक बार फिर इस पुस्तक को उनके चरणों में समर्पित कर दिया।

यह पुस्तक इस दुनिया के आम लोगों के लिये लिखी गयी है, जिनमें से मैं भी एक हूँ। मैं मध्य-पश्चिमी प्रांत में एक समर्पित ग़रीब ईसाई घर में जन्मा और बड़ा हुआ। इस देश के आम लोग मेरी ही तरह के लोग हैं जिन्हें मैं जानता हूँ, जिनसे मैं प्रेम करता हूँ और बहुत आस्था से जिनमें विश्वास करता हूँ। जब उनमें से कोई ईश्वर को अपने जीवन का मार्गदर्शक बनने देता है तो उसकी शक्ति और सामर्थ्य का अद्भुत प्रमाण मिल जाता है।

यह पुस्तक इन्सान के जीवन के दर्द, मुश्किलों और संघर्ष के प्रति गहरी चिंता से लिखी गयी है। यह सिखाती है कि मन की शांति कैसे हासिल करें, जीवन से पलायन करके किसी सुरक्षित स्थान में जाने के बजाय ऊर्जा के केन्द्र तक कैसे जायें जिससे रचनात्मक, व्यक्तिगत और सामाजिक जीवन के लिये प्रेरक ऊर्जा मिलती है। यह पुस्तक सकारात्मक चिंतन सिखाती है, इसलिये नहीं कि हमें ज़्यादा दौलत या शोहरत या शक्ति मिले, बल्कि इसलिये कि हम आस्था का व्यावहारिक प्रयोग करके ज़िंदगी में असफलता के पार जा सकें और जीवन में सराहनीय रचनात्मक मूल्यों को हासिल कर सकें। यह जीवन की एक कठिन, अनुशासनात्मक राह सिखाती है, परंतु इस राह में उस व्यक्ति को बहुत सुख मिलता है जो खुद को और दुनिया की कठिन परिस्थितियों को जीत लेता है।

कई लोगों ने मुझे लिखा है कि इस पुस्तक में दी गयी आध्यात्मिक तकनीकों के प्रयोग से उन्हें सुखद कामयाबी मिली। उन लोगों के लिये और उनके लिये भी जो भविष्य में ऐसा अनुभव करेंगे, मैं यही कहूँगा कि मैं कितना खुश हूँ कि चमत्कारी आध्यात्मिक फ़ॉर्मूलों की वजह से उन्हें सुख प्राप्त हो रहा है।

अंत में मैं अपने प्रकाशक के प्रति गहरा आभार व्यक्त करना चाहता हूँ जिन्होंने मुझे पूर्ण सहयोग दिया और साथ में अपनी मित्रता भी। मैं ईश्वर से यही प्रार्थना करता हूँ कि यह पुस्तक इन्सानों की मदद करती रहे।

- नॉर्मन विन्सेन्ट पील

विषय-वस्तु

प्रस्तावना

यह पुस्तक आपके कितने काम आ सकती है

इस पुस्तक में आपको कुछ तकनीकें और उदाहरण मिलेंगे ताकि आप यह जान लें कि आपको किसी भी चीज़ से हारने की ज़रूरत नहीं है। ताकि आप मन की शांति, बेहतर सेहत और कभी न ख़त्म होने वाली ऊर्जा हासिल कर सकें। संक्षेप में, ताकि आपका जीवन खुशी और संतोष से भर जाये। इस बारे में मुझे ज़रा भी संदेह नहीं है, क्योंकि मैंने आसान तकनीकों के सिस्टम को सीखकर और अपनाकर अनगिनत लोगों का जीवन बदलते देखा है, जिन्हें इसके बहुत से लाभ हुये हैं। यह सिद्धांत अतिशयोक्तिपूर्ण लग सकते हैं, परंतु दरअसल यह सच्चे मानवीय अनुभवों पर आधारित हैं।

बहुत सारे लोग रोज़मर्रा के जीवन की समस्याओं के सामने हार मान लेते हैं। वे संघर्ष करते हैं, मुँह बनाकर शिकायत करते हैं और यह मान लेते हैं कि ज़िंदगी में उनकी क़िस्मत ख़राब है। हो सकता है कि कई लोगों की क़िस्मत ख़राब होती हो, परंतु एक ऐसा तरीक़ा, एक ऐसा भाव भी है जिसके सहारे हम अपनी बदक़िस्मती को क़ाबू में रख सकते हैं और यहाँ तक कि उसे हटा भी सकते हैं। यह दुखद है कि लोग समस्याओं, चिंताओं और मुश्किलों के सामने हार मान लेते हैं परंतु ऐसा नहीं होना चाहिये।

ऐसा कहते समय मैं निश्चित रूप से दुनिया की कठिनाइयों और त्रासदियों को न तो नज़रअंदाज़ कर रहा हूँ, न ही उन्हें कम करके आँक रहा हूँ। परंतु मैं उन्हें खुद पर हावी होने की अनुमति भी नहीं देता। आप बाधाओं को अनुमति दे सकते हैं कि वे आपके दिलोदिमाग़ पर उस सीमा तक नियंत्रण करें जहाँ वे सबसे प्रबल शक्ति बन जायें और इस तरह वे आपके विचारों के सबसे प्रबल तत्व बन जायें। अगर आप सीख लें कि किस तरह उन्हें मस्तिष्क से बाहर निकाला जाये, किस तरह मानसिक रूप से उनका गुलाम बनने से इन्कार किया जाये और किस तरह अपने विचारों के माध्यम

से आध्यात्मिक शक्ति को विकसित किया जाये तो आप उन तमाम बाधाओं के ऊपर उठ सकते हैं जो आपको सामान्य रूप से हरा देतीं। मैं जो तरीक़ा बता रहा हूँ उसमें बाधाओं को आपके सुख और आपकी सफलता को नष्ट करने की अनुमति ही नहीं दी जाती। आपको तब तक हारने की ज़रूरत ही नहीं है जब तक कि आप खुद ही न हारना चाहें। यह पुस्तक सिखाती है कि न हारने की इच्छा किस तरह विकसित की जाये।

इस पुस्तक का लक्ष्य सीधा-सा है और आसान है। मैं इसकी साहित्यिक गुणवत्ता का दावा नहीं करता। न ही मैं इसमें अपनी असाधारण बुद्धिमत्ता दर्शाना चाहता हूँ। यह पुस्तक तो सिर्फ़ एक प्रैक्टिकल, काम में आने वाला, आत्म-सुधार का मैन्युअल है। इस पुस्तक को इस लक्ष्य से लिखा गया ताकि पढ़ने वाले का जीवन ज़्यादा सुखी, संतुष्ट और अर्थपूर्ण बन जाये। मैं पूरी तरह और पूरे उत्साह से उन प्रभावी सिद्धांतों में विश्वास करता हूँ जिन पर अमल करके जीवन में जीता जा सकता है। मेरा लक्ष्य है इस पुस्तक में एक तार्किक, आसान और समझने वाली शैली में इन्हीं सिद्धांतों को बताना। ताकि पाठक को इन सिद्धांतों की ज़रूरत महसूस हो और वह एक ऐसा प्रैक्टिकल तरीक़ा सीख सके जिसके द्वारा वह ईश्वर की मदद से खुद के लिये उस तरह का जीवन बना सके जैसा वह प्रबलता से चाहता है।

अगर आप इस पुस्तक को ध्यान से पढ़ेंगे, इसकी शिक्षा को सावधानी से आत्मसात करेंगे और अगर आप इसमें दिये सिद्धांतों और फ़ॉर्मूलों को गंभीरता और लगन से अपने जीवन में उतारेंगे, तो आपको अपने आप में आश्चर्यजनक सुधार नज़र आयेगा। यहाँ दी गयी तकनीकों का प्रयोग करके आप अपनी ज़िंदगी के हालात बदल सकते हैं या सुधार सकते हैं और परिस्थितियों के हिसाब से चलने के बजाय उन्हें अपने हिसाब से बना सकते हैं। दूसरे लोगों के साथ आपके संबंधों में भी सुधार होगा। आप ज़्यादा लोकप्रिय और प्रतिष्ठित बन पायेंगे और लोग आपको ज़्यादा पसंद करने लगेंगे। इन सिद्धांतों में निपुण हो जाने पर आप बेहतर जीनव का आनंद ले पायेंगे। आपकी सेहत भी इतनी बेहतर हो जायेगी जैसी कि अब तक कभी नहीं रही होगी। आपको जीवन में एक नये और तीक्ष्ण सुख का अनुभव होगा। आप अधिक उपयोगी व्यक्ति बन जायेंगे और आपका प्रभावक्षेत्र अधिक व्यापक हो जायेगा।

मैं यह बात इतने विश्वास से कैसे कह सकता हूँ कि इन सिद्धांतों के प्रयोग से आपको यही परिणाम मिलेंगे? इसका कारण सीधा सा है –

क्योंकि हमने कई साल तक न्यूयॉर्क के मार्बल कॉलेजियेट चर्च में आध्यात्मिक तकनीकों पर आधारित रचनात्मक जीवनशैली का सिस्टम सिखाया है और सैकड़ों लोगों के जीवन में इसके परिणामों को सावधानी से देखा और दर्ज़ किया है। यह मेरा अनुमान नहीं है, यह मेरा अतिशयोक्तिपूर्ण दावा नहीं है, क्योंकि इन सिद्धांतों ने इतने लंबे समय तक इतने प्रभावी ढंग से कार्य किया है कि अब वे सत्य के रूप में दृढ़ता से स्थापित हो चुके हैं। यहाँ पर दिया जा रहा सिस्टम सफल जीवनशैली का एक परिपूर्ण और अद्भुत तरीक़ा है।

अपने लेखन में, जिनमें कई पुस्तकें शामिल हैं, लगभग सौ दैनिक समाचार पत्रों में मेरे नियमित साप्ताहिक कॉलम शामिल हैं, सत्रह साल तक दिये गये मेरे राष्ट्रीय रेडियो प्रोग्राम शामिल हैं, हमारी पत्रिका **गाइडपोस्ट्स** के लेख शामिल हैं और शहरों में दिये गये सैकड़ों भाषण भी शामिल हैं, मैंने उपलब्धि, स्वास्थ्य और सुख के इन्हीं वैज्ञानिक परंतु आसान सिद्धांतों को सिखाया है। सैकड़ों लोगों ने इन्हें पढ़ा, सुना और अपनाया है और सभी को इसके एक से परिणाम मिले हैं : नया जीवन, नयी शक्ति, बेहतर कार्यकुशलता और ज़्यादा सुख।

बहुत से लोगों ने मुझसे यह आग्रह किया कि मैं इन सिद्धांतों को पुस्तक के रूप में छपवाऊँ ताकि उन्हें ज़्यादा अच्छे तरीक़े से पढ़ा और अपनाया जा सके। इसलिये मैं **द पॉवर ऑफ़ पॉज़िटिव थिंकिंग** शीर्षक से यह पुस्तक छपवा रहा हूँ। मुझे यह बताने की ज़रूरत नहीं है कि यहाँ दिये गये सशक्त सिद्धांत मेरी खोज नहीं हैं, बल्कि उस महानतम शिक्षक की शिक्षाओं पर आधारित हैं जो कल भी थे और आज भी जीवित हैं और आगे भी रहेंगे। एप्लाइड क्रिश्चियेनिटी के विचार पर आधारित यह पुस्तक सिखाती है कि धर्म को जीवन में कैसे उतारा जाये, जो सफल जीवन जीने का एक आसान परंतु वैज्ञानिक और कारगर तरीक़ा है।

– नॉर्मन विन्सेन्ट पील

1

अपने आप में विश्वास रखें

अपने आप में विश्वास रखें! अपनी योग्यताओं में विश्वास रखें! विनम्र परंतु पर्याप्त आत्मविश्वास कि बिना आप सफल या सुखी नहीं हो सकते। जबकि प्रबल आत्मविश्वास के सहारे आप सफल हो सकते हैं। इन्फ़ीरियॉरिटी कॉम्प्लेक्स या हीन भावना आपकी आशाओं की प्राप्ति की राह में बहुत बड़ी बाधा है। आत्मविश्वास इस बाधा को हटा देता है। आत्मविश्वास आपको आपकी मंज़िल तक पहुँचा देता है और आपको सफलता व उपलब्धियाँ हासिल होती हैं। यह मानसिक रवैया इतना महत्त्वपूर्ण है कि यह पुस्तक आपको सबसे पहले तो यही सिखाना चाहेगी कि आप अपने आप में विश्वास रखें और अपनी आंतरिक शक्तियों को मुक्त करें।

यह देखना दुखद है कि इतने सारे लोग उस बीमारी से पीड़ित हैं और उसके शिकार हैं जिसका नाम इन्फ़ीरियॉरिटी कॉम्प्लेक्स या हीन भावना है। परंतु आपको इतना दुख उठाने की ज़रूरत नहीं है। अगर उचित क़दम उठाये जायें, तो आप इस समस्या को हल कर सकते हैं। आप अपने आप में रचनात्मक आस्था जगा सकते हैं - ऐसी आस्था जो तर्कसंगत है।

एक बार मैं शहर के ऑडिटोरियम में बिज़नेसमैनों की सभा में भाषण दे रहा था। मैं मंच पर लोगों से मिल रहा था तभी एक व्यक्ति मेरे पास आया और उसने बहुत भावुक स्वर में पूछा, “क्या मैं आपसे एक विषय पर बात कर सकता हूँ जो मेरे लिये अत्यंत महत्त्वपूर्ण है?”

मैंने उससे कहा कि वह इंतज़ार करे और बाक़ी लोगों के चले जाने पर मिले। फिर हम मंच के पीछे की तरफ़ जाकर बैठ गये।

उसने कहा, “मैं इस शहर में अपने जीवन की सबसे महत्त्वपूर्ण बिज़नेस डील के लिये आया हूँ। अगर मैं सफल हो गया तो मेरी क़िस्मत

चमक जायेगी। परंतु अगर मैं असफल हो गया तो मैं हमेशा के लिये बर्बाद हो जाऊँगा।"

मैंने उसे सुझाव दिया कि वह थोड़ा रिलैक्स हो जाये, क्योंकि ज़िंदगी में कोई भी बात इतनी पक्की नहीं होती। अगर वह सफल होता है तो अच्छी बात है। परंतु अगर वह सफल नहीं होता है, तो चिंता की क्या बात है, कल और मौक़े भी तो आयेंगे।

उसने निराश स्वर में कहा, "मुझे अपने आप पर बिलकुल भी भरोसा नहीं है। मुझमें क़तई आत्मविश्वास नहीं है। मुझे लगता है कि मैं कभी सफल नहीं हो पाऊँगा। मैं बहुत निराश और दुखी हूँ। मुझे लगता है कि मैं कभी सफल नहीं हो पाऊँगा। मैं बहुत निराश और दुखी हूँ। सच कहूँ, तो मेरी ज़िंदगी का जहाज़ लगभग डूब चुका है। मैं अब चालीस साल का हो चुका हूँ। ऐसा क्यों है कि मैं ज़िंदगी भर हीन भावना, आत्मविश्वास की कमी और खुद पर शंका के कारण परेशान रहा हूँ। आज मैंने आपका भाषण सुना जिसमें आपने सकारात्मक चिंतन की शक्ति के बारे बात की, मैं आपसे यह पूछना चाहता हूँ कि मैं अपने आप में किस तरह आस्था रख सकता हूँ, अपना आत्मविश्वास किस तरह बढ़ा सकता हूँ?"

"इसके लिये दो क़दम उठाये जा सकते हैं," मैंने जवाब दिया। "सबसे पहले तो यह जानना महत्त्वपूर्ण है कि आपमें शक्तिहीनता की भावनायें क्यों और कहाँ से आ रही हैं। इसमें विश्लेषण की ज़रूरत है और इसलिये इसमें समय लगेगा। हमें अपने भावनात्मक रोगों के प्रति भी वही नज़रिया रखना चाहिये जो डॉक्टर शारीरिक रोगों के प्रति रखता है। परंतु यह काम तत्काल नहीं किया जा सकता, कम से कम आज की रात हमारी छोटी सी मुलाक़ात में तो बिलकुल नहीं किया जा सकता, और स्थायी समाधान खोजने के लिये उपचार की आवश्यकता होगी। परन्तु इस तात्कालिक समस्या से निबटने के लिये मैं आपको एक फ़ॉर्मूला ज़रूर दे सकता हूँ। मैं दावे से कह सकता हूँ कि अगर आप इसका प्रयोग करेंगे, तो यह आपके बहुत काम आयेगा।

"मैं आपको कुछ शब्द लिखकर दूँगा। जब आप रात को सड़क पर जायें, तो उन शब्दों को दोहराते हुये जायें। रात को बिस्तर पर जाने के बाद भी आप उन्हें कई बार दोहरायें। जब आप कल सुबह सोकर उठें, तो भी बिस्तर से उठने के पहले तीन बार दोहरा लें। पक्के विश्वास और सच्ची आस्था के नज़रिये के साथ ऐसा करें और आपको इस समस्या से निबटने

के लिये पर्याप्त शक्ति और योग्यता अपने आप मिल जायेगी। बाद में, अगर आप चाहें तो हम आपकी मूलभूत समस्या का विस्तृत विश्लेषण कर सकते हैं, परंतु उस विश्लेषण का परिणाम जो भी हो, जो फ़ॉर्मूला मैं आपको अभी देने जा रहा हूँ वह आपके अंतिम उपचार में बहुत महत्त्वपूर्ण भूमिका निभायेगा।"

नीचे वह सूत्र दिया गया है जो मैंने उसे दिया - "मैं ईसा मसीह की मदद से सारे काम कर सकता हूँ, क्योंकि वही मुझे शक्ति देते हैं।" (फिलिप्पियन्स 4:13)

वह इन शब्दों से परिचित नहीं था, इसलिये मैंने उन्हें एक कार्ड पर लिख दिया और उससे वहीं पर तीन बार ज़ोर से पढ़वाया।

"अब जाओ और इस नुस्ख़े का पालन करो। मुझे विश्वास है कि सब कुछ ठीक हो जायेगा।"

वह उठा और एक पल के लिये चुपचाप खड़ा रहा। फिर उसने काफ़ी भावुक अंदाज़ में कहा : "ठीक है, डॉक्टर, ठीक है।"

मैंने उसे अपने कंधे सीधे करते और रात के अँधेरे में बाहर जाते हुये देखा। वह दुखी लग रहा था, परंतु जिस तरह से वह चल रहा था उससे मुझे यह एहसास हुआ कि आस्था (faith) उसके मस्तिष्क में अपना काम शुरू कर चुकी है।

बाद में उसने बताया कि इस छोटे से फ़ॉर्मूले ने सचमुच जादू कर दिया था। उसने यह भी कहा, "विश्वास ही नहीं होता कि बाइबल के कुछ शब्द किसी इन्सान के लिये इतना कुछ कर सकते हैं।"

बाद में इस व्यक्ति ने अपने हीन भावना के नज़रिये के कारणों का अध्ययन करवाया। वैज्ञानिक परामर्श और धार्मिक आस्था के प्रयोग द्वारा इन्हें हटा दिया गया। उसे सिखाया गया कि किस तरह आस्था रखी जाये। उसे कुछ विशिष्ट निर्देश दिये गये जिनका पालन उसे करना था (जो इस अध्याय में बाद में दिये गये हैं।) धीरे-धीरे उसने दृढ़, स्थायी और पर्याप्त विश्वास हासिल कर लिया। वह अब भी इस बात पर हैरान होता है कि पहले अच्छी चीज़ें उससे दूर भागती थीं, जबकि अब वे उसके क़रीब आ जाती हैं। उसका व्यक्तित्व भी अब नकारात्मक की जगह सकारात्मक हो गया है। इस वजह से अब वह सफलता को अपने से दूर नहीं भगाता, बल्कि अपनी ओर आकर्षित करता है। अब उसे अपनी खुद की शक्तियों में सच्चा विश्वास हो गया है।

हीन भावना के कई कारण होते हैं और उसमें से ज़्यादातर की जड़ें हमारे बचपन में होती हैं।

एक एक्ज़ीक्यूटिव ने एक बार मुझसे एक युवक के बारे में परामर्श माँगा जिसका वह प्रमोशन करना चाहता था। "परंतु," उसने यह भी कहा, "महत्त्वपूर्ण गोपनीय जानकारी के विषय में इस व्यक्ति पर भरोसा नहीं किया जा सकता, और मुझे इस बात का बेहद अफ़सोस है क्योंकि अगर ऐसा न होता तो मैंने उसे अपना प्रशासनिक सहयोगी बना लिया होता। उसमें बाक़ी सभी आवश्यक योग्यतायें हैं, परंतु वह बहुत ज़्यादा बोलता है और हालाँकि उसका ऐसा कोई इरादा नहीं होता, परंतु वह निजी और महत्त्वपूर्ण गोपनीय रहस्य सबको बता देता है।"

विश्लेषण करने पर मैंने पाया कि वह युवक केवल अपनी हीन भावना के कारण ही "ज़्यादा बोलता था।" अपनी हीन भावना को छुपाने के लिये वह अपने ज्ञान का प्रदर्शन करने से अपने आपको रोक नहीं पाता था।

वह उन लोगों के साथ काम कर रहा था जिनकी आर्थिक स्थिति अच्छी थी, और जो कॉलेज और फ़्रैटर्निटी में रह चुके थे। परंतु यह लड़का ग़रीबी में पला-बढ़ा था और वह न तो कॉलेज गया था, न ही फ़्रैटर्निटी का सदस्य था। इसलिये वह अपने सहयोगियों के सामने शिक्षा और सामाजिक स्तर के मामले में खुद को छोटा समझता था। उसने सहयोगियों के सामने अपनी प्रतिष्ठा जमाने और अपने आत्म-स्वाभिमान को बढ़ाने के लिये उसका अवचेतन मस्तिष्क जो हमेशा कोई न कोई सांत्वना का तरीक़ा ढूँढ़ लेता है, उसे उसकी ईगो बढ़ाने के तरीक़े सुझाता रहा था।

वह उद्योग में "अंदर की बातें" जानता था और अपने सीनियर्स के साथ सम्मेलनों में जाया करता था जहाँ वह प्रसिद्ध लोगों से मिलता था और महत्त्वपूर्ण निजी चर्चाओं को सुनता था। वह बस इतनी सी "अंदरूनी जानकारी" बता देता था ताकि उसके सहयोगी उसके प्रति ईर्ष्या और प्रशंसा के भाव से भर जायें। इससे उसका आत्म-स्वाभिमान बढ़ जाता था और प्रतिष्ठा की उसकी इच्छा भी पूरी हो जाती थी।

जब नियोक्ता को उसके व्यक्तित्व के इस गुण का कारण पता चला तो एक दयालु और सहिष्णु व्यक्ति होने के नाते उसने युवक को बताया कि इस बिज़नेस में उसकी योग्यताओं की वजह से उसे कितने अवसर मिल सकते हैं। उसने यह भी बताया कि किस तरह उसकी हीन भावना उसे गोपनीय

मामलों में अविश्वसनीय बना रही है। इस आत्मज्ञान के साथ ही आस्था और प्रार्थना की तकनीकों के गंभीर अभ्यास ने उसे उसकी कंपनी का एक बहुमूल्य कर्मचारी बना दिया। उसकी सच्ची शक्तियाँ अब जाग चुकी थीं।

मैं शायद आपको वह तरीक़ा बता सकता हूँ जिससे कई युवा व्यक्तिगत रूप से हीन भावना विकसित कर लेते हैं। बचपन में मैं बहुत दुबला था। मुझमें ऊर्जा की कोई कमी नहीं थी, मैं ट्रैक टीम में था और मैं किसी खंभे की तरह स्वस्थ और कठोर था, परंतु मैं किसी कील की तरह दुबला था। और मुझे इसी बात का दुख था क्योंकि मैं दुबला नहीं रहना चाहता था। सभी लोग मुझे "पतलू" कहकर बुलाते थे, जबकि मैं चाहता था कि मुझे "मोटू" कहकर बुलाया जाये। मैं "मोटा" होना चाहता था। मैं कठोर, कड़क और मोटा होने के लिये लालायित था। मैंने मोटे होने की हरसंभव कोशिश की। मैंने कॉड लिवर ऑइल पिया, अनगिनत मिल्क शेक पिये, हज़ारों चॉकलेट खायीं जिनमें क्रीम भी थी और गिरी भी। मैंने असंख्य केक और पाई खाये परंतु किसी चीज़ से रत्ती भर भी फ़र्क़ नहीं पड़ा। मैं दुबला का दुबला ही रहा। मैं रातों को इस बात पर चिंता किया करता था और दुखी होता रहता था। मैं तीन साल की उम्र तक मोटे होने की कोशिश करता रहा, तभी अचानक मैं सचमुच मोटा हो गया। मेरे कपड़ों की सिलाई उधड़ने लगी। तब मैं जागा परंतु तब तक मैं बहुत ज़्यादा मोटा हो चुका था। आख़िरकार मुझे चालीस पौंड वज़न कम करने में और सम्मानजनक आकार में आने में काफ़ी कष्ट हुआ और बहुत मेहनत करनी पड़ी।

दूसरी बात यह थी (इस व्यक्तिगत विश्लेषण को मैं यहाँ पर सिर्फ़ इसलिये दे रहा हूँ ताकि इससे लोगों को यह पता चले कि यह बीमारी किस तरह काम करती है) कि मैं एक पादरी का पुत्र था और मुझे यह बात बार-बार याद दिलायी जाती थी। बाक़ी सभी लोग जो चाहे वह कर सकते थे, परंतु अगर मैंने ज़रा सी, छोटी सी भी गड़बड़ की, तो लोग कहते थे, "अरे तुम तो पादरी के बेटे हो।" तो मैं पादरी का पुत्र नहीं होना चाहता था, क्योंकि ऐसा माना जाता है कि उपदेशकों के पुत्र अच्छे बच्चे होते हैं और कमज़ोर टाइप के होते हैं। मैं अपनी सख़्त और कड़क छवि बनाना चाहता था। शायद यही वह कारण है कि पादरियों के पुत्रों की ऐसी छवि बन गयी है कि उनके साथ आसानी से संवाद नहीं किया जा सकता। क्योंकि वे चर्च के झंडे को हर वक़्त उठाये रखने के ख़िलाफ़ बग़ावत करते हैं। मैंने क़सम खायी कि एक काम है जो मैं कभी नहीं करूँगा और वह है पादरी बनना।

इसके साथ ही, में एक ऐसे परिवार से आया था जिसका हर सदस्य सार्वजनिक जीवन में परफ़ॉर्मर था, मंच पर बोलने वाला वक्ता था और यह आख़िरी चीज़ थी जो मैं बनना चाहता था। वे लोग मुझे जनता के बीच में माइक के सामने खड़ा करके भाषण देने के लिये विवश करते थे जबकि मैं इस विचार से ही आतंकित हो जाता था और मौत की तरह इससे डर जाता था। यह बरसों पहले की बात थी परंतु इसका एहसास अब भी कभी-कभार मुझे होता है जब मैं मंच पर क़दम रखता हूँ। मुझे उन शक्तियों में विश्वास विकसित करने के लिये हर उस ज्ञात युक्ति की मदद लेनी पड़ी जो दयालु ईश्वर ने मुझे प्रदान की थी।

मुझे इस समस्या का समाधान बाइबल में सिखायी गयी आस्था की आसान तकनीकों में मिला। ये सिद्धांत वैज्ञानिक हैं और दमदार भी और वे हीन भावना से पीड़ित किसी भी व्यक्ति का इलाज कर सकते हैं। इनके प्रयोग से पीड़ित व्यक्ति उन शक्तियों को खोज सकता है और मुक्त कर सकता है जो अविश्वास और असमर्थता की भावनाओं की बेड़ियों में जकड़ी रहती हैं।

ये हीन भावना या इन्फ़ीरियॉरिटी कॉम्प्लेक्स के कुछ स्त्रोत हैं जो हमारे व्यक्तित्वों में शक्तिशाली अवरोध खड़े कर देते हैं। यह बचपन में हमारे साथ की गई भावनात्मक हिंसा हो सकती है, किन्हीं निश्चित परिस्थितियों के परिणाम हो सकते हैं या ऐसी कोई चीज़ जो हमने खुद के साथ की हो। यह बीमारी हमारे धुँधले अतीत से उत्पन्न होती है और हमारे व्यक्तित्वों के अँधेरे गलियारों में प्रकट होती है।

शायद आपका कोई बड़ा भाई रहा होगा जो बहुत ही प्रतिभाशाली विद्यार्थी था। उसकी हमेशा फ़र्स्ट डिवीज़न आती होगी, जबकि आपकी शायद थर्ड डिवीज़न आती होगी और आप हमेशा इसी की तुलना सुनते रहे होंगे। इसलिये शायद आपने यह सोच लिया होगा कि वह ज़िंदगी में जितना सफल हो सकता है, उतने आप नहीं हो सकते। उसकी हमेशा फ़र्स्ट डिवीज़न आती थी और आपकी थर्ड, इसलिये आपने यह मान लिया कि ज़िंदगी के हर इम्तहान में उसे फ़र्स्ट डिवीज़न मिलेगी और आपको थर्ड। स्पष्ट रूप से आपको यह एहसास कभी नहीं हुआ होगा कि जो लोग स्कूली जीवन में अच्छे नंबर नहीं ला पाये, उन्होंने स्कूल के बाहर की ज़िंदगी में महानतम सफलतायें हासिल की हैं। कॉलेज में फ़र्स्ट डिवीज़न आने भर से ही कोई अमेरिका का सबसे महान व्यक्ति नहीं बन जाता, क्योंकि कई बार फ़र्स्ट डिवीज़न का यह सिलसिला वहीं ख़त्म हो जाता है जब उसे उसका डिप्लोमा

मिलता है। दूसरी तरफ़ जिस व्यक्ति को कॉलेज में थर्ड डिवीज़न मिलती है उसे बाद में ज़िंदगी में फ़र्स्ट डिवीज़न मिलती है।

हीन भावना या खुद पर शंका को मिटाने का सबसे बड़ा रहस्य है अपने दिलोदिमाग़ को विश्वास से लबालब भर लेना। ईश्वर में प्रबल आस्था (faith) विकसित करें और इससे आपको विनम्र परंतु सशक्त व यथार्थवादी आस्था भी मिलेगी।

प्रबल आस्था प्रार्थना से हासिल होती है (ढेर सारी प्रार्थना से), बाइबल को पढ़ने और मानसिक रूप से आत्मसात करने से हासिल होती है तथा इसकी प्रार्थना की तकनीकों के अभ्यास से हालिस होती है। आगे अध्याय में मैं प्रार्थना के कुछ फ़ॉर्मूले बताऊँगा, परंतु यहाँ मैं आपको यह बताना चाहता हूँ कि हीन भावना को नष्ट करने के लिये आपको अच्छी क्वालिटी की आस्था की ज़रूरत है; उसके लिये आपको एक ख़ास तरह की प्रार्थना की ज़रूरत है। सतही, औपचारिक और जल्दबाज़ी की प्रार्थना पर्याप्त रूप से शक्तिशाली नहीं होती।

एक अद्भुत अश्वेत महिला टेक्सास में मेरे दोस्त के यहाँ कुक थी। जब मैंने उससे पूछा कि उसने अपनी परेशानियों को पूरी तरह कैसे दूर किया, तो उसने जवाब दिया कि साधारण समस्यायें साधारण प्रार्थनाओं से सुलझ सकती हैं, "जब कोई बड़ी समस्या आती है, तो आपकी गहरी प्रार्थनायें करनी पड़ती हैं।"

न्यूयॉर्क के साइरेक्यूज़ के मेरे प्रेरक मित्र हार्लोवे बी. एन्ड्रयूज़ मेरे द्वारा देखे गये सर्वश्रेष्ठ बिज़नेसमैन और सुयोग्य आध्यात्मिक विशेषज्ञों में से एक हैं। वे कहते थे कि ज़्यादातर प्रार्थनाओं के साथ समस्या यह होती है कि वे पर्याप्त बड़ी नहीं होतीं। उनका कहना था, "अगर आपको आस्था से विश्वास और परिणाम चाहिये, तो बड़ी प्रार्थना करनी चाहिये। ईश्वर आपकी प्रार्थनाओं के आकार के हिसाब से आपको परिणाम देंगे।" इसमें कोई संदेह नहीं कि वे सही थे, क्योंकि बाइबल में लिखा है, "आपकी आस्था के अनुरूप ही आपको मिलेगा।" (मैथ्यू 9:29)। तो आपकी समस्या जितनी बड़ी हो, आपकी प्रार्थना भी उतनी ही बड़ी होनी चाहिये।

गायक रौलेन्ड हेज़ ने अपने दादाजी को उद्धृत (quote) करते हुये मुझे बताया जिनकी शिक्षा उनके पोते के बराबर नहीं थी, परंतु उनकी आंतरिक बुद्धि स्पष्ट रूप से प्रशंसनीय थी। उन्होंने कहा, "बहुत सी प्रार्थनाओं के साथ

समस्या यह होती है कि उनमें कोई गहराई नहीं होती।" अपनी प्रार्थनाओं को अपनी शंकाओं, अपने डरों, अपनी हीनताओं की गहराई में ले जायें। गहरी और बड़ी प्रार्थनायें करें जिनमें पर्याप्त गहराई हो। इसके बाद आपमें शक्तिशाली और महत्त्वपूर्ण आस्था विकसित हो जायेगी।

किसी योग्य आध्यात्मिक सलाहकार के पास जायें और उससे सीखें कि आपको किस तरह आस्था विकसित करनी चाहिये। आस्था को हासिल करने व इसका उपयोग करने की कुशलता और इसके द्वारा दी गई शक्तियों को मुक्त करने की प्रवीणता ऐसी योग्यतायें हैं, जो बाक़ी योग्यताओं की तरह बढ़ी, सीखी औ अपनाई जानी चाहिये। अभ्यास से ही आप इसमें पारंगत होंगे।

इस अध्याय के अंत में आपकी हीन भावना के पैटर्न को दूर करने और आस्था विकसित करने के लिये दस सुझाव दिये गये हैं। इन नियमों पर लगन से अभ्यास करें। ये नियम आत्मविश्वास विकसित करने में आपकी मदद करेंगे, क्योंकि वे आपकी हीन भावनाओं को तितर-बितर कर देंगे, चाहे उनकी जड़ें कितनी ही गहरी क्यों न जमी हों।

इस बिंदु पर मैं यह बताना चाहता हूँ कि आत्मविश्वास की भावनाओं को बढ़ाने के लिये अपने मस्तिष्क को विश्वास के सुझाव देना बहुत असरदार होता है। अगर आपके मस्तिष्क में असुरक्षा और अयोग्यता के विचार प्रबलता से भरे हुये हों तो ऐसा इस वजह से है क्योंकि इसी तरह के विचार लंबे समय से आपके चिंतन पर हावी रहे हैं। आपको अपने मस्तिष्क के विचारों को दूसरा और अधिक सकारात्मक पैटर्न देना चाहिये। ऐसा आस्था और विश्वास के लगातार सुझाव देकर किया जा सकता है। यदि आप अपने मस्तिष्क को फिर से प्रशिक्षित करना चाहते हैं और इसे शक्ति-उत्पादक प्लांट में बदलना चाहते हैं तो दैनिक जीवन की व्यस्त गतिविधियों में विचारों का अनुशासन ज़रूरी है। आपके रोज़मर्रा के जीवन के बीच में भी विश्वास के विचारों को चेतना के अंदर धकेलना संभव है। आइये मैं आपको उस व्यक्ति के बारे में बताऊँ जिसने एक अद्‌भुत विधि द्वारा ऐसा किया।

ठिठुरते हुये जाड़े की एक सुबह वह मिड-वेस्टर्न सिटी की एक होटल में मुझे मिलने आया। मुझे पैंतीस मील दूर दूसरे शहर में लेक्चर देने जाना था। मैं उसकी कार में बैठ गया और वह फिसलती हुई सड़क पर तेज़ रफ़्तार से गाड़ी चलाने लगा। मुझे लगा जैसे वह ज़रूरत से ज़्यादा तेज़ गाड़ी चला रहा था। मैंने उसे याद दिलाया कि हमारे पास पर्याप्त समय था और यह

सुझाव दिया कि वह आराम से गाड़ी चलाये।

"मेरी ड्राइविंग के बारे में चिंता न करें," उसने जवाब दिया। "पहले मुझे भी कई तरह की चिंतायें और असुरक्षायें सताती थीं, परंतु अब मैं चिंताओं से ऊपर उठ चुका हूँ। पहले मैं हर बात से डरता था। मैं कार या हवाई जहाज़ में यात्रा करने से डरता था। जब मेरा परिवार कहीं जाता था, तो जब तक वे लोग वापस नहीं लौट आते थे, तब तक मैं चिंता में घुलता रहता था। मुझे हमेशा यही लगता रहता था जैसे मेरे साथ कुछ न कुछ बुरा होने वाला है और इस वजह से मेरा जीवन दुख से भर गया था। मुझमें हीन भावना बुरी तरह भरी हुई थी और मुझमें आत्मविश्वास की भारी कमी थी। मेरी मानसिक स्थिति का असर मेरे बिज़नेस पर भी हुआ और मेरे बिज़नेस की हालत दिनोदिन ख़राब होती चली गयी। परंतु तभी मैंने एक ऐसी अद्भुत योजना बनाई जिससे मेरे दिमाग़ से असुरक्षा की सारी भावना निकल गयी और अब मुझमें विश्वास की कोई कमी नहीं है। मुझे न सिर्फ़ अपने आप में विश्वास है बल्कि मुझे आम तौर पर पूरे जीवन में विश्वास है।"

और उसकी वह "अद्भुत योजना" क्या थी? उसने मुझे कार में विंडस्क्रीन के ठीक नीचे इन्स्ट्रूमेंट पैनल पर लगे दो क्लिप दिखाये। फिर उसने ग्लव कम्पार्टमेंट में हाथ डाला और बहुत से छोटे कार्ड निकाले। उसने एक कार्ड को चुना और उसे क्लिप में फँसा दिया। उस पर लिखा था, "अगर आपमें विश्वास है... तो आपके लिये कुछ भी असंभव नहीं है।" (मैथ्यू 17:20)। फिर उसने उस कार्ड को हटाया और एक हाथ से गाड़ी चलाते हुये दूसरे हाथ से कार्ड छाँटते हुये एक और कार्ड चुना और उसे क्लिप के नीचे लगा दिया। उस पर लिखा था, "अगर ईश्वर हमारे साथ हो, तो कौन हमारे ख़िलाफ़ हो सकता है?" (रोमन्स 8:31)।

उसने बताया, "मैं एक ट्रैवलिंग सेल्समैन हूँ और मैं ग्राहकों से मिलने के लिये दिन भर कार से यात्रा करता हूँ। मैंने पाया कि जब कोई व्यक्ति गाड़ी चलाता है तो उसके दिमाग़ में तरह-तरह के विचार आते हैं। अगर उसके विचारों का सिलसिला नकारात्मक है, तो वह दिन भर में कई बुरी बातें सोचेगा और बुरे परिणामों की कल्पना करेगा; और यह उसके लिये अच्छा नहीं है। परंतु पहले मेरे साथ यही हुआ करता था। ग्राहकों से मुलाक़ात करने जाते हुए कार चलाते समय मेरे मन में डर और असफलता के विचार लगातार आते रहते थे और यह भी एक वजह थी कि मेरी बिक्री कम हो

पाती थी। परंतु जब से मैंने इन कार्डों का प्रयोग शुरू किया है और इन शब्दों को याद कर लिया है, तब से मैंने अलग तरह से सोचना शुरू कर दिया है। पहले जो पुरानी असुरक्षायें मुझे सताती थीं। वे अब मेरे मन से लगभग पूरी तरह निकल चुकी हैं। अब असफलता और अयोग्यता के डर के विचारों के बजाय मैं आस्था और साहस के विचार सोचने लगा हूँ। यह सचमुच आश्चर्यनजक है कि इस तरीक़े ने मुझे कितना बदल दिया है। इस अद्भुत तकनीक ने मेरे बिज़नेस को भी चमका दिया है, क्योंकि अगर आप असफल होने की कल्पना करते हुये किसी ग्राहक के पास जायेंगे, तो आपको बेचने में सफलता कैसे मिल सकती है?"

मेरे दोस्त की योजना सचमुच समझदारी की योजना थी। ईश्वर की उपस्थिति, उसका सहयोग, उसकी मदद - इन सब सकारात्मक बातों को इस व्यक्ति ने अपने मन में बिठा लिया था और इस वजह से उसने सचमुच अपने विचारों का सिलसिला बदल लिया। उसने असुरक्षा की लंबे समय से जमी हुई भावना को जड़ से ख़त्म कर दिया। उसने अपनी संभावित शक्तियों को जगा लिया था।

हम किस तरह से सोचते हैं, इसके कारण ही हम असुरक्षा या सुरक्षा की भावना का निर्माण करते हैं। अगर हम हमेशा यही विचार करें और कल्पना करें कि कोई बुरी घटना होने वाली है, तो इसका परिणाम यह होगा कि हम हमेशा असुरक्षित महसूस करेंगे। इससे भी ज़्यादा गंभीर बात यह है कि हम अपने विचारों की शक्ति द्वारा उन बुरी घटनाओं को आमंत्रण भी देते हैं जिनसे हम डर रहे हैं। इस सेल्समैन ने कार में अपने सामने कार्ड रखकर साहस और विश्वास के महत्त्वपूर्ण विचारों द्वारा सचमुच सकारात्मक परिणाम प्राप्त किये। पहले उसकी शक्तियाँ पराजय के मनोविज्ञान के बंधन में बँधी हुई थीं। अब रचनात्मक नज़रिये की प्रेरणा के कारण वह बंधन खुल गये और उस व्यक्ति की शक्तियाँ पूरी तरह स्वतंत्र हो सकीं।

स्पष्ट रूप से आत्मविश्वास की कमी आज इंसान की सबसे बड़ी समस्याओं में से एक है। एक युनिवर्सिटी में मनोविज्ञान के लगभग छह सौ विद्यार्थियों का सर्वे किया गया। विद्यार्थियों से पूछा गया कि उनकी सबसे कठिन व्यक्तिगत समस्या कौन सी है। पचहत्तर प्रतिशत ने जवाब दिया : आत्मविश्वास की कमी। इस आधार पर हम यह अनुमान लगा सकते हैं कि आम जनता की स्थिति भी कमोबेश यही होगी। हर जगह आप ऐसे लोगों से मिलते हैं जो अंदर से डरे हुये हैं, जो ज़िंदगी में दुबककर चलते हैं, जिनमें

असुरक्षा और अयोग्यता की भावनायें गहराई में जमी हुई हैं, जिन्हें अपनी शक्तियों पर संदेह है। अंदर ही अंदर उन्हें विश्वास नहीं होता कि वे किसी ज़िम्मेदारी को निभाने के क़ाबिल हैं या उनमें अवसर का लाभ उठाने की क्षमता है। उन्हें हमेशा यह अस्पष्ट और काल्पनिक डर लगा रहता है कि कुछ न कुछ गड़बड़ होने वाली है। उन्हें यह विश्वास नहीं होता कि उनमें उतने सफल होने की क़ाबिलियत है, जितने सफल वे होना चाहते हैं। इसीलिये वे अपनी सामर्थ्य से बहुत कम स्तर पर ही संतुष्ट होने की कोशिश करते हैं। ज़िंदगी की राह पर हज़ारों लोग हारे हुये और डरे हुये घुटनों के बल घिसटते हुये चले जा रहे हैं। और ज़्यादातर मामलों में उनकी कुंठा या असमर्थता सिर्फ़ काल्पनिक है और इसलिये अनावश्यक है।

जीवन क आघात, मुश्किलों के पहाड़ और समस्याओं की बहुतायत से आपकी ऊर्जा कम होती है और आप थकान तथा हताशा का अनुभव करते हैं। इस स्थिति में आपकी शक्ति की वास्तविक स्थिति अक्सर छुप जाती है और आप हताशा में घुटने टेक देते हैं जो तथ्यों के अनुरूप नहीं होता। यह बेहद महत्त्वपूर्ण है कि आप अपने व्यक्तित्व के सकारात्मक गुणों का विश्लेषण करें। तार्किकता के नज़रिये से ऐसा करने पर यह मूल्यांकन आपको विश्वास दिला देगा कि आप उतने पराजित नहीं हैं जितना कि आप अपने आप को सोचते हैं।

उदाहरण के तौर पर, बावन साल का एक व्यक्ति मेरे पास परामर्श के लिये आया। वह बहुत निराश था। उसने अपनी निराशा की कहानी सुनायी। उसने कहा, सब कुछ ख़त्म हो चुका था। उसने जीवन भर जो बनाया था, वह सब कुछ बर्बाद हो चुका था।

"सब कुछ?" मैंने पूछा।

"सब कुछ।" उसने दोहराया कि वह पूरी तरह बर्बाद हो चुका है। "मेरे पास अब कुछ भी नहीं बचा है। सब कुछ चला गया है। अब कोई आशा नहीं है और अब मैं इतना बूढ़ा हो चुका हूँ कि एक बार फिर से शुरुआत नहीं कर सकता। मैंने अपना विश्वास खो दिया है।"

स्वाभाविक रूप से मेरे मन में उसके लिये सहानुभूति थी, परंतु यह स्पष्ट था कि उसकी प्रमुख समस्या यह थी कि निराशा की गहरी छाया उसके मस्तिष्क में प्रवेश कर गयी थी और इस वजह से उसका नज़रिया विकृत हो गया था। उसी के विकृत चिंतन के कारण उसकी सच्ची शक्तियाँ सामने नहीं

आ पा रही थीं और इस वजह से वह कमज़ोर पड़ गया था।

"चलिये," मैंने कहा, "हम एक कागज़ पर लिखें कि आपके पास क्या-क्या बाक़ी है?"

"इससे कोई फ़ायदा नहीं होगा," उसने ठंडी साँस लेते हुये कहा। "मेरे पास कुछ नहीं बचा है। मुझे लगता है मैंने आपको पहले ही यह बता दिया है।"

मैंने कहा, "फिर भी देखने में हर्ज़ है? क्या आपकी पत्नी अब भी आपके साथ है?"

"क्यों नहीं, बिलकुल है और वह बहुत भली महिला है। हमारी शादी को तीस साल हो गये हैं। चाहे हालात कितने ही बिगड़ जायें, वह कभी मेरा साथ नहीं छोड़ेगी।"

"बहुत अच्छा, तो हम इस बात को लिख लेते हैं - आपकी पत्नी अब भी आपके साथ है और चाहे कुछ भी हो जाये वह कभी आपका साथ नहीं छोड़ेगी। और आपके बच्चे?"

"मेरे तीन बच्चे हैं," उसने जवाब दिया, "और तीनों बहुत अच्छे हैं। जब उन्होंने मुझसे आकर यह कहा तो उनकी बात मेरे दिल को छू गई, "डैड, हम आपसे प्रेम करते हैं और हम पूरी तरह आपके साथ हैं।"

"अच्छा," मैंने कहा, "तो नंबर दो पर हम यह लिख लेते हैं - कि आपके तीन बच्चे हैं जो आपसे प्रेम करते हैं और आपका साथ देंगे। अब यह बतायें कि क्या आपके दोस्त हैं?"

"हाँ," उसने कहा, "मेरे कई दोस्त बहुत अच्छे हैं। मुझे मानना पड़ेगा कि वे बहुत ही उदार हैं। वे मेरे पास आये और उन्होंने मुझसे कहा कि वे मेरी मदद करना चाहेंगे। परंतु वे कर ही क्या सकते हैं? वे कुछ नहीं कर सकते हैं।"

"तो इसे हम तीसरे नंबर पर लिख लेते हैं - आपके पास कुछ दोस्त हैं जो आपकी मदद करने को तैयार हैं और वे आपका सम्मान करते हैं। और आपकी अंतरात्मा? क्या आपने कोई ग़लत काम किया है?"

"बिलकुल नहीं," उसने जवाब दिया, "मेरी अंतरात्मा बिलकुल साफ़ है। मैंने हमेशा सही काम करने की कोशिश की है और मेरी अंतरात्मा पर कोई बोझ नहीं है।"

"ठीक है," मैंने कहा, "इसे हम नंबर चार पर लिख लेते हैं -

अंतरात्मा। अब आप यह बतायें कि आपका स्वास्थ्य कैसा है?"

"मेरा स्वास्थ्य बिलकुल ठीक है," उसने जवाब दिया। "मैं बहुत कम बीमार रहता हूँ और मुझे लगता है कि मैं शारीरिक दृष्टि से बिलकुल फ़िट हूँ।"

"तो हम इसे नंबर पाँच पर लिख लेते हैं - अच्छा शारीरिक स्वास्थ्य। अब बतायें कि अमेरिका के बारे में आपकी क्या राय है? क्या आपको लगता है कि यह सही दिशा में जा रहा है और यह संभावनाओं से भरा देश है?"

"हाँ," उसने कहा। "यह दुनिया का इकलौता देश है, जहाँ मैं रहना चाहूँगा।"

"तो हम इस बात को नंबर छह पर लिख लेते हैं - आप अमेरिका में रहते हैं, जो संभावनाओं से भरा देश है और आपको यहाँ रहने में खुशी होती है।" फिर मैंने उससे पूछा, "आपकी धार्मिक आस्था का क्या हाल है? क्या आप ईश्वर में विश्वास करते हैं और क्या आप मानते हैं कि ईश्वर आपकी सहायता करेगा?"

"हाँ," उसका जवाब था। "मुझे लगता है कि अगर ईश्वर ने मेरी मदद न की होती, तो मैं इन मुश्किलों को सहन नहीं कर पाया होता।"

"अब," मैंने कहा, ज़रा देखिये तो सही आपके पास कितनी सारी पूँजी है :

1. अद्‌भुत पत्नी - तीन साल से हमेशा साथ।
2. तीन समर्पित बच्चे - जो आपका साथ देंगे।
3. दोस्त - जो आपकी मदद करने के लिये तैयार हैं और जो आपका सम्मान करते हैं।
4. साफ़ अंतरात्मा - शर्म की कोई बात नहीं।
5. अच्छा शारीरिक स्वास्थ्य।
6. दुनिया के सबसे महान देश अमेरिका में रहते हैं।
7. आपमें धार्मिक आस्था है।

मैंने सूची को उसके सामने टेबल पर रख दिया। "इसकी तरफ़ देखिये। मुझे लगता है कि आपके पास अब भी काफ़ी पूँजी बची हुई है। आपने तो मुझसे कहा था कि आपके पास कुछ भी नहीं बचा है और आप पूरी तरह बर्बाद हो चुके हैं।"

उसने शर्माते हुये कहा, "मुझे लगता है कि मैंने इन चीज़ों के बारे में सोचा ही नहीं था। मैंने इस तरीक़े से नहीं सोचा था। शायद परिस्थितियाँ इतनी बुरी नहीं हैं," उसने विचार करते हुये कहा। "अगर मुझमें थोड़ा-सा विश्वास आ जाये, अगर मुझे ऐसा लगने लगे कि मेरे भीतर शक्ति बची है तो शायद मैं एक बार फिर से शुरू कर सकता हूँ।"

और उसने ऐसा कर दिखाया। उसने एक बार फिर से शुरुआत की। परंतु वह ऐसा तभी कर पाया जब उसने अपने दृष्टिकोण और अपने मानसिक नज़रिये को बदला। विश्वास ने उसकी शंकाओं को उसके मन से बाहर निकाल दिया और उसे इतनी शक्ति दी कि वह अपनी तमाम मुश्किलों को जीत पाया।

यह घटना एक गहरी सच्चाई बताती है जो प्रसिद्ध मनोविश्लेषक कार्ल मेनिंजर ने एक बहुत महत्त्वपूर्ण वक्तव्य में बतायी थी। उन्होंने कहा था, "नज़रिये तथ्यों से ज़्यादा महत्त्वपूर्ण होते हैं।" यह इतनी महत्त्वपूर्ण पंक्ति है कि इसे बार-बार दोहराया जाना चाहिये जब तक कि आप इसकी सच्चाई को पूरी तरह से न जान जायें। हमारे सामने मौजूद कोई भी तथ्य चाहे जितना मुश्किल हो या प्रत्यक्ष रूप से चाहे जितना निराश करने वाला हो, उतना महत्त्वपूर्ण नहीं है जितना कि उस तथ्य के बारे में हमारा नज़रिया। आप तथ्य के बारे में कुछ करें इससे पहले ही आपका सोचने का नज़रिया आपको हरा सकता है। हो सकता है कि आप दरअसल इससे निबटना शुरू करने से पहले ही मानसिक रूप से इस तथ्य को स्वयं को पराजित करने की अनुमति दे दें। दूसरी ओर, विश्वासपूर्ण और आशावादी विचार-प्रक्रिया द्वारा आप उस तथ्य को सुधार या परास्त कर सकते हैं।

मैं एक ऐसे व्यक्ति को जानता हूँ जो अपने संगठन के लिये एक बहुत बड़ी पूँजी है। इसका कारण यह नहीं है कि उसमें कोई असाधारण योग्यता है। बल्कि इसका कारण यह है कि वह हमेशा एक विजयी विचार-प्रक्रिया का प्रदर्शन करता है। जब उसके सहयोगी किसी प्रस्ताव पर निराशावादी प्रतिक्रिया करते हैं तो वह "वैक्यूम क्लीनर तकनीक" का प्रयोग करता है। इसका अर्थ है कि वह सवालों की श्रंखला द्वारा अपने सहयोगियों के दिमाग़ से "धूल को खींच" लेता है। वह उनके नकारात्मक नज़रिये को बाहर निकाल लेता है। फिर वह चुपचाप उस प्रस्ताव के संबंध में सकारात्मक विचार सुझा देता है जब तक कि नये नज़रिये के कारण उन्हें तथ्यों की एक नई अवधारणा नहीं मिल जाती।

लोग अक्सर इस बात पर चर्चा करते हैं कि जब यह व्यक्ति "तथ्यों पर काम करना शुरू करता है" तो तथ्य कितने भिन्न नज़र आते हैं। विश्वास के नज़रिये से बहुत फ़र्क़ पड़ता है और यह नियम तथ्यों के निष्पक्ष मूल्यांकन में बाधा भी नहीं डालता। हीन भावना का शिकार व्यक्ति सारे तथ्यों को विकृत दृष्टिकोण से देखता है। सुधार का रहस्य है सही दृष्टिकोण पाना और यह हमेशा सकारात्मक पहलू की तरफ़ झुका होता है।

अगर आपको लगता है कि आप पराजित हो चुके हैं और आपको अपनी जीतने की योग्यता में विश्वास नहीं है, तो आप बैठ जायें, अपने हाथ में एक काग़ज़ लें और एक सूची बनायें। याद रहे, आप ऐसी बातों की सूची न बनायें जो आपके ख़िलाफ़ हैं, बल्कि ऐसी बातों की सूची बनायें जो आपके पक्ष में हैं। अगर आप या मैं या कोई भी लगातार अपनी विरोधी शक्तियाँ के बारे में ही सोचता रहेगा, तो हम उन्हें ज़रूरत से ज़्यादा शक्तिशाली बना देंगे। वे इतनी अधिक शक्तिशाली बन जायेंगी, जितनी शक्ति उनमें दरअसल है ही नहीं। परंतु इसके विपरीत अगर आप मानसिक रूप से अपने अच्छे पहलुओं पर ध्यान दें, अपनी पूँजी की सूची बनायें, अपने विचारों को उन पर केंद्रित करें और उन पर पूरा ज़ोर दें तो आप किसी भी मुश्किल को पार कर जायेंगे चाहे मुश्किल कैसी भी हो। इससे आपकी आंतरिक शक्तियाँ उभर जायेंगी और ईश्वर की सहायता से आप अपने आप को पराजय के दलदल से विजय के शिखर तक उठा सकेंगे।

सबसे सशक्त अवधारणाओं में से एक अवधारणा आत्मविश्वास की कमी दूर करने का अचूक नुस्ख़ा है। यह अवधारणा इस विचार में निहित है कि ईश्वर सचमुच आपके साथ है और आपकी मदद कर रहा है। यह धर्म की सबसे मूलभूत शिक्षा है कि सर्वशक्तिमान ईश्वर आपका साथी होगा, आपके पास रहेगा, आपकी मदद करेगा और आपको सफलता दिलायेगा। आत्मविश्वास विकसित करने के लिये कोई और विचार इतना महत्त्वपूर्ण नहीं है जितना कि यह साधारण विश्वास, बशर्ते इस पर अमल किया जाये। इसका अभ्यास करने के लिये सिर्फ़ यह दोहरायें, "ईश्वर मेरे साथ है; ईश्वर मेरी मदद कर रहा है; ईश्वर मुझे राह दिखा रहा है।" हर दिन कुछ मिनट उस ईश्वर की उपस्थिति की कल्पना में लगायें। फिर इस बात में विश्वास करने का अभ्यास करें। अपने बिज़नेस पर जाते समय यह विचार करें कि आपका यह विचार और आपकी यह कल्पना सत्य है। इसे दृढ़ता से कहें, इसकी कल्पना करें, इसमें विश्वास करें और यह खुद को हक़ीक़त में बदल

लेगा। इस तरीक़े से जो शक्तियाँ जाग्रत होंगी, वे आपको हैरान कर देंगी।

विश्वास की भावनायें आपके मस्तिष्क में आदतन रहने वाले विचारों के प्रकार पर निर्भर करती हैं। अगर आप हार के बारे में सोचते रहेंगे, तो आपकी हार तय है। परंतु अगर आप विश्वास के विचारों का अभ्यास करेंगे, अगर आप इसकी प्रबल आदत डाल लेंगे तो आप यह प्रबल क्षमता विकसित कर लेंगे जिसके द्वारा आप अपनी मुश्किलों को जीत लेंगे, चाहे वे मुश्किलें कैसी भी हों। विश्वास की भावनायें दरअसल बढ़ी हुई शक्ति को प्रेरित करती हैं। बासिल किंग ने एक बार कहा था, "बहादुर बनो, और ताक़तवर शक्तियाँ तुम्हारी सहायता के लिये आ जायेंगी।" अनुभव इस बात की सच्चाई को सिद्ध करता है। जब आपका बढ़ा हुआ विश्वास आपके नज़रिये को सही कर देता है तो आपको लगेगा कि यह प्रबल शक्तियाँ आपकी सहायता कर रही हैं।

इमर्सन ने एक ज़बर्दस्त सत्य का उद्घाटन करते हुये कहा था, "वे जीत जाते हैं, जिन्हें यह विश्वास होता है कि वे जीत सकते हैं।" और उन्होंने यह भी जोड़ा, "जिस काम से डर लगे, वह काम कर दें और आपका डर निश्चित रूप से मर जायेगा।" विश्वास और आस्था का प्रयोग करें और आप देखेंगे कि डर और असुरक्षा की भावनायें आपका कुछ नहीं बिगाड़ पायेंगी।

एक बार स्टोनवेल जैक्सन एक साहसिक आक्रमण की तैयारी कर रहे थे, तभी एक जनरल डरकर यह आपत्ति उठाने लगा, "मैं इस बात से डरता हूँ," या "मुझे डर है कि..." इस डरने वाले अधीनस्थ के कंधे पर अपना हाथ रखते हुये जैक्सन ने कहा, "जनरल, अपने डर को कभी अपना सलाहकार मत बनाओ।"

रहस्य यह है कि आप अपने मस्तिष्क में आस्था, विश्वास और सुरक्षा के विचार भर लें। वे आपके मन से सारी शंका, सारी हीन भावना बाहर निकाल देंगे। एक व्यक्ति लंबे समय तक असुरक्षाओं और डरों की यातना भोग चुका था। मैंने उसे सुझाया कि वह बाइबल पढ़े और साहस और विश्वास से संबंधी हर वाक्य को लाल पेंसिल से रेखांकित कर ले। उसने उन्हें याद भी कर लिया। दरअसल उसने अपने मस्तिष्क में दुनिया के सबसे स्वस्थ, सुखी और सशक्त विचार भर लिये। इन प्रबल विचारों ने उसे निराश व्यक्ति से बदलकर सशक्त व्यक्ति बना दिया। कुछ ही सप्ताह में जो परिवर्तन हुआ वह अद्भुत था। लगभग पूर्ण पराजय से वह एक विश्वासपूर्ण और प्रेरक व्यक्ति में बदल गया था। अब वह साहस और चुंबकीयता संप्रेषित करता है।

उसने अपने विचारों को सही करने की आसान प्रक्रिया द्वारा अपनी शक्तियों और अपने आप में विश्वास एक बार फिर से हासिल कर लिया।

संक्षेप में - आप अभी अपने आत्मविश्वास को बढ़ाने के लिये क्या कर सकते हैं? हीन भावना के नज़रिये को जीतने और विश्वास बढ़ाना सीखने के लिये मैं यहाँ पर दस आसान, परंतु कारगर नियम दे रहा हूँ। हज़ारों लोगों ने इन नियमों का प्रयोग किया है और उन्हें इनके सफल परिणाम मिले हैं। इनके अनुसार चलें और आप भी अपनी शक्तियों में विश्वास कर पायेंगे। आपको भी शक्ति के नये संचार का अनुभव होगा :

1. अपने दिमाग़ में यह अमिट छवि बिठा लें कि आप सफल हो रहे हैं। इस छवि को हमेशा स्पष्टता से बनाये रखें। इसे धुँधला न होने दें। आपका मस्तिष्क इस तस्वीर को पूरा करने के रास्ते खोजेगा। कभी भी यह न सोचें कि आप असफल हो रहे हैं। अपनी मानसिक छवि की सच्चाई पर कभी शंका न करें। ऐसा करना बहुत ख़तरनाक है क्योंकि मस्तिष्क जो तस्वीर बनाता है, वह हमेशा उसे पूरा करने की कोशिश करता है। इसलिये हमेशा "सफलता" की तस्वीर ही बनायें, चाहे आपके जीवन में इस क्षण कितनी ही समस्यायें या मुश्किलें क्यों न हों।
2. जब भी अपनी शक्तियों के बारे में कोई नकारात्मक विचार आपके मन में आये, तो इसे समाप्त करने के लिये तत्काल कोई सकारात्मक विचार सोच लें।
3. अपनी कल्पना में बाधाओं का निर्माण न करें। हर तथाकथित बाधा को कम करके आँकें। अपनी कल्पना में बाधा को बड़ा या विराट न बनायें। कठिनाइयों को समाप्त करने से पहले उनका अध्ययन और विश्लेषण करना पड़ता है, परंतु उन्हें उनके असली स्वरूप में ही देखना चाहिये। डर के विचारों से उन्हें फुलाना नहीं चाहिये।
4. दूसरे लोगों को देखकर चमत्कृत न हो जायें और उनकी नक़ल करने की कोशिश न करें। आपके रूप में कोई भी उतना प्रभावशाली या योग्य नहीं हो सकता जितने कि **आप स्वयं**। याद रखें कि ज़्यादातर लोग ऊपर से आत्मविश्वास से भरे दिखते हैं, परंतु अंदर से वे भी अपने बारे में उतने ही डरे और सशंकित होते हैं जितने कि मैं और आप।

5. हर दिन दस बार इन शक्तिशाली शब्दों को दोहरायें : "अगर ईश्वर हमारे साथ हो, तो कौन हमारे ख़िलाफ़ हो सकता है?" (रोमन्स 8:31)। (पढ़ना बंद कर दें और इन शब्दों को **अभी** धीमे-धीमे और विश्वास से दोहरा लें।)
6. किसी योग्य सलाहकार से सलाह लें ताकि आप समझ सकें कि आप जो करते हैं वह आप क्यों करते हैं। अपनी हीन भावना या आत्मशंका की भावनाओं के उद्गम को जानें, जो अक्सर बचपन में शुरू होती है। आत्मज्ञान से उपचार संभव होता है।
7. हर दिन दस बार यह बोलें, हो सके तो ज़ोर से। "मैं ईसा मसीह की मदद से सारे काम कर सकता हूँ, क्योंकि वही मुझे शक्ति देते हैं।" (फिलिप्पियन्स 4:13)। इन शब्दों को **अभी** दोहरायें। इस धरती पर इन्फ़ीरियॉरिटी कॉम्प्लेक्स का इससे शक्तिशाली इलाज नहीं है।
8. अपनी योग्यता का सच्चा अनुमान लगायें, फिर इसे दस प्रतिशत बढ़ा लें। अहंकारी न बनें, परंतु स्वस्थ आत्मसम्मान विकसित करें। ईश्वर द्वारा खुद को दी गई शक्तियों में विश्वास करें।
9. अपने आपको ईश्वर के हवाले कर दें। ऐसा करने के लिये आपको सिर्फ़ यह कहना होगा : "मैं ईश्वर के हाथों में हूँ।" फिर विश्वास करें कि **अभी** आपको ईश्वर से वे सभी शक्तियाँ मिल रही हैं जिनकी आपको ज़रूरत है। अपने शरीर में इस शक्ति को प्रवाहित होता महसूस करें। दृढ़ता से कहें कि, "आपके भीतर ईश्वर का साम्राज्य है।" (ल्यूक 17:21)। और इसी से आपको वह शक्ति मिल जायेगी जो आपको मुश्किलों के पार ले जायेगी।
10. खुद को याद दिलायें कि ईश्वर आपके साथ है और इसलिये आपको कोई नहीं हरा सकता। विश्वास करें कि आपको अभी उससे वह शक्ति **प्राप्त हो रही है**।

2

शांत मस्तिष्क शक्ति देता है

एक होटल में नाश्ते की टेबल पर हम तीन लोग बैठे हुये थे। चर्चा का विषय यह था कि हमें रात को कैसी नींद आयी, जो सचमुच बेहद महत्त्वपूर्ण विषय था। एक व्यक्ति ने कहा कि उसे रात को बिलकुल नींद नहीं आयी। वह बिस्तर पर इधर से उधर करवटें बदलता रहा और सुबह होने पर वह उतना ही थका हुआ था जितना कि रात को सोते समय था। उसने कहा, "मुझे लगता है कि मुझे बिस्तर पर जाने से पहले समाचार सुनना बंद कर देना चाहिये। पिछली रात को मैंने समाचार सुन लिये थे, और मुझे यक़ीन है कि परेशानी का कारण यही है।"

यह बहुत बढ़िया वाक्य है, "परेशानी का कारण"। कोई ताज्जुब नहीं कि उसकी रात ख़राब गुज़री। "शायद मेरी परेशानी का कारण वह कॉफ़ी थी जो मैंने सोने जाने से पहले पी थी," उसने एक और अनुमान लगाया।

दूसरा व्यक्ति बोला, "जहाँ तक मेरा सवाल है, मेरी रात तो शानदार गुज़री।" समाचार के लिये मैंने शाम का अख़बार पढ़ा और शाम को जल्दी ही समाचार सुन लिये, जिस वजह से मुझे नींद से पहले इन समाचारों को पचाने का मौक़ा मिल गया। इसके अलावा," उसने आगे कहा, "मैंने अपना पुराना नींद लाने का फ़ॉर्मूला अपनाया, जो कभी असफल नहीं होता।"

मैंने उससे पूछा कि ऐसा कौन-सा फ़ॉर्मूला है। उसने बताया, "जब मैं छोटा था, तो मेरे पिताजी, जो एक किसान थे, सोने से पहले पूरे परिवार को एक कमरे में इकट्ठा कर लेते थे और बाइबल पढ़कर सुनाते थे। मैं अब भी उनकी आवाज़ सुन सकता हूँ। दरअसल, हर बार जब भी मैं बाइबल सुनता हूँ तो मैं हमेशा उसे अपने पिता की आवाज़ में ही सुनता हूँ। प्रार्थना के बाद मैं अपने कमरे में जाकर गहरी नींद में सो जाता था। परंतु जब मैंने घर छोड़ा तो मेरी बाइबल पढ़ने और प्रार्थना करने की आदत छूट गयी।

"वर्षों तक मैं केवल तभी प्रार्थना किया करता था जब मैं ट्रैफ़िक जाम में फँस जाता था। परंतु कुछ महीनों पहले मेरी पत्नी और मेरे सामने बहुत सी समस्यायें आ गयीं। और हमने यह फ़ैसला किया कि हम इन समस्याओं को हल करने के लिये प्रार्थना को आज़माकर देखेंगे। हमें इससे बहुत मदद मिली। इसलिये अब मैं और मेरी पत्नी हर रात सोने से पहले इकट्ठे बाइबल पढ़ते हैं और प्रार्थना भी करते हैं। मैं नहीं जानता कि इसमें ऐसा क्या है, परंतु ऐसा करने से मुझे अच्छी नींद आती है और जीवन में पहले से काफ़ी सुधार हुआ है। दरअसल मुझे यह इतना उपयोगी लगता है कि मैं सफ़र करते समय भी, जो मैं अभी कर रहा हूँ, बाइबल पढ़ता हूँ और प्रार्थना करता हूँ। पिछली रात को मैं बिस्तर में गया और मैंने 23वाँ भजन पढ़ा। मैंने इसे ज़ोर से पढ़ा और इससे मुझे बहुत अच्छा लगा।"

वह दूसरे व्यक्ति की तरफ़ मुड़ा और कहा, "मैं जब बिस्तर पर गया, तो मेरे दिमाग़ में परेशानी का कोई कारण नहीं था। मेरे मन में शांति थी।"

तो यहाँ आपके लिये दो वाक्यांश हैं - "परेशानी का कारण" और "मन में शांति।" आप किसे चुनना चाहेंगे?

सबसे बड़ा रहस्य मानसिक नज़रिये को बदलने में निहित है। हमें अपने सोचने के तरीक़े को बदलना होगा। हालाँकि इसमें मेहनत लगती है, परंतु अगर आप ऐसा कर लेते हैं तो आपके लिये बाद का जीवन पहले की तुलना में आसान हो जाता है। तनावपूर्ण जीवन कठिन होता है। आंतरिक शांति से भरा तनावरहित जीवन इन्सान के लिये जीने का सबसे आसान तरीक़ा होता है। मानसिक शांति को हासिल करने में सबसे बड़ा संघर्ष यह है कि आप अपनी सोच को ईश्वर के दिये शांति के उपहार के अनुरूप ढाल लें।

शांतिपूर्ण नज़रिये के उदाहरण के तौर पर मुझे हमेशा एक शहर का एक अनुभव याद आता है। जहाँ मैं एक शाम को लेक्चर दे रहा था। मंच पर जाने से पहले मैं मंच के पीछे बने कक्ष में बैठा था और अपने भाषण को अंतिम रूप दे रहा था। तभी वहाँ एक व्यक्ति आया और उसने कहा कि वह एक व्यक्तिगत समस्या के बारे में बात करना चाहता है।

मैंने उसे बताया कि उस वक़्त चर्चा करना असंभव था, क्योंकि मुझे मंच पर बुलाया ही जाने वाला था। मैंने उसे इंतज़ार करने के लिये कहा। भाषण देते समय मैंने उसे स्टेज के गलियारे में बेचैनी से टहलते हुये देखा, परंतु भाषण समाप्त होने के बाद वह मुझे कहीं नहीं दिखा। बहरहाल, उसने

मुझे अपना कार्ड दे दिया था जिससे यह पता चलता था कि वह उस शहर का एक महत्त्वपूर्ण व्यक्ति था।

होटल पहुँचते-पहुँचते मुझे काफ़ी रात हो चुकी थी, परंतु मुझे अब भी उसी व्यक्ति की चिंता सता रही थी इसलिये मैंने उसे फ़ोन किया। मेरे फ़ोन से वह आश्चर्यचकित हुआ और उसने कहा कि उसने इसलिये इंतज़ार नहीं किया क्योंकि स्पष्ट रूप से मैं व्यस्त था। "मैं सिर्फ़ इतना चाहता था कि आप मेरे साथ प्रार्थना करें," उसने कहा। "मैं सोच रहा था कि अगर आप मेरे साथ प्रार्थना करेंगे, तो शायद मुझे शांति मिल जायेगी।"

"हम टेलीफ़ोन पर भी इकट्ठे प्रार्थना कर सकते हैं और ऐसा करने से हमें कोई नहीं रोक सकता," मैंने कहा।

हैरानी से उसने जवाब दिया : "मैंने कभी फ़ोन पर प्रार्थना के बारे में नहीं सुना है।"

"क्यों नहीं," मैंने कहा। "टेलीफ़ोन सिर्फ़ संचार का एक उपकरण है। आप मुझसे कुछ इमारत दूर हैं परंतु फ़ोन के माध्यम से हम इकट्ठे हैं। इसके अलावा," मैंने आगे कहा, "ईश्वर हम दोनों के साथ है। वह टेलीफ़ोन लाइन के दोनों तरफ़ है और बीच में भी है। वह आपके साथ है और वह मेरे साथ है।"

"ठीक है," उसने स्वीकार करते हुये कहा। "मैं चाहूँगा कि आप मेरे लिये प्रार्थना करें।"

मैंने अपनी आँखें बंद कर लीं और फ़ोन पर उस व्यक्ति के लिये प्रार्थना की। मैंने उसी तरह प्रार्थना की जैसे हम दोनों एक ही कमरे में मौजूद हों। वह मुझे सुन सकता था और ईश्वर मुझे सुन सकता था। जब मैंने प्रार्थना समाप्त की तो मैंने सुझाव दिया : "क्या आप प्रार्थना नहीं करेंगे?" उसकी तरफ़ से कोई जवाब नहीं आया। फिर फ़ोन की दूसरी तरफ़ से मुझे सुबकियाँ सुनाई दीं और उसकी आवाज़ सुनाई दी, "मैं बोल नहीं सकता।"

"चिंता की कोई बात नहीं है। आप एक या दो मिनट रो लें और फिर प्रार्थना करें," मैंने सुझाव दिया। "आप ईश्वर को वह हर बात बता सकें जो आपको कष्ट दे रही है। मैं समझता हूँ कि यह एक प्राइवेट लाइन है परंतु अगर ऐसा नहीं भी है और कोई हमारी बात सुन भी रहा है तो भी इसमें कोई फ़र्क़ नहीं पड़ता। जहाँ तक किसी दूसरे व्यक्ति का ताल्लुक़ है, हम लोग सिर्फ़ दो आवाज़ें हैं। कोई भी यह नहीं जान पायेगा कि यह आप और मैं हैं।"

मेरे इस तरह उत्साह बढ़ाने के बाद उसने प्रार्थना करना शुरू की। पहले तो झिझकते हुये और बाद में भावावेग से उसने अपने दिल की सारी बातें उड़ेल दीं और उसकी बातों में नफ़रत, कुंठा और असफलता भरी हुई थी। अंततः उसने दुख भरे स्वर में प्रार्थना करते हुये कहा : "प्रिय यीशु, मैंने आज तक तुम्हारे लिये कुछ नहीं किया, इसलिये मैं तुमसे किस मुँह से मदद माँगूँ? मुझे लगता है कि आप यह जानते हैं कि मैं किसी लायक नहीं हूँ, हालाँकि मैं ऊपर से बहुत हिम्मत दिखाता हूँ। मैं इस सबसे तंग आ गया हूँ, प्रिय यीशु। मेहरबानी करके मेरी मदद करें।"

इसके बाद मैंने फिर प्रार्थना की और ईश्वर से उसकी प्रार्थना का जवाब देने के लिये कहा। फिर मैंने कहा : "हे ईश्वर, फ़ोन लाइन के दूसरी तरफ़ जो व्यक्ति है उसके सिर पर हाथ रखें और उसे शांति दें। उसकी मदद करें ताकि वह सिर झुकाकर आपकी शांति के उपहार को स्वीकार कर सके।" फिर मैं रुका और काफ़ी लंबे अंतराल के बाद मुझे उसकी आवाज़ सुनाई दी। मैं उसकी आवाज़ की उस टोन को कभी नहीं भूल पाऊँगा जब उसने कहा, "मैं हमेशा इस अनुभव को याद रखूँगा और मैं चाहता हूँ कि आप यह जानें कि कई महीनों बाद पहली बार मैं अंदर से साफ़, सुखी और शांत महसूस कर रहा हूँ" इस व्यक्ति ने शांतिपूर्ण मस्तिष्क को हासिल करने की एक आसान तकनीक का प्रयोग किया। उसने अपने मस्तिष्क को ख़ाली कर दिया और उसे ईश्वर के उपहार के रूप में शांति प्राप्त हुई।

जैसा एक डॉक्टर ने कहा, "मेरे कई मरीज़ों में कोई शारीरिक गड़बड़ी नहीं होती, सिर्फ़ उनके विचार गड़बड़ होते हैं। इसलिये मैं उनमें से कई मरीज़ों को एक फ़ेवरिट नुस्ख़ा लिखता हूँ परंतु यह ऐसा नुस्ख़ा नहीं है जिसे वे दवा की दुकान से ख़रीद सकते हैं। मैं जो दवा लिखता हूँ, वह बाइबल की एक पंक्ति है : रोमन्स 12:2। मैं अपने मरीज़ों को यह पूरी पंक्ति लिखकर नहीं देता। मैं उनसे कहता हूँ कि वे इसे बाइबल में खुद ढूँढ़ें। यह पंक्ति यह है, "... अपने दिमाग़ को एक बार फिर नया करके खुद को बदल डालें।" स्वस्थ और सुखी बनने के लिये उन्हें अपनी सोच को फिर से नया करना पड़ेगा, उन्हें अपने सोचने के नज़रिये को बदलना पड़ेगा। जब वे इस नुस्ख़े के हिसाब से दवा लेते हैं, तो सचमुच उन्हें मानसिक शांति मिल जाती है। इससे स्वास्थ्य और सुख की प्राप्ति में मदद मिलती है।"

मानसिक शांति हासिल करने का मूलभूत तरीक़ा है अपने मस्तिष्क को ख़ाली करने का अभ्यास। इसे आगे आने वाले अध्याय में विस्तार

से बताया जायेगा, परंतु मैं यहाँ पर आपको यह बताना चाहता हूँ कि मानसिक कैथारसिस (catharsis) या बुरी भावनाओं को बाहर निकालना बहुत महत्त्वपूर्ण होता है। मेरी सलाह है कि आप दिन में कम से कम दो बार अपने मस्तिष्क को ख़ाली कर दें, यदि आवश्यकता हो तो इससे अधिक बार इस प्रक्रिया को करें। अपने मन से सारे डर, नफ़रत, असुरक्षा, अफ़सोस और अपराधबोध की भावनायें बाहर निकालने का अभ्यास करें। आप अपने मस्तिष्क को सचेतन रूप से ख़ाली करने की कोशिश कर रहे हैं, सिर्फ़ इसी बात से आपको राहत मिल जाती है। क्या आपने महससू किया है कि जब आप अपनी चिंताओं को किसी विश्वासपात्र व्यक्ति को बताते हैं, तो आपके दिल का बोझ काफ़ी कम हो जाता है? एक पादरी होने के नाते मैंने अक्सर यह देखा है कि लोगों के लिये यह बहुत महत्त्वपूर्ण होता है कि उनके पास कोई ऐसा व्यक्ति हो जिसमें वे सचमुच और पूरी तरह विश्वास कर सकें और वे उसे अपनी सारी चिंतायें बता सकें।

मैंने होनोलुलु की हाल ही की समुद्री यात्रा में लुरलाइन जहाज़ के बोर्ड पर एक धार्मिक सभा आयोजित की। व्याख्यान के दौरान मैंने सुझाया कि जो लोग चिंताओं को ढोते-ढोते परेशान हो चुके हैं, उन्हें इस जहाज़ की डेक पर खड़े होकर यह कल्पना करनी चाहिये कि वे अपने दिमाग़ से चिंता का हर विचार निकाल रहे हैं, इसे समुद्र की लहरों में फेंक रहे हैं और इसे ग़ायब होते देख रहे हैं। यह एक बचकाना सा सुझाव लगता है, परंतु बाद में एक व्यक्ति उसी दिन मेरे पास आया और उसने मुझसे कहा : “मैंने आपके सुझाव पर अमल किया और मैं आश्चर्यचकित हूँ कि इसने मुझे इतनी राहत दी। इस यात्रा के दौरान,” उसने कहा, “मैं हर शाम सूर्यास्त के समय अपनी सारी चिंताओं को समुद्र की लहरों में फेंककर डुबो दूँगा। जब तक कि मैं उन्हें अपनी चेतना से निकाल बाहर करने के मनोविज्ञान को विकसित न कर लूँ हर दिन मैं समय के महासमुद्र में उन्हें ग़ायब होते देखूँगा। क्या बाइबल में नहीं लिखा है, ‘जो पीछे छूट गया, उसे भूल जायें?’”

जिस व्यक्ति को मेरा यह सुझाव आकर्षक लगा था वह कोई अव्यावहारिक या अतिभावुक व्यक्ति नहीं था। इसके बजाय वह असाधारण मानसिक योग्यता का पुरुष था जो अपने क्षेत्र में एक प्रसिद्ध लीडर था।

परंतु यह ध्यान रखें, केवल मस्तिष्क को ख़ाली करना ही काफ़ी नहीं है। जब मस्तिष्क ख़ाली हो जायेगा, तो कोई न कोई चीज़ तो अंदर आयेगी। मस्तिष्क में लंबे समय तक वैक्यूम की स्थिति नहीं रह सकती। यह संभव

ही नहीं है कि आपका मस्तिष्क हमेशा ख़ाली ही बना रहे। मैं यह स्वीकार करता हूँ कि कई लोग यह असंभव सा दिखने वाला काम भी कर दिखाते हैं, परंतु ज़्यादातर लोगों के लिये यह संभव नहीं होता। अगर आप अपने मस्तिष्क में कुछ नया नहीं भरेंगे, तो एक बार फिर से वही पुराने, दुखद विचार आपके मस्तिष्क के दरवाज़े से भीतर घुसने की कोशिश करेंगे जिन्हें आपने वहाँ से निकाल फेंका था।

इसे रोकने के लिये अपने मस्तिष्क में तत्काल रचनात्मक और स्वस्थ विचार भर लें। फिर जब आपके पुराने डर, नफ़रत और चिंतायें, जो आपको लंबे समय से सताते आ रहे थे, एक बार फिर सताने की कोशिश करेंगे तो वे देखेंगे कि आपके मस्तिष्क के दरवाज़े पर एक बोर्ड लगा है : "जगह नहीं है"। हालाँकि वे फिर भी अंदर घुसने की कोशिश करेंगे, क्योंकि वे वहाँ पर काफ़ी लंबे समय से रह रहे हैं और उन्हें वहाँ रहने की आदत पड़ चुकी है। परंतु आपने जिन नये और स्वस्थ विचारों को वहाँ बिठाया है, वे आपके मस्तिष्क के किले की रक्षा करेंगे और इन बाहरी नकारात्मक शत्रुओं को परास्त कर देंगे। कुछ समय बाद पुराने विचार पूरी तरह हार मान लेंगे और आपको हमेशा के लिये छोड़कर चले जायेंगे। आपको स्थायी रूप से मानसिक शांति मिल जायेगी।

दिन में जब भी मौक़ा मिले, सावधानी से चुने गये सुखद विचारों की श्रंखला को याद करें। आपने अब तक जितने भी शांतिपूर्ण दृश्य देखे हैं उनमें सबसे शांतिपूर्ण दृश्यों की मानसिक तस्वीरों को अपने मस्तिष्क के सामने से गुज़रने दें, जैसे शाम की शांति से भरी सुंदर घाटी, जब छाया लंबी हो जाती है और सूर्य विश्राम करने के लिये डूबता है। या चंद्रमा की दूधिया रोशनी में कलकल बहता हुआ पानी या बालू के मलमली किनारों पर समुद्र की लहरों का धीमे से टकराना। इस तरह के शांतिपूर्ण दृश्य आपके मस्तिष्क पर दवा की तरह असर करेंगे। इसलिये हर दिन कई बार सुकून की चलती तस्वीरों को अपने मन के पर्दे पर धीमे से गुज़रने दें।

इसके अलावा कुछ शांतिपूर्ण शब्दों को ज़ोर से दोहराने की आदत भी डाल लें। शब्दों में सुझाव देने की अद्‌भुत शक्ति होती है। उन्हें कहने भर से ही आपके विचार बदल जाते हैं और आपका इलाज हो जाता है। डर से जुड़े शब्दों को लगातार बोलें और आप तत्काल नर्वस हो जायेंगे। इससे आपको शायद पेट की गहराई में डूबने की अनुभूति हो सकती है जो आपके पूरे शारीरिक तंत्र को प्रभावित करेगी। परंतु इसके विपरीत अगर आप

शांतिपूर्ण शब्द बोलेंगे, तो आपके दिमाग़ को शांति मिलेगी। "शांति" एक ऐसा ही शब्द है। इसे कई बार धीमे-धीमे दोहरायें। इस शब्द को बोलने भर से ही आपको शांति मिल जाती है।

एक और उपचारक शब्द है "आराम"। इसे बोलते समय मन में आराम की तस्वीर बनायें। इसे धीमे-धीमे दोहरायें और उसी मूड में आ जायें, जिस मूड का प्रतीक यह शब्द है। जब इस तरीक़े से हम शब्दों का प्रयोग करते हैं, तो उनमें हमारा उपचार करने की शक्ति आ जाती है।

कविता या बाइबल की कोई पंक्ति भी इस काम में हमारी मदद कर सकती है। मेरे एक परिचित ने कार्ड पर शांति को अभिव्यक्त करने वाले असामान्य कोटेशन लिखने की आदत से अद्भुत मानसिक शांति हासिल की। वह अपने पर्स में हर समय एक कार्ड रखता है और उसे समय-समय पर निकालकर देखता रहता है जब तक कि वह कोटेशन उसे याद न हो जाये। वह कहता है कि इस तरह का हर विचार जिसे अवचेतन में डाला जाता है उसके मस्तिष्क में शांति का मरहम लगा देता है। शांतिपूर्ण अवधारणा सचमुच चिंता के विचारों पर मरहम का काम करती है। उसके द्वारा उपयोग में लाया गया एक कोटेशन सोलहवीं शताब्दी के एक चिंतक का है : "किसी चीज़ से परेशान मत होना। किसी चीज़ से मत डरना। हर चीज़ गुज़र जाती है, सिवाय ईश्वर के। केवल वही काम आयेगा।"

बाइबल के शब्दों में उपचार की काफ़ी शक्ति है। उन्हें अपने दिमाग़ में भर लें, उन्हें अंदर तक जाने दें, अपनी चेतना के गहनतम स्तरों में घुल जाने दें। आप पायेंगे कि आपके समूचे मानसिक जगत में जैसे शांति का मरहम लगा दिया गया हो। यह बहुत ही आसान तरीक़ा है। मानसिक शांति हासिल करने का इससे प्रभावी तरीक़ा दूसरा नहीं है।

एक सेल्समैन ने मुझे एक घटना सुनाई, जो मिड-वेस्टर्न होटल के एक कमरे में घटी। वह किसी कॉन्फ़्रेंस में कुछ बिज़नेसमैन दोस्तों के साथ बैठा हुआ था। एक व्यक्ति बहुत तनाव में दिख रहा था। वह नर्वस, झगड़ालू, परेशान था। वहाँ बैठा हर व्यक्ति उसे अच्छी तरह जानता था और सबको साफ़ नज़र आ रहा था कि वह बहुत नर्वस था। परंतु आख़िरकार उसकी चिड़चिड़ाहट से हर व्यक्ति परेशान हो गया। जल्द ही उस नर्वस व्यक्ति ने अपना बैग खोला और अंदर से अरुचिकर दिखने वाली दवा की एक बड़ी बोतल निकाली और उसमें से गिलास में बहुत सी दवा डाल ली। जब उससे

पूछा गया कि यह कौन सी दवा है तो उसने कहा, "यह दवा मेरी नर्व्ज़ के लिये है। मुझे लगता है कि मैं बिखरने और टूटने ही वाला हूँ। मैं जितने तनाव में हूँ उसमें कोई ताज्जुब नहीं कि मैं पागल हो जाऊँ। मैं कोशिश करता हूँ कि यह दूसरों को नज़र न आये, परंतु मुझे लगता है कि आप लोगों ने भी यह भाँप लिया होगा कि मैं नर्वस हूँ। मुझे इस दवा को लेने की सलाह दी गयी थी और हालाँकि मैं इसकी कई बोतलें पी चुका हूँ, परंतु मेरी हालत में ज़रा सा भी सुधार नहीं हुआ है।"

बाक़ी के लोग हँसे, फिर उनमें से एक ने दयालुता भरे स्वर में कहा, "बिल, मैं यह तो नहीं जानता कि तुम कौन सी दवा ले रहे हो। हो सकता है कि यह सही हो। शायद यह सही होगी, परंतु मैं तुम्हारी नर्व्ज़ के लिये तुम्हें एक ऐसी दवा दे सकता हूँ जो इस दवा से निश्चित रूप से बेहतर होगी। मैं जानता हूँ, क्योंकि मैं इसी दवा से ठीक हुआ हूँ और मेरी हालत तो तुमसे भी ख़राब थी।"

"उस दवा का नाम है?" नर्वस व्यक्ति ने पूछा।

दूसरे व्यक्ति ने अपने बैग में हाथ डाला और उसमें से एक पुस्तक निकाली। "उस दवा का नाम है बाइबल। मुझे पूरा विश्वास है कि यह तुम्हारा इलाज कर देगी। हालाँकि तुम्हें अजीब लगेगा कि मैं अपने बैग में बाइबल लेकर चलता हूँ, परंतु मैं इस बात की परवाह नहीं करता कि लोग इस बारे में क्या सोचते हैं। मुझे इसमें ज़रा भी शर्म नहीं आती। मैं पिछले दो सालों से बाइबल लेकर चल रहा हूँ। मैंने इसमें ऐसे प्रसंगों पर निशान लगा रखे हैं, जिन्हें पढ़ने से मुझे मानसिक शांति मिलती है। इससे मेरा भला हुआ है और मुझे लगता है कि इससे तुम्हारा भी भला होगा। क्यों न एक बार कोशिश करके देखा जाये?"

बाक़ी लोग रुचि के साथ इस असामान्य चर्चा को सुन रहे थे। नर्वस व्यक्ति अपनी कुर्सी में नीचे धँस गया था। यह देखते हुये कि उसकी बातों का लोगों पर प्रभाव पड़ रहा था वक्ता ने आगे कहा, "मुझे एक रात को एक होटल में अजीब अनुभव हुआ जिससे मुझे बाइबल पढ़ने की आदत पड़ गयी। मैं बहुत ही तनावपूर्ण स्थिति में था। मैं बिज़नेस टूर पर था और एक शाम को जब मैं अपने कमरे में आया तो बहुत ही नर्वस था। मैंने कुछ पत्र लिखने की कोशिश की, परंतु उस काम में मेरा मन नहीं लग रहा था। मैं कमरे में इधर से उधर टहलता रहा, मैंने अख़बार पढ़ने की कोशिश की,

परंतु इससे मैं और झुँझला गया इसलिये मैंने फ़ैसला किया कि मैं नीचे जाकर एक पैग मार लूँ - कुछ ऐसा ताकि मैं खुद से दूर चला जाऊँ।

"ड्रेसिंग टेबल के पास खड़े-खड़े मेरी निगाह वहाँ रखी बाइबल पर पड़ी। मैंने होटल के कमरों में इस तरह की कई बाइबल देखी थीं, परंतु मैंने कभी उसमें से किसी को भी नहीं पढ़ा था। बहरहाल, मुझे किसी शक्ति ने प्रेरित किया और मैंने उसे खोला। मैंने जिस पन्ने को खोला था उसमें भजन थे और मैने उस भजन को पढ़ना शुरू किया। मुझे याद है कि मैंने एक भजन तो खड़े-खड़े ही पढ़ डाला। फिर मैं बैठ गया और मैंने एक और भजन को पढ़ा। मेरी रुचि जाग गई थी, परंतु निश्चित रूप से मुझे घोर आश्चर्य भी हुआ था- मैं और बाइबल पढ़ रहा था! यह तो हँसने लायक बात थी, परंतु मैं बाइबल पढ़ता रहा।"

जल्द ही मैं 23वें भजन पर आया। इसे मैंने बचपन में संडे सकूल में सीखा था और मुझे आश्चर्य हुआ कि अब भी मुझे इसका ज़्यादातर हिस्सा याद था। मैंने इसे कई बार गाने की कोशिश की, ख़ास तौर पर वह पंक्ति जिसमें लिखा है : 'वह मुझे शांत जल के किनारे ले जाता है; वह मेरी आत्मा को स्वस्थ करता है।' मैं इस पंक्ति को पंसद करता हूँ। एक तरीक़े से इसने काम कर दिखाया। मैं इसे वहाँ पर बार-बार दोहराता रहा - और वह अगली चीज़ जिसके बारे में मैं जानता हूँ यह थी कि मैं जाग गया।

स्पष्ट रूप से मैं सो गया था और मुझे गहरी नींद आयी थी। मैं सिर्फ़ पंद्रह मिनट सोया था, परंतु जागने पर मैं इतना तरोताज़ा था कि मानो मैंने एक रात की गहरी नींद ले ली थी। मैं अब भी पूरी तरोताज़गी की वह अद्‌भुत भावना याद कर सकता हूँ फिर मैंने महसूस किया कि मैं शांत अनुभव कर रहा था और मैंने अपने आप से कहा : 'क्या यह अजीब नहीं है? मेरे साथ क्या गड़बड़ है जो मैंने इतनी अद्‌भुत चीज़ से अपने आप को वंचित रखा?'

"तो उस अनुभव के बाद," उसने कहा, "मैंने एक बाइबल ख़रीदी, एक छोटी सी बाइबल जिसे मैं अपने बैग में रख सकता था और तब से मैं इसे हमेशा अपने साथ ही रखता हूँ। मैं बिलकुल सच कह रहा हूँ कि मैं इसे पढ़ना पसंद करता हूँ और अब मैं उतना नर्वस नहीं हूँ जितना पहले हुआ करता था।" उसने आगे कहा, "इसे आज़माकर देखो, बिल, शायद यह तुम्हारे काम आ जाये।"

नर्वस व्यक्ति यानी कि बिल ने कोशिश की और वह लगातार कोशिश करता रहा। उसने बताया कि पहले तो उसे यह काम थोड़ा अजीब और कठिन लगा और वह बाइबल को चोरी-छिपे पढ़ा करता था, ताकि कोई देख न ले। वह नहीं चाहता था कि उसे धार्मिक समझा जाये। परंतु अब वह बाइबल को ट्रेन या हवाई जहाज़ या किसी भी जगह पढ़ सकता है और ऐसा करने से उसे "बहुत ज़्यादा फ़ायदा" हुआ है।

"अब मुझे नर्व मेडिसिन लेने की कोई ज़रूरत नहीं रह गयी है," उसने घोषणा की।

यह योजना बिल के मामले में काम कर गयी। अब वह पहले से अधिक मिलनसार हो गया है। उसकी भावनायें नियंत्रण में हैं। इन दो लोगों ने यह पाया कि मन की शांति हासिल करना कठिन नहीं है। आप सिर्फ़ अपने मस्तिष्क में ऐसे विचार भर लेते हैं जो इसे शांत बनाते हैं। अगर आप शांत मस्तिष्क चाहते हैं तो आपको सिर्फ़ इसमें ऐसे विचार भरने होंगे जो शांति से भरे हों। यह इतनी आसान सी बात है।

मानसिक शांति का नज़रिया हासिल करने के और भी कई प्रैक्टिकल तरीक़े हैं। एक तरीक़ा है आपकी चर्चा के माध्यम से। हम किस तरह के शब्दों का प्रयोग करते हैं, और हम उन्हें किस टोन में बोलते हैं, इससे भी हम अपने आपको नर्वस, तनावपूर्ण या विचलित बना सकते हैं। हमारे बोलने की वजह से हमें नकारात्मक या सकारात्मक परिणाम मिल सकते हैं। अपने शब्दों से हम शांति भी हासिल कर सकते हैं। शांति हासिल करने के लिये मृदुता से बोलें।

जब भी समूह-चर्चा में उत्तेजना की प्रवृत्ति दिखाई दे या गर्मागर्मी का माहौल बन जाये, तो धीरे से शांतिपूर्ण विचारों को अंदर डालने की कोशिश करें। देखें कि इस तरकीब से तनाव किस तरह दूर होता है। उदाहरण के तौर पर ब्रेकफ़ास्ट टेबल पर दुखद संभावनाओं से भरी चर्चा पूरे दिन को अक्सर बिगाड़कर रख देती है। फिर इसमें हैरानी की क्या बात है कि घटनायें वास्तव में हमारी दुखद संभावनाओं के अनुरूप घटित होती हैं। नकारात्मक चर्चा परिस्थितियों पर बुरा प्रभाव डालती है। निश्चित रूप से तनावपूर्ण या नर्वस चर्चा से हमारा अंदरूनी तनाव बढ़ता है।

इसके बजाय हर दिन की शुरुआत सुखद, संतुष्ट और सुखी नज़रिये से करें। आप पायेंगे कि आपका दिन सुखद और सफल गुज़रेगा। इस तरह

का नज़रिया संतोषजनक परिस्थितियाँ निर्मित करने में सक्रिय और निश्चित तत्व है। अगर आप अपने मन में शांति लाना चाहते हैं, तो आपको अपने शब्दों पर ध्यान देना होगा।

चर्चा से सभी तरह के नकारात्मक विचारों को हटा देना महत्त्वपूर्ण है क्योंकि इनसे तनाव और अंदरूनी असंतोष पैदा होता है। उदाहरण के तौर पर, अगर आप लंच पर लोगों से बात कर रहे हों, तो यह न कहें, "कम्युनिस्ट इस देश पर जल्दी ही शासन करने लगेंगे।" पहली बात तो यह है कि कम्युनिस्ट इस देश पर कभी शासन नहीं करेंगे परंतु ऐसा कहने मात्र से आप दूसरों के दिमाग़ में निराशा की प्रतिक्रिया निर्मित कर देते हैं। इससे पाचन तंत्र पर बुरा प्रभाव पड़ता है। इस निराशाजनक वाक्य का सभी उपस्थित लोगों के मानसिक रवैये पर बुरा प्रभाव पड़ता है और हर व्यक्ति शायद थोड़ा परंतु निश्चित रूप से असंतुष्ट और चिड़चिड़ा होकर जाता है। शायद वे इस भावना के साथ भी वहाँ से जायें कि हर चीज़ में कहीं न कहीं कोई गड़बड़ है। कई मौक़े ऐसे आते हैं जब हमें इन कठिन प्रश्नों का सामना करना होता है और इन पर निरपेक्ष और सघन चर्चा करनी होती है। और साम्यवाद से मैं जितना चिढ़ता हूँ उतना कोई दूसरा नहीं चिढ़ता होगा, परंतु आम तौर पर मन की शांति हासिल करने के लिये अपनी व्यक्तिगत और समूह चर्चाओं को सकारात्मक, खुशनुमा, आशावादी और संतोषजनक वाक्यों से भर लें।

हम जो शब्द बोलते हैं उनका हमारे विचारों पर सीधा और निश्चित असर होता है। विचारों से शब्द बनते हैं, क्योंकि शब्द विचारों के वाहन हैं। परंतु शब्दों का भी विचारों पर प्रभाव पड़ता है और वे रवैये को अगर बनाते न हों तो भी उन्हें स्वरूप अवश्य देते हैं। वास्तव में, जिसे चिंतन कहा जाता है वह अक्सर चर्चा से ही शुरू होता है। इसलिये अगर हम औसत चर्चा की बारीकी से जाँच करें और अनुशासित करें ताकि हम आश्वस्त हो सकें कि इसमें सिर्फ़ शांतिपूर्ण वाक्य ही हैं तो इसका परिणाम यह होगा कि हमारे विचार शांतिपूर्ण होंगे और अंततः इस वजह से हमारे मन में भी शांति होगी।

हर दिन मौन का अभ्यास मन की शांति हासिल करने की एक और प्रभावी तकनीक है। हर व्यक्ति को चौबीस घंटे में कम से कम पंद्रह मिनट पूरी तरह मौन रहने का फ़ैसला करना चाहिये। उस सबसे शांत जगह पर चले जायें जो आप ढूँढ़ सकते हों और वहाँ पंद्रह मिनट तक बैठें या लेटें और मौन की कला का अभ्यास करें। किसी से किसी प्रकार की बात न करें। कुछ न लिखें। कुछ न पढ़ें। कम से कम सोचें। अपने दिमाग़ को न्यूट्रल गियर

में डाल दें। अपने दिमाग़ को निष्क्रिय सोया हुआ बना लें। शुरुआत में तो यह आसान नहीं होगा क्योंकि आपके दिमाग़ में तरह-तरह के विचार आयेंगे, परंतु धीरे-धीरे अभ्यास करने से आप इस कला में पारंगत हो जायेंगे। अपने मन को पानी की सतह की तरह समझें और यह कोशिश करें कि आप इसे इतना शांत बना लें कि इस सतह पर कोई लहर न हो। जब आप शांत अवस्था हासिल कर लें तो सामंजस्य, सौंदर्य और ईश्वर की उन गहरी ध्वनियों को सुनें जो मन में पायी जाती हैं।

दुर्भाग्य से अमेरिकी इस कला में पारंगत नहीं हैं, जो बहुत अफ़सोस की बात है क्योंकि थॉमस कार्लाइल ने कहा था : "मौन वह तत्व है जिसमें महान वस्तुयें अपने आपको आकार देती हैं।" अमेरिकियों की इस पीढ़ी ने कुछ ऐसा खो दिया है जो उनके परदादा जानते थे और जिसने उनके चरित्र को आकर देने में मदद की थी - और यह वस्तु है सघन जंगल या दूर तक फैले मैदानी इलाक़े का मौन।

शायद हमारी आंतरिक शांति के अभाव का कुछ हद तक यह कारण है कि शोरगुल आधुनिक लोगों के नर्वस सिस्टम को प्रभावित करता है। वैज्ञानिक प्रयोगों से पता चला है कि जहाँ हम काम करते हैं, रहते हैं और सोते हैं, वहाँ होने वाले शोरगुल से हमारी कार्यकुशलता पर विपरीत प्रभाव पड़ता है। लोकप्रिय मान्यता के विपरीत यह संदेहपूर्ण है कि हम कभी पूरी तरह से अपने शारीरिक, मानसिक या नर्वस तंत्र को शोरगुल के अनुकूल बना पायें। बार-बार होने वाली ध्वनि चाहे कितनी भी जानी-पहचानी हो, अवचेतन मन उसे अवश्य सुन लेता है। नींद में भी कार के हॉर्न, हवाईजहाज़ का शोर और बाक़ी तेज़ आवाज़ों के कारण हमारा शरीर सक्रिय हो जाता है। इन ध्वनियों द्वारा जो आवेग नर्व्ज़ को प्रेषित किये जाते हैं उनसे मांसपेशियाँ गति में आ जाती हैं और इस वजह से हमें सच्चा आराम नहीं मिल पाता। अगर प्रतिक्रिया पर्याप्त गंभीर है तो यह आघात का रूप धारण कर लेती है।

दूसरी तरफ़, मौन में उपचार की, शांति और स्वास्थ्य प्रदान करने की बहुत शक्ति है। स्टार डेली का कहना है, "मौन की कला का अभ्यास करने वाले मेरे किसी परिचित को मैंने आज तक बीमार नहीं देखा। मैंने यह पाया है कि मेरे अपने कष्ट मेरे जीवन में तब आये हैं जब मैंने अपनी अभिव्यक्ति को आराम के साथ संतुलित नहीं किया।" स्टार डेली के हिसाब से मौन में आध्यात्मिक उपचार की शक्ति है। हमें पूर्ण मौन के अभ्यास से जो आराम मिलता है उससे हमारे कई मानसिक रोगों का अपने आप उपचार हो जाता है।

आधुनिक जीवन की परिस्थितियों में जीने की रफ़्तार इतनी तेज़ हो चुकी है कि मौन का अभ्यास करना अब उतना आसान नहीं रह गया है जितना कि यह सौ साल पहले था। हमारे जीवन में आवाज़ करने वाली बहुत सारी मशीनें आ गयी हैं, जो हमारे दादाओं-परदादाओं के ज़माने में नहीं थीं। और हमारी जीवनशैली भी पहले की तुलना में ज़्यादा तेज़ हो गयी है। आधुनिक जीवन में दूरियों को ख़त्म कर दिया गया है और स्पष्ट रूप से हम समय के तत्व को ख़त्म करने का प्रयास भी कर रहे हैं। यह बहुत कम संभव होता है कि कोई व्यक्ति घने जंगलों में पैदल जाये या समुद्र किनारे बैठे या पहाड़ की चोटी पर या समुद्र के बीच जहाज़ के डेक पर खड़े होकर साधना करें। परंतु जब हमें इस तरह के अनुभव होते हैं तो हम अपने मस्तिष्क पर उस मौन स्थान और उस क्षण के भाव की तस्वीर छाप लेते हैं और हम बाद में अपनी याद के सहारे उस क्षण में बार-बार चले जाते हैं जैसे हम सचमुच उस वक़्त उस स्थान पर हों। दरअसल, जब आप याद में ही इसकी ओर लौटते हैं तो मस्तिष्क में वास्तविक स्थिति में मौजूद अप्रिय तत्वों को हटाने की प्रवृत्ति होती है। स्मरण में की गयी यात्रा अक्सर वास्तविक यात्रा से सुखद होती है क्योंकि मस्तिष्क की यह आदत होती है कि वह उस दृश्य के सौंदर्य को ही प्रस्तुत करता है।

उदाहरण के तौर पर जब मैं यह शब्द लिख रहा हूँ तो मैं दुनिया के सबसे सुंदर होटलों में से एक की बालकनी में हूँ। रॉयल हवाइयन नाम का यह होटल होनोलुलु, हवाई में प्रसिद्ध और रोमांटिक वायकिकी बीच पर स्थित है। मैं एक बाग देख रहा हूँ जिसमें सुंदर पाम ट्री लगे हुये हैं और जो मद्धिम हवा में लहरा रहे हैं। हवा में सुगंधित फूलों की खुशबू लदी हुई है। इन टापुओं पर गुड़हल की दो हज़ार वैरायटी हैं और इनकी सुगंध पूरे बाग में फैली हुई है। मेरी खिड़की के बाहर पपीते के पेड़ पक रहे फलों से लदे हैं। रॉयल पॉइनसियेना के चमकदार रंग, जंगल के वृक्षों की चमक के कारण दृश्य अधिक रंगीन हो जाता है और खैर के पेड़ सुंदर सफ़ेद फूलों से पूरी तरह से लदे हुये हैं।

इन टापुओं के चारों तरफ़ अविश्वसनीय नीला समुद्र क्षितिज तक फैला हुआ है। सफ़ेद चमकदार लहरें अंदर की तरफ़ आ रही हैं और हवाई के नागरिक और मेरे साथी यात्री सर्फ़बोर्ड और आउटरिगर केनोज़ में उत्साह से यात्रा कर रहे हैं। यह मनमोहक सुंदरता का एक पूर्ण दृश्य है। जब मैं यहाँ बैठकर शांत मस्तिष्क में उत्पन्न शक्ति के बारे में लिख रहा हूँ तो इस दृश्य

का मुझ पर अवर्णनीय उपचारक प्रभाव पड़ रहा है। जिन सतत ज़िम्मेदारियों के बीच मैं आम तौर पर रहता हूँ वे अब बहुत दूर नज़र आती हैं। हालाँकि मैं लेक्चर्स की एक श्रंखला के लिये और यह पुस्तक लिखने के लिये हवाई आया हूँ, फिर भी इस स्थान की शांति मेरे चारों तरफ़ है। परंतु मुझे एहसास है कि जब मैं पाँच हज़ार मील दूर न्यूयॉर्क में अपने घर लौट जाऊँगा तो मैं इस सौंदर्य के सुख को सचमुच भोग सकूँगा जिसे मैं अभी देख रहा हूँ। यह मेरी याद में अमूल्य वस्तु की तरह रखा रहेगा। जिसकी तरफ़ मेरा मन आगे आने वाले व्यस्त दिनों में बार-बार भागेगा। अक्सर, जब मैं इस सुंदर स्थान से दूर चला जाऊँगा तो मैं स्मरण शक्ति के सहारे वायकिकी के इस पाम-ट्री की पंक्तियों वाले और फेन भरे बीच में शांति प्राप्त कर लूँगा।

अपने मस्तिष्क को अधिक से अधिक शांतिपूर्ण अनुभवों से भर लें फिर योजना बनाकर उनकी यादों में यात्रा करें। आपको जान लेना चाहिये कि शांत मस्तिष्क बनाने का सबसे आसान तरीक़ा शांत मस्तिष्क की रचना करना है। यह अभ्यास से संभव है, जिसमें आपको कुछ आसान सिद्धांतों पर अमल करने की ज़रूरत है जिन्हें यहाँ बताया गया है। मस्तिष्क तत्काल शिक्षा और अनुशासन पर प्रतिक्रिया करता है। आप अपने मस्तिष्क से जो चाहे वह दोबारा माँग सकते हैं और वह इसे आपको सौंप देगा परंतु याद रखें मस्तिष्क केवल वही चीज़ दोबारा दे सकता है जो इसे पहली बार में दी गयी थी। अपने विचारों को शांतिदायक अनुभवों, शांतिदायक शब्दों और विचारों से सराबोर कर लें और अंत में आपके पास शांति देने वाले अनुभवों का एक गोदाम होगा जिससे आप अपने मन को ताज़ा और नया कर सकें। यह शक्ति का एक बहुत बड़ा स्त्रोत होगा।

मैंने एक मित्र के साथ एक रात गुज़ारी जिसका घर बहुत सुंदर था। हमने एक अद्भुत और रोचक डाइनिंग रूम में नाश्ता किया। चारों दीवारों पर एक सुंदर म्यूरल पेंटिंग है जिसमें उस देहाती इलाक़े के चित्र हैं जिनमें मेरा मेज़बान बचपन में बड़ा हुआ था। यह सुंदर पहाड़ियाँ, शांत वादियों और गीत गाती हुई नदियों का विहंगम दृश्य था। नदियाँ साफ़ और चमकदार थीं और चट्टानों के ऊपर से उछलती हुई जा रही थीं। घुमावदार सड़कें सुंदर जंगलों के बीच से लहराती हुई जा रही थीं। छोटे-छोटे घर इस दृश्य में बिंदुओं की तरह दिख रहे थे। बीच में एक सफ़ेद चर्च था जिसके ऊपर एक ऊँची मीनार थी।

जब हम नाश्ता कर रहे थे तो मेरे मेज़बान ने अपने बचपन के इस इलाक़े के बारे में बात की और दीवार के चारों तरफ़ पेंटिंग में रुचि के कई बिंदु दिखाये। फिर उसने कहा : "अक्सर जब मैं डाइनिंग रूम में बैठता हूँ तो मैं अपनी याद में इस बिंदु से उस बिंदु तक जाता हूँ और पुराने दिनों को फिर से जीता हूँ। उदाहरण के तौर पर मुझे याद है कि मैं उस गली में बचपन में नंगे पैर चला करता था और किस तरह धूल मेरे पैरों के बीच में महसूस होती थी। मुझे याद है कि मैं गर्मी की दोपहर में नदी में फ़िशिंग किया करता था और ठंड के दिनों में उन पहाड़ियों पर जाया करता था।"

"बचपन में मैं उस चर्च में जाया करता था।" उसने मुस्कुराते हुये कहा : "मैंने उस चर्च में कई लंबे उपदेश सुने हैं परंतु मैं आज भी लोगों की दयालुता और उनके जीवन की संजीदगी के प्रति कृतज्ञ हूँ। मैं यहाँ बैठकर और उस चर्च को देखकर उन भजनों की याद कर सकता हूँ जो मैंने वहाँ पर अपने माता-पिता के साथ प्यू में इकट्ठे बैठकर सुने थे। मेरे माता-पिता काफ़ी समय पहले उसी चर्च के क़ब्रिस्तान में दफ़न कर दिये गये हैं, परंतु अपनी याद में मैं उनकी क़ब्र के पास पहुँच जाता हूँ और उन्हें मुझसे उसी तरह बात करते हुये सुनता हूँ जिस तरह पुराने दिनों में हुआ करता था। मैं बहुत थक जाता हूँ और कई बार मैं नर्वस और तनावपूर्ण हो जाता हूँ। यहाँ बैठने और पुराने समस्या रहित सुखद दिनों में वापस लौटने से मुझे काफ़ी मदद मिलती है। इससे मेरे अंदर कुछ हो जाता हे। इससे मुझे शांति मिलती है।"

शायद हम सब अपने डाइनिंग रूम की दीवारों पर इस तरह की पेंटिंग नहीं करवा सकते, परंतु आप अपने मस्तिष्क की दीवारों पर चारों तरफ़ इसे ज़रूर लगा सकते हैं : आपके जीवन के सबसे सुंदर अनुभवों की तस्वीरें। उन विचारों में समय बितायें जो इन तस्वीरों द्वारा सुझाये जाते हैं। चाहे आप कितने भी व्यस्त हों या आपकी ज़िम्मेदारियाँ कितनी भी ज़्यादा हों यह आसान परंतु अद्भुत अभ्यास, जो कई मामलों में सफल सिद्ध हुआ है, आपके लिये लाभदायक होगा। शांत मन को प्राप्त करने का यह आसान तरीक़ा है जिस पर अमल करना भी आसान है।

आंतरिक शांति के मामले में एक तत्व का उल्लेख करना आवश्यक है क्योंकि यह महत्त्वपूर्ण है। अक्सर मैं पाता हूँ कि जो लोग आंतरिक शांति की कमी का अनुभव करते है वे आत्म-दंड के तंत्र के शिकार होते हैं। जीवन में उन्होंने कभी कोई पाप किया है और उसका अपराधबोध उन्हें सताता रहता

है। उन्होंने गंभीरता से ईश्वर से माफ़ी माँगी है और ईश्वर हर उस व्यक्ति को हमेशा माफ़ कर देता है जो सच्चे दिल से माफ़ी माँगता है। बहरहाल, मानवीय मस्तिष्क के अंदर एक अजीब सी प्रवृत्ति होती है जिसके कारण कई बार इन्सान खुद को माफ़ नहीं कर पाता।

उसे लगता है कि उसे दंड मिलना चाहिये और इसलिये वह लगातार उस दंड की आशा करता रहता है। इसका परिणाम यह होता है कि उसे हमेशा डर बना रहता है कि कुछ बुरा होने वाला है। इन परिस्थितियों में शांति प्राप्त करने के लिये वह अपने काम की गहनता को बढ़ा लेता है। उसे लगता है कि कड़ी मेहनत से उसका अपराधबोध कम हो जायेगा। एक डॉक्टर ने मुझे बताया कि उसके सामने कई नर्वस ब्रेकडाउन के केस आये, जिनका कारण अपराधबोध था जिसे कम करने के लिये मरीज़ बहुत ज़्यादा काम कर रहा था। मरीज़ अपने ब्रेकडाउन का कारण ज़्यादा काम बताता था, वह अपराधबोध का ज़िक्र नहीं करता था। "परंतु," डॉक्टर ने कहा, "अगर उनका अपराधबोध पूरी तरह समाप्त हो गया होता तो यह लोग ज़्यादा काम से बीमार नहीं हुये होते।" इन परिस्थितियों में मन की शांति तभी संभव है जब इस अपराधबोध और इसके कारण उत्पन्न होने वाले तनाव को ईसा मसीह की उपचारक पद्धति द्वारा दूर किया जाये।

मैं कुछ दिन शांति से लेखन कार्य करने के लिये एक रिज़ॉर्ट होटल में गया। वहाँ पर मुझे न्यूयॉर्क का एक व्यक्ति मिला जिसे मैं कुछ-कुछ जानता था। वह बहुत दबाव में रहने वाला, बहुत मेहनत करने वाला और बेहद नर्वस बिज़नेस एक्ज़ीक्यूटिव था। वह डेक-चेयर पर धूप में बैठा हुआ था। उसके आमंत्रण पर मैं भी उसके पास बैठ गया और उससे बात करने लगा।

"मुझे खुशी है कि आप इस सुंदर स्थान पर आराम कर रहे हैं," मैंने कहा।

उसने जवाब दिया, "मेरे यहाँ रहने का कोई कारण नहीं है। घर पर मेरे पास ढेर सारा काम पड़ा हुआ है। मैं बहुत दबाव में हूँ। काम का असर मेरे जीवन पर हुआ है, मैं नर्वस हूँ और मुझे नींद नहीं आती। मैं चौंक जाता हूँ। मेरी पत्नी ने दबाव डाला कि मैं यहाँ एक सप्ताह के लिये आ जाऊँ। डॉक्टर का कहना है कि अगर मैं सही तरीक़े से सोचने लगूँ और आराम से रहने लगूँ तो मेरे साथ कोई दिक़्क़त नहीं है। परंतु दुनिया में आप ऐसा कैसे कर सकते हैं?" उसने चुनौती दी। फिर उसने मुझे एक करुण निगाह

से देखा। "डॉक्टर," उसने कहा, "मैं अगर शांत हो सकूँ तो मैं इसके लिये कुछ भी देने के लिये तैयार हूँ। दुनिया में किसी भी चीज़ से अधिक मैं मन की शांति चाहता हूँ।"

हमने कुछ बातें कीं और चर्चा में यह सामने आया कि वह हमेशा इस चिंता में रहता था कि कुछ बुरा होने वाला है। वर्षों तक उसने किसी बुरी घटना की प्रत्याशा में जीवन गुज़ारा है और उसे लगातार यह डर रहा कि उसकी पत्नी या उसके बच्चों या उसके घर के साथ "कुछ बुरा" होने वाला है।

उसके प्रकरण का विश्लेषण कठिन नहीं था। उसकी असुरक्षा के दो स्त्रोत थे - उसके बचपन की असुरक्षायें और बाद में उसके अपराधबोध के अनुभव। उसकी माँ हमेशा सोचा करती थी, "कुछ बुरा होने वाला है," और उसने अपनी माँ की चिंता की भावनाओं को आत्मसात कर लिया था। बाद में उसने कुछ पाप किये और उसके अवचेतन मस्तिष्क ने आत्म-दंड पर ज़ोर दिया। वह आत्म-दंड के तंत्र का शिकार बन गया। इस दुखद संयोग की वजह से मैंने इस दिन उसे नर्वस प्रतिक्रिया की उत्तेजित अवस्था में देखा।

हमारी चर्चा समाप्त होते समय मैं उसकी कुर्सी के पास एक मिनट खड़ा रहा। हमारे आस-पास कोई नहीं था, इसलिये मैंने थोड़ा हिचकिचाते हुये सुझाव दिया : "क्या आप चाहेंगे कि मैं आपके साथ प्रार्थना करूँ?" उसने सिर हिलाया और मैंने उसके कंधे पर हाथ रखकर प्रार्थना की : "प्रिय यीशु, जैसे तुमने बहुत पहले लोगों का उपचार किया था और उन्हें शांति दी थी, वैसे ही अब इस व्यक्ति का उपचार करो। इसे पूरी तरह क्षमादान दो। अपने आप को माफ़ करने में इसकी मदद करो। इसे इसके पापों से मुक्त कर दो और इसे जान लेने दो कि तुमने इसे माफ़ कर दिया है। इसे इसके पापों से मुक्ति दो। फिर अपनी शांति को इसके मन में, इसकी आत्मा में और इसके शरीर में प्रवाहित होने दो।"

उसने एक अजीब भाव से मेरी तरफ़ देखा और फिर उसने मेरी तरफ़ पीठ कर ली क्योंकि उसकी आँखों में आँसू थे और वह नहीं चाहता था कि मैं उन्हें देखूँ। हम दोनों ही थोड़ी उलझन में थे और मैं उसके पास से चला गया। महीनों बाद मैं उससे फिर मिला और उसने कहा : "उस दिन जब आपने मेरे लिये प्रार्थना की थी तो मेरे साथ कुछ हुआ। मुझे शांति का अजीब सा अनुभव हुआ, और," उसने आगे कहा, "उपचार का भी।"

वह अब नियमित रूप से चर्च जाता है और हर दिन बाइबल पढ़ता है। वह ईश्वर के नियमों का पालन करता है और उसकी सक्रिय शक्ति अब प्रचुर हो चुकी है। वह एक स्वस्थ और सुखी व्यक्ति है क्योंकि उसके दिल और दिमाग़ में शांति है।

3

लगातार ऊर्जावान कैसे बना जाये

मेजर लीग का एक बेसबॉल पिचर एक गेम खेल रहा था। तापमान सौ डिग्री से भी अधिक था। भरी दोपहर में मेहनत के परिणामस्वरूप उसका वज़न कई पौंड घट गया। खेल के दौरान एक वक़्त तो उसे ऐसा लगा जैसे वह थककर गिरने ही वाला है। परंतु अपनी घटती हुई शक्ति को फिर से प्राप्त करने का उसका तरीक़ा अद्‌भुत था। उसने सिर्फ़ ओल्ड टेस्टामेंट का यह वाक्य दोहराया : “परंतु जो ईश्वर के सेवक हैं वे अपनी ताक़त फिर से पा लेंगे, वे गरुड़ की तरह तेज़ गति से आसमान में उड़ेंगे और गिरेंगे नहीं; वे दौड़ेंगे पर थकेंगे नहीं; और वे चलेंगे, पर कमज़ोर नहीं होंगे।” (यथायाह 40:31)।

फ़्रैंक हिलर नाम के इस पिचर ने, जिसे यह अनुभव हुआ था, मुझे बताया कि इस प्रार्थना को मैदान में दोहराने के बाद उसकी ताक़त एक बार फिर नयी हो गयी और खेल ख़त्म होने के बाद भी वह ज़रा भी थकान महसूस नहीं कर रहा था। उसने अपनी इस तकनीक को यह कहकर स्पष्ट किया, “मैंने अपने दिमाग़ में इस ऊर्जा पैदा करने वाले सशक्त विचार को बैठा लिया।”

हम कैसा अनुभव करते हैं - इस बारे में हम जो सोचते हैं, उसका इस बात पर निश्चित प्रभाव पड़ता है कि हम वास्तव में शारीरिक रूप से कैसा महसूस करेंगे। अगर आपका दिमाग़ आपको बताता है कि आप थके हुये हैं, तो आपका शरीर, आपकी नर्व्ज़ और आपकी मांसपेशियाँ इस तथ्य को स्वीकार कर लेती हैं। परंतु अगर आपका दिमाग़ किसी काम में गहरी रुचि ले रहा है तो आप उस काम को अनंत काल तक बिना थके जारी रख सकते हैं। धर्म हमारे विचारों के माध्यम से काम करता है, क्योंकि दरअसल धर्म विचारों के अनुशासन का सिस्टम है। मस्तिष्क में आस्था के

दृष्टिकोण को भरकर यह हमारी ऊर्जा बढ़ा देता है। आपके पास प्रचुर शक्ति के संसाधन और समर्थन हैं, यह सुझाव देकर यह आपको कार्य करने की अत्यधिक शक्ति प्रदान करता है।

कनेक्टिकट में मेरा एक ऊर्जावान दोस्त है, जो बहुत जोशीला है। उसका कहना है कि वह नियमित रूप से चर्च इसलिये जाता है, ताकि वह "अपनी बैटरी को रिचार्ज कर सके।" उसकी बात में दम है। ईश्वर ही सारी ऊर्जा का स्त्रोत है - सारे ब्रह्मांड की ऊर्जा, आणविक ऊर्जा, विद्युत ऊर्जा और आध्यात्मिक ऊर्जा - वस्तुतः ऊर्जा का हर रूप उसी रचयिता से पैदा हुआ है। बाइबल इस बिंदु पर ज़ोर डालते हुये कहती है, "वह कमज़ोरों को ताक़त देता है और जिनमें शक्ति नहीं होती वह उन्हें शक्ति से भर देता है।" (यशायाह 40:29)।

एक अन्य वक्तव्य में बाइबल ऊर्जा की प्रक्रिया का वर्णन करते हुये कहती है : "... उसमें हम रहते हैं (यानी हममें जीवंतता रहती है), चलते हैं (यानी गतिज ऊर्जा रहती है), और हमारा अस्तित्व रहता है (यानी हम पूर्णता प्राप्त करते हैं।)" (एक्ट्स 17:28)।

ईश्वर से संपर्क हमारे भीतर भी उसी तरह की ऊर्जा को प्रवाहित करता है जिस तरह की ऊर्जा से दुनिया का नवीनीकरण होता है और जो हर साल वसंत में प्रकृति को नया रूप देती है। जब हम अपने विचार की प्रक्रियाओं के माध्यम से ईश्वर के आध्यात्मिक संपर्क में आते हैं, तो अपने आप हममें ईश्वर की दैवी ऊर्जा और शक्ति प्रवाहित होने लगती है जिससे अपने आप मूल रचनात्मक कार्य नवीनीकृत होता रहता है। जब दैवी ऊर्जा से हमारा संपर्क टूट जाता है तो हमारा व्यक्तित्व धीरे-धीरे शरीर, मन और आत्मा से कमज़ोर होने लगता है। अगर बिजली से चलने वाली घड़ी को बिजली की सप्लाई मिलती रहे, तो वह अनंत काल तक बिना रुके चल सकती है और सही समय बता सकती है। परंतु अगर आप सप्लाई बंद कर दें, तो वह तत्काल रुक जायेगी। क्यों? क्योंकि ऊर्जा के स्त्रोत से उसका संपर्क टूट गया है जो पूरे ब्रह्मांड में प्रवाहित हो रही है। आम तौर पर यही प्रक्रिया मानवीय अनुभव में भी लागू होती है, हालाँकि यह काम यांत्रिक रूप से लागू होती है।

कुछ साल पहले मैंने एक लेक्चर सुना जिसमें वक्ता ने बड़े जनसमूह के सामने यह कहा कि वह पिछले तीस साल में एक दिन भी नहीं थका।

उसने बताया कि तीस साल पहले वह एक आध्यात्मिक अनुभव से गुज़रा था, जिसमें आत्म-समर्पण द्वारा उसने दैवी शक्ति से संपर्क स्थापित किया था। तब से उसमें हर गतिविधि के लिये पर्याप्त ऊर्जा रहने लगी और उसकी गतिविधियाँ अनंत थीं। वह अपने उपदेशों का इतना स्पष्ट उदाहरण था कि उस विशाल जनसमूह का हर व्यक्ति उससे बहुत प्रभावित हुआ।

मेरे लिये यह उस तथ्य का उद्घाटन था कि हमारी चेतना में हम असीमित शक्ति के भंडार का दोहन कर सकते हैं जिसके परिणामस्वरूप हमारी ऊर्जा कभी कम नहीं होगी। वर्षों तक मैंने उन विचारों का अध्ययन किया और उस पर प्रयोग किया जिनका वर्णन इस वक्ता ने किया था और जिसका दूसरों ने भी विश्लेषण और प्रदर्शन किया था। मुझे यह विश्वास है कि यदि ईसाई धर्म के सिद्धांतों का वैज्ञानिक रूप से प्रयोग किया जाये तो इससे इन्सान के मस्तिष्क और शरीर में ऊर्जा का अनवरत और सतत प्रवाह बना रह सकता है।

इन निष्कर्षों को एक प्रसिद्ध डॉक्टर ने भी सही माना जिसके साथ मैं एक ऐसे व्यक्ति के बारे में बात कर रहा था जिसे हम दोनों जानते थे। इस व्यक्ति की ज़िम्मेदारियाँ बहुत भारी थीं और वह सुबह से आधी रात तक बिना रुके काम करता था, परंतु वह हमेशा नयी ज़िम्मेदारियाँ लेने के लिये तैयार दिखता था। उसके पास अपने काम को आसानी और कुशलता से निबटाने की कला थी।

मैंने डॉक्टर से कहा कि यह व्यक्ति एक ख़तरनाक गति से जीवन जी रहा है और इसलिये इसे नर्वस ब्रेकडाउन होने की आशंका हो सकती है। डॉक्टर ने सिर हिलाकर कहा, "नहीं। उसका डॉक्टर होने के नाते मुझे नहीं लगता कि उसे नर्वस ब्रेकडाउन हो सकता है। इसका कारण यह है कि वह अच्छी तरह से व्यवस्थित व्यक्ति है ओर उसके सिस्टम में ऊर्जा कहीं से लीक नहीं होती या रिसती नहीं है। वह एक अच्छी मशीन की तरह काम करता है। वह हर काम इत्मीनान से करता है और अपने बोझ को बिना तनाव के उठाता है। वह अपनी एक औंस ऊर्जा भी बर्बाद नहीं होने देता, बल्कि हर प्रयास में अधिकतम शक्ति लगाता है।"

"आपको क्या लगता है उसकी इस कार्यकुशलता, उसकी इस असाधारण ऊर्जा का रहस्य क्या है?" मैंने पूछा।

डॉक्टर ने एक पल सोचा। "इसका उत्तर यह है कि वह एक सामान्य

इन्सान है जो भावनात्मक रूप से संतुलित है, परंतु उससे भी अधिक महत्त्वपूर्ण बात यह है कि वह एक सच्चा धार्मिक इन्सान है। अपने धर्म से उसने यह सीखा है कि शक्ति की बर्बादी से कैसे बचा जा सकता है। उसका धर्म एक उपयोगी तंत्र की तरह उसके काम आता है और उसकी ऊर्जा को बर्बाद होने से बचाता है। कड़ी मेहनत से इन्सान की ऊर्जा बर्बाद नहीं होती, बल्कि भावनात्मक असंतुलन से बर्बाद होती है और यह व्यक्ति इससे पूरी तरह मुक्त है।"

दिनोदिन लोगों को यह एहसास होता जा रहा है कि ऊर्जा और व्यक्तित्व की शक्ति हासिल करने के लिये गहरा आध्यात्मिक जीवन बनाये रखना महत्त्वपूर्ण है।

शरीर को इस तरह से बनाया गया है कि यह आश्चर्यजनक रूप से लंबे समय तक आवश्यक ऊर्जा का उत्पादन कर सके। अगर कोई व्यक्ति अपने शरीर का समुचित ध्यान रखे यानी खानपान, व्यायाम, नींद, शारीरिक व्यसनों से मुक्ति इत्यादि पर ध्यान दे तो शरीर अपने आपको अच्छी तरह से स्वस्थ रख सकता है, आश्चर्यजनक ऊर्जा का उत्पादन कर सकता है और इसे बनाये रख सकता है। अगर वह व्यक्ति इसी तरह अपने अच्छी तरह संतुलित भावनात्मक जीवन पर ध्यान देता है तो ऊर्जा की बचत होगी। परंतु अगर वह आनुवंशिक या स्वयं द्वारा प्रदत्त नकारात्मक भावनात्मक प्रतिक्रिया द्वारा अपनी ऊर्जा का क्षय होने देता है तो उसके पास जीवंत शक्ति की कमी होगी। जब शरीर, मस्तिष्क और आत्मा मिलकर काम करते हैं तो व्यक्ति की स्वाभाविक अवस्था आवश्यक ऊर्जा के लगातार नवीनीकरण की होती है।

थॉमस ए. एडीसन की पत्नी से मैं अक्सर उनके प्रसिद्ध पति और दुनिया के महानतम आविष्कारक की आदतों और गुणों के बारे में बात किया करता था। उन्होंने बताया कि एडीसन कई घंटों की मेहनत के बाद जब अपनी प्रयोगशाला से घर आते थे तो अपने पुराने बिस्तर पर लेट जाते थे। तत्काल वे किसी बच्चे की तरह स्वाभाविक रूप से गहरी और बाधारहित नींद में सो जाते थे। तीन या चार या कई बार पाँच घंटों के बाद जब वे जागते थे तो पूरी तरह जाग्रत होते थे, पुरी तरह तरोताज़ा होते थे और अपने काम पर लौटने के लिये उत्सुक रहते थे।

मैंने जब मिसेज़ एडीसन से आग्रह किया कि वे इतने स्वाभाविक और आदर्श तरीक़े से सोने की उनके पति की आदत का विश्लेषण करें तो उन्होंने बताया, "वे प्राकृतिक पुरुष हैं"। उनका आशय था कि वे पूरी तरह से प्रकृति

और ईश्वर के सामंजस्य में जीते थे। उनमें कोई असंतुलन नहीं था, कोई संघर्ष नहीं था, कोई भावनात्मक अस्थिरता नहीं थी, कोई मानसिक गड़बड़ी नहीं थी। वे तब तक काम करते थे, जब तक उन्हें नींद की ज़रूरत महसूस नहीं होती थी, फिर वे गहरी नींद में सो जाते थे और जब वे उठते थे तो वे फिर से अपने काम में जुट जाते थे। एडीसन कई सालों तक जीवित रहे और कई मायनों में वे अमेरिकी महाद्वीप में रहने वाले शायद सबसे रचनात्मक जीनियस थे। भावनात्मक संतुलन और पूरी तरह विश्राम करने की उनकी योग्यता से उन्हें ऊर्जा प्राप्त होती थी। ब्रह्मांड के साथ उनके अद्‌भुत सामंजस्यपूर्ण संबंध के कारण प्रकृति ने उनके सामने अपने गोपनीय रहस्य खोल दिये।

मैं कई महान लोगों को जानता हूँ और उनमें से कई में अत्यधिक काम करने की अद्‌भुत क्षमता थी। यह सभी लोग अनंत प्रज्ञा के सामंजस्य में थे। इस तरह का इर इन्सान प्रकृति के साथ सामंजस्य में दिखाई देता है और दैवी ऊर्जा के संपर्क में नज़र आता है। यह ज़रूरी नहीं है कि वे लोग धार्मिक हों, परंतु वे लोग हमेशा भावनात्मक और मनोवैज्ञानिक दृष्टिकोण से असाधारण रूप से संतुलित होते हैं। डर, नफ़रत, बचपन में माता-पिता की ग़लतियों को आत्मसात करना, आंतरिक संघर्ष और मनोविकार किसी भी संतुलित व्यक्ति को असंतुलित कर सकते हैं और इस तरह प्राकृतिक शक्ति का अनावश्यक क्षय कर सकते हैं।

मेरी उम्र जितनी ज़्यादा होती जा रही है, मुझे उतना ही विश्वास होता जा रहा है कि न तो उम्र, न ही परिस्थितियाँ हमारी ऊर्जा या जोश को कम कर सकती हैं। आज हम आख़िरकार धर्म और स्वास्थ्य के क़रीबी संबंध के प्रति जाग्रत हो रहे हैं। हम उस मूलभूत सत्य को समझना शुरू कर रहे हैं जिसे हमने अब तक नज़रअंदाज़ किया था और वह सत्य यह है कि हमारी शारीरिक स्थिति बहुत हद तक हमारी भावनात्मक स्थिति द्वारा निर्धारित होती है और हमारा भावनात्मक जीवन हमारे वैचारिक जीवन द्वारा निर्धारित होता है।

अपने सभी पन्नों में बाइबल जीवंतता, शक्ति और जीवन के बारे में बात करती है। बाइबल जिस शब्द का सबसे अधिक प्रयोग करती है वह है जीवन और जीवन का अर्थ है जीवंतता - ऊर्जा से ओत-प्रोत होना। ईसा मसीह ने यह महत्त्वपूर्ण वाक्य कहा था : "... मैं आया हूँ ताकि उन्हें जीवन मिल सके, और उन्हें अधिक प्रचुरता से मिल सके।" (जॉन 10:10)। ऐसा

नहीं है कि इस जीवन में दर्द या कष्ट बिलकुल नहीं होंगे परंतु स्पष्ट संकेत यह है कि यदि कोई व्यक्ति ईसाई धर्म के रचनात्मक सिद्धांतों का अभ्यास करता है तो वह शक्ति और ऊर्जा के साथ रह सकता है।

ऊपर बताये गये सिद्धांतों का अभ्यास व्यक्ति को जीवन की सही गति पर ले आयेगा। हमारी शक्तियाँ तीव्र गति के कारण नष्ट होती हैं, क्योंकि वर्तमान युग में हम असामान्य गति का जीवन जी रहे हैं। ऊर्जा की बचत इस बार पर निर्भर करती है कि हमारे व्यक्तित्व की गति ईश्वर की गति के अनुरूप हो और उसके तालमेल में हो। सही गति वही है, जो ईश्वर की गति के सामंजस्य में हो। आपमें ईश्वर का निवास है। अगर आप एक गति से चलेंगे और ईश्वर दूसरी गति से चलेगा, तो आप खुद पर बहुत ज़्यादा तनाव डाल रहे हैं। "हालाँकि ईश्वर की चक्की धीमे पीसती है, परंतु यह बहुत बारीक पीसती है।" हममें से ज़्यादातर लोगों की चक्की बहुत तेज़ गति से पीसती है, और इसलिये बहुत ख़राब या मोटा पीसती है। जब हम ईश्वर की लय के हिसाब से चलते हैं, तो हम अपने आप में उसकी एक सामान्य गति विकसित कर लेते हैं और ऊर्जा लगातार मुक्त रूप से प्रवाहित होती रहती है।

इस युग की तेज़ रफ़्तार आदतों के कई विनाशकारी प्रभाव होते हैं। मेरे एक दोस्त ने अपने वृद्ध पिता द्वारा कही गई एक बात दोहराई। उन्होंने कहा था कि पुराने दिनों में जब कोई प्रेमी अपनी होने वाली पत्नी के घर पर शाम को जाता था तो वह ड्रॉइंग रूम में बैठता था। उन दिनों समय दादाजी की दीवार घड़ी द्वारा मापा जाता था जिसमें एक बहुत लंबा पेंडुलम हुआ करता था। यह कहता था : "अभी-बहुत-समय-बचा-है। अभी-बहुत-समय-बचा-है। अभी-बहुत-समय-बचा-है।" परंतु आधुनिक दीवार घड़ियों में छोटे पेंडुलम लगे होते हैं और वे तेज़ गति से चलते हैं और यह कहते हैं : "व्यस्त होने का समय आ गया है! व्यस्त होने का समय आ गया है! व्यस्त होने का समय आ गया है! व्यस्त होने का समय आ गया है!"

हर चीज़ की गति बढ़ गयी है और इसी कारण कई लोग थक जाते हैं। इसका समाधान यह है कि सर्वशक्तिमान ईश्वर की गति और उसके समय के साथ सामंजस्य स्थापित किया जाये। ऐसा करने का एक तरीक़ा है किसी गर्म दिन में धरती पर लेट जाना। अपने कान को धरती के क़रीब रखें और सुनें। आपको हर तरह की आवाज़ें सुनाई देंगी। आपको पेड़ों के बीच बहती हवा की ध्वनि सुनाई देगी और कीड़ों की ध्वनि भी सुनाई देगी।

आप तत्काल यह जान जायेंगे कि इन सभी ध्वनियों में एक सुसंगत गति है। आप इस गति को शहर की सड़कों पर चल रहे ट्रैफ़िक की ध्वनि में नहीं पा सकते, क्योंकि यह शोर की दुविधा में गुम हो जाती है। आप इसे चर्च में पा सकते हैं जहाँ आप ईश्वर के शब्दों और महान भजनों को सुनते हैं। सत्य चर्च में ईश्वर की गति के मान से कंपन करता है। परंतु अगर आप मन बना लें तो आप इसे किसी फ़ैक्ट्री में भी पा सकते हैं।

मेरा एक मित्र ओहायो में एक बड़े प्लांट में उद्योगपति है। उसने मुझे बताया कि उसके प्लांट में सबसे अच्छे आम करने वाले वे हैं जिन्होंने अपनी मशीन की लय के हिसाब से काम करना सीख लिया है। उसका दावा है कि अगर कोई काम करने वाला अपनी मशीन की लय के हिसाब से काम करता है तो वह दिन भर काम करने के बाद भी नहीं थकेगा। उसने यह बताया कि मशीन ईवर के नियम के अनुरूप पार्ट्स की असेंबलिंग है। जब आप मशीन से प्रेम करते हैं और इसे अच्छी तरह से जान जाते हैं तो आपको आभास होता है कि इसमें एक लय है। यह शरीर नर्व्ज़, आत्मा की लय के अनुरूप है। यह ईश्वर की लय में है और यदि आप इस लय के सामंजस्य में हैं तो आप बिना थके मशीन पर काम कर सकते हैं। स्टोव, टाइपराइटर, ऑफ़िस, मोटरकार, आपके काम - सबमें कोई न कोई लय होती है। इसलिये थकान से बचने और अपनी ऊर्जा को बनाये रखने के लिये आपको ईश्वर ओर उसकी बनायी हुई दुनिया की लय को समझना होगा और उसके हिसाब से चलना होगा।

ऐसा करने के लिये आप शारीरिक रूप से रिलैक्स हो जायें। फिर कल्पना करें कि आप मानसिक रूप से भी रिलैक्स हो रहे हैं। इसके बाद मानसिक रूप से अपनी आत्मा के भी शांत होने की कल्पना करें और इस तरह की प्रार्थना करें : "प्रिय ईश्वर, आप सारी ऊर्जा के स्त्रोत हैं। आप सूर्य की, अणु की, मांस की, रक्तवाहिनी की, मस्तिष्क की ऊर्जा के स्त्रोत हैं। मैं आपकी असीम ऊर्जा से अपनी ऊर्जा ग्रहण कर रहा हूँ।" फिर इस विश्वास का अभ्यास करें कि आप ऊर्जा हासिल कर रहे हैं। अपने आपको ईश्वर के सामंजस्य में रखें।

कई लोग सिर्फ़ इसलिये थक जाते हैं क्योंकि उनकी किसी चीज़ में दिलचस्पी नहीं होती। कोई भी चीज़ उन्हें गहराई से आंदोलित नहीं कर पाती। कई लोगों को इस बात से ज़रा भी फ़र्क़ नहीं पड़ता कि दुनिया में क्या हो रहा है या दुनिया का हाल कैसा है। मानव इतिहास के सभी संकटों को वे अपने

कष्टों की तुलना में छोटा समझते हैं। अपनी छोटी-छोटी चिंताओं, इच्छाओं और नफ़रतों के अलावा उन्हें किसी बात से सचमुच कोई फ़र्क़ नहीं पड़ता। बहुत सी महत्त्वहीन चीज़ों में उलझे रहने के कारण वे थक जाते हैं। वे बीमार भी पड़ जाते हैं। थकान से बचने का सबसे अचूक रास्ता यह है कि आप अपने आपको किसी ऐसे काम में भुला दें जिसमें आपका गहरा विश्वास है।

एक प्रसिद्ध राजनेता ने एक दिन में सात भाषण दिये, इसके बाद भी वे बिलकुल थके हुये नहीं लग रहे थे।

मैंने उनसे पूछा, "सात भाषण देने के बाद भी आप थके नहीं, इसका कारण क्या है?"

"क्योंकि," उन्होंने कहा, "मैंने अपने भाषणों में जो कहा, मैं उसमें पूरी तरह विश्वास करता हूँ, मैं अपनी कही बातों के बारे में उत्साही हूँ।"

यही रहस्य है। उसमें उत्साह था। वह अपने दिल की बात कह रहा था। जब आप इस तरह से कोई काम करते हैं, तो फिर थकने का या ऊर्जा के क्षय का सवाल ही नहीं उठता। आप केवल तभी थकते हैं, जब आपके दिमाग़ को कोई काम या जीवन नीरस लगता है। आपका दिमाग़ बोर हो जाता है और बिना कुछ किये ही थक जाता है। यह ज़रूरी नहीं है कि थकान कभी आपके पास फटके। किसी चीज़ में रुचि लें। किसी काम में पूरी तरह मन लगायें। इसमें अपने आपको पूरी तरह से झोंक दें। अपने खोल से बाहर निकलें। कुछ करें। कुछ बनें। सिर्फ़ अख़बार पढ़कर दुनिया की मीनमेख न निकालते रहें और यह न कहते रहें : "वे लोग इस बारे में कुछ क्यों नहीं करते?" जो व्यक्ति अपनी पसंद का कोई काम कर रहा है वह कभी नहीं थकता। अगर आप अच्छे काम नहीं कर रहे हैं, अगर आप अपने काम को पसंद नहीं कर रहे हैं, तो कोई ताज्जुब नहीं कि आप जल्दी ही थक जाते हैं। आप अपने ही हाथों अपने आपको नष्ट कर रहे हैं। आपका क्षय हो रहा है। आप शाखा पर लगे-लगे ही मुर्दा हो रहे हैं। अपने से ज़्यादा बड़े कामों में आप जितनी अधिक रुचि लेंगे, आपको उतनी ही ज़्यादा ऊर्जा मिलेगी। आपको खुद के बारे में सोचने का समय नहीं मिलता और आप भावनात्मक मुश्किलों के बोझ तले दबते भी नहीं हैं।

सतत ऊर्जा के साथ रहने के लिये अपने भावनात्मक दोषों को सुधारना महत्त्वपूर्ण है। जब तक आप ऐसा नहीं करेंगे तब तक आपको पूर्ण ऊर्जा प्राप्त नहीं होगी।

स्वर्गीय न्यूट रॉक्ने अमेरिका के महानतम फ़ुटबॉल कोचों में से एक थे। उन्होंने एक बार कहा था कि किसी फ़ुटबॉल खिलाड़ी में तब तक पर्याप्त ऊर्जा नहीं रह सकती जब तक कि वह अपनी भावनाओं को आध्यात्मिक नियंत्रण में न रखे। दरअसल, उन्होंने तो यहाँ तक कहा था कि वे अपनी टीम में ऐसे किसी खिलाड़ी को नहीं लेंगे जिसके मन में अपने साथी खिलाड़ियों के प्रति वास्तविक दोस्ताना भाव न हों। "मुझे हर व्यक्ति की सर्वाधिक ऊर्जा को बाहर निकालना है," उन्होंने कहा, "और मैंने पाया है कि ऐसा उस स्थिति में नहीं किया जा सकता जब वह दूसरे व्यक्ति से नफ़रत करता है। नफ़रत उसकी ऊर्जा का रास्ता रोकती है और जब तक वह इसे बाहर नहीं निकाल देता और फिर से दोस्ताना भाव विकसित नहीं कर लेता, तब तक वह अपना सर्वश्रेष्ठ प्रदर्शन नहीं कर सकता।" जिन लोगों में ऊर्जा की कमी होती है वे अपने गहन, मूलभूत भावनात्मक और मनोवैज्ञानिक संघर्षों के कारण कमोबेश असंतुलित होते हैं। कई बार यह असंतुलन अत्यधिक होता है, पंरतु उपचार हमेशा संभव है।

एक मध्य-पश्चिमी शहर में मुझे एक व्यक्ति से चर्चा करने के लिये कहा गया जो पूर्व में उस समुदाय का बहुत ही सक्रिय नागरिक था और जो अब ऊर्जा और जीवंतता में भारी कमी का शिकार हुआ था। उसके सहयोगियों का विचार था कि उसे दिल का दौरा पड़ गया था। उनके इस तरह से सोचने का कारण यह था कि चलते समय उसके कंधे झुके रहते थे, उसका नज़रिया पूरी तरह आलस्यपूर्ण हो गया था और जिन गतिविधियों में वह पहले अपना बहुत सा समय दिया करता था अब उसने अपने आपको उनसे पूरी तरह दूर कर लिया था। वह कई घंटों तक अपनी कुर्सी पर निराश बैठा रहता था और अक्सर रोता भी था। उसमें नर्वस ब्रेकडाउन के कई लक्षण दिखाई दे रहे थे।

मैं उससे एक निश्चित समय पर मेरे होटल के कमरे में मिला। मेरा दरवाज़ा खुला हुआ था और इस वजह से मैं लिफ़्ट को देख सकता था। जब लिफ़्ट का दरवाज़ा खुला तो संयोग से मैं उसी दिशा में देख रहा था और यह व्यक्ति धीमे-धीमे हॉल में चल रहा था। ऐसा लग रहा था जैसे किसी भी क्षण वह लड़खड़ाकर गिर जायेगा। उसकी चाल से यह संकेत मिल रहे थे कि वह इतनी दूर चलने में शायद ही सफल हो पायेगा। मैंने उसे बैठने के लिये कहा और हमारी चर्चा शुरू हो गयी। चर्चा सारहीन साबित हुई क्योंकि इससे उसकी स्थिति पर कोई प्रकाश नहीं पड़ा। वह अपनी स्थिति के बारे में

शिकायतें ही कर रहा था और वह मेरे प्रश्नों पर विचार भी नहीं कर रहा था। स्पष्ट रूप से वह प्रचुर आत्म-दया का शिकार था।

जब मैंने उससे पूछा कि क्या वह ठीक होना चाहेगा तो उसने मेरी ओर बहुत ही करुण और मार्मिक भाव से देखा। उसकी व्यग्रता उसके जवाब द्वारा स्पष्ट हो गयी, जब उसने कहा कि यदि उसे जीवन में पहले जैसी रुचि और ऊर्जा फिर से प्राप्त हो जाये तो वह इसके लिये दुनिया की कोई भी चीज़ देने के लिये तैयार है।

मैंने उससे उसके जीवन और अनुभव के बारे में कुछ तथ्य उगलवाना शुरू किये। ये बहुत ही अंतरंग प्रकृति के थे और उनमें से कई तो उसकी चेतना में इतनी गहराई में दबे हुये थे कि वह बेहद मुश्किल से उन्हें बाहर निकाल पाया। वे उसके बचपन के नज़रिये और डरों के कारण थे, जिनमें से अधिकांश माता-पुत्र संबंधों से उपजे थे। कई अपराधबोध की स्थितियाँ भी सामने आयीं। ऐसा लग रहा था जैसे इतने बरसों की यात्रा में यह तत्व इकट्ठे होते चले गये थे जैसे बालू के कण नदी की धारा के किनारे इकट्ठे होते जाते हैं। ऊर्जा का प्रवाह धीरे-धीरे कम होता गया और इस वजह से ऊर्जा की अपर्याप्त मात्रा ही उसे प्राप्त हो पा रही थी। इस व्यक्ति का मस्तिष्क पूरी तरह से पीछे क़दम खींचने की स्थिति में था और तर्क या बुद्धि की उसकी क्षमता पूरी तरह से कुंद हो चुकी थी।

मैंने मार्गदर्शन माँगा और मुझे आश्चर्य हुआ जब मैंने अपने आपको उसके पास खड़ा पाया, जबकि मेरा हाथ उसके सिर पर रखा हुआ था। मैंने प्रार्थना की और ईश्वर से उस व्यक्ति का उपचार करने का आग्रह किया। अचानक मुझे एहसास हुआ कि मेरे हाथ में से शक्ति निकलकर उसके सिर की ओर जा रही थी। मैं जल्दी से यह जोड़ना चाहता हूँ कि मेरे हाथ में कोई उपचारक शक्ति नहीं है, परंतु कभी-कभार किसी इन्सान को निमित्त बनाया जाता है और स्पष्ट रूप से इस प्रकरण में ऐसा ही हुआ था क्योंकि तत्काल उस व्यक्ति ने पूर्ण सुख और शांति के भाव से ऊपर की तरफ़ देखा और कहा : "वे यहाँ थे। उन्होंने मुझे स्पर्श किया था। मैं पूरी तरह बदल चुका हूँ।"

उसके बाद उसकी दशा में चमत्कारी सुधार हुआ ओर आज वह एक बार फिर पुराना उत्साह वापस पा चुका है। सिर्फ़ एक ही बात नयी है और वह यह कि उसमें अब वह शांत आत्मविश्वास दिखाई देता है जो उसमें पहले नहीं था। स्पष्ट रूप से उसके व्यक्तित्व का मार्ग बंद हो गया था जिस वजह

से शक्ति का प्रवाह रुक गया था और यह बंद मार्ग आस्था के प्रयोग से खुल गया जिसके कारण ऊर्जा का मुक्त प्रवाह एक बार फिर से होने लगा।

इस घटना द्वारा सुझाये गये तथ्य यह हैं कि उपचार होता है और मनोवैज्ञानिक तत्वों का लगातार संग्रह ऊर्जा के प्रवाह को रोक सकता है। यह तथ्य भी उभरकर सामने आता है कि यही तत्व आस्था की शक्ति द्वारा घुल सकते हैं और इस तरह इन्सान के अंदर के दैवी मानवीय ऊर्जा के मार्ग को एक बार फिर से खोल सकते हैं।

अपराधबोध और डर की भावनाओं का ऊर्जा पर जो प्रभाव पड़ता है उसे उन सभी लोगों ने मान्यता प्रदान की है जो मानवीय स्वभाव की समस्याओं पर काम करते हैं। डर या भावना या दोनों को ही बनाये रखने में इतनी अधिक ऊर्जा लग जाती है कि जीवन के कार्यों को करने के लिये अक्सर थोड़ी-सी ऊर्जा बच पाती है। डर और अपराधबोध द्वारा होने वाला ऊर्जा का क्षय इतना अधिक होता है कि किसी व्यक्ति में अपने काम को करने की बहुत कम शक्ति बचती है। इसका कारण यह होता है कि वह जल्दी ही थक जाता है। अपनी ज़िम्मेदारी की आवश्यकता को पूरा करने में असमर्थ होने की वजह से वह अपने आपको आलसी, नीरस और निरुत्साहित स्थिति में खींच लेता है। दरअसल वह हार मानने और उनींदी स्थिति में शक्तिहीनता की अवस्था में गिर जाने के लिये तैयार रहता है।

एक मनोविश्लेषक ने मेरे पास एक बिज़नेसमैन को भेजा जो उससे परामर्श ले रहा था। ऐसा दिख रहा था कि यह मरीज़, जिसे आम तौर पर नैतिक रूप से नेक और सही माना जाता था, किसी परायी औरत के चक्कर में पड़ गया था जो शादीशुदा थी। उसने इस संबंध को ख़त्म करने की कोशिश की, परंतु उसकी प्रेमिका उसे छोड़ने के लिये तैयार नहीं थी, हालाँकि उसने उससे गंभीरता से इस प्रकरण को समाप्त करने का आग्रह किया ताकि वह एक बार फिर अपनी पुरानी सम्मानजनक अवस्था में वापस लौट सके।

उस महिला ने तो उसे यहाँ तक धमकी दी कि अगर उसने संबंध तोड़ने पर ज़ोर दिया तो वह अपने पति को इस रोमांस के बारे में बता देगी और उसकी पोल खोल देगी। मरीज़ इस तथ्य को जानता था कि यदि उसके पति को इस स्थिति का पता चला तो इसका परिणाम यह होगा कि समाज में उसकी बदनामी होगी। वह एक इज़्ज़तदार व्यक्ति था और वह अपनी इज़्ज़त बचाना चाहता था, और इसलिये वह बदनामी से डरता था।

भेद खुलने के डर से ग़लत काम करने के कारण हुये अपराधबोध की वजह से वह न तो सो पा रहा था, न ही उसे चैन मिल रहा था। चूँकि यह सिलसिला दो-तीन महीने से चल रहा था, इसलिये उसकी ऊर्जा में बहुत गंभीर कमी हो गयी थी और उसमें अपने काम को कुशलता से करने की जीवंतता नहीं बची थी। बहुत से महत्त्वपूर्ण मामले पेंडिंग पड़े हुये थे ओर स्थिति गंभीर हो चुकी थी।

जब मनोविश्लेषक ने यह सुझाव दिया कि वह नींद न आने की बीमारी के लिये मुझसे यानी एक धार्मिक व्यक्ति से मिले तो उस बिज़नेसमैन ने यह कहा कि कोई धार्मिक व्यक्ति उसकी अनिद्रा की परेशानी को कैसे सुधार सकता है। इसके बजाय उसे महसूस हो रहा था कि कोई मेडिकल डॉक्टर उसे इसके लिये असरदार दवा दे सकता है।

जब उसने मुझे अपना नज़रिया बताया तो मैंने उससे कहा कि वह नींद की आशा कैसे कर सकता है जब वह दो अप्रिय और परेशान करने वाले लोगों के साथ हमबिस्तर हो रहा है जिनके साथ वह सोने की कोशिश कर रहा है।

"किन दो लोगों के साथ?" उसने आश्चर्य से पूछा। "मैं तो बिलकुल अकेला सोता हूँ।"

मैंने कहा, "नहीं, मेरे दोस्त, तुम अकेले नहीं सोते। तुम्हारे दोनों तरफ़ कोई और भी सोता है।"

"आप क्या कहना चाहते हैं?" उसने पूछा।

मैंने कहा, "तुम हर रात को जब सोने की कोशिश करते हो तो तुम्हारे एक तरफ़ डर सोता है और दूसरी तरफ़ अपराधबोध। और तुम एक असंभव कार्य करने का प्रयास कर रहे हो। नींद की गोलियों से कोई फ़र्क़ नहीं पड़ेता चाहे तुम कितनी भी नींद की गोलियाँ ले लो। और आप स्वीकार कर चुके हैं कि आपने बहुत सारी गोलियाँ ली हैं, परंतु उनका आप पर कोई असर नहीं हुआ। उनका आप पर इसलिये कोई प्रभाव नहीं पड़ता क्योंकि वे आपके मस्तिष्क में उतनी गहराई तक नहीं पहुँच सकतीं, जहाँ पर अनिद्रा का कारण है और जो आपकी ऊर्जा के क्षय का कारण है। अगर आप चाहते हैं कि आप एक बार फिर चैन की नींद सो सकें और अपनी शक्ति को प्राप्त कर सकें तो आपको पहले डर और अपराधबोध को निकालना होगा।"

हमने उसके डर के बारे में बातें कीं। यह डर था उसके अनैतिक संबंध

के सार्वजनिक हो जाने का भय। मैंने सुझाव दिया कि चाहे परिणाम जो हों, उसे संबंध तोड़ देना चाहिये। सही काम करने का जो भी परिणाम निकले उसे अपने मन में उस परिणाम को स्वीकार करने के लिये तैयार रहना चाहिये। मैंने उसे आश्वस्त किया कि सही काम करने से आम तौर पर सही परिणाम मिलते हैं। सही काम करने से ग़लत परिणाम कभी नहीं निकलते। मैंने उसे प्रेरित किया कि वह इस प्रकरण को ईश्वर के हाथ में सौंप दे और सिर्फ़ सही काम करे, परिणाम को ईश्वर के ऊपर छोड़ दे।

उसने डरते हुये ऐसा किया, परंतु पूरी गंभीरता से किया। महिला ने या तो चतुराई के कारण या अपनी अंतरात्मा के कारण या फिर किसी और को प्रेमजाल में फँसाने के निर्णय के कारण इस व्यक्ति को मुक्त कर दिया।

ईश्वर से क्षमा माँगकर उस व्यक्ति के अपराधबोध का इलाज किया गया। जब भी हम ईश्वर से सच्चे दिल से क्षमा माँगते हैं, तो वे हमें निश्चित रूप से क्षमा कर देते हैं। हमारे मरीज़ को राहत और शांति प्राप्त हुई। यह आश्चर्यजनक था कि जब उसके मन से दुगुना बोझ उतर गया तो उसका व्यक्तित्व एक बार फिर सामान्य रूप से काम करने लगा। उसे नींद आने लगी। उसे शांति मिली, उसकी शक्ति एक बार फिर लौट आयी। ऊर्जा भी तत्काल लौट आयी। अब वह अधिक समझदार और कृतज्ञ व्यक्ति है और अपनी सामान्य गतिविधियों को पूर्ण करने में समर्थ है।

घटती ऊर्जा का एक आम उदाहरण नीरसता है। दबाव, लगातार एक ही रुटीन और लगातार ज़िम्मेदारियों का बोझ मस्तिष्क की ताज़गी को नीरस बना देता है जो किसी व्यक्ति में अपने काम को सफलतापूर्वक करने के लिये होना चाहिये। जैसे कोई एथलीट नीरस हो जाता है उसी तरह कोई भी व्यक्ति चाहे उसका व्यवसाय कुछ भी हो ख़राब दौर से गुज़रता है। इस मानसिक स्थिति में पहले जिस काम को तुलनात्मक रूप से आसानी से किया जाता था, अब उस काम को कठिनाई से करने में भी पहले से अधिक ऊर्जा के व्यय की आवश्यकता होती है। परिणामस्वरूप जीवंत शक्तियों पर इस आवश्यक शक्ति की आपूर्ति करने के लिये दबाव पड़ता है और व्यक्ति की पकड़ और शक्ति अक्सर कम हो जाती हैं।

इस मानसिक अवस्था का समाधान एक प्रसिद्ध बिज़नेस लीडर ने किया जो एक विश्वविद्यालय में बोर्ड ऑफ़ ट्रस्टीज़ के प्रेसिडेंट थे। एक प्रोफ़ेसर पहले बहुत लोकप्रिय और बहुत बढ़िया प्रोफ़ेसर था। परंतु अचानक न जाने क्या हुआ कि उसकी पढ़ाने की क्षमता कम होने लगी। अब वह अपने

विद्यार्थियों में रुचि जगाने में असमर्थ था। विद्यार्थियों और ट्रस्टीज़ दोनों की ही राय थी कि इस प्रोफ़ेसर को या तो उत्साह और रुचि के साथ पढ़ाने की अपनी पुरानी क्षमता को फिर से हासिल करना होगा या फिर उसकी जगह किसी और प्रोफ़ेसर को रखना आवश्यक हो जायेगा। वे लोग प्रोफ़ेसर को बदलना इसलिये नहीं चाहते थे क्योंकि उसके रिटायरमेंट में अभी बहुत समय बचा था और उसके पास कई सक्रिय वर्ष थे।

जिस बिज़नेसमैन के बारे में मैंने ऊपर बताया है उसने प्रोफ़ेसर को अपने ऑफ़िस में बुलाया और उससे कहा कि बोर्ड ऑफ़ ट्रस्टीज़ उसे छह महीनों की छुट्टी दे रहा है और इस दौरान उसकी तनख़्वाह और यात्रा का ख़र्च उसे दिया जायेगा। इसके लिये केवल एक शर्त थी और वह यह थी कि वह आराम करने के लिये दूर किसी स्थान पर जायेगा और अपनी ऊर्जा, उत्साह और जोश को एक बार फिर से हासिल करेगा।

इस बिज़नेसमैन ने उसे अपने एक केबिन में जाने का सुझाव दिया जो जंगलों के बीच में था। उसने यह अजीब सुझाव भी दिया कि वह अपने साथ कोई भी पुस्तक नहीं ले जायेगा - सिवाय बाइबल के। उसने प्रोफ़ेसर को सुझाव दिया कि वह हर दिन घूमे, फ़िशिंग करे ओर बगीचे में थोड़ा श्रम करे। साथ ही वह हर दिन बाइबल पढ़े और इस गति से पढ़े कि इन छह महीनों में वह कम से कम तीन बार इसे पूरा पढ़ ले। उसने यह सुझाव भी दिया कि प्रोफ़ेसर बाइबल के जितने प्रसंग याद कर सकता हो, याद कर ले ताकि इस महान पुस्तक के महान विचार और शब्द उसके दिमाग़ में पूरी तरह से समा जायें।

बिज़नेसमैन ने कहा, "मुझे विश्वास है कि अगर आप छह महीने तक प्रकृति के समीप रहकर लकड़ियाँ काटेंगे, ज़मीन खोदेंगे, बाइबल पढ़ेंगे और गहरी झीलों में फ़िशिंग करेंगे तो आप बिलकुल नये व्यक्ति बनकर लौटेंगे।"

प्रोफ़ेसर इस अद्भुत प्रस्ताव पर सहमत हो गया। उसने या उसे जानने वालों ने जितनी आशा की थी, जीवन की इस पूरी तरह से भिन्न शैली से उसका सामंजस्य उससे अधिक आसानी से हो गया। दरअसल, उसे यह जानकर आश्चर्य हुआ कि उसे यह पसंद आया। जब वह आउटडोर जीवनशैली का आदी हो गया तो उसने पाया कि उसे इसमें आनंद आ रहा है। उसे अपने बुद्धिजीवी सहयोगियों और अपनी पुस्तकों की कुछ समय तक तो याद आयी, परंतु जब वह बाइबल पढ़ने के लिये विवश हो गया, जो

उसके पास एकमात्र पुस्तक थी तो वह इसमें डूब गया। उसे यह जानकर आश्चर्य हुआ कि बाइबल पुस्तक नहीं, बल्कि "अपने आप में पूरी लाइब्रेरी" थी। इसके पन्नों में उसे आस्था, शांति और शक्ति मिली। छह महीने बाद जब वह लौटा, तो सचमुच एक नया व्यक्ति बनकर लौटा।

यह बिज़नेसमैन अब मुझे बताता है कि यह प्रोफ़ेसर अब "ज़बर्दस्त शक्ति" का भंडार बन गया है। उसकी नीरसता अब ग़ायब हो चुकी है, पुरानी ऊर्जा एक बार फिर लौट आयी है, शक्ति का प्रवाह तीव्र हो चुका है और जीवन का आनंद एक बार फिर नये अंदाज़ में वापस लौट आया है।

4

प्रार्थना की शक्ति आज़मायें

शहर की सड़कों के ऊपर बने एक बिज़नेस ऑफ़िस में दो लोग गंभीर चर्चा कर रहे थे। एक व्यक्ति पहले तो बिज़नेस और व्यक्तिगत समस्याओं से बुरी तरह परेशान होकर बेचैनी से घूमता रहा और फिर निराशा में बैठ गया। उसका हाथ उसके सिर पर था और वह निराशा की जीती-जागती तस्वीर दिखाई दे रहा था। वह दूसरे व्यक्ति से सलाह लेने आया था क्योंकि इस व्यक्ति को बेहद समझदार व्यक्ति समझा जाता था। दोनों ने इकट्ठे हर पहलू से समस्या का विश्लेषण किया, परंतु उन्हें कोई रास्ता दिखाई नहीं दिया जिससे परेशान व्यक्ति की हताशा और गहरी हो गयी। उसने आह भरते हुये कहा, "मुझे लगता है दुनिया की कोई भी शक्ति मुझे नहीं बचा सकती।"

दूसरे व्यक्ति ने एक मिनट तक विचार किया और फिर विनम्र स्वर में कहा। "मैं इस तरह की बात नहीं कहूँगा। मुझे विश्वास है कि आपका यह कथन ग़लत है कि कोई शक्ति आपको बचा नहीं सकती। व्यक्तिगत रूप से मैंने पाया है कि हर समस्या का समाधान होता है। एक शक्ति है जो आपकी मदद कर सकती है।" फिर उसने धीमे से बाद में जोड़ा, "क्यों न प्रार्थना की शक्ति को आज़माकर देखा जाये?"

निराश व्यक्ति थोड़े आश्चर्य से बोला, "यह सच है कि मैं प्रार्थना में विश्वास करता हूँ, परंतु शायद मैं यह नहीं जानता कि प्रार्थना किस तरह करना चाहिये। आपके कहने का मतलब यह है कि प्रार्थना इतनी प्रैक्टिकल होती है कि इसे करने से मेरी बिज़नेस की समस्या भी सुलझ सकती है। मैंने इस तरह से कभी नहीं सोचा, परंतु अगर आप मुझे बतायें कि ऐसा कैसे किया जा सकता है, तो मैं प्रार्थना को आज़माकर देखने के लिये तैयार हूँ।"

उसने कुछ व्यावहारिक प्रार्थना तकनीकों का अनुसरण किया और कुछ

समय बाद उसे अपनी समस्या का हल मिल गया। आख़िरकार पूरा प्रकरण संतोषजनक ढंग से निबट गया। इसका यह मतलब नहीं है कि उसे कोई मुश्किलें नहीं आईं। दरअसल उसके लिये वह समय बहुत कठिन था, परंतु अंततः उसने अपनी समस्या को सुलझा लिया। अब वह प्रार्थना की शक्ति में इतने उत्साह से विश्वास करने लगा है कि मैंने उसे हाल ही में यह कहते हुये सुना : "हर समस्या सुलझ सकती है और सही तरीक़े से सुलझ सकती है, बशर्ते आप प्रार्थना करें।"

शारीरिक स्वास्थ्य के विशेषज्ञ भी अपने उपचार में प्रार्थना को प्रायः स्थान देने लगे हैं। अयोग्यता, तनाव और इनसे जुड़ी समस्यायें आंतरिक असंतुलन की वजह से होती हैं। यह उल्लेखनीय है कि प्रार्थना किस तरह शरीर और मस्तिष्क के संतुलन को एक बार फिर से सही कर देती है, जिससे बीमारी दूर हो जाती है। मेरे एक फ़ीज़ियोथैरेपिस्ट मित्र ने एक नर्वस व्यक्ति को बताया जिसे वह मसाज दे रहा था : "जब मैं आपकी देह को आराम पहुँचाने का प्रयास करता हूँ, जो आपकी आत्मा का मंदिर है तो ईश्वर मेरी उँगलियों के माध्यम से कार्य करता है। जब मैं आपके बाहरी स्वरूप पर काम करता हूँ तो मैं आपसे यह चाहता हूँ कि आप आंतरिक स्वरूप को सही करने के लिये ईश्वर से शांति के लिये प्रार्थना करें।" यह मरीज़ के लिये नया विचार था, परंतु वह ग्रहणशील मूड में था और उसने अपने मस्तिष्क में कुछ शांतिपूर्ण विचार सोचे। उसे यह आश्चर्य हुआ कि इनका उस पर बहुत ही अच्छा असर हुआ और उसे बहुत शांति मिली।

जैक स्मिथ एक हेल्थ क्लब चलाते हैं जिसमें कई प्रसिद्ध लोग आते हैं। स्मिथ प्रार्थना की चिकित्सा में विश्वास करते हैं और इसका प्रयोग करते हैं। वे कभी एक प्राइज़ फ़ाइटर हुआ करते थे, फिर एक लॉरी ड्राइवर, फिर एक टैक्सी ड्राइवर और आख़िरकार उन्होंने अपना हेल्थ क्लब खोल लिया। स्मिथ कहते हैं कि जब वे अपने ग्राहकों के शारीरिक मोटापे की जाँच करते हैं तो वे उनके आध्यात्मिक मोटापे की जाँच भी करते हैं, क्योंकि "आप किसी व्यक्ति को शारीरिक रूप से तब तक स्वस्थ नहीं बना सकते जब तक कि आप उसे आध्यात्मिक रूप से स्वस्थ न बना दें।"

एक दिन अभिनेता वॉल्टर हस्टन जैक स्मिथ की मेज़ के पास बैठे थे। उन्होंने दीवार पर एक बड़ा सा बोर्ड देखा जिस पर यह अक्षर पेंसिल से लिखे थे : APRPBWPRAA। आश्चर्य से हस्टन ने पूछा : "इन अक्षरों का क्या अर्थ है?"

स्मिथ हँसा और उसने कहा : "यह अक्षर 'Affirmative Prayers Release Powers By Which Positive Results Are Accomplished' यानी 'विश्वास भरी प्रार्थनाओं से ऐसी शक्तियाँ मुक्त होती हैं जिनसे सकारात्मक परिणाम मिलते हैं' का संक्षिप्त रूप हैं।"

हस्टन का मुँह आश्चर्य से खुला रह गया। "मुझे कभी आशा नहीं थी कि मैं इस तरह की कोई बात किसी हेल्थ क्लब में सुनूँगा।

"मैं इस तरह के तरीक़े अपनाता हूँ," स्मिथ ने कहा, "ताकि लोग जिज्ञासावश मुझसे इन अक्षरों का अर्थ पूछें। इससे मुझे उन्हें यह बताने का अवसर मिलता है कि विश्वास भरी प्रार्थनाओं से हमेशा परिणाम मिलते हैं।"

जैक स्मिथ जो लोगों को शारीरिक रूप से फ़िट रखने में मदद करता है यह विश्वास करता है कि प्रार्थना करना भी उतना ही या उससे अधिक महत्त्वपूर्ण है जितना कि व्यायाम, स्टीम बाथ और मालिश। यह शक्ति को मुक्त करने वाली शक्तियों का एक महत्त्वपूर्ण हिस्सा है।

आज लोग पहले की तुलना में अधिक प्रार्थना कर रहे हैं क्योंकि उन्होंने यह पाया है कि इससे उनकी व्यक्तिगत क्षमता व योग्यता बढ़ती है। प्रार्थना उन शक्तियों के दोहन में और उस शक्ति का उपयोग करने में उनकी मदद करती है जो किसी अन्य तरीक़े से उपलब्ध नहीं होतीं।

एक प्रसिद्ध मनोचिकित्सक का कहना है, "अपनी व्यक्तिगत समस्यायें सुलझाने के लिये इन्सान के पास प्रार्थना से बड़ी मददगार शक्ति दूसरी नहीं है। इसकी शक्ति देखकर मैं चमत्कृत हूँ।"

प्रार्थना की शक्ति ऊर्जा का प्रकटीकरण है। जिस तरह परमाणु ऊर्जा को मुक्त करने के लिये वैज्ञानिक तकनीकें हैं, उसी तरह से आध्यात्मिक ऊर्जा को मुक्त करने के लिये प्रार्थना की वैज्ञानिक तकनीकें हैं। इस ऊर्जादायक शक्ति के रोमांचक उदाहरण स्पष्ट हैं।

प्रार्थना की शक्ति बुढ़ापे की प्रक्रिया पर भी अच्छा प्रभाव डालती है और उम्र के साथ आने वाली कमज़ोरियों और बीमारियों से बचाती है या उन्हें कम कर देती है। आपको बढ़ती उम्र के कारण अपनी मूलभूत ऊर्जा या महत्त्वपूर्ण शक्ति खोने की ज़रूरत नहीं है या आपको कमज़ोर या ऊर्जाहीन होने की आवश्यकता नहीं है। यह आवश्यक नहीं है कि आप अपने मनोभावों को निराशावादी या नीरस या बासी बना लें। प्रार्थना हर सुबह आपको तरोताज़ा बना सकती है और हर शाम यह आपकी थकान दूर कर सकती

है। अगर प्रार्थना आपके अवचेतन तक पहुँचती है जो उन शक्तियों का स्थान है जो निर्धारित करती हैं कि आप सही या ग़लत काम करेंगे, तो आपको समस्याओं में मार्गदर्शन मिल सकता है। प्रार्थना में आपके कार्यों को सही और सार्थक बनाने की शक्ति होती है। प्रार्थना आपके अवचेतन में बहुत गहराई तक जाकर आपको फिर से नया बना सकती है। यह शक्ति के प्रवाह को मुक्त करती है और उस शक्ति को मुक्त रूप से प्रवाहित होने देती है।

अगर आपको इस शक्ति का अनुभव नहीं हुआ है शायद आपको प्रार्थना करने की नयी तकनीकें सीखने की आवश्यकता है। कार्यकुशलता के दृष्टिकोण से प्रार्थना का अध्ययन करना बेहतर रहेगा। आम तौर पर पूरी तरह से धार्मिक पहलू पर ध्यान दिया जाता है, हालाँकि दोनों अवधारणाओं में कोई मतभेद नहीं है। सामान्य विज्ञान की भाँति वैज्ञानिक आध्यात्मिक अभ्यास भी घिसी-पिटी तकनीक को मान्यता नहीं देता। अगर आप किसी निश्चित तरीक़े से प्रार्थना कर रहे हैं, चाहे उससे आपको अच्छी चीज़ें प्राप्त होती हों, तो भी शायद आप नये प्रार्थना के फ़ॉर्मूलों का प्रयोग करके अधिक लाभ हासिल कर सकते हैं। नयी अंतर्दृष्टि पायें। महानतम परिणाम हासिल करने के लिये नयी दक्षताओं का अभ्यास करें।

प्रार्थना करते समय यह याद रखना महत्त्वपूर्ण है कि आप दुनिया की महानतम शक्ति के सामने खड़े हैं। आप रोशनी के लिये पुरानी केरोसिन की चिमनी का इस्तेमाल नहीं करते। आप आधुनिक प्रकाश व्यवस्था चाहते हैं। आध्यात्मिक जीनियस पुरुष और महिलाओं द्वारा लगातार नई और आधुनिक आध्यात्मिक तकनीकें खोजी जा रही हैं। यह सलाह दी जाती है कि प्रार्थना की शक्ति के साथ उन्हीं तरीक़ों का प्रयोग किया जाये जो दमदार और प्रभावी साबित हो चुके हैं। अगर यह आपको नया लगता है और थोड़े अजीब तरह का विज्ञान लगता है तो यह सोचें कि प्रार्थना का रहस्य उस प्रक्रिया को खोजना है जो आपके मस्तिष्क को विनम्रता और अधिकतम प्रभावशीलता से ईश्वर के सामने खोलकर रख देता है। कोई भी ऐसी विधि जिसके द्वारा आप ईश्वर की शक्ति को अपने मस्तिष्क में प्रवाहित होने के लिये प्रेरित कर सकें, जायज़ और प्रयोग करने योग्य है।

प्रार्थना के वैज्ञानिक प्रयोग का उदाहरण दो प्रसिद्ध उद्योगपतियों के अनुभव से दिया जा सकता है। अगर मुझे उनका नाम लेने की अनुमति होती तो इन उद्योगपतियों को कई लोग पहचान जाते। वे लोग बिज़नेस और तकनीकी मामले में कॉन्फ्रेंस किया करते थे। सामान्य लोगों को लगेगा कि

यह लोग इस तरह की समस्या को विशुद्ध रूप से तकनीकी आधार पर ही सुलझाते होंगे और वे ऐसा करते भी थे, परंतु वे इससे कुछ अधिक करते थे; वे इसके बारे में प्रार्थना करते थे। परंतु उन्हें इसके सफल परिणाम नहीं मिले। इसलिये उन्होंने एक देहाती उपदेशक को बुलाया, जो उनमें से एक का पुराना मित्र था, क्योंकि जैसा उन्होंने स्पष्ट किया कि बाइबल में प्रार्थना का फ़ॉर्मूला है : "जहाँ दो या तीन लोग मेरे नाम पर इकट्ठे होंगे वहाँ मैं उनके बीच में रहूँगा।" (मैथ्यू 18:20)। उन्होंने एक और फ़ॉर्मूले की ओर संकेत किया : "अगर धरती पर तुममें से दो लोग किसी भी वस्तु को सहमत होकर इकट्ठे माँगेंगे तो स्वर्ग में बैठे मेरे पिता उनकी इच्छा पूरी कर देंगे।" (मैथ्यू 18:19)।

वैज्ञानिक अभ्यास में प्रशिक्षित होने के कारण उनका यह विश्वास था कि प्रार्थना के प्रकरण में उन्हें बाइबल में बताये गये फ़ॉर्मूलों का पूरी तरह पालन करना चाहिये, क्योंकि वे लोग बाइबल को आध्यात्मिक विज्ञान की पाठ्यपुस्तक मानते थे। विज्ञान को अमल करने का सही तरीक़ा उस विज्ञान की पाठ्यपुस्तक में बताये गये फ़ॉर्मूलों का प्रयोग करना था। उन्होंने तर्क दिया कि यदि बाइबल में लिखा है कि दो या तीन लोग इकट्ठे होने चाहिये तो शायद उनके सफल न होने का कारण यह है कि उनके साथ तीसरा व्यक्ति नहीं है।

इसलिये इन तीन लोगों ने प्रार्थना की और इस प्रक्रिया में ग़लती की संभावना को ख़त्म करने के लिये उन्होंने इस समस्या पर बाइबल की कई अन्य तकनीकें भी आज़मायीं जो इस तरह के वक्तव्यों में सुझायी गयी हैं : "आपकी जितनी आस्था होगी, आपको उतना ही मिलेगा।" (मैथ्यू 9:29)। "जब आप प्रार्थना करें और जिन चीज़ों की इच्छा आपके मन में हो, तो यह विश्वास करें कि वे आपको मिल रही हैं और और वे आपको मिल जायेंगी।" (मार्क 11:24)।

प्रार्थना के कई लंबे सत्रों के बाद तीनों लोगों ने इकट्ठे यह निष्कर्ष निकाला कि उन्हें जवाब मिल गया है। परिणाम पूरी तरह संतोषजनक था। बाद के परिणामों ने यह साबित किया कि दैवी मार्गदर्शन सचमुच प्राप्त हुआ था।

तीनों लोग इतने पर्याप्त बड़े वैज्ञानिक थे कि उन्होंने इन आध्यात्मिक नियमों के काम करने के सटीक स्पष्टीकरण की आवश्यकता महसूस नहीं की,

उसी तरह जिस तरह हम प्राकृतिक नियमों के मामले में नहीं करते, परंतु वे इन तथ्यों से ही संतुष्ट हैं कि नियम तभी काम करता है जब "उचित" तकनीकों का इस्तेमाल किया जाता है।

"हालाँकि हम इसे स्पष्ट नहीं कर सकते," उन्होंने कहा, "परंतु सत्य तो यही है कि हम अपनी समस्या के कारण बहुत उलझन में थे और हमने न्यू टेस्टामेंट में दिये गये फ़ॉर्मलों के अनुसार प्रार्थना को आज़माकर देखा। यह तरीक़ा काम कर गया और हमें उसका सुखद परिणाम मिला।" उन्होंने साथ में यह भी जोड़ा कि उन्हें ऐसा लगता है कि प्रार्थना की प्रक्रिया में आस्था और सामंजस्य महत्त्वपूर्ण तत्व हैं।

कुछ साल पहले एक व्यक्ति ने न्यूयॉर्क में अपना छोटा सा बिज़नेस शुरू किया। उसके अनुसार उसका पहला ऑफ़िस "दिवार में एक छोटे से छेद" की तरह था। उसके पास कुल एक कर्मचारी था। कुछ सालों बाद वह बड़े कमरे में पहुँच गया और फिर उसका कामकाज फैल गया। यह बहुत ही सफल बिज़नेस बन गया।

इस व्यक्ति का बिज़नेस का तरीक़ा उसी के शब्दों में "दीवार के छोटे से छेद को आशावादी प्रार्थनाओं और विचारों से भरना" था। उसने यह बताया कि कड़ी मेहनत, सकारात्मक चिंतन, ईमानदारी, लोगों के साथ अच्छा व्यवहार और सही तरह की प्रार्थना से हमेशा अच्छे परिणाम मिलते हैं। इस रचनात्मक और अद्‌भुत मस्तिष्क वाले व्यक्ति का अपनी समस्याओं को हल करने का अपना फ़ॉर्मूला आसान सा था, जिसके द्वारा वह प्रार्थना की शक्ति के माध्यम से अपनी कठिनाइयों को दूर करता था। यह एक रोचक फ़ॉर्मूला है और मैंने इसे आज़माकर देखा है और व्यक्तिगत रूप से मैं जानता हूँ कि यह काम करता है। मैंने कई लोगों को सुझाया है जिन्होंने इसका प्रयोग करके इसे मूल्यवान पाया है। अब आपको भी इस फ़ॉर्मूले को आज़माने की सलाह दी जाती है।

इस फ़ॉर्मूले में तीन क़दम हैं : **1. प्रार्थना करना, 2. तस्वीर देखना 3. तस्वीर को साकार करना।**

"प्रार्थना करने" से मेरे दोस्त का आशय था रचनात्मक प्रार्थना का दैनिक नियम। जब भी कोई समस्या आती थी, तो वह प्रार्थना के द्वारा सीधे और आसान शब्दों में ईश्वर से बात करता था। वह ईश्वर से इस तरह बात नहीं करता था, जैसे वह किसी बड़ी और दूर बैठी ऊँची हस्ती से बात

कर रहा हो। वह तो ईश्वर से ऐसे बात करता था जैसे ईश्वर उसके घर या ऑफ़िस या सड़क पर या कार में मौजूद हो; जैसे वह हमेशा पास में ही मौजूद किसी पार्टनर या सहयोगी से बात कर रहा हो। उसने बाइबल के "बिना रुके प्रार्थना करने" के सिद्धांत को सचमुच गंभीरता से अपने जीवन में उतार लिया। उसने इसका अर्थ यह लगाया था कि वह हर रोज़ ईश्वर के साथ सहज, सामान्य रूप से उन प्रश्नों के बारे में विचार-विमर्श करता था जिन पर फ़ैसला किया जाना था और जिनका सामना किया जाना था। उसकी उपस्थिति उसके चेतन और अंततः उसके अचेतन चिंतन पर हावी हो गयी। उसने अपने दैनिक जीवन को प्रार्थनामय बना लिया। वह पैदल घूमते हुये, कार चलाते हुये या रोज़मर्रा की अन्य गतिविधियों को करते हुये प्रार्थना करता था। उसने अपने दैनिक जीवन को प्रार्थना से भर दिया था - इसका अर्थ है कि वह प्रार्थना द्वारा जीता था। वह अपनी प्रार्थना करते समय अक्सर घुटने नहीं टेकता था परंतु वह किसी क़रीबी सहयोगी की तरह ईश्वर से पूछता था, "मैं इस बारे में क्या करूँ, प्रभु?" या "मुझे इस समस्या को हल करने का अच्छा सा तरीक़ा बताओ, प्रभु।" उसने अपने मस्तिष्क को प्रार्थनामय बना लिया था और इसलिये उसकी गतिविधियाँ भी प्रार्थनामय बन गयी थीं।

रचनात्मक प्रार्थना के उसके फ़ॉर्मूले का दूसरा सूत्र था, **"तस्वीर बनाया"**। भौतिक शास्त्र में मूलभूत तत्व है शक्ति। मनोविज्ञान में मूलभूत तत्व है, पूरी हो सकने वाली इच्छा। जो व्यक्ति यह मान लेता है कि वह सफल हो चुका है, उसे सफलता मिलना तय है। जो यह मान लेता है कि वह असफल हो चुका है, उसका असफल होना भी तय है। चाहे आप असफलता या सफलता की तस्वीर बनायें, इसमें यह प्रवृत्ति होती है कि उसी मानसिक तस्वीर के अनुरूप वास्तविक भौतिक परिणाम मिलते हैं।

अगर आप कुछ महत्त्वपूर्ण चाहते हैं, तो उसकी प्राप्ति सुनिश्चित करने के लिये पहले तो ईश्वर से इसके लिये प्रार्थना करें और ईश्वर की इच्छा के अनुरूप इसकी जाँच करें। फिर अपने दिमाग़ में इसकी तस्वीर बना लें, जैसे यह घटना सचमुच हो रही है। इस तस्वीर को अपनी चेतना में दृढ़ता से बिठा लें। इस तस्वीर को ईश्वर की इच्छा के सामने समर्पित कर दें - यानी मामले को ईश्वर के हाथ में छोड़ दें - और ईश्वर के मार्गदर्शन के हिसाब से चलें। कड़ी मेहनत करें और समझदारी से काम करें। इस तरह आप सफलता प्राप्त करने के लिए अपने हिस्से का काम कर देते हैं। अपने विचारों में तस्वीर को दृढ़ता से देखते रहें और इसमें विश्वास करते

रहें। आप अगर ऐसा करते हैं, तो आपको आश्चर्य होगा कि कितने अद्‌भुत तरीक़ों से यह तस्वीर हक़ीक़त बन जाती है। इस तरह यह तस्वीर साकार हो जाती है, वास्तविक हो जाती है। जिसके लिये आपने प्रार्थना की थी और तस्वीर बनायी थी, अब वह आपकी पूरी हो सकने वाली मूलभूत इच्छा के पैटर्न के अनुसार साकार हो जाती है। ऐसा इसलिये होता है क्योंकि आपने इसके लिये ईश्वर की शक्ति का सहारा माँगा और इससे भी बड़ी बात यह है कि आपने इसकी प्राप्ति के लिये अपनी तरफ़ से पूरे प्रयास किये।

मैंने व्यक्तिगत रूप से तीन क़दमों वाली इस प्रार्थना विधि का प्रयोग किया है और मैंने पाया है कि वह बेहद शक्तिशाली तकनीक है। मैंने दूसरे लोगों को भी इसका पालन करने का सुझाव दिया और उन्होंने भी मुझे बताया कि इसने उनके जीवन में रचनात्मक शक्ति को प्रवाहित किया था।

एक उदाहरण लें। एक महिला ने पाया कि उसका पति उससे दूर होता जा रहा था। उनका वैवाहिक जीवन शुरुआत में तो सुखद था, परंतु बाद में पत्नी सामाजिक गतिविधियों में उलझ गई और पति अपने काम में व्यस्त हो गया। वे जान पायें, इसके पहले ही उनके बीच के क़रीबी, पुराने संबंध ख़त्म हो गये और उनके बीच की दूरी बढ़ती गई। एक दिन पत्नी को पता चला कि उसका पति किसी दूसरी महिला में दिलचस्पी लेने लगा है। उसका दिमाग़ घूम गया और उसे हिस्टीरिया के दौरे आने लगे। उसने अपने पादरी से सलाह ली, जिसने चतुराई से चर्चा को उस महिला की तरफ़ मोड़ दिया। महिला ने माना कि वह लापरवाह गृहिणी थी और आत्म-केंद्रित थी, उसका गुस्सा तेज़ था, वह अपने पति को ताने दिया करती थी और उसे बात-बात पर परेशान करती थी।

उसने यह भी स्वीकार किया कि वह अपने पति की तुलना में अपने आपको हीन समझती थी। उसमें बहुत हीन भावना थी और वह अपने आपको सामाजिक और बौद्धिक रूप से उसकी बराबरी का नहीं मानती थी। इसी कारण उसने अपने आपको विरोधी नज़रिये के पीछे छुपा लिया था जो उसके विरोध, उसकी आलोचना और उसके तानों में प्रकट होता था।

पादरी ने देखा कि यह महिला स्वयं को जितना योग्य, आकर्षक और प्रतिभाशाली समझती है, दरअसल वह उससे अधिक योग्य, आकर्षक और प्रतिभाशाली थी। उसने महिला को सुझाव दिया कि वह अपने दिमाग़ में यह छवि बना ले कि वह कामयाब, योग्य और आकर्षक है। उसने महिला से

कहा, "सबसे बड़ा ब्यूटी पार्लर ईश्वर चलाता है।" उसने यह भी कहा कि आस्था की तकनीकों का अभ्यास करने से किसी भी इन्सान का चेहरा ज़्यादा सुंदर और आकर्षक हो जाता है और उसका व्यवहार सुखद हो जाता है। पादरी ने महिला को सिखाया कि प्रार्थना कैसे की जाती है और किस तरह आध्यात्मिक रूप से अपनी सफल छवि बनायी जाती है। उसने यह सुझाव भी दिया कि महिला अपने पति की अच्छाइयों को याद करे और अपने दिमाग़ में यह तस्वीर बना ले कि उन दोनों के पुराने सुखद दिन फिर से लौट आये हैं। फिर वह इस तस्वीर में अपने पति की अच्छाइयों पर ध्यान केंद्रित करे और दोनों के बीच एक बार फिर सामंजस्य की कल्पना करे। उसे इस तस्वीर को पूरे विश्वास से अपने मस्तिष्क में बिठाना होगा। इस तरीक़े से पादरी ने उस महिला को बहुत ही रोचक व्यक्तिगत विजय के लिये तैयार किया।

लगभग इसी समय उसके पति ने उसे बताया कि वह तलाक़ लेना चाहता है। उस महिला ने अपने आपको उस हद तक जीत लिया था कि उसने इस आग्रह को भी शांति से लिया। उसने सिर्फ़ इतना कहा कि अगर वह सचमुच ऐसा चाहता है तो उसे कोई आपत्ति नहीं है, परंतु तलाक़ लेने का अंतिम फ़ैसला करने से पहले यह बेहतर होगा कि वे इस पर नब्बे दिन विचार करके देख लें और तब तक इसे टाल दें। "अगर नब्बे दिन बाद भी आपको लगता है कि आपको तलाक़ चाहिये, तो मैं आपके साथ सहयोग करूँगी।" उसने शांति से कहा। पति ने हैरानी से उसकी तरफ़ देखा क्योंकि वह तो तूफ़ान की उम्मीद कर रहा था।

हर रात पति बाहर जाता रहा और हर रात पत्नी घर पर बैठकर यह तस्वीर देखती रही कि उसका पति घर पर अपनी पुरानी कुर्सी पर बैठा हुआ है। वह कुर्सी पर नहीं बैठा था, परंतु महिला ने उसकी जो तस्वीर बनायी थी, वह पुराने दिनों की तस्वीर थी, जब वह कुर्सी पर आराम से बैठकर अपनी पत्नी को कुछ पढ़कर सुनाया करता था। उसने यह तस्वीर भी बनायी कि वह घर पर इधर-उधर घूम-घूमकर चीज़ों को ठीक कर रहा है या पेंट कर रहा है जैसा वह पहले किया करता था। उसने अपने पति की यह तस्वीर भी बनायी कि वह बर्तन सुखा रहा था जैसा वह तब किया करता था जब उनकी नयी-नयी शादी हुई थी। उसने यह तस्वीर भी बनायी कि वे दोनों इकट्ठे गोल्फ़ खेल रहे हैं और हिचहाइकिंग कर रहे हैं, जैसा वे पहले किया करते थे।

इस तस्वीर को उस महिला ने पूरी आस्था से देखा और एक रात को

वह व्यक्ति सचमुच उसी पुरानी कुर्सी पर बैठा हुआ था। उसने दोबारा देखा कि यह हक़ीक़त है या उसकी काल्पनिक तस्वीर ही है। परंतु शायद तस्वीर यथार्थ बन चुकी थी, क्योंकि असली व्यक्ति वहाँ पर मौजूद था। कई बार वह बाहर चला जाता था, परंतु अब वह अक्सर रातों को बाहर जाने के बजाय घर में उसी पुरानी कुर्सी पर बैठने लगा। फिर वह पुराने दिनों की तरह उसे पढ़कर भी सुनाने लगा। फिर शनिवार की एक दोपहर उसने अपनी पत्नी से पूछा, "क्या तुम मेरे साथ गोल्फ़ खेलना पसंद करोगी?"

उनकी खुशियाँ एक बार फिर लौट आयी थीं, तभी पत्नी को ध्यान आया कि आज नब्बे दिन पूरे हो गये हैं। इसलिये उस शाम को उसने पति से कहा, "बिल, आज नब्बे दिन पूरे हो चुके हैं।"

पति ने हैरानी से पूछा, "कौन से नब्बे दिन? तुम क्या कहना चाहती हो?"

"क्यों, क्या तुम भूल गये? हम तलाक़ लेने से पहले नब्बे दिन इंतज़ार करने के लिये सहमत हुये थे और आज हमारे नब्बे दिन पूरे हो चुके हैं।"

पति ने उसकी तरफ़ एक पल के लिये देखा और फिर अख़बार में अपना मुँह छुपाते हुये कहा, "पागलों जैसी बातें मत करो। तुम्हारे बिना मेरा काम कैसे चल पायेगा? तुमने यह सोच भी कैसे लिया कि मैं तुम्हें छोड़कर जा सकता हूँ?"

यह फ़ॉर्मूला एक शक्तिशाली तकनीक साबित हुआ था। उसने प्रार्थना की, उसने तस्वीर बनायी और इच्छित परिणाम की वह तस्वीर हक़ीक़त में बदल गयी। प्रार्थना की शक्ति से उन दोनों की समस्या सुलझ गयी।

मैं कई लोगों को जानता हूँ जिन्होंने इस तकनीक का सफलतापूर्वक प्रयोग न सिर्फ़ व्यक्तिगत जीवन में बल्कि बिज़नेस में भी किया है। यदि गंभीरता और बुद्धिमानी से इसका प्रयोग किया जाये तो परिणाम इतने उत्कृष्ट होते हैं कि इसे प्रार्थना का असाधारण रूप से प्रभावी तरीक़ा मानना चाहिये। जो लोग इस फ़ॉर्मूले को गंभीरता से लेते हैं और सचमुच इसका प्रयोग करते हैं उन्हें इसके आश्चर्यजनक परिणाम मिलते हैं।

एक दिन मैं औद्योगिक सम्मेलन के एक डिनर में वक्ता की मेज़ पर बैठा हुआ था। मेरे पास ही एक व्यक्ति बैठा था जो थोड़ा अपरिष्कृत परंतु मिलनसार लग रहा था। हो सकता है कि उपदेशक के पास बैठने से उसे थोड़ा अटपटा अनुभव हो रहा हो और उसे इस तरह के लोगों के साथ

बैठने की आदत नहीं होगी। डिनर के दौरान उसने कई धार्मिक शब्दों का प्रयोग किया, परंतु उन शब्दों का संयोजन धार्मिक तरीक़े से नहीं किया गया था। हर अपशब्द के बाद वह माफ़ी माँगता था, परंतु मैंने उसे बताया कि मैं इन सभी शब्दों को पहले सुन चुका हूँ।

उसने मुझे बताया कि वह बचपन में चर्च अटैंडेंट था, परंतु अब उसने चर्च जाना छोड़ दिया है। उसने मुझे वही पुरानी कहानी सुनाई जिसे सुनते-सुनते मेरा पूरा जीवन गुज़र गया है और जिसे लोग अब भी किसी नयी कहानी की तरह सुनाते हैं : "जब मैं छोटा था तो मेरे पिताजी मुझे संडे स्कूल और चर्च में भेजते थे और धर्म को मुझ पर थोपने की कोशिश करते थे। इसलिये जब मैं घर से बाहर निकला तो मैं इसे सहन करने की स्थिति में नहीं था और तब से मैं कभी चर्च नहीं गया।"

इस व्यक्ति ने बाद में कहा, "शायद अब मुझे चर्च जाना फिर से शुरू कर देना चाहिये, क्योंकि अब मैं बूढ़ा हो रहा हूँ।" मैंने उससे कहा कि अगर क़िस्मत अच्छी रही, तो उसे बैठने की जगह मिल जायेगी। इससे उसे आश्चर्य हुआ क्योंकि वह "सोचता था कि आजकल कोई व्यक्ति चर्च नहीं जाता।" मैंने उसे बताया कि देश में किसी और संस्था की तुलना में चर्च में हर सप्ताह सबसे ज़्यादा लोग जाते हैं। यह सुनकर उसे झटका लगा।

वह एक मध्यम आकार के बिज़नेस का प्रमुख था और वह मुझे यह बताने लगा कि पिछले साल उसकी फ़र्म ने कितने पैसे का बिज़नेस किया। मैंने उसे बताया कि कई चर्चों की कमाई उसके बिज़नेस की तुलना में काफ़ी अधिक है। इससे उसे और भी बड़ा झटका लगा। मैंने यह भी देखा कि चर्च के प्रति उसका सम्मान बहुत तेज़ी से बढ़ रहा था। मैंने उसे बताया कि हज़ारों धार्मिक पुस्तकें बिक रही हैं, जो दूसरी तरह की पुस्तकों की तुलना में अधिक बिकती हैं। उसने टिप्पणी की, "तब तो चर्च में आप जैसे लोगों की चाँदी ही चाँदी है।"

इसी समय एक और व्यक्ति हमारी टेबल पर आया और उसने उत्साह से मुझे बताया कि उसके जीवन में "कुछ अद्‌भुत" हुआ है। उसने बताया कि पहले वह निराश रहता था, क्योंकि उसके जीवन में कुछ भी सही नहीं हो रहा था। उसने एक सप्ताह के लिये बाहर जाने का फ़ैसला किया और छुट्टियों के दौरान उसने मेरी पुस्तक **ए गाइड टु कॉन्फ़िडेंट लिविंग** पढ़ी जिसमें व्यावहारिक आस्था की तकनीकें बताई गई थीं। उसने कहा कि इससे उसे पहली बार

संतोष और शांति का अनुभव हुआ। इससे उसे अपनी संभावनाओं के बारे में प्रोत्साहन मिला। अब वह विश्वास करने लगा है कि व्यावहारिक धर्म ही उसकी समस्या का हल है।

उसने कहा, "मैंने आपकी पुस्तक में दिये आध्यात्मिक सिद्धांतों को जीवन में उतारना शुरू किया। मैं यह विश्वास करने लगा कि ईश्वर की सहायता से मैं अपने लक्ष्य प्राप्त करने में सफलता हासिल कर सकता हूँ। मेरे दिल में यह भावना आ गयी कि हर चीज़ अंत में सही हो जायेगी और इसके बाद मुझे किसी बात की फ़िक्र नहीं रही। मेरा दृढ़ विश्वास था कि सब कुछ ठीक-ठाक रहेगा। इसलिये मैं अच्छी तरह से सोने लगा और मेरा मूड भी ठीक रहने लगा। ऐसा लग रहा था जैसे मैं कोई टॉनिक ले रहा था। मेरी नयी समझ और आध्यात्मिक तकनीकों का प्रयोग मेरे जीवन का टर्निंग पॉइन्ट साबित हुये।"

जब वह हमारी टेबल से गया, तो मेरा बिज़नेसमैन मित्र बोला जो इस पूरी चर्चा को सुन रहा था, "मैंने इस तरह की बात पहले कभी नहीं सुनी। यह तो ऐसे बोल रहा था जैसे धर्म कोई ख़ुशी का मामला हो, जैसे इससे हमारे आधुनिक जीवन में हमें फ़ायदा हो सकता हो। मैंने इस तरह तो कभी नहीं सोचा। इस व्यक्ति की बातों से तो लगा जैसे धर्म एक विज्ञान है, जैसे आप अपनी सेहत और अपने काम को बेहतर बनाने के लिये इसका उपयोग कर सकते हैं। मैंने इस तरह धर्म के बारे में कभी नहीं सोचा।"

फिर उसने कहा, "परंतु क्या आप जानते हैं मुझे उसकी कौन सी बात ने सबसे अधिक प्रभावित किया? उस व्यक्ति के चेहरे पर इतना संतोष, इतना आनंद झलक रहा था।"

अब अजीब तथ्य यह है कि जब मेरे टेबल के साथी ने यह बात कही तो उसके चेहरे पर भी उतना ही संतोष और आनंद झलक रहा था। पहली बार उसे यह विचार मिल रहा था कि धार्मिक आस्था कोई धार्मिक या दक़ियानूसी बात नहीं थी बल्कि सफल जीवन की वैज्ञानिक विधि थी। वह प्रत्यक्ष रूप से देख रहा था कि व्यक्तिगत अनुभव में किस तरह प्रार्थना का व्यावहारिक रूप से प्रयोग किया जाता है।

व्यक्तिगत रूप से मेरा विश्वास है कि प्रार्थना के माध्यम से एक व्यक्ति दूसरे व्यक्ति और ईश्वर दोनों की ओर तरंगें प्रवाहित करता है। हमारी पूरी सृष्टि तरंगों में है। टेबल के अणुओं में तरंगें हैं। वायु में तरंगें भरी हुई हैं।

इन्सानों के बीच के व्यवहार में भी तरंगें हैं। जब आप किसी दूसरे व्यक्ति के लिये प्रार्थना करते हैं, तो आप आध्यात्मिक ब्रह्मांड में निहित शक्ति का प्रयोग करते हैं। जब आप दूसरे व्यक्ति के प्रति प्रेम, मदद, समर्थन - एक सहानुभूतिपूर्ण, शक्तिशाली समझ - का भाव प्रेषित करते हैं तो इस प्रक्रिया में आप ब्रह्मांड में उन तरंगों को जाग्रत कर देते हैं जिससे ईश्वर प्रार्थना में माँगी वस्तु को प्रदान कर देता है। इस सिद्धांत का प्रयोग करके देखें और आपको इसके आश्चर्यजनक परिणाम मिलेंगे।

उदाहरण के तौर पर मेरी एक आदत है जिसका मैं अक्सर प्रयोग करता हूँ : मैं लोगों के पास से गुज़रते समय उनके लिये प्रार्थना करता हूँ। मुझे याद है कि मैं एक बार पश्चिमी वर्जीनिया से ट्रेन में यात्रा कर रहा था तभी मेरे मन में एक अजीब विचार आया। मैंने एक व्यक्ति को स्टेशन के प्लेटफ़ॉर्म पर खड़े देखा। तभी ट्रेन चल दी और वह ओझल हो गया। मुझे यह लगा कि मैं उसे पहली और आख़िरी बार देख रहा हूँ। उसका और मेरा जीवन बस एक पल के लिये यूँ ही आपस में छू गया था। वह अपने रास्ते चला गया था और मैं अपने रास्ते। मैं सोच रहा था कि भविष्य में उसका जीवन किस तरह का होगा।

फिर मैंने उस व्यक्ति के लिये एक सकारात्मक प्रार्थना की कि उसका जीवन खुशियों से भर जाये। फिर मैंने उन सब लोगों के लिये प्रार्थना की जिन्हें मैंने ट्रेन गुज़रते समय देखा। मैंने खेत में हल चलाते हुये किसान के लिये प्रार्थना की और ईश्वर से कहा कि वह उसकी मदद करे और उसे अच्छी फसल प्रदान करे। मैंने एक माँ को कपड़े सुखाते हुये देखा और सुखाये गये कपड़ों की संख्या बता रही थी कि उसका परिवार बड़ा था। उसके चेहरे की चमक और बच्चों के कपड़े डालने के ढंग से मुझे पता चल गया कि वह एक सुखी महिला थी। मैंने उसके लिये प्रार्थना की। मैंने ईश्वर से कहा कि उसका जीवन हमेशा सुखी रहे, उसका पति हमेशा उसके प्रति वफ़ादार हो और वह अपने पति के प्रति वफ़ादार रहे। मैंने प्रार्थना की कि उनका परिवार धार्मिक हो और उनके बच्चे सुदृढ़ और सम्माननीय युवक बनें।

एक स्टेशन पर मैंने एक व्यक्ति को दीवार से टिककर सोते हुये देखा और मैंने प्रार्थना की कि वह जब जागे तो उसे राहत मिले और वह कोई ढंग का काम करे।

फिर हम एक स्टेशन पर रुके। वहाँ पर एक छोटा सा प्यारा बच्चा था

जिसके पैंट का एक पांयचा दूसरे पांयचे की तुलना में ज़्यादा लंबा था, जिसकी शर्ट गर्दन पर से खुली थी और जो बहुत बड़ा स्वेटर पहने था, जिसके बाल बिखरे हुये थे और चेहरा गंदा था। वह एक लॉलीपॉप तेज़ी से चूस रहा था। मैंने उसके लिये प्रार्थना की और जब ट्रेन चलने लगी तो उसने मेरी तरफ़ देखा और मुझे बहुत अद्‌भुत मुस्कुराहट दी। मैं जानता था कि मेरी प्रार्थना उस तक पहुँच गई थी और जब मैंने उसकी तरफ़ हाथ हिलाया तो उसने भी मेरी तरफ़ हाथ हिलाया। इस बात की कोई संभावना नहीं है कि मैं उस बच्चे को फिर कभी देख पाऊँगा, परंतु हमारे जीवन छू गये थे। उस समय तक यह एक बादल भरा दिन था, परंतु अचानक सूरज बाहर निकल आया और मुझे लगता है कि उस बच्चे के हृदय में एक रोशनी थी जो उसके चेहरे पर प्रकट हो गयी। मैं जानता था कि मेरा दिल खुशी का अनुभव कर रहा था। मुझे विश्वास है कि ऐसा इसलिये था क्योंकि ईश्वर की शक्ति एक सर्किट के माध्यम से मेरे द्वारा प्रवाहित हो रही थी, जो बच्चे तक जा रही थी और ईश्वर तक; और हम सभी प्रार्थना की शक्ति के प्रभाव में थे।

प्रार्थना का एक महत्त्वपूर्ण कार्य रचनात्मक विचारों की प्रेरणा देना है। मस्तिष्क के भीतर वे सभी संसाधन मौजूद हैं जिनकी सफल जीवन के लिये ज़रूरत है। चेतनता में वे विचार मौजूद हैं जिन्हें यदि सही तरह से मुक्त और प्रयुक्त किया जाये तो किसी भी काम या प्रोजेक्ट में सफलता हासिल की जा सकती है। जब न्यू टेस्टामेंट कहती है : "आपके भीतर ईश्वर का साम्राज्य है," (ल्यूक 17:21), तो यह हमें बता रही है कि हमारे रचयिता ईश्वर ने हमारे मस्तिष्क और व्यक्तित्व के भीतर वे सारी शक्तियाँ और योग्यतायें प्रदान की हैं जिनकी हमें रचनात्मक जीवन के लिये आवश्यकता है। हमें सिर्फ़ इनका दोहन करना है और इन्हें विकसित करना है।

उदाहरण के तौर पर मेरा एक परिचित एक बिज़नेस में है जहाँ वह चार एक्ज़ीक्यूटिव्ज़ का बॉस है। नियमित अंतराल के बाद ये लोग "विचार सत्र" आयोजित करते हैं, जिसका लक्ष्य उन रचनात्मक विचारों का दोहन करना होता है जो उन चारों के मस्तिष्क में घुमड़ रहे हैं। इस सत्र के लिये वे जिस कमरे का उपयोग करते हैं उसमें टेलीफ़ोन या बज़र या ऑफ़िस का अन्य सामान नहीं है। दोहरी खिड़की पूरी तरह से बंद रहती है, जिस वजह से सड़क की आवाज़ें अंदर नहीं आ पातीं।

सत्र शुरू करने से पहले यह समूह दस मिनट मौन प्रार्थना और ध्यान करता है। वे लोग कल्पना करते हैं कि ईश्वर उनके मस्तिष्क में रचनात्मक

रूप से कार्य कर रहा है। हर व्यक्ति चुपचाप अपने तरीक़े से प्रार्थना करता है और उसे यह दृढ़ विश्वास होता है कि ईश्वर उसके मस्तिष्क में उन सही विचारों को प्रदान करने वाला है जिनकी उस बिज़नेस में ज़रूरत है।

मौन के इस सत्र के बाद वे बोलना शुरू कर देते हैं और अपने दिमाग़ में आ रहे विचारों को बाहर निकाल देते हैं। विचारों को कार्ड पर लिख लिया जाता है और टेबल पर रख दिया जाता है। किसी को भी किसी विचार की आलोचना करने की इस समय अनुमति नहीं दी जाती क्योंकि आलोचना या बहस रचनात्मक विचार के प्रवाह को रोक देगी। कार्डों को इकट्ठा किया जाता है और बाद के सत्र में हर एक का मूल्यांकन किया जाता है, परंतु यह एक विचार-दोहन सत्र है जो प्रार्थना की शक्ति द्वारा प्रेरित होता है।

जब इसका अभ्यास शुरू किया गया था तो ऐसे विचारों का प्रतिशत अधिक रहता था जो मूल्यहीन और महत्त्वहीन होते थे, परंतु जब सत्र जारी रहे तो अच्छे विचारों का प्रतिशत बढ़ गया। अब इस "विचार सत्र" में कई सर्वश्रेष्ठ सुझाव प्राप्त होते हैं जिनका व्यावहारिक महत्त्व बाद में प्रदर्शित होता है।

जैसा एक एक्ज़ीक्यूटिव ने स्पष्ट किया : "हमें ऐसी अंतर्दृष्टि मिलती है जिसके परिणाम न सिर्फ़ हमारी बैलेंस शीट पर दिखते हैं बल्कि हममें विश्वास की एक नई भावना भी जाग्रत होती है। यही नहीं, हम चारों के बीच एक गहरा बंधन बन चुका है जो संगठन के बाक़ी लोगों में भी फैल रहा है।"

वह पुराने टाइप का बिज़नेसमैन कहाँ है जो कहता है कि धर्म सिर्फ़ सैद्धांतिक है और उसका बिज़नेस में कोई स्थान नहीं है? आज कोई भी सफल और योग्य बिज़नेसमैन उत्पादन, वितरण और प्रशासन में नवीनतम और अच्छी तरह से प्रशिक्षित तरीक़ों का प्रयोग करेगा और कई लोग यह खोज रहे हैं कि कुशलता बढ़ाने के सबसे महान तरीक़ों में से एक प्रार्थना की शक्ति है।

सतर्क लोग हर जगह यह जान रहे हैं कि प्रार्थना की शक्ति को आज़माने से वे अच्छा महसूस करते हैं, बेहतर काम करते हैं, बेहतर सोते हैं, बेहतर बनते हैं।

टोलेडो ब्लेड का संपादक ग्रव पैटरसन मेरा मित्र है और वह उल्लेखनीय ऊर्जा का स्वामी है। वह कहता है कि उसकी ऊर्जा कुछ हद तक उसकी प्रार्थना की विधियों का परिणाम है। उदाहरण के तौर पर वह प्रार्थना

करते समय सोना पसंद करता है क्योंकि उसका विश्वास है कि उस समय उसका अवचेतन सबसे शांत स्थिति में होता है। हमारा जीवन मुख्यतया हमारे अवचेतन द्वारा शासित होता है। अगर आप इसके सबसे शांत क्षण में इसमें एक प्रार्थना भर देते हैं तो प्रार्थना का सशक्त प्रभाव नज़र आता है। पैटरसन ने हँसते हुये कहा : "पहले मैं चिंता करता था कि मैं प्रार्थना करते-करते कहीं सो न जाऊँ। अब मैं सचमुच ऐसा करने की कोशिश करता हूँ।"

प्रार्थना की कई अद्‌भुत विधियों की तरफ़ मेरा ध्यान गया है, परंतु सबसे प्रभावी विधियों में से एक का वर्णन डॉ. फ़्रैंक लॉबाक ने अपनी उत्कृष्ट पुस्तक **प्रेयर, द माइटियेस्ट पॉवर इन द वर्ल्ड** में किया है। मैं इसे प्रार्थना पर सबसे अच्छी व्यावहारिक पुस्तकों में से एक मानता हूँ क्योंकि यह ऐसी नवीन प्रार्थना तकनीकों का वर्णन करती है जो काम करती हैं। डॉ. लॉबाक का विश्वास है कि प्रार्थना से वास्तविक शक्ति उत्पन्न होती है। उनका एक तरीक़ा है सड़क पर चलते हुये लोगों पर प्रार्थना की "गोली दागना"। वे इस प्रकार की प्रार्थना को "फ़्लैश प्रेयर" कहते हैं। वे गुज़रने वालों पर प्रार्थना की बमबारी करते हैं, सद्‌भाव और प्रेम के विचारों को उनकी ओर प्रेषित करते हैं। वे कहते हैं कि जब वे आसपास से गुज़रने वाले लोगों पर प्रार्थना की "गोली दागते" हैं तो अक्सर लोग मुड़कर उनकी तरफ़ देखते हैं और मुस्कराते हैं। उन्हें विद्युत ऊर्जा की तरह की शक्ति का अनुभव होता है।

किसी बस में वे अपने साथी यात्रियों पर प्रार्थना की "गोली दागते" हैं। एक बार वे एक ऐसे व्यक्ति के पीछे बैठे हुये थे जो बहुत उदास दिख रहा था। उन्होंने यह देखा कि जब वह व्यक्ति बस में अंदर आया तो उसके चेहरे पर भृकुटियाँ तनी हुई थीं। उन्होंने उसकी तरफ़ सद्‌भाव और आस्था की प्रार्थनायें भेजना शुरू कर दिया और ऐसी कल्पना की कि यह प्रार्थनायें उसके चारों तरफ़ एकत्रित हो गयी हों और उसके मस्तिष्क में अंदर प्रविष्ट हो रही हों। अचानक वह व्यक्ति अपने सिर के पीछे हाथ फिराने लगा और जब वह बस से उतरा तो उनकी भृकुटियाँ ग़ायब हो चुकी थीं और उसकी जगह एक मुस्कान आ गयी थी। डॉ. लॉबाक का विश्वास है कि उन्होंने अक्सर पूरी कार या बस के लोगों का पूरा माहौल "प्रेम और प्रार्थनाओं को पूरे माहौल में फैलाने" की प्रक्रिया द्वारा बदल दिया था।

पुलमैन क्लब कार में एक शराबी बहुत ही अक्खड़ और रूखे तरीक़े से व्यवहार कर रहा था और वह इतने दंभ से बात कर रहा था कि वह

अपने आपको अप्रिय बना रहा था। मुझे महसूस हुआ कि कार में बैठा हर व्यक्ति उसे नापसंद कर रहा था। मैं उससे थोड़ी दूर बैठा था परंतु मैंने फ़्रैंक लॉबाक के तरीक़े को आज़माने का निश्चय किया। इसलिये मैंने उसके लिये प्रार्थना करना शुरू कर दिया। इस बीच मैं उसकी ओर सद्भाव के विचार प्रेषित कर रहा था और उसके बेहतर स्वरूप की कल्पना कर रहा था। तत्काल, बिना किसी स्पष्ट कारण के वह व्यक्ति मेरी दिशा में मुड़ा और उसने मेरी तरफ़ एक मनमोहक मुस्कान फेंकी और सलाह करने की मुद्रा में अपना हाथ उठाया। उसका पूरा व्यवहार बदल गया और वह शांत हो गया। मेरे पास यह विश्वास करने के पूरे कारण हैं कि प्रार्थना के विचार प्रभावी ढंग से उस तक पहुँच चुके थे।

जनता के सामने भाषण देने से पहले उपस्थित लोगों के लिये प्रार्थना करना और उनके प्रति प्रेम और सद्भाव के विचार संप्रेषित करना मेरी आदत है। कई बार मैं श्रोताओं में से एक या दो लोगों को चुन लेता हूँ जो या तो निराश या फिर विरोधी दिख रहे हों और मैं अपनी प्रार्थना और सद्भाव के विचारों को ख़ास तौर पर उनकी ओर प्रेषित करता हूँ। हाल ही में एक दक्षिण-पश्चिमी शहर में चैंबर ऑफ़ कॉमर्स के वार्षिक भोज को संबोधित करते समय मैंने देखा कि श्रोताओं में से एक व्यक्ति मुझे गुस्से से देख रहा था। यह संभव था कि उसके चेहरे के भाव का मुझसे कोई लेना-देना न हो, परंतु वह विरोधी और क्रोधी दिख रहा था। बोलना शुरू करने से पहले मैंने उसके लिये प्रार्थना की और उसकी दिशा में प्रार्थनाओं की श्रृंखला और सद्भाव के विचारों को "दागा"। बोलते समय भी मैंने यह करना जारी रखा।

जब मीटिंग ख़त्म हो गयी और जब मैं लोगों से हाथ मिला रहा था तो अचानक मेरे हाथ को एक ज़बर्दस्त हाथ ने पकड़ लिया और मैं उसी व्यक्ति के चेहरे को देख रहा था। उसके चेहरे पर चौड़ी मुस्कुराहट थी। उसने कहा, "सच कहूँ तो जब मैं इस मीटिंग में आया तो मैं आपको पसंद नहीं करता था। मैं उपदेशकों को पसंद नहीं करता और मुझे इस बात में कोई तर्क नहीं दिखा कि एक पादरी को वक्ता के रूप में हमारी चैंबर ऑफ़ कॉमर्स के भोज में बुलाया जाये। मैं आशा कर रहा था कि आपका भाषण सफल न हो। बहरहाल, जब आप बोले तो किसी शक्ति ने मुझे स्पर्श किया। अब मैं एक नया इन्सान अनुभव कर रहा हूँ। मेरे अंदर शांति का अजीब सा भाव आ गया है और ईश्वर जानता है कि मैं आपको पसंद करता हूँ।"

यह मेरा भाषण नहीं था जिसका यह प्रभाव पड़ा। यह प्रार्थना की शक्ति

का प्रताप था। हमारे मस्तिष्क में हमारे पास लगभग दो बिलियन छोटी स्टोरेज बैटरियाँ हैं। मानवीय मस्तिष्क विचारों और प्रार्थना के माध्यम से शक्ति प्रेषित कर सकता है। मानवीय शरीर की चुंबकीय शक्ति को वास्तविक रूप से जाँचा गया है। हमारे पास हज़ारों छोटे-छोटे प्रेषक स्टेशन हैं और जब यह प्रार्थना द्वारा जाग्रत किये जाते हैं तो व्यक्ति में और व्यक्तियों के बीच प्रचुर शक्ति प्रवाहित करना संभव है। हम प्रार्थना द्वारा शक्ति प्रेषित कर सकते हैं जो प्रेषक और प्राप्तकर्ता स्टेशन दोनों के रूप में ही काम करती है।

मैं एक व्यक्ति के साथ काम कर रहा था जो शराबी था। वह लगभग छह महीनों से "सूखा" था, यानी उसने शराब नहीं पी थी। एक बार वह बिज़नेस टूर पर कहीं बाहर गया था। एक मंगलवार को दोपहर चार बजे मुझे प्रबल आभास हुआ जैसे वह संकट में है। न जाने क्यों, मुझे उस व्यक्ति की याद बार-बार आती रही। कोई शक्ति मुझे उसकी ओर खींच रही थी इसलिये मैंने अपना सारा काम बंद कर दिया और उसके लिये प्रार्थना करने लगा। मैंने उसके लिये लगभग आधा घंटे तक प्रार्थना की। फिर वह एहसास ख़त्म हो गया और मैंने प्रार्थना करना बंद कर दिया।

कुछ दिनों बाद उसने मुझे टेलीफ़ोन पर बताया, "मैं पिछले सप्ताह बोस्टन में था और मैं आपको बताना चाहता हूँ कि मैंने अब तक शराब नहीं पी है, हालाँकि पिछले सप्ताह मेरी एक बार बहुत प्रबल इच्छा हुई थी।"

"क्या मंगलवार को चार बजे?" मैंने पूछा।

हैरान होकर उसने जवाब दिया, "हाँ, परंतु आपको कैसे पता चला? आपको किसने बताया?"

"किसी ने नहीं," मैंने जवाब दिया, "मेरा मतलब है, कम से कम किसी इन्सान ने तो मुझे नहीं बताया।" फिर मैंने उसे बताया कि मंगलवार को चार बजे मुझे उसके बारे में कैसा आभास हुआ था और मैंने उसके लिये आधा घंटे तक प्रार्थना की थी।

वह हतप्रभ रह गया और उसने कहा, "मैं होटल में था और बार के सामने रुक गया। मेरे मन में एक ज़बर्दस्त द्वंद्व चल रहा था। मैंने आपके बारे में सोचा, क्योंकि मुझे उस समय मदद की सख़्त ज़रूरत थी और मैंने प्रार्थना करना शुरू कर दिया।"

उसकी प्रार्थना मुझ तक पहुँच गई और मैंने भी उसके लिये प्रार्थना करना शुरू कर दिया। हम दोनों के प्रार्थना में शामिल होने से सर्किट पूरा

हो गया और हमारी प्रार्थना ईश्वर तक पहुँच गई। इस प्रकार उस व्यक्ति को इतनी शक्ति मिल गई कि वह उस संकट से उबर सके। और उसने क्या किया?

वह एक दुकान में गया, उसने बक्सा भर कैंडी ख़रीदीं और उसने बिना रुके पूरी कैंडी ख़त्म कर दीं। इससे वह बच गया, जैसा उसने कहा, "प्रार्थना और कैंडी ने उसे बचा लिया।"

एक युवा विवाहित महिला ने स्वीकार किया कि वह अपने पड़ोसियों और मित्रों के प्रति घृणा, ईर्ष्या और नफ़रत के भाव से भरी हुई थी। वह बहुत डरी हुई भी थी। वह अपने बच्चों के बारे में हमेशा चिंतित रहती थी कि कहीं वे बीमार न पड़ जायें या उनका एक्सीडेंट न हो जाये या वे स्कूल में फ़ेल न हो जायें। उसका जीवन असंतोष, डर, घृणा ओर दुख का कारुणिक संयोग था। मैंने उससे पूछा कि क्या उसने कभी प्रार्थना की है। उसने जवाब दिया : "सिर्फ़ तभी जब मैं किसी ऐसी स्थिति का सामना करती हूँ जिससे मैं बुरी तरह हताश हो जाती हूँ, परंतु मुझे स्वीकार करना होगा कि प्रार्थना का मेरे लिये कोई अर्थ नहीं है, इसलिये मैं ज़्यादा प्रार्थना नहीं करती।"

मैंने सुझाव दिया कि वास्तविक प्रार्थना के अभ्यास से उसका जीवन बदल सकता है। मैंने उसे नफ़रत के बजाय प्रेम के विचार भेजने और डर के बजाय विश्वास के विचार भेजने के संबंध में निर्देश दिये। मैंने सुझाव दिया कि हर दिन जब बच्चों के स्कूल से घर आने का समय हो तो वह प्रार्थना करे। वह अपनी प्रार्थनाओं को ईवश्र की सुरक्षात्मक अच्छाई के लिये धन्यवाद दे। पहले तो वह शंकालु थी, परंतु बाद में वह इतनी उत्साही हो गयी कि वह प्रार्थना के सबसे प्रबल समर्थकों में से एक बन गयी। वह रुचि से पुस्तकें और पैम्फ़लेट पढ़ती है और प्रार्थना-शक्ति की हर प्रभावी तकनीक का अभ्यास करती है। इस विधि ने उसका जीवन बदल दिया, जैसा नीचे दिये गये पत्र से प्रदर्शित होता है जो उसने मुझे हाल ही में लिखा :

"मुझे लगता है कि पिछले कुछ सप्ताहों में मैंने और मेरे पति ने अद्‌भुत प्रगति की है। मेरी सबसे महान प्रगति उस रात से शुरू हुई जब आपने मुझे बताया कि, 'अगर आप प्रार्थना करते हैं, तो आपका हर दिन अच्छा गुज़रता है।' मैंने इस विचार को अभ्यास में उतारना शुरू किया। जब मैं सुबह सोकर उठती हूँ, तो उस मिनट से मैं विश्वास करती हूँ कि मेरा दिन अच्छा रहेगा और मैं विश्वास से कह सकती हूँ कि उस दिन के बाद से मेरा कोई भी

दिन बुरा नहीं गुज़रा। आश्चर्यजनक बात यह है कि मेरे दिन दरअसल पहले से ज़्यादा सुखद नहीं रहे हैं या पहले की तरह की छुटपुट परेशानियों से मुक्त नहीं रहे हैं, परंतु अब उनमें मुझे परेशान करने की ज़रा भी शक्ति नहीं बची है। हर रात को मैं प्रार्थना करते समय उन चीज़ों की सूची बनाती हूँ जिनके लिये मैं कृतज्ञ हूँ, छोटी-छोटी बातें जो उस दिन के दौरान हुईं जिनसे मेरा दिन सुखद बना। मैं जानती हूँ कि इस आदत ने मेरे मस्तिष्क को इस बात के लिये तैयार किया कि वह अच्छी चीज़ों को छाँट ले और बुरी बातों को भूल जाये। यह तथ्य कि पिछले छह सप्ताहों से मेरा कोई भी दिन बुरा नहीं गुज़रा और मैंने निराश होने से इन्कार कर दिया, मेरे लिये किसी चमत्कार से कम नहीं है।"

उसने प्रार्थना की शक्ति आज़माने के द्वारा आश्चर्यजनक शक्ति को खोज लिया।

आप भी ऐसा ही कर सकते हैं। प्रार्थना से प्रभावी परिणाम हासिल करने के लिये दस नियम निम्नलिखित हैं :

1. हर दिन कुछ मिनट का समय निकालें। इस दौरान कुछ भी न बोलें। सिर्फ़ ईश्वर के बारे में सोचें। इससे आपका मस्तिष्क आध्यात्मिक रूप से ग्रहणशील बनेगा।
2. फिर आसान, सहज शब्दों में प्रार्थना करें। आपके दिल में जो हो वह सब ईश्वर से कह दें। ऐसा न सोचें कि आपको दक़ियानूसी धार्मिक वाक्यों का ही प्रयोग करना है। अपनी भाषा में ही ईश्वर से बात करें। ईश्वर आपकी भाषा समझता है।
3. बिज़नेस के दौरान या यात्रा में या बस या ट्रेन में या अपनी कुर्सी पर बैठे-बैठे प्रार्थना करें। अपनी आँखें बंद करके दुनिया से अपना ध्यान हटा लें और ईश्वर की उपस्थिति पर अपना ध्यान केंद्रित करते हुये छोटी-छोटी प्रार्थनायें करें। आप हर दिन ऐसा जितना ज़्यादा करेंगे, आपको ईश्वर की उपस्थिति का एहसास उतना ही ज़्यादा होगा।
4. प्रार्थना करते समय हमेशा माँगते न रहें। इसके बजाय यह विश्वास जतायें कि ईश्वर ने आपको कितनी नियामतें दी हैं और अपनी अधिकांश प्रार्थनाओं में ईश्वर की कृपा के लिये उसे धन्यवाद दें।

5. इस विश्वास के साथ प्रार्थना करें कि सच्चे दिल से की जाने वाली प्रार्थना में इतनी शक्ति है कि यह आपके और आपके प्रियजनों के जीवन में ईश्वर के प्रेम और संरक्षण को ला सकती है।
6. प्रार्थना में नकारात्मक विचार का प्रयोग कभी न करें। केवल सकारात्मक विचारों से ही परिणाम मिलते हैं।
7. हमेशा ईश्वर की इच्छा को स्वीकार करने के लिये सहमत रहें। आप जो चाहते हैं, वह माँगें, परंतु यह भी कहें कि ईश्वर आपको जो देगा, आप उसे खुशी-खुशी स्वीकार करेंगे। हो सकता है कि ईश्वर आपको माँगी गयी चीज़ से कोई बेहतर चीज़ दे रहा हो।
8. हर चीज़ को ईश्वर के हाथ में सौंपने की आदत डालें। सर्वश्रेष्ठ काम करने की योग्यता माँगें और परिणामों को पूरे विश्वास से ईश्वर के हाथों में सौंप दें।
9. जिन लोगों को आप पसंद नहीं करते, या जिन्होंने आपके साथ बुरा बर्ताव किया है, उनके लिये प्रार्थना करें। नफ़रत या विद्वेष आध्यात्मिक शक्ति की पहले नंबर की बाधा है।
10. उन लोगों की सूची बनायें, जिनके लिये आप प्रार्थना करने वाले हैं। आप दूसरों के लिये जितनी ज़्यादा प्रार्थना करेंगे, ख़ासकर अजनबियों के लिये, आपको उतने ही सुखद परिणाम मिलेंगे।

5

सुखी होना आपके हाथ में है

आप सुखी होंगे या दुखी - यह फ़ैसला कौन करता है?

जवाब है - आप खुद!

एक टेलीविज़न कार्यक्रम में एक टेलीविज़न हस्ती के अतिथि के रूप में एक बुज़ुर्ग व्यक्ति आया। वह बहुत दुर्लभ व्यक्ति था। उसकी बातें पूरी तरह से बिना रिहर्सल की थीं और वह बिना तैयारी के बोल रहा था। उसका व्यक्तित्व खुशनुमा और प्रफुल्लित था और उसकी बातें उसके व्यक्तित्व से सहज रूप से बाहर निकल रही थीं। जब भी वह कुछ कहता था तो यह इतना सहज, सटीक होता था कि कार्यक्रम देखने वाले लोग हँसी के मारे दोहरे हो रहे थे। वे उसे पसंद कर रहे थे। टेलीविज़न की हस्ती पर भी प्रभाव पड़ा और वह भी दूसरों के साथ उसकी बातों का आनंद ले रहा था।

आख़िर में उसने उस बुज़ुर्ग व्यक्ति से पूछ ही लिया कि वह इतना खुश क्यों है। उसने पूछा, "आपकी खुशी का राज़ क्या है?"

बुज़ुर्ग व्यक्ति ने जवाब दिया, "कुछ नहीं। मेरी खुशी का कोई बड़ा राज़ नहीं है। यह तो उतना ही सीधा है जितनी कि आपके चेहरे पर लगी आपकी नाक। जब मैं सुबह उठता हूँ तो मेरे पास दो विकल्प होते हैं - या तो मैं खुश रहूँ, या फिर दुखी रहूँ और आपको क्या लगता है मैं कौन-सा विकल्प चुनता हूँ? मैं सिर्फ़ खुश रहने का विकल्प चुनता हूँ, और यही मेरी खुशी का राज़ है।"

यह बहुत साधारण सी बात लगती है और यह लग सकता है कि यह बुज़ुर्ग व्यक्ति सतही बात कर रहा हो, परंतु मुझे अब्राहम लिंकन की याद आ जाती है, जिन पर कोई भी सतही होने का आरोप नहीं लगा सकता। वे कहते थे कि लोग उतने ही खुश रहते हैं, जितने खुश रहने का विकल्प वे

चुनते हैं। अगर आप दुखी रहना चाहते हैं तो आप बड़े आराम से दुखी रह सकते हैं। यह दुनिया का सबसे आसान काम है। सिर्फ़ दुखी रहने का विकल्प चुन लें। अपने आपसे कहते रहें कि हर तरफ़ बुरा हो रहा है, कोई काम ठीक तरह से नहीं हो रहा है तो आप सचमुच दुखी हो जायेंगे। परंतु इसके बजाय खुद से कहें, "हर चीज़ अच्छी तरह हो रही है। ज़िंदगी बहुत बढ़िया है। मैं सुखी रहने का विकल्प चुनता हूँ," और आप सचमुच सुखी हो जायेंगे।

बड़े लोगों की तुलना में बच्चे खुशी के ज़्यादा बड़े विशेषज्ञ होते हैं। वह वयस्क जो अपने दिल में अधेड़ावस्था या वृद्धावस्था में भी बचपन को बनाये रखता है वह एक जीनियस है, क्योंकि वह उस सचमुच सुखद भाव को बनाये रखता है जो ईश्वर ने बच्चों को प्रदान किया है। इसीलिये तो ईसा मसीह ने कहा था कि इस दुनिया में अच्छी तरह जीने का तरीक़ा बच्चों की तरह साफ़ दिल और दिमाग़ से जीने का तरीक़ा है। दूसरे शब्दों में, अपनी आत्मा को कभी बूढ़ा या नीरस न बनने दें। अत्यधिक परिष्कृत न बनें।

मेरी नौ साल की बेटी एलिजाबेथ के पास खुशी का जवाब है। मैंने उसने एक दिन पूछा, "क्या तुम खुश हो, बेटे?"

"हाँ, मैं खुश हूँ।" उसने जवाब दिया।

"क्या तुम हमेशा खुश रहती हो?" मैंने पूछा।

"हाँ," उसने जवाब दिया, "मैं हमेशा खुश रहती हूँ।"

"तुम किस बात से खुश रहती हो?" मैंने उससे पूछा।

"यह तो मैं नहीं जानती," उसने कहा, "मैं सिर्फ़ खुश रहती हूँ।"

"कोई न कोई बात तो होगी जिससे तुम्हें खुशी मिलती होगी?" मैंने पूछा।

"मैं आपको बताती हूँ कि मुझे किस बात से खुशी मिलती है," उसने कहा। "अपने दोस्तों से मुझे खुशी मिलती है। मैं उन्हें पसंद करती हूँ। स्कूल जाने में मुझे खुशी मिलती है।" (मैंने कुछ नहीं कहा, परंतु उसने यह आदत मुझसे तो नहीं सीखी है।) मुझे मेरे टीचर्स पसंद हैं। मैं चर्च जाना पसंद करती हूँ। मुझे संडे स्कूल और संडे स्कूल के टीचर पसंद हैं। मैं अपनी बहन मार्गरेट और भाई जॉन से प्रेम करती हूँ। मैं अपने माता-पिता से प्रेम करती हूँ। जब मैं बीमार होती हूँ, तो वे मेरा ध्यान रखते हैं, मुझसे प्रेम करते हैं और मुझसे अच्छा व्यवहार करते हैं।"

खुशी का एलिजाबेथ का यही फ़ॉर्मूला है, और मुझे लगता है कि यही खुशी का असली फ़ॉर्मूला है - उसके दोस्त (यानी कि उसके सहयोगी), उसका स्कूल (यानी जिस जगह वह काम करती है), उसका चर्च और संडे स्कूल (जहाँ वह पूजा करती है), उसके भाई-बहन और माता-पिता (यानी कि उसका घरेलू दायरा जहाँ उसे प्रेम मिलता है)। यही तो खुशी का सारांश है और आपको जीवन में इन्हीं क्षेत्रों में सबसे अधिक खुशी मिलती है।

लड़कों और लड़कियों के एक समूह से उन बातों की सूची बनाने को कहा गया जिनसे उन्हें सबसे अधिक खुशी मिलती है। उनके जवाब बहुत मर्मस्पर्शी थे। यह रही लड़कों की सूची : "उड़ता हुआ अबाबील; गहरे, साफ़ पानी में देखना, नाव से कटता हुआ पानी; पास से गुज़रती हुई तेज़ ट्रेन; कोई भारी चीज़ उठाती हुई बिल्डर की क्रेन; मेरे कुत्ते की आँखें।"

और लड़कियों को इन चीज़ों से सबसे अधिक खुशी मिलती थी : "नदी में सड़क की रोशनियों का प्रतिबिंब; पेड़ों में लाल छत; चिमनी से उठता धुँआ; लाल मखमल; बादलों में चाँद।" इन वस्तुओं में ब्रह्मांड का सुंदर सार है जिसे अर्ध-अभिव्यक्ति दी गयी है। सुखी व्यक्ति बनने के लिये आत्मा साफ़ होना चाहिये, ऐसी आँखें होनी चाहिये जो साधारण दृश्य में भी रोमांस खोज लें, बच्चे की तरह मासूम दिल होना चाहिये और आध्यात्मिक सादगी होना चाहिये।

हममें से कई लोग अपने दुख का निर्माण खुद करते हैं। हालाँकि हमारे सारे दुखों का कारण हम खुद नहीं होते, क्योंकि सामाजिक परिस्थितियाँ भी हमारे बहुत से दुखों के लिये ज़िम्मेदार होती हैं। परंतु फिर भी यह सच है कि काफ़ी हद तक हमारे विचार और हमारे रवैये हमें जीवन में सुखी या दुखी बनाते हैं।

एक प्रसिद्ध व्यक्ति का कथन है, "पाँच में से चार लोग उतने सुखी नहीं हैं, जितने कि वे हो सकते हैं।" फिर वह आगे कहता है, "दुख सबसे आम मानसिक स्थिति है।" क्या मानवीय सुख इतना कम हो गया है? यह कहते हुये मुझे झिझक हो रही है परंतु मैं पाता हूँ कि इतने अधिक लोग दुख भरा जीवन जी रहे हैं कि मैं उनकी गिनती नहीं कर सकता। चूँकि सुखी होना हर इन्सान की मूलभूत इच्छा है इसलिये इस बारे में कुछ किया जाना चाहिये। सुख हासिल किया जा सकता है और इसे हासिल करने की प्रक्रिया भी जटिल नहीं है। हर इन्सान जो इसे चाहता है, जो इसकी इच्छा

रखता है और जो सही फ़ॉर्मूले को सीखता और उसका प्रयोग करता है वह सुखी व्यक्ति बन सकता है।

एक बार मैं एक रेलवे डाइनिंग कार में एक पति-पत्नी के सामने बैठा हुआ था जो मेरे लिये अजनबी थे। पत्नी महँगे कपड़े और जेवरात पहने थी और फर और हीरे उनकी अमीरी की कहानी कह रहे थे। परंतु वह अपने आपसे दुखी लग रही थी। वह बार-बार तेज़ आवाज़ में शिकायत कर रही थी कि डिब्बे में गंदगी थी, सर्विस बहुत ख़राब थी और भोजन बिलकुल घटिया था। वह हर चीज़ के बारे में शिकायत कर रही थी और हर चीज़ के बारे में परेशान दिख रही थी।

दूसरी तरफ़ उसका पति खुशमिज़ाज और ज़िंदादिल इन्सान था, जिसमें स्पष्ट रूप से यह क्षमता थी कि वह हर चीज़ में खुशी ढूँढ़ लेता था। मुझे लगा कि वह अपनी पत्नी के आलोचनात्मक रवैये पर थोड़ा लज्जित था और कुछ हद तक निराश भी, क्योंकि वह उसे खुश करने के लिये इस यात्रा पर ले जा रहा था।

चर्चा बदलने के लिये उसने पूछा कि मैं किस बिज़नेस में हूँ। इसके बाद उसने मुझे बताया कि वह एक वकील है। फिर उसने एक बहुत बड़ी ग़लती की। व्यंग्यात्मक रूप से मुस्कराते हुये उसने कहा : "मेरी पत्नी मैन्युफ़ैक्चरिंग बिज़नेस में है।"

मुझे हैरानी हुई क्योंकि वह बिज़नेसवुमैन या एक्ज़ीक्यूटिव जैसी नहीं दिख रही थी। इसलिये मैंने पूछा, "वे किस चीज़ का निर्माण करती हैं?"

"दुख का," उसका जवाब था, "वे अपने दुखों का निर्माण करती हैं।"

हालाँकि इस अनावश्यक टिप्पणी के बाद मेज़ पर अजीब सी शांति छा गयी, परंतु मैं उसकी टिप्पणी के लिये उसका कृतज्ञ था क्योंकि यह वाक्य बहुत सारे लोगों के बारे में सही है : "वे अपने खुद के दुख का निर्माण करते हैं।"

यह दुखद है क्योंकि जीवन में पहले से ही समस्याओं की कोई कमी नहीं है जो हमारे सुख को कम करती हैं। ऐसे में यह मूर्खतापूर्ण है कि आप अपने दिमाग़ में और अधिक दुखों का निर्माण कर लें। जिन दुखों पर आपका बहुत कम नियंत्रण है या कोई नियंत्रण नहीं है, उनके अलावा अपनी तरफ़ से दुखों का निर्माण करना कितना मूर्खतापूर्ण है।

इस बात पर ज़ोर देने के बजाय कि किस तरह लोग अपने दुखों का

निर्माण खुद करते हैं, आइये अब हम उस फ़ॉर्मूले की तरफ़ बढ़ें जिससे इस दुख के निर्माण की प्रक्रिया को ही समाप्त किया जा सके। इतना कहना ही पर्याप्त है कि हम अपने दुख का निर्माण खुद करते हैं क्योंकि हम अपने मन में दुखी विचारों को सोचते हैं। हम नकारात्मक भावनाओं से भरा इस तरह का नज़रिया रखते हैं कि हर चीज़ बुरी होने वाली है। या हम यह सोचते हैं कि दूसरे लोगों को वह मिल रहा है जिसके वे योग्य नहीं हैं, और हममें जितनी योग्यता है, हमें उतना नहीं मिल रहा है।

नफ़रत, विद्वेष और दुर्भावना के भाव अपनी चेतना में भरकर हम अपने दुख को और अधिक बढ़ा लेते हैं। दुख-निर्माण की प्रक्रिया हमेशा डर और चिंता के मूल तत्वों का महत्त्वपूर्ण प्रयोग करती है। इनमें से प्रत्येक के बारे में इस पुस्तक में अलग चर्चा की गयी है। हम सिर्फ़ इस समय इतना ही बताना चाहते हैं और ज़ोर देकर बताना चाहते हैं कि औसत व्यक्ति के ज़्यादातर दुख खुद के बनाये होते हैं। अब सवाल यह है कि हम किस तरह अपने दुख का निर्माण बंद करके अपने सुख का निर्माण प्रारंभ करें?

मेरी एक रेल यात्रा के दौरान हुई एक घटना शायद इसका जवाब सुझा दे। एक पुरानी शैली की पुलमैन कार में हम आधा दर्जन लोग दाढ़ी बना रहे थे। अक्सर भीड़ भरी ट्रेन में रात का सफ़र करने के बाद लोगों का मूड अच्छा नहीं रहता, इसलिये चर्चा नहीं हो रही थी और सिर्फ़ हाँ-हाँ में बातें हो रही थीं।

तभी वहाँ एक व्यक्ति आया जिसके चेहरे पर चौड़ी सी मुस्कान थी। उसने हम सबसे खुशनुमा अंदाज़ में गुड मॉर्निंग कहा, हालाँकि बदले में उसे मरे हुये गुड मॉर्निंग सुनने को मिले। वह दाढ़ी बनाते समय शायद अनजाने में एक खुशनुमा धुन गुनगुना रहा था। कुछ लोगों को यह नागवार गुज़रा और उनमें से एक ने आख़िरकार व्यंग्य में पूछ ही लिया, "आप आज बहुत खुश लग रहे हैं। इसका क्या कारण है?"

"हाँ," उस व्यक्ति ने जवाब दिया, "मैं सचमुच खुश हूँ। मुझे अच्छा लग रहा है।" फिर उसने आगे कहा, "मैं इसलिये खुश हूँ क्योंकि खुश रहना मेरी आदत है।"

उसने इतना ही कहा, परंतु मुझे विश्वास है कि उस दिन वहाँ पर मौजूद सभी लोगों के कानों में उसके यही रोचक शब्द गूँज रहे होंगे, "खुश रहना मेरी आदत है।"

यह बहुत गहरी बात है, क्योंकि सचमुच सुखी या दुखी रहना हमारी मानसिक आदत होती है, जिसे हम विकसित करते हैं। बुद्धिमत्तापूर्ण कहावतों के संग्रह बुक ऑफ़ प्रोवर्ब्स में कहा गया है, "... खुशदिल इन्सान हमेशा जश्न मनाता है।" (प्रोवर्ब्स 15:15)। दूसरे शब्दों में, आप खुशदिल बन जाइये, यानी कि सुखी रहने की आदत डाल लीजिये और जीवन एक लंबा जश्न बन जायेगा, यानी कि आप जीवन के हर दिन, हर पल का आनंद ले सकेंगे। सुखी रहने की आदत से ही जीवन सुखी बनता है। और चूँकि हम इस आदत को विकसित कर सकते हैं, इसलिये अपने सुख का निर्माण करने की शक्ति हमारे अपने हाथों में होती है।

सुख की आदत सिर्फ़ सुखी चिंतन के अभ्यास से विकसित होती है। सुखद विचारों की मानसिक सूची बनायें और उन्हें हर दिन कई बार अपने दिमाग़ में दोहरायें। अगर दुख का कोई विचार आपके दिमाग़ में घुसपैठ करने की कोशिश करे, तो तत्काल रुक जायें, उसे बाहर निकाल दें और उसके बदले में सुख का विचार भर लें। हर सुबह बिस्तर छोड़ने से पहले कुछ देर लेटे रहें और अपने चेतन मस्तिष्क में सुख के विचार भरें। दिन में आपको क्या-क्या सुखद अनुभव हो सकते हैं, इन कल्पनाओं की तस्वीरों को अपने दिमाग़ से गुज़रने दें। उनका आनंद लें। इस तरह के विचारों से उस तरह की घटनाओं को होने में मदद मिलती है। यह कभी न सोचें कि आपका दिन ख़राब गुज़रेगा। हो सकता है कि आपके इतना कहने या सोचने भर से ही आप सचमुच घटनाओं को बुरा बनाने में मदद कर रहे हों। आप हर उस बुरे तत्व को, चाहे वह छोटा हो या बड़ा, आमंत्रित कर रहे हैं कि वह आये और आपकी दुखद परिस्थितियों में योगदान दे। परिणामस्वरूप इसके बाद आप खुद से पूछते हैं, "मेरे साथ सब कुछ बुरा ही क्यों हो रहा है? आज यह क्या हो गया है?"

कारण यह है कि आपने अपने दिन की शुरुआत ग़लत तरीक़े से की थी।

इसके बजाय कल इस योजना को आज़माकर देखें। जब आप उठें, तो ज़ोर से तीन बार कहें : "यह दिन प्रभु ने बनाया है। हम इसमें खुश रहेंगे और इसका आनंद लेंगे।" (भजन 118:24)। इसे थोड़ा व्यक्तिगत बना लें और कहें, "मैं इसमें खुश रहूँगा और इसका आनंद लूँगा।" इसे तेज़ और स्पष्ट स्वर में दोहरायें और सकारात्मक स्वर में प्रबलता से इसका उच्चारण करें। ज़ाहिर है ये वाक्य बाइबल के हैं और ये दुख का अच्छा

इलाज हैं। अगर आप इस वक्तव्य को नाश्ते के पहले तीन बार दोहराते हैं और इसके शब्दों के अर्थ पर मनन करते हैं, तो आप सुख के मनोविज्ञान के सहारे अपने दिन को शुरू करते हैं और ऐसा करके आप दिन के चरित्र को परिवर्तित कर देंगे।

कपड़े पहनते समय या दाढ़ी बनाते समय या नाश्ता करते समय, खुद से इस तरह के वाक्य ज़ोर से कहें, "मुझे विश्वास है कि आज का दिन बहुत बढ़िया गुज़रेगा। मुझे विश्वास है कि मैं आज अपने सामने आने वाली सारी समस्याओं को सफलता से सुलझा लूँगा। मैं शारीरिक, मानसिक, भावनात्मक रूप से अच्छा अनुभव करता हूँ। ज़िंदा रहना कितना अच्छा है! जो मेरे पास था, जो मेरे पास अभी है, और जो मेरे पास भविष्य में रहेगा - मैं उन सब चीज़ों के लिये कृतज्ञ हूँ। घटनायें बुरी नहीं होंगी। ईश्वर यहाँ है और मेरे साथ है। उसके सहारे मैं सफल हो जाऊँगा। मैं ईश्वर को हर अच्छी चीज़ के लिये धन्यवाद देता हूँ।"

मैं कभी एक ऐसे दुखी इन्सान को जानता था जो हमेशा ब्रेकफ़ास्ट टेबल पर अपनी पत्नी से कहता था, "यह एक और मुश्किल दिन होगा।" वह सचमुच ऐसा नहीं सोचता था, परंतु उसमें एक मानसिक विशिष्टता थी जिसके द्वारा अगर वह कहता था कि यह दिन मुश्किल साबित होगा तो वह सचमुच मुश्किल साबित होता था। सचमुच उसके साथ बुरी घटनायें होती थीं जिसमें हैरानी की बात नहीं थी, क्योंकि अगर आप दुखद परिणामों की कल्पना करेंगे और उनमें विश्वास करेंगे तो आप ऐसा करके उसी तरह की परिस्थिति का निर्माण करेंगे। इसलिये हर दिन की शुरुआत में सुखद परिणामों की कल्पना करें और आपको यह देखकर सुखद आश्चर्य होगा कि अक्सर आपके साथ घटनायें अच्छी होंगी।

परंतु मैंने जिस महत्त्वपूर्ण उपचारक तकनीक का सुझाव दिया है केवल उसी पर अमल करना ही पर्याप्त नहीं है जब तक कि आप पूरे दिन अपने कार्यों और नज़रिये को सुखी जीवन के मूलभूत सिद्धांतों पर आधारित नहीं करते।

इन सिद्धांतों में सबसे मूलभूत और आसान सिद्धांतों में से एक है मानवीय प्रेम और सद्भाव। यह आश्चर्यजनक है कि दयालुता और कोमलता की एक संजीदा अभिव्यक्ति से कितनी खुशी प्राप्त हो सकती है।

मेरे मित्र डॉ. सैम्युअल शूमेकर ने एक बार साझा मित्र के बारे में एक

मर्मस्पर्शी कहानी लिखी थी। राल्स्टन यंग न्यूयॉर्क में ग्रैंड सेंट्रल स्टेशन में पोर्टर नंबर 42 के रूप में प्रसिद्ध है। वह आजीविका के लिये बोझ उठाता है, परंतु उसका असली काम दुनिया के महानतम रेलवे स्टेशनों में से एक में पोर्टर के रूप में ईसा मसीह के भाव को जीवन में उतारना है। जब वह किसी व्यक्ति का सूटकेस उठाता है तो वह उसके साथ थोड़ी सी ईसाई मित्रता स्थापित करने की कोशिश करता है। वह ग्राहक को सावधानी से देखता है कि उसे आशा और साहस प्रदान करने का कौन सा तरीक़ा हो सकता है। वह जिस तरह से यह काम करता है वह उसमें बहुत कुशल है।

उदाहरण के तौर पर एक दिन उसे एक ठिगनी सी बूढ़ी महिला को ट्रेन में बिठाने को कहा गया। वह व्हील चेयर में थी इसलिये वह उसे लिफ़्ट में नीचे ले गया। जब वह उसकी व्हील चेयर को लिफ़्ट में ले जा रहा था तो उसने देखा कि महिला की आँखों में आँसू थे। जब लिफ़्ट नीचे जाने लगी तो राल्स्टन यंग वहाँ खड़ा रहा, उसने अपनी आँखें बंद कीं और ईश्वर से पूछा कि वह किस तरह उसकी मदद कर सकता है और ईश्वर ने उसे जवाब दे दिया। जब उसे लिफ़्ट से बाहर ले जा रहा था तो उसने मुस्कुराते हुये कहा, "मैडम, अगर आप बुरा न मानें तो मैं यह कहना चाहता हूँ कि आपका हैट बहुत सुंदर है।"

उस महिला ने उसकी तरफ़ ऊपर देखा और कहा, "धन्यवाद।"

"और मैं यह भी कहना चाहता हूँ," उसने आगे कहा, "कि आपने जो ड्रेस पहनी है वह भी बहुत सुंदर है। मुझे यह बहुत अच्छी लगी।"

महिला होने के नाते उसे यह सुनकर अच्छा लगा और इस तथ्य के बावजूद कि उसकी मानसिक दशा ठीक नहीं थी, उसके चेहरे पर चमक आ गयी और उसने पूछा, "तुम मुझसे यह अच्छी बातें क्यों कह रहे हो? सचमुच तुम दूसरों का ध्यान रखते हो।"

उसने कहा, "मैंने देखा कि आप दुखी थीं। मैंने देखा कि आप रो रही थीं और मैंने ईश्वर से सिर्फ़ यही कहा कि मैं आपकी किस तरह मदद कर सकता हूँ। ईश्वर ने कहा, "उससे उसके हैट के बारे में बोलो।" ड्रेस के ज़िक्र का विचार मेरा था।" राल्स्टन यंग और ईश्वर इकट्ठे जानते थे कि एक महिला के दिमाग़ को उसकी मुश्किल से कैसे दूर हटाया जाये।

"क्या आप परेशान हैं?" उसने महिला से पूछा।

"नहीं," उसने जवाब दिया। "मुझे लगातार दर्द हो रहा है। मैं इससे

कभी मुक्त नहीं रह पाती। कई बार तो मुझे लगता है कि मैं इसे सहन नहीं कर पाऊँगी। क्या आप जानते हैं कि हर समय दर्द होते रहने का अनुभव कैसा होता है?"

राल्स्टन के पास इसका जवाब था। "हाँ, मैडम, मैं जानता हूँ, क्योंकि मैंने एक आँख खो दी है और यह गर्म लोहे की तरह दिन-रात मुझे परेशान करती है।"

"परंतु," महिला ने कहा, "तुम तो अभी खुश दिखाई दे रहे हो। यह कैसे संभव हुआ?" इस समय तक यंग ने उसे ट्रेन में उसकी सीट पर बिठा दिया था और उसने कहा, "सिर्फ़ प्रार्थना से, मैडम, सिर्फ़ प्रार्थना से।"

धीमे से उसने पूछा, "क्या प्रार्थना, सिर्फ़ प्रार्थना, दर्द को दूर कर देती है?"

राल्स्टन ने जवाब दिया, "शायद यह हमेशा तो दूर नहीं करती। मैं यह नहीं कह सकता कि यह ऐसा करती है, परंतु यह हमेशा इसे जीतने में मदद ज़रूर करती है इसलिये ऐसा लगता है कि दर्द कम हो रहा है। सिर्फ़ प्रार्थना करती रहें, मैडम और मैं भी आपके लिये प्रार्थना करूँगा।"

उस महिला के आँसू अब सूख चुके थे और उसने उसे एक मुस्कुराहट दी, उसका हाथ थामा और कहा, "तुमने आज मेरा बहुत भला किया है।"

एक साल गुज़र गया और एक रात ग्रैंड सेंट्रल स्टेशन पर राल्स्टन यंग को पेजर के माध्यम से सूचना केंद्र में बुलवाया गया। वहाँ पर एक युवा महिला खड़ी थी, जिसने कहा, "मैं आपको एक मृत आत्मा का संदेश देने के लिये आयी हूँ। मरने से पहले मेरी माँ ने कहा था कि मैं आपको खोजूँ और बताऊँ कि आपने पिछले साल उनकी कितनी मदद की थी जब आप उनकी व्हीलचेयर में उन्हें ट्रेन में बिठाने गये थे। वे आपको हमेशा याद रखेंगी, चिरनिद्रा में भी। वे आपको इसलिये याद रखेंगी, क्योंकि आप दयालु, प्रेमपूर्ण और समझ से परिपूर्ण थे।" फिर युवा महिला रोने लगी और दुख में सुबकियाँ लेने लगी।

राल्स्टन चुपचाप खड़ा-खड़ा उसे देखता रहा। फिर उसने कहा : "रोइये मत, मैडम, रोइये मत। आपको रोना नहीं चाहिये। आपको तो धन्यवाद देते हुये प्रार्थना करना चाहिये।"

आश्चर्यचकित होकर लड़की ने पूछा, "धन्यवाद की प्रार्थना मुझे क्यों करना चाहिये?"

"क्योंकि," राल्स्टन ने कहा, "कई लोग आपसे कम उम्र में अनाथ हो जाते हैं। आपने अपनी माँ के साथ काफ़ी, काफ़ी लंबा समय गुज़ारा है और इसके अलावा वे अब भी आपके पास हैं। आप उन्हें दोबारा देख पायेंगी। वे अब भी आपके पास हैं और वे हमेशा आपके पास रहेंगी। शायद," उसने कहा, "वे यहाँ पर हम दोनों के पास हैं - हम दोनों के पास, जब हम बातें कर रहे हैं।"

सुबकियाँ थम गईं और आँसू सूख गये। राल्स्टन की दयालुता का पुत्री पर भी वही प्रभाव पड़ा जो कि उसकी माँ पर पड़ा था। इस बड़े स्टेशन पर जहाँ हज़ारों लोग पास से गुज़र रहे थे उन दोनों को उस विराट उपस्थिति का अनुभव हुआ जिसने इस अद्‌भुत पोर्टर को इस तरीक़े से प्रेम का संदेश फैलाने के लिये प्रेरित किया था।

टॉल्स्टॉय ने कहा, "जहाँ प्रेम है, वहीं ईश्वर है।" और हम इसमें यह जोड़ सकते हैं, कि जहाँ ईश्वर और प्रेम है, वहीं सुख भी है। तो सुखी रहने के लिये एक व्यावहारिक सिद्धांत यह है कि प्रेम का अभ्यास करें।

मेरा एक दोस्त एच.सी. मैटर्न वास्तव में सुखी इन्सान है जो अपने काम के सिलसिले में अपनी उतनी ही सुखी पत्नी मैरी के साथ देश भर में यात्रा करते हैं। मैटर्न का बिज़नेस कार्ड अद्‌भुत है। उसके पीछे की तरफ़ ऐसी फ़िलॉसफ़ी दी हुई है जिसने उन्हें और उनकी पत्नी को सुखी बनाया है और उन सैकड़ों लोगों को भी जो इतने भाग्यशाली थे कि वे उनके संपर्क में आये।

इस कार्ड में लिखा है : "सुख का रास्ता : नफ़रत को दिल से निकाल दें, चिंता को दिमाग़ से निकाल दें। सादगी से रहें। कम की उम्मीद रखें, ज़्यादा दो। अपने जीवन को प्रेम से भर दो। खुशी बाँटते चलें। खुद को भूल जायें, दूसरों के बारे में सोचें। दूसरों के साथ वैसा ही व्यवहार करें, जैसा आप अपने लिये चाहते हैं। इसे एक सप्ताह तक करके देखें और आप हैरान रह जायेंगे।"

इन शब्दों को पढ़ने के बाद शायद आप यह करें, "इसमें कुछ भी नया नहीं है।" सच बात है, परंतु यह भी सच है कि अगर आपने अब तक इसे कभी आज़माया नहीं है तो इसमें कुछ तो नया है। जब आप इसका अभ्यास करेंगे, तो आप इसे सुखी और सफल जीवन का सबसे नया, सबसे ताज़ा और सबसे आश्चर्यजनक तरीक़ा पायेंगे। इन सिद्धांतों का महत्त्व ही

क्या है, अगर आपको यह सिद्धांत हमेशा से मालूम हों, परंतु आपने कभी इनका उपयोग न किया हो? जीवन में इस तरह की चूक बहुत दुखद है। ग़रीबी में ज़िंदगी भर क्यों रहा जाये, जब आपके दरवाज़े की चौखट पर सोने की ईंटें रखी हुई हों? यह तो जीने का कोई समझदारीपूर्ण तरीक़ा नहीं है। यह आसान फ़िलॉसफ़ी सुख की राह है। इन सिद्धांतों पर सिर्फ़ एक सप्ताह चलकर देखें, जैसा मैटर्न ने सुझाव दिया है और अगर इनसे आपको सच्चा सुख मिलना शुरू नहीं होता, तो आपका दुख बहुत ही गहराई में बैठा हुआ है।

ज़ाहिर है कि सुख के इन सिद्धांतों को शक्ति देने और उन्हें असरदार बनाने के लिये मानसिक गुणों द्वारा समर्थन देना होगा। आध्यात्मिक शक्ति के बिना इन आध्यात्मिक सिद्धांतों से भी आपको प्रभावी परिणाम मिलने की संभावना नहीं है। जब व्यक्ति अंदर से आध्यात्मिक परिवर्तन का अनुभव करता है तो सुख प्रदान करने वाले विचारों में सफलता अत्यधिक आसान हो जाती है। अगर आप आध्यात्मिक सिद्धांतों का प्रयोग करना शुरू करते हैं, चाहे शुरुआत में आप ऐसा अजीब तरीक़े से करें परंतु धीरे-धीरे अंदर से आप आध्यात्मिक शक्ति का अनुभव करना शुरू करेंगे। मैं आपको आश्वस्त कर सकता हूँ कि यह आपको सुख का महानतम अनुभव देगा। जो आपको अब तक नहीं मिला होगा। यह आपके साथ तब तक बना रहेगा जब तक आप ईश्वर द्वारा बनायी गयी इस दुनिया में रहेंगे।

देश में अपनी यात्राओं में वास्तव में सुखी व्यक्तियों से बढ़ती हुई संख्या में मिल रहा हूँ। यह वे लोग हैं जो इस पुस्तक में बतायी गयी तकनीकों का अभ्यास कर रहे हैं, जिनका मैंने अपनी दूसरी पुस्तकों, चर्चाओं और लेखन में उल्लेख किया है और जो दूसरे लेखक और वक्ता भी ग्रहणशील व्यक्तियों को सिखा रहे हैं। यह आश्चर्यजनक है कि आध्यात्मिक परिवर्तन को सिखा रहे हैं। यह आश्चर्यजनक है कि आध्यात्मिक परिवर्तन के आंतरिक अनुभव द्वारा किस तरह लोगों को सुख का इंजेक्शन लगाया जा सकता है। हर जगह पर हर तरह के लोग आज इस अनुभव का लाभ उठा रहे हैं। वास्तव में, यह हमारे युग की सबसे लोकप्रिय घटना बन चुकी है और अगर यह विकसित होती है और फैलती है तो वह व्यक्ति जिसे आध्यात्मिक अनुभव नहीं हुआ है उसे जल्दी ही पुराने ज़माने का समझ लिया जायेगा जो समय से पीछे चल रहा है। अब आध्यात्मिक रूप से जीवन बिताने को स्मार्ट समझा जा रहा है। यह दक़ियानूसी है कि आप सुख का निर्माण करने वाले रूपांतरण

के प्रति अज्ञानी हों जब इस समय हर जगह लोग इसका आनंद ले रहे हों।

हाल ही में एक शहर में लेक्चर ख़त्म करने के बाद एक लंबा-तगड़ा और आकर्षक व्यक्ति मेरे पास आया। उसने मुझे कंधे पर इतनी ज़ोर से हाथ मारा कि मैं लगभग गिर ही गया।

"डॉक्टर," उसने गूँजती हुइ आवाज़ में कहा, "गैंग के साथ चलने के बारे में आपका क्या विचार है? हम लोग स्मिथ के घर पर एक बड़ी पार्टी मना रहे हैं और हम चाहते हैं कि आप भी हमारे साथ चलें। यह बहुत ही शानदान पार्टी रहेगी और आपको इसमें चलना ही चाहिये।" उसने तेज़ रफ़्तार से मुझे इस तरह आमंत्रण दिया।

ज़ाहिर है कि इससे ऐसा आभास नहीं हो रहा था कि यह पार्टी किसी उपदेशक के लिये सही तरह की पार्टी होगी और इसलिये मैं झिझका। मुझे डर था कि मैं वहाँ बैठे लोगों को असहज बना दूँगा इसलिये मैं बहाने बनाने लगा।

"अरे, भूल जाइये," मेरे मित्र ने मुझसे कहा। "चिंता न करें, यह आपकी ही तरह की पार्टी है। आपको हैरानी होगी। हमारे साथ चलिये। आपको इसमें जीवन का आनंद आ जायेगा।"

इस पर मैं सहमत हो गया और मेरे ज़िंदादिल और बातूनी मित्र के साथ चल दिया। वह मेरे द्वारा देखे गये सबसे संक्रामक व्यक्तियों में से एक था। जल्दी ही हम एक बड़े घर में आ गये जो पेड़ों के बीच बना था और जिसके अगले द्वार पर एक चौड़ा मार्ग बना था। खुली खिड़कियों से आती आवाज़ों से स्पष्ट था कि पार्टी ज़ोर-शोर से चल रही थी और मैं सोचने लगा कि मैं न जाने कहाँ जा रहा हूँ। मेरे मेज़बान ने ज़ोर से चिल्लाते हुये मुझे कमरे में खींचा और हमें काफ़ी समय तक हाथ मिलाने की प्रक्रिया से गुज़रना पड़ा और उसने मेरा परिचय प्रफुल्लित और खुशनुमा लोगों के एक बड़े समूह से कराया। वे बहुत ही सुखी और खुश लोग थे।

मैंने चारों तरफ़ देखा कि बार कहाँ है, परंतु वहाँ पर कोई बार नहीं था। वहाँ पर जो चीज़ें मिल रही थीं वे थीं कॉफ़ी, फलों का जूस, जिंजर, एल, सैंडविच और आइसक्रीम और वे बहुत बड़ी तादाद में थीं।

मैंने अपने दोस्त से कहा, "यह लोग यहाँ आने से पहले रास्ते में कहीं पर रुक गये होंगे।"

उसे झटका लगा, फिर उसने कहा, "कहीं रुक गये होंगे? नहीं, नहीं, आप समझ नहीं रहे हैं। इन लोगों में जोश तो है, परंतु उस तरह का जोश नहीं है जो शराब से मिलता है। आपके सोचने के तरीक़े पर मुझे हैरानी है," उसने कहा। "क्या आपको यह एहसास नहीं है कि इस भीड़ के इतने सुखी होने का कारण क्या है? वे लोग आध्यात्मिक रूप से नये बन गये हैं। उन्हें कुछ मिल गया है। उन्हें अपने आप से मुक्ति मिल गयी है। उन्हें जीवित, महत्त्वपूर्ण और सच्चे यथार्थ के रूप में ईश्वर मिल गया है। हाँ," उसने कहा, "उनमें जोश तो है, परंतु उस तरह का जोश नहीं है जो किसी बोतल में मिलता है। उनका जोश उनके दिलों से निकला है।"

फिर मैंने देखा कि उसका क्या आशय था। यह दुखी चेहरे वाले नीरस लोगों की भीड़ नहीं थी। यह लोग उस शहर के लीडर्स थे - बिज़नेसमैन, वकील, डॉक्टर, शिक्षक, समाज के महत्त्वपूर्ण लोग और उनके अलावा बहुत से आम लोग भी और वे लोग इस पार्टी का पूरा आनंद ले रहे थे - वे ईश्वर के बारे में बातें कर रहे थे और वे ऐसा सबसे स्वाभाविक तरीक़े से कर रहे थे। वे एक-दूसरे को उन परिवर्तनों के बारे में बता रहे थे जो उनके अंदर आध्यात्मिक शक्ति द्वारा घटित हुये थे।

जिन लोगों को यह भ्रम है कि अगर आप धार्मिक हैं तो आप हँस नहीं सकते या जोशीले नहीं हो सकते, उन्हें उस पार्टी में होना चाहिये था।

तो, मैं उस पार्टी से जब लौटा तो मेरे दिमाग़ में बाइबल की एक पंक्ति घुमड़ रही थी : "उसी में जीवन था; और वह जीवन लोगों की रोशनी बन गया।" (जॉन 1:4)। मैंने इन सुखी लोगों के चेहरों पर उसी रोशनी को देखा। उनके चेहरों पर बाहर उसी आंतरिक रोशनी की झलक थी और यह किसी जोशीले आध्यात्मिक स्त्रोत से आयी थी जिसे उन्होंने अपने अंदर बिठा लिया था। जीवन का अर्थ है जीवंतता और यह लोग स्पष्ट रूप से ईश्वर से अपनी जीवंतता प्राप्त कर रहे थे। उन्होंने वह शक्ति पा ली थी जो सुख का निर्माण करती है।

यह कोई अकेली घटना नहीं है। मैं यह कहना चाहूँगा कि आपके अपने समुदाय में, अगर आप अपने चारों तरफ़ उनकी खोज करें, तो आपको इस तरह के बहुत से लोग मिल सकते हैं। अगर आपको अपने शहर में ऐसे लोग न मिलें तो आप न्यूयॉर्क में मार्बल कॉलेजियेट चर्च में आ जायें और यहाँ वे आपको सैकड़ों की तादाद में मिलेंगे। परंतु आप भी इस पुस्तक को

पढ़कर अपने अंदर इसी तरह की भावना विकसित कर सकते हैं बशर्ते आप इसमें दिये गये आसान सिद्धांतों का अभ्यास करें।

जब आप यह पुस्तक पढ़ें तो जो लिखा है उसमें विश्वास करें क्योंकि यह सच है। फिर इस पुस्तक में दिये गये व्यावहारिक सुझावों पर काम करना शुरू कर दें और आपको भी वह आध्यात्मिक अनुभव होगा जो सुख देगा। मैं जानता हूँ कि ऐसा होता है क्योंकि मैंने जिन कई लोगों का उल्लेख किया है और जिनका मैं बाद में आने वाले अध्यायों में उल्लेख करूँगा, उन सभी ने इसी तरीक़े से अपना महत्त्वपूर्ण नया जीवन प्राप्त किया है। फिर जब आप अंदर से बदल जायें तो आप अपने दुख का नहीं, बल्कि सुख का निर्माण करेंगे और वह सुख इस क्वालिटी और चरित्र का होगा कि आपको यक़ीन ही नहीं होगा कि आप उसी दुनिया में रह रहे हैं। सच तो यह है कि यह वही दुनिया नहीं होगी क्योंकि आप वही नहीं रहे, और आप ही उस दुनिया को निर्धारित करते हैं जिसमें आप रहते हैं। तो जब आप बदल जाते हैं तो आपकी दुनिया भी बदल जाती है।

अगर सुख हमारे विचारों से निर्धारित होता है तो आवश्यक है कि हम ऐसे विचारों को दूर भगा दें जो निराश या हताश करते हों। ऐसा किया जा सकता है अगर पहले आप सिर्फ़ ऐसा करने का निश्चय कर लें; दूसरे, आप एक आसानी से अमल में आने वाली तकनीक का प्रयोग करें जिसका सुझाव मैंने एक बिज़नेसमैन को दिया था। मैं उससे लंच के दौरान मिला था और मैंने शायद ही कभी इतनी निराशा भरी बातें सुनी होंगी। उसकी चर्चा अत्यधिक निराशाजनक थी और अगर मैं तैयार नहीं होता तो इसने मुझे भी प्रभावित कर दिया होता। उसका हर शब्द निराशा से भरा हुआ था। उसकी बातों को सुनकर आप यही सोचते कि हर चीज़ बर्बादी की तरफ़ बढ़ रही है। ज़ाहिर है यह व्यक्ति थका हुआ था। एकत्रित होती समस्यायें उसके दिमाग़ में भरी हुई थीं और वे दुनिया से भागकर उसके मस्तिष्क में शरण ले चुकी थीं। उसकी कम ऊर्जा का कारण यही था कि वह इस दुनिया का सामना करने के बजाय इसे कोसने में लगा हुआ था। उसकी प्रमुख समस्या उसका निराशावादी चिंतन था। उसे प्रकाश और आस्था की दवा की ज़रूरत थी।

तो थोड़े साहस के साथ मैंने कहा, "अगर आप बेहतर अनुभव करना चाहते हैं और दुखी नहीं रहना चाहते हैं तो मैं ऐसा कुछ दे सकता हूँ जो आपको ठीक कर देगा।"

"आप क्या कर सकते हैं?" उसने व्यंग्य से कहा। "क्या आप कोई चमत्कारी व्यक्ति हैं?"

"नहीं," मैंने जवाब दिया, "परंतु मैं आपको एक चमत्कारी व्यक्ति से संपर्क में ले आऊँगा जो आपके दुख को बाहर निकाल देगा और आपके जीवन को नई दिशा देगा। मैं पूरी गंभीरता से यह बात कह रहा हूँ," चलते-चलते मैंने उससे यह कहा।

ज़ाहिर है उसकी जिज्ञासा जाग गई थी क्योंकि उसने बाद में मुझसे संपर्क किया और मैंने उसे अपनी एक छोटी सी पुस्तक थॉट कन्डीशनर्स दे दी। इसमें स्वास्थ्य और सुख प्रदान करने वाले चालीस विचार दिये गये हैं। चूँकि यह पॉकेट साइज़ की बुकलेट है इसलिये मैंने सुझाव दिया कि वह इसे हमेशा अपने पास रखे ताकि आसानी से इसे कभी भी पढ़ा जा सके और मैंने उसे यह सुझाव भी दिया कि वह चालीस दिनों तक हर दिन अपने दिमाग़ में एक विचार को डालता रहे। मैंने कहा कि वह हर विचार को याद कर ले और इस तरह उसे अपनी चेतना में घुलने की अनुमति दे। इसके साथ ही वह यक कल्पना करे कि यह स्वस्थ विचार उसके मस्तिष्क में शांति और उपचार का प्रभाव डाल रहा है। मैंने उसे आश्वस्त किया कि अगर वह इस योजना पर अमल करेगा तो ये स्वस्थ विचार उसके बीमार विचारों को बाहर निकाल देंगे जो उसके सुख, उसकी ऊर्जा और रचनात्मक योग्यता को नष्ट कर रहे थे।

यह विचार उसे शुरुआत में तो अजीब सा लगा और उसके मन में शंकायें थीं, परंतु बाद में वह मेरे मार्गदर्शन के हिसाब से चला। लगभग तीन सप्ताह बाद उसने मुझे फ़ोन किया और यह चहक रहा था, "इसने तो जादू कर दिया। यह तो चमत्कार हो गया। मैं अब दुख के दलदल से बाहर निकल गया हूँ और मुझे विश्वास नहीं होता कि यह संभव था।"

वह अब भी "दुख के दलदल" से बाहर है और वह सचमुच सुखी व्यक्ति है। यह सुखद स्थिति इसलिये बनी क्योंकि वह अपने खुद के सुख का निर्माण करने की शक्ति में दक्ष हो गया। उसने बाद में यह टिप्पणी की कि उसकी पहली मानसिक बाधा ईमानदारी से इस तथ्य का सामना करना था कि हालाँकि उसका दुख उसे दुखी बना रहा था, परंतु वह आत्म-दया और आत्म-दंड के विचारों का आदी हो चुका था। वह जानता था कि यह बीमार विचार उसकी समस्या का कारण थे, परंतु वह उस प्रयास को करने

से पीछे हट रहा था जो उसमें पर्याप्त परिवर्तन करने के लिये आवश्यक थे। परंतु जब बाद में उसने सुनियोजित ढंग से स्वस्थ आध्यात्मिक विचार अपने मस्तिष्क में डालना शुरू किये तो उसने पहले तो नया जीवन चाहा, फिर उसे इस रोमांचक तथ्य का एहसास हुआ कि उसे यह मिल सकता है, फिर उसे और भी आश्चर्यजनक तथ्य का पता चला कि उसे यह मिल रहा था। परिणाम यह हुआ कि आत्मसुधार की प्रक्रिया शुरू होने के लगभग तीन सप्ताह बाद नया सुख उसके आँगन में बरसने लगा।

आज दुनिया में लगभग हर जगह लोगों के ऐसे समूह हैं जिन्होंने सुख की राह खोज ली है। अगर हम हर शहर, क़स्बे और गाँव में एक भी ऐसा समूह बना लें तो हम इस देश के जीवन को बहुत ही कम समय में बदल सकते हैं। और हमारा आशय किस तरह के समूह से है? आइये, मैं स्पष्ट कर दूँ।

मैं एक पश्चिमी शहर में बोल रहा था और मैं अपने होटल के कमरे में काफ़ी विलंब से पहुँचा। मैं थोड़ी नींद लेना चाहता था क्योंकि मुझे अगले दिन सुबह साढ़े पाँच बजे हवाई जहाज़ पकड़ना था। जब मैं सोने की तैयारी कर रहा था तभी फ़ोन की घंटी बजी और एक महिला ने कहा, "मेरे घर पर लगभग पचास लोग आपका इंतज़ार कर रहे हैं।"

मैंने स्पष्ट किया कि मैं इसलिये नहीं आ सकता क्योंकि अगले दिन सुबह मुझे जल्दी जाना है।

"अरे," उसने कहा, "दो लोग आपको लेने के लिये निकल चुके हैं। हम लोग आपके लिये प्रार्थना कर रहे हैं और हम चाहते हैं कि आप इस शहर से जाने से पहले आयें हमारे साथ प्रार्थना करें।"

मुझे खुशी है कि मैं वहाँ गया, हालाँकि मुझे उस रात बहुत कम नींद नसीब हुई।

जो लोग मुझे लेने के लिये आये थे वे पहले शराबी थे जिनका उपचार आस्था की शक्ति द्वारा किया गया था। वे लोग बहुत ही सुखी, खुश और आकर्षक लोग थे।

वे लोग मुझे जिस घर में ले गये वह खचाखच भरा हुआ था। लोग फ़र्श पर, सीढ़ियों पर, मेज़ पर सब तरफ़ बैठे थे। एक व्यक्ति तो ग्रांड पियानो पर टिका हुआ था। और वे लोग क्या कर रहे थे? वे लोग प्रार्थना सभा कर रहे थे। उन्होंने मुझे बताया कि उस शहर में इस तरह के साठ

प्रार्थना समूह हर वक़्त चल रहे थे।

मैं कभी इस तरह की बैठक में नहीं गया था। और वे लोग क़तई नीरस नहीं थे। यह ज़िंदादिल लोगों का मुक्त और सुखी समूह था। यह बात मेरे दिल को छू गयी। उस कमरे का भाव प्रबल शक्ति से प्रेरणा दे सकता था। समूह ने एक गीत गाया और मैंने कभी इस तरह का गाना नहीं सुना था। कमरे में हँसी की एक अद्भुत लहर दौड़ गयी।

फिर एक महिला खड़ी हुई। मैंने देखा कि उसके पैरों पर ब्रेसेस थे। उसने कहा, "डॉक्टरों ने मुझसे कहा कि मैं कभी नहीं चल पाऊँगी। क्या आप मुझे चलते देखना चाहेंगे?" और उसने कमरे में इधर से उधर टहलकर दिखाया।

"यह किसने किया?" मैंने पूछा।

"ईसा मसीह ने," उसने जवाब दिया।

फिर एक और आकर्षक युवती ने कहा, "क्या आपने कभी नार्कोटिक्स के किसी शिकार को देखा है? मैं थी और अब मैं ठीक हो चुकी हूँ।" वह एक सुंदर, संकोची, आकर्षक युवती थी और उसने भी कहा, "यह ईसा मसीह ने किया।"

फिर एक दंपत्ति जो अलग हो गये थे, उन्होंने बताया कि अब वे इकट्ठे हो चुके हैं और अब वे पहले से अधिक सुखी हैं।

"ऐसा कैसे हुआ?" मैंने पूछा। और उनका जवाब था, "यह ईसा मसीह ने किया।"

एक व्यक्ति ने कहा कि वह शराब का शिकार था। उसने अपने परिवार को घोर ग़रीबी में जीने के लिये विवश कर दिया था और वह पूरी तरह असफल था। परंतु वही व्यक्ति अब मेरे सामने एक शक्तिशाली, स्वस्थ व्यक्ति की तरह खड़ा हुआ था। मैंने उससे पूछना शुरू किया कि यह कैसे हुआ, परंतु उसने सिर हिलाया और कहा, "यह ईसा मसीह ने किया।"

फिर वे लोग एक और गीत गाने लगे और फिर किसी ने रोशनी को कम कर दिया और हम लोगों ने एक-दूसरे का हाथ थामकर एक बड़ा सा गोला बना लिया। मुझे ऐसा लगा जैसे मेरे हाथ में कोई बिजली का तार हो। उस कमरे में चारों तरफ़ शक्ति प्रवाहित हो रही थी। इसमें कोई संदेह नहीं था कि उस समूह में मैं ही आध्यात्मिक रूप से सबसे कम विकसित

व्यक्ति था। मैं उसी क्षण जान गया कि ईसा मसीह उसी घर में मौजूद थे और इन लोगों ने उन्हें पा लिया था। उनकी शक्ति ने इन्हें स्पर्श किया था। उन्होंने इन्हें नया जीवन दिया था। यह जीवन एक प्रबल प्रवाह के रूप में प्रस्फुटित हुआ था।

यही सुख का रहस्य है। बाक़ी सब दूसरे नंबर पर आता है। इस अनुभव को प्राप्त करें और आपको असली सुख मिल जायेगा जो दुनिया में सर्वश्रेष्ठ होगा। चाहे आप जीवन में कुछ भी करें, इससे वंचित न रहें क्योंकि यही असली बात है।

6

न चिढ़ें, न ग़ुस्सा हों

कई लोग ज़रा-ज़रा सी बात पर चिढ़ जाते हैं या गुस्सा हो जाते हैं। इस तरह वे अपनी शक्ति या ऊर्जा को नष्ट करके जीवन को खुद कठिन बना लेते हैं, जबकि ऐसा करने की कोई ज़रूरत नहीं होती।

क्या आप कभी चिढ़ते हैं या गुस्सा होते हैं। गुस्सा होने का अर्थ है उबलना, अंदर से धुँआ निकलना, आंदोलित होना, असंतुलित होना। चिढ़ने का अर्थ है व्यर्थ में हाथ-पैर पटकना, परेशान होना। चिढ़ना बच्चों का काम है, परंतु कई वयस्क भी इसी तरह से भावनात्मक प्रतिक्रिया करते हैं।

बाइबल में लिखा है, "अपने आपको चिड़चिड़ा मत बनाओ।" (भजन 37:1)। यह हमारे युग के लिये बहुत अच्छी सलाह है। अगर हमें सुखी रहना है तो हमें अपनी चिढ़ने और गुस्सा होने की आदत छोड़ना होगी और अगर हम प्रभावी ढंग से जीने की शक्ति हासिल करना चाहते हैं तो हमें शांति पाना होगी। और हम ऐसा किस तरह कर सकते हैं?

पहला क़दम यह है कि आपको अपने जीवन की गति को कम करना होगा। हमें इस बात का एहसास नहीं होता कि हमारे जीवन की गति कितनी तेज़ हो चुकी है या हम किस गति से खुद को भगाये जा रहे हैं। कई लोग इस गति के कारण खुद के शरीर को नष्ट किये दे रहे हैं और इससे भी अधिक दुख की बात यह है कि वे अपने मस्तिष्क और आत्मा के भी टुकड़े-टुकड़े किये दे रहे हैं। यह संभव है कि कोई व्यक्ति शारीरिक रूप से शांत जीवन जीकर भी भावनात्मक रूप से तेज़ गति का जीवन जिये। इस नज़रिये से देखा जाये तो कोई मरीज़ भी बहुत तेज़ गति का जीवन जी सकता है। हमारे विचारों का चरित्र हमारी गति को निर्धारित करता है। जब हमारा मन एक उत्तेजक गतिविधि से दूसरी उत्तेजित गतिविधि की तरफ़ बदहवास

भागता है तो यह उत्तेजित हो जाता है और इसका परिणाम चिड़चिड़ापन होता है। अगर हम अति-उत्तेजना और अत्यधिक रोमांच का शिकार नहीं होना चाहते तो हमें अपने आधुनिक जीवन की गति को घटाना चाहिये। यह अति-उत्तेजना शरीर में जहरीले रसायन बनाती है और भावनात्मक बीमारियों को जन्म देती है। यह थकान पैदा करती है और कुंठा का एहसास भी कराती है। इस वजह से हम अपनी व्यक्तिगत समस्याओं से लेकर अपने देश और दुनिया की दशा तक सभी विषयों पर चिढ़ते और गुस्सा होते रहते हैं। अगर इस भावनात्मक असंतोष के प्रभाव शारीरिक रूप से इतने अधिक होते हैं तो इसके प्रभाव हमारे व्यक्तित्व के उस गहन आंतरिक स्थल पर कैसे होते होंगे जिसे हम आत्मा कहते हैं?

यदि गति को इतनी उत्तेजनापूर्ण और तीव्र रखा जाये तो मन की शांति मिलना असंभव है। ईश्वर की गति इतनी तेज़ नहीं है। वह आपके साथ इतनी तेज़ गति से नहीं चलने वाला। वह इस तरह की बात कहता है, "अगर तुम इतनी मूर्खतापूर्ण गति से भागना चाहते हो, तो भागो और जब तुम थक जाओगे तो मैं तुम्हें ठीक कर दूँगा। परन्तु अगर तुम अपनी गति को थोड़ा कम कर लो और मेरे अनुसार जियो और चलो तो मैं तुम्हारे जीवन को समृद्ध बना सकता हूँ।" ईश्वर की गति निरंतर है, धीमी है और पूरी तरह संतुलन में है। जीने की सबसे बुद्धिमानीपूर्ण गति ईश्वर की गति है। ईश्वर हर काम को सही तरीक़े से करता है और किसी काम में जल्दबाज़ी नहीं करता। वह कभी चिढ़ता नहीं है और न ही कभी गुस्सा होता है। वह शांतिपूर्ण है और इसलिये कार्यकुशल भी है। वह हमें भी अपनी शांति का हिस्सेदार बनाना चाहता है - "मैं तुम्हारे लिये शांति छोड़े जाता हूँ, मेरी शांति अब मैं तुम्हें प्रदान करता हूँ..." (जॉन 14:27)।

एक तरह से देखा जाये तो यह एक दुखद पीढ़ी है, ख़ासकर बड़े शहरों में। नर्वस टेंशन, कृत्रिम रोमांच और शोरगुल के कारण जीवन दूभर हो चुका है। देहातों में भी यह बीमारी फैल रही है, क्योंकि वायु की तरंगों द्वारा तनाव वहाँ भी पहुँच जाता है।

मुझे एक वृद्ध महिला की बात पसंद आयी थी जिसने इस बारे में बात करते हुये यह कहा था : "जीवन इतना डेली हो गया है।" यह टिप्पणी निश्चित रूप से दैनिक जीवन के दबाव, ज़िम्मेदारी और तनाव के बारे में बहुत कुछ कह जाती है। इसकी निरंतर और लगातार माँग हमें हमेशा दबाव और तनाव में रखती है।

यह विचार भी आता है कि कहीं यह पीढ़ी तनाव की इतनी आदी तो नहीं हो गई है कि कई लोग इसके बिना सहज अनुभव नहीं कर पाते और चैन से नहीं रह पाते। जंगलों और घाटियों की जिस शांति से हमारे परदादा परिचित थे अब इन्सान उस शांति का आदी नहीं रहा। आज इन्सान के जीवन की गति इतनी तेज़ हो गयी है कि वह शांति और नीरवता के उन स्त्रोतों का दोहन करने में असमर्थ है जो भौतिक संसार में उपलब्ध हैं।

गर्मी की एक दोपहर को मैं और मेरी पत्नी जंगल में लंबे घूमने गये। हम सुंदर लेक मोहोंक माउन्टेन हाउस में ठहरे हुये थे तो अमेरिका के सबसे सुंदर प्राकृतिक पार्कों में से एक था और जिसका क्षेत्रफल 7500 एकड़ था। पहाड़ियों के बीच में एक झील भी जंगलों में किसी रत्न की तरह चमक नही थी। मोहोंक शब्द का अर्थ है "आसमान में झील"। वर्षों पहले धरती में हुई ज़बर्दस्त उठापटक ने इन चट्टानों को बाहर निकालकर खड़ा कर दिया था। आप गहरे जंगलों में बाहर निकलकर आते थे और आपकी आँखें पहाड़ियों के बीच की वादियों पर विश्राम करने लगती थीं। यह पहाड़ियाँ उतनी ही पुरानी थीं जितना कि सूर्य। यह जंगल, पहाड़ और वादी इनते रमणीक दृश्य का सृजन कर रहे थे कि इस दुनिया की हर मुश्किल से बचने के लिये यह आदर्श स्थल था।

इस दोपहर को जब हम घूम रहे थे तो गर्मी की फुहारों और सूर्य की रोशनी का मिला-जुला संयोग बन गया। हम भीग गये और हम थोड़े से चिड़चिड़े भी हो गये क्योंकि इसने हमारे कपड़ों की प्रेस ख़राब कर दी थी। फिर हमने एक-दूसरे से कहा कि साफ़ पानी में भीगने में किसी इन्सान को कोई नुक़सान नहीं होता और बारिश का पानी चेहरे को ठंडा बनाता है और ताज़गी देता है और आप हमेशा सूर्य की रोशनी में बैठकर अपने आपको सुखा सकते हैं। हम पेड़ों के नीचे घूमते रहे और बात करते रहे और फिर चुप हो गये।

हम तल्लीन होकर शांति को सुन रहे थे। सच कहा जाये तो जंगल कभी शांत नहीं रहता। हमेशा बहुत सी गतिविधियाँ चलती रहती हैं, परंतु प्रकृति में शोरगुल नहीं होता, चाहे यह गतिविधियाँ कितनी ही व्यापक हों। प्रकृति की ध्वनियाँ हमेशा शांत और लयबद्ध होती हैं।

इस सुंदर दोपहर को प्रकृति हमारे ऊपर अपनी उपचारक शांति का हाथ रखे हुये थी और हम महसूस कर रहे थे कि सचमुच हमारे तनाव बाहर निकल रहे हैं।

जब हम इसके जादू में मंत्रमुग्ध हो रहे थे तभी हमें धीमी आवाज़ सुनाई दी जो संगीत की तरह लग रही थी। यह शोरगुल टाइप का नर्वस, चीख़ने वाला संगीत था। जल्दी ही पेड़ों के बीच से तीन युवा आते दिखाई दिये जिनमें दो युवतियाँ थीं और एक युवक था। युवक अपने हाथ में छोटा रेडियो थामे हुये था।

यह तीन शहरी युवा जंगल में घूमने के लिये आये थे और दुर्भाग्य से वे अपने साथ शोरगुल लेकर आये थे। वे अच्छे युवा थे क्योंकि वे रुके और हमारी उनसे सुखद चर्चा भी हुई। मेरे मन में यह ख़्याल आया कि मैं उनसे रेडियो बंद करने और जंगल के संगीत को सुनने के लिये कहूँ, परंतु मुझे लगा कि उन्हें निर्देश देना मेरा काम नहीं है और आख़िरकार वे लोग अपने रास्ते चले गये।

हमने यह टिप्पणी की कि वे लोग कितना बड़ा नुक़सान उठा रहे थे। वे इस शांति से गुज़र रहे थे, परंतु वे उस संगीत को नहीं सुन पा रहे थे जो उतना ही पुराना है जितना कि यह संसार, जिसकी टक्कर का संगीत और धुन इन्सान आज तक नहीं बना पाया है : पेड़ों से बहती हवा का गीत, चिड़ियों के दिल से गाये गये गीत, आकाश का संगीत।

आज भी देहात में, जंगलों में, मैदानों में, वादियों में और पहाड़ियों में जहाँ समुद्र की लहरें बालू के नर्म किनारों से टकराती हैं यह शांति उपलब्ध है। हमें इसकी उपचारक शक्ति का लाभ उठाना चाहिये। ईसा मसीह के शब्द याद रखें, "रेगिस्तानी इलाक़े में अकेले आयें और आराम करें।" (मार्क 6:31)। जब मैं यह शब्द लिख रहा हूँ और आपको यह नेक सलाह दे रहा हूँ तो मुझे उदाहरण याद आ रहे हैं जिनके द्वारा मुझे खुद को याद दिलाना पड़ रहा है कि मैं इस सत्य का अभ्यास करूँ। अगर हम अपने जीवन में इसके लाभ की आशा करना चाहते हैं तो हमें स्वयं को शांति के लिये अनुशासित करना होगा।

एक दिन मिसेज़ पील और मैं मैसेच्यूसेट्स में हमारे पुत्र जॉन से मिलने डियरफ़ील्ड अकैडमी जा रहे थे। हमने उसे बताया कि हम सुबह 11 बजे पहुँच जायेंगे। हम लोग जल्दी पहुँचने में गर्व करने वाले पुराने ज़माने के लोग हैं। इसलिये हम लोग समय से थोड़ा पीछे रहने के कारण बेहद तेज़ गति से प्राकृतिक सौंदर्य के बीच से गुज़रते जा रहे थे। मेरी पत्नी ने कहा, "नॉर्मन, क्या तुमने वह सुंदर पहाड़ी देखी?"

"कौन सी पहाड़ी," मैंने पूछा।

"यह अभी दूसरी तरफ़ गुज़र गयी," उसने कहा। "उस सुंदर पेड़ को देखो।"

"कौन सा पेड़?" मैं उस पेड़ से एक मील आगे निकल आया था।

"यह मेरे सबसे सुखद दिनों में से एक है," मेरी पत्नी ने कहा।

"कोई इस बात की कल्पना कैसे कर सकता है कि अक्टूबर में न्यू इंग्लैंड की पहाड़ियों में इस तरह के अद्‌भुत रंग दिखाई दे सकते हैं? दरअसल, इन्हें देखकर मुझे आंतरिक ख़ुशी हो रही है।"

उसकी इस टिप्पणी का मुझ पर यह प्रभाव पड़ा कि मैंने कार रोक दी और मैं चौथाई मील पीछे गया जहाँ ऊँची पहाड़ियों के सामने एक झील थी। हम बैठे और हमने इस नज़ारे को देखा और साधना की। ईश्वर ने अपनी प्रतिभा और कुशलता से इस दृश्य को ऐसे भिन्न रंगों में चित्रित किया था जो सिर्फ़ वही कर सकता था। झील के शांत जल में उसके सुख की झलक थी क्योंकि शीशे की तरह चमकती झील में पहाड़ी का प्रतिबिंब साफ़ झलक रहा था। यह न भूलने वाला दृश्य था।

कुछ देर तक हम लोग बिना कुछ बोले चुपचाप बैठे रहे जब तक कि मेरी पत्नी ने आख़िरकार चुप्पी को तोड़ते हुये शायद इकलौता उचित वाक्य बोला जो कोई उस स्थिति में बोल सकता था : "वह मुझे शांत पानी के किनारे राह दिखाता है।" (भजन 23:2)। हम 11 बजे डियरफ़ील्ड पहुँच गये, परंतु हम थके नहीं थे। दरअसल हम अंदर तक तरोताज़ा हो चुके थे।

आज तनाव हर जगह पर लोगों के जीवन में स्थायी भाव बन चुका है। इस तनाव को कम करने के लिये आप अपनी गति को कम करना प्रारंभ कर सकते हैं। उसके लिये आपको धीमा और शांत होने की आवश्यकता है। चिड़चिड़े न बनें, गुस्सा न हों। शांतिपूर्ण बनने का अभ्यास करें। "... ईश्वर की शांति जो सारी समझ से परे है," का अभ्यास करें। (फिलिप्पियन्स 4:7)। फिर उस शांत शक्ति का अनुभव करें जो आपके अंदर उमड़ती है।

मेरे एक मित्र को "दबाव" के कारण मजबूरन आराम करना पड़ा और उसने मुझे लिखा : "इस मजबूरी के आराम के दौरान मैंने कई सबक़ सीखे। अब मैं पहले से बेहतर जानता हूँ कि शांति में हमें उसकी उपस्थिति का आभास होता है। जीवन की धारा कई बार कीचड़ से अस्वच्छ हो जाती

है। परंतु "कीचड़ भरा पानी," लाओ-त्से ने कहा, "अगर रुक जाये तो साफ़ बन जाता है।"

एक डॉक्टर ने एक मरीज़ को बडी अजीब सी सलाह दी। मरीज़ एक आक्रामक और अति महत्त्वाकांक्षी क़िस्म का बिजनेसमैन था। रोमांचपूर्ण स्वर में उसने डॉक्टर को बताया कि उसे ढेर सारा काम करना पड़ता है और उसे इसे तत्काल निबटाना होता है वरना पहाड़ टूट पड़ेगा।

"मैं हर रात अपने ब्रीफ़केस को घर ले जाता हूँ और यह काम से लबालब भरा रहता है," उसने नर्वस होकर कहा।

"आप रात को घर पर काम क्यों ले जाते हैं?" डॉक्टर ने धीरे से पूछा।

उसने चिढ़कर जवाब दिया, "मुझे इसे निबटाना होता है।"

"क्या कोई दूसरा इस काम को नहीं कर सकता या इसमें आपकी मदद नहीं कर सकता?" डॉक्टर ने पूछा।

"नहीं," मरीज़ ने झट से जवाब दिया, "मैं अकेला ही इसे कर सकता हूँ। इसे बिलकुल सही तरीक़े से करना ज़रूरी है और मैं ही जानता हूँ कि इसे करने का सबसे अच्छा और सबसे तेज़ तरीक़ा कौन-सा है। हर चीज़ मुझ पर निर्भर करती है।"

"मैं आपको जो दवा लिखूँगा, क्या आप उसे लेंगे?" डॉक्टर ने पूछा।

इसके बाद डॉक्टर ने जो पर्चा लिखा, उसे जानकर आपको हैरानी होगी। मरीज़ को अपने काम के हर दिन में से दो घंटे का समय लंबी दूर तक घूमने जाने के लिये निकालना होगा। फिर उसे हर सप्ताह आधे दिन की छुट्टी लेना होगी और यह आधा दिन उसे क़ब्रिस्तान में बिताना होगा।

हैरान होकर मरीज़ ने पूछा, "मैं आधा दिन क़ब्रिस्तान में क्यों गुज़ारूँ?"

"क्योंकि," डॉक्टर ने कहा, "मैं यह चाहता हूँ कि आप क़ब्रिस्तान में जाकर टहलें और उन लोगों की क़ब्र के पत्थर देखें जो वहाँ हमेशा के लिये सोये हुये हैं। मैं आपको इस तथ्य पर चिंतन करने के लिये कहूँगा कि वहाँ ऐसे कई लोग हैं जो आपकी ही तरह यह सोचते थे कि पूरी दुनिया का भार उन्हीं के कंधों पर है, और अगर वे काम नहीं करेंगे तो दुनिया चलना बंद हो जायेगी। मैं आपको इस गंभीर तथ्य पर चिंतन करने के लिये कहना चाहूँगा कि जब आप उस क़ब्रिस्तान में हमेशा के लिये पहुँच जायेंगे, इसके

बाद भी दुनिया चलती रहेगी और हालाँकि आप महत्त्वपूर्ण हैं परंतु दूसरे वह काम करने लगेंगे जो आप अभी कर रहे हैं। मैं आपको सुझाव दूँगा कि आप क़ब्र के पत्थर पर बैठ जायें और इस वक्तव्य को दोहरायें : "... क्योंकि हज़ार वर्ष तेरी दृष्टि में ऐसे हैं जैसा कल का दिन जो बीत गया, या रात का एक पहर।" (भजन 90:4)।

मरीज़ को पूरी बात समझ में आ गई। उसने अपनी गति को कम कर लिया। उसने अपने काम को दूसरों के ज़िम्मे सौंपना सीख लिया। उसने गुस्सा होना और चिढ़ना बंद कर दिया। उसे शांति मिल गयी। और यह भी जोड़ा जा सकता है कि अब वह पहले से बेहतर काम करने लगा है। वह एक अधिक दक्ष संगठन विकसित कर रहा है और वह स्वीकार करता है कि उसका बिज़नेस पहले से बेहतर हाल में है।

एक प्रख्यात निर्माता तनाव से पीड़ित था। दरअसल वह बेहद तनावग्रस्त स्थिति में था। जैसा उसने खुद का वर्णन करते हुये कहा कि वह हर सुबह बिस्तर से कूद पड़ता था और तत्काल हाई गियर में आ जाता था। वह इतनी जल्दी और हड़बड़ी में रहता था कि वह "नर्म-उबले अंडों का नाश्ता करता था क्योंकि वे जल्दी नीचे उतर जाते हैं।" इस तूफ़ानी गति के कारण वह दोपहर को ही बुरी तरह निढाल हो जाता था। वह हर रात को थका-मांदा अपने बिस्तर में धँस जाता था।

संयोग से उसका घर पेड़ों के बीच में था। एक दिन सुबह जब वह सो नहीं पा रहा था तो वह उठा और खिड़की के पास बैठ गया। उसने एक पक्षी को नींद से उठते हुये देखा और उसकी रुचि जाग गयी। उसने देखा कि पक्षी अपने सिर को अपने डैने के नीचे दबाकर सोता है और उसके पंख उसके चारों तरफ़ से उसे ढँक लेते हैं। जब वह जाग गया, तो उसने अपनी चोंच को अपने पंखों के नीचे से बाहर निकाला, चारों तरफ़ उनींदी निगाह डाली, एक पैर को पूरी लंबाई तक फैलाया, इस बीच उसने डैने को पैर के ऊपर फैला लिया था जिससे यह किसी पंखे की तरह फैल गया था। उसने पैर और डैने दोनों को वापस अंदर खींच लिया और यही प्रक्रिया दूसरे पैर और डैने के साथ दोहराई। इसके बाद उसने अपने सिर को अपने पंखों पर टिका लिया और हल्की सी झपकी ले ली। परंतु पक्षी का सिर जल्दी ही फिर बाहर आया। इस बार पक्षी ने चारों तरफ़ उत्सुकता से देखा, अपने सिर को झटका दिया, अपने डैनों और पैरों को दो बार लंबाई तक ताना और फिर दिन के स्वागत में प्रशंसा का एक रोमांचक, मधुर गीत गाने

लगा, जिसके साथ ही उसने उड़ान भरी, ठंडा पानी पिया और भोजन की तलाश शुरू कर दी।

मेरे तनावपूर्ण मित्र ने अपने आप से कहा, "अगर पक्षी इस तरह से उठा सकते हैं - यानी इतने आराम और इत्मीनान से - तो मैं भी इसी तरह से अपने दिन की शुरुआत कर सकता हूँ और यह मेरे लिये भी अच्छा होगा।" वह वास्तव में इसी प्रक्रिया को दोहराता गया, उसने गीत भी गया और उसने पाया कि गीत ख़ास तौर पर लाभदायक तत्व है क्योंकि यह एक मुक्त करने वाली क्रिया है।

"मैं नहीं गा सकता," उसने मुस्कराते हुये कहा, "परंतु मैंने कुर्सी पर चुपचाप बैठकर गाने का अभ्यास किया। ज़्यादातर मैंने भजन और सुखद गीत गाये। कल्पना करें कि मैं और गा रहा था, परंतु मैंने ऐसा किया। मेरी पत्नी ने सोचा कि मैं पागल हो गया हूँ। मैं पक्षी से एक बात में आगे था और वह यह कि मैंने थोड़ी प्रार्थना भी की। फिर पक्षी की तरह मुझे भी भूख लगी और मुझे एक अच्छा नाश्ता चाहिये था - बेकन और अंडे। और मैंने इन्हें खाने में पर्याप्त समय दिया। इसके बाद मैं एक मुक्त मानसिकता के साथ काम पर गया। इससे मेरा दिन अच्छी तरह और बिना तनाव के शुरू हुआ और मैंने अपना दिन शांतिपूर्ण और आरामदेह नज़रिये के साथ गुज़ारा।

चैम्पियन युनिवर्सिटी क्रू के एक पूर्व सदस्य ने मुझे बताया कि उनके चतुर कोच उन्हें अक्सर याद दिलाया करते थे : "इस रेस को या किसी और रेस को जीतने के लिये, नाव धीमे चलाओ।" उन्होंने समझाया कि नाव तेज़ गति से चलाने के कारण लय टूट जाती है और जब लय टूट जाती है तो इसे दोबारा प्राप्त करने के लिये पूरे क्रू को बहुत मेहनत करना पड़ती है। इस दौरान बाक़ी की नावें आगे निकल जाती हैं। यह सचमुच समझदारीपूर्ण सलाह है - "जल्दी पहुँचने के लिये नाव धीमे चलाओ।"

धीमे नाव चलाने के लिये या धीमे काम करने के लिये और निरंतर जीतने वाली गति बनाये रखने के लिये तेज़ गति के शिकार व्यक्ति को अपने मन और आत्मा में, अपनी नर्व्ज़ और अपनी मांसपेशियों में ईश्वर की शांति भर लेना चाहिये।

क्या आपने कभी अपनी मांसपेशियों या अपने जोड़ों में ईश्वर की शांति भरने के महत्त्व के बारे में सोचा? जब आपके घुटनों में ईश्वर की शांति भर जायेगी तो शायद वे इतना दर्द नहीं करेंगे। आपकी मांसपेशियाँ तब बेहतर

काम करेंगी जब उनमें ईश्वर की शांति होगी जिसने उनकी रचना की थी और जो उनकी गतिविधि को नियंत्रित करता है। हर दिन अपनी मांसपेशियों, जोड़ों और नर्व्ज़ से कहें, "तनाव में मत रहो।" किसी बिस्तर पर आराम करें, सिर से पैर तक की हर महत्त्वपूर्ण मांसपेशी के बारे में सोचें और उनमें से हर एक से कहें : "ईश्वर की शांति तुम्हें स्पर्श कर ही है।" फिर अपने पूरे शरीर में उस शांति के "अनुभव" का अभ्यास करें। समय के साथ आपकी मांसपेशियाँ और जोड़ इस बात का अनुभव करने लगेंगे।

धीमे हो जायें, क्योंकि जो भी आप सचमुच चाहते हैं वह आपको वहाँ पर मिलेगा जब आप वहाँ पहुँच जायेंगे। बशर्ते आप बिना तनाव, बिना दबाव के उसके लिये काम करेंगे। अगर आप ईश्वर के मार्गदर्शन और उसकी बिना जल्दबाज़ी की गति की लय में काम करेंगे और इसके बाद भी आपको अपनी मनचाही चीज़ न मिले तो यह मान लें कि वह चीज़ वहाँ थी ही नहीं। अगर आप उससे वंचित रह जाते हैं तो शायद आपको उससे वंचित रहना चाहिये था। इसलिये सामान्य, सहज और ईश्वर द्वारा आदेशित गति विकसित करने का निश्चित रूप से प्रयास करें। मानसिक शांति का अभ्यास करें और इसे बनाये रखें। नर्वस रोमांच से मुक्त होने की कला सीखें। ऐसा करने के लिये बीच-बीच में रुक जायें और कहें : "मैं अब नर्वस रोमांच का त्याग करता हूँ - अब यह मुझसे बहकर बाहर जा रहा है। मैं अब शांति में हूँ।" न चिढ़ें, न गुस्सा हों। शांतिपूर्ण होने का अभ्यास करें।

जीने की इस कार्यकुशल अवस्था को हासिल करने के लिये मैं आपको शांतिपूर्ण विचार सोचने की आदत डालने की सलाह देता हूँ। हर दिन हम शरीर का ध्यान रखने के लिये कई कार्य करते हैं। हम नहाते हैं, ब्रश करते हैं, व्यायाम करते हैं। इसी तरीक़े से हमें अपने मस्तिष्क को स्वस्थ रखने के लिये समय देना होगा और सुनियोजित प्रयास करने होंगे। ऐसा करने का एक तरीक़ा यह है कि चुपचाप बैठा जाये और अपने मस्तिष्क में शांतिपूर्ण विचारों को गुज़रने दिया जाये। उदाहरण के तौर पर अपने विचारों में किसी ऊँचे पहाड़ या धुयें भरी वादी या सूर्य की रोशनी में चमकती नदी या चाँदनी में नहाये हुये पानी को याद करें।

हर चौबीस घंटों में कम से कम एक बार, ख़ास तौर पर दिन के सबसे व्यस्त हिस्से में, आप जो भी कर रहे हों उसे दस या पंद्रह मिनट के लिये एक तरफ़ रख दें और शांति का अभ्यास करें।

ऐसे भी समय होते हैं जब यह अनिवार्य हो जाता है कि हम अपनी तुफ़ानी गति पर दृढ़तापूर्वक नियंत्रण कर लें और इस बात पर ज़ोर दिया जाना चाहिये कि रुकने का एकमात्र तरीक़ा रुकना होता है।

मैं एक बार एक शहर में लेक्चर देने गया। रेलवे स्टेशन पर कमेटी के एक सदस्य मुझे लेने आये। मुझे जल्दी से एक बुकस्टोर में ले जाया गया जहाँ मैंने ऑटोग्राफ़ दिये। फिर फ़ौरन मुझे दूसरे बुकस्टोर ले जाया गया, जहाँ मैंने और ऑटोग्राफ़ दिये। फिर तेज़ी से वे लोग मुझे लंच के लिये ले गये। लंच के बाद वे मुझे तुरंत ही एक मीटिंग में ले गये। मीटिंग के बाद मुझे फटाफट होटल पहुँचाया गया जहाँ मैंने अपने कपड़े बदले और मुझे रिसेप्शन में ले जाया गया जहाँ मैं सैकड़ों लोगों से मिला और मैंने तीन गिलास फ्रूट पंच पिया। फिर मुझे दोबारा होटल लाया गया और मुझसे कहा गया कि मेरे पास डिनर के लिये तैयार होने को सिर्फ़ बीस मिनट का वक़्त था। जब मैं कपड़े पहन रहा था, तभी टेलीफ़ोन की घंटी बजी और किसी ने कहा, "जल्दी करो, जल्दी करो, जल्दी से कपड़े पहनकर नीचे आ जाओ, हमें डिनर पर जल्दी पहुँचना है।"

रोमांचित होकर मैंने कहा, "मैं बस अभी नीचे आता हूँ।"

मैं जल्दी से तैयार हुआ और नीचे की तरफ़ भागा। मैं इतना रोमांचित था कि मुझसे ताले में चाबी नहीं लग रही थी। जल्दी से मैंने अपने आपको देखा ताकि यह सुनिश्चित कर लूँ कि मैं पूरी तरह तैयार था और फिर मैं लिफ़्ट की तरफ़ भागा। तभी अचानक मैं रुक गया। मैं हाँफ रहा था। मैंने खुद से पूछा, "इतनी जल्दबाज़ी किसलिये? इस अनंत भागदौड़ का क्या मतलब है? क्या यह मूर्खतापूर्ण नहीं है?"

फिर मैंने अपनी स्वतंत्रता का ऐलान कर दिया और कहा, "इस बात से कोई फ़र्क़ नहीं पड़ता कि मैं डिनर लूँ या न लूँ। इस बात से कोई फ़र्क़ नहीं पड़ता कि मैं भाषण दूँ या न दूँ। मुझे डिनर के लिये जाने की कोई ज़रूरत नहीं है और वैसे भी मुझे कोई ख़ास भूख नहीं है।" इसलिये जान-बूझकर धीमे क़दमों से मैं कमरे में वापस आया और दरवाज़ा खोलने में मैंने अपना समय लिया। मैंने नीचे फ़ोन करके कहा, "अगर आप मेरे बिना डिनर चालू करना चाहें, तो शौक़ से कर लें। अगर आप मेरा इंतज़ार करना चाहते हों तो मुझे नीचे आने में थोड़ा वक़्त लगेगा, क्योंकि अब मैं जल्दबाज़ी में काम नहीं करूँगा।"

इसलिये मैंने अपना कोट उतार लिया, मैं बैठ गया, मैंने अपने जूते उतारे, अपने पैर टेबल पर रखकर मैं चुपचाप बैठा रहा। फिर मैंने बाइबल खोली और बहुत धीरे-धीरे 121वाँ भजन ज़ोर से पढ़ना शुरू कर दिया। "मैं अपनी आँखें पर्वतों की ओर उठाऊँगा, जहाँ से मुझे सहायता मिलेगी।" मैंने पुस्तक को बंद कर लिया और मैंने खुद से कहना चालू किया, "चलो छोड़ो भी, अब थोड़ा धीमे, आराम से जीना सीखो," और फिर मैंने खुद को याद दिलाया, "ईश्वर मेरे पास है, और उसकी शांति मुझे स्पर्श कर रही है।"

मैंने खुद को समझाया, "मुझे खाने की कोई ख़ास ज़रूरत नहीं है। वैसे भी मैं बहुत ज़्यादा खाता हूँ। इसके अलावा, शायद डिनर बहुत अच्छा नहीं होगा और अगर मैं अभी शांति में रहूँगा तो मैं रात को आठ बजे ज़्यादा अच्छा भाषण दे सकूँगा।"

इसलिये मैंने वहाँ बैठकर पंद्रह मिनट तक आराम किया और प्रार्थना की। मैं जब कमरे से बाहर निकला, तो मुझे अद्‌भुत शांति और व्यक्तिगत विजय का एक ऐसा अनुभव हो रहा था, जिसे मैं कभी नहीं भुला पाऊँगा। मुझे इस बात का सुखद एहसास था कि मैंने जल्दबाज़ी के राक्षस को हरा दिया था, और मैंने खुद का भावनात्मक नियंत्रण अपने हाथ में ले लिया था। जब मैं डाइनिंग रूम में पहुँचा तो उन लोगों का पहला कोर्स अभी ख़त्म ही हुआ था। इस तरह मुझे देर से पहुँचने के कारण सिर्फ़ सूप से वंचित रहना पड़ा था जो लोगों की राय में कोई बड़ा नुक़सान नहीं था।

यह घटना ईश्वर की उपचारक उपस्थिति का अद्‌भुत अनुभव थी। मैंने सिर्फ़ रुककर, शांति से बाइबल पढ़कर, गंभीरता से प्रार्थना करके और कुछ मिनट शांतिपूर्ण विचार सोचकर इन मूल्यों को प्राप्त किया था।

डॉक्टर आम तौर पर ऐसा सोचते हैं कि अधिक शारीरिक परेशानी से बचना चाहिये या चिढ़ने या गुस्से से बचने की फ़िलॉसफ़ी का अभ्यास करके इससे पार पाना चाहिये।

न्यूयॉर्क के एक सम्मानित नागरिक ने मुझे बताया कि उसके डॉक्टर ने सुझाव दिया कि वह चर्च में स्थित हमारे क्लीनिक में जाये "क्योंकि," डॉक्टर ने कहा, "आपको जीने की शांत फ़िलॉसफ़ी विकसित करने की आवश्यकता है। आपके शक्ति के संसाधन अब कमज़ोर हो चुके हैं।"

"मेरे डॉक्टर ने कहा कि मैं अपने आपको सीमा से परे धकेल रहा हूँ। वह कहता है कि मैं बहुत तनाव और दबाव में रहता हूँ और मैं बहुत

चिड़चिड़ा और गुस्सैल हो गया हूँ और डॉक्टर का यह कहना है कि मेरे लिये इकलौता अचूक नुस्ख़ा जीने की शांत फ़िलॉसफ़ी विकसित करना है।"

आगंतुक उठा और फ़र्श पर चक्कर लगाने लगा। फिर उसने पूछा, "परंतु दुनिया में आप ऐसा किस तरह से कर सकते हैं? यह कहना आसान है, परंतु इसे करना बहुत मुश्किल है।"

फिर इस रोमांचित व्यक्ति ने कहा कि उसके डॉक्टर ने उसे जीने की शांत फ़िलॉसफ़ी विकसित करने के कुछ सुझाव दिये थे। जो सुझाव दिये गये थे वे वाकई समझदारी भरे थे। "परंतु फिर," उसने स्पष्ट किया, "डॉक्टर ने सुझाव दिया कि मैं यहाँ पर आप लोगों से चर्च में मिलूँ, क्योंकि उन्हें लगता है कि अगर मैं व्यावहारिक रूप से धार्मिक आस्था का प्रयोग करना सीख लूँ तो इससे मुझे मन की शांति मिल जायेगी और मेरा ब्लड प्रेशर कम हो जायेगा। फिर मैं शारीरिक रूप से बेहतर अनुभव करूँगा। हालाँकि मुझे लगता है कि डॉक्टर का नुस्ख़ा समझदारीपूर्ण है," उसने शिकायत की, "मेरी तरह का पचास साल की उम्र का कोई तनावपूर्ण व्यक्ति किस तरह जीवन भर की आदतों को अचानक बदल सकता है और जीने की तथाकथित शांति फ़िलॉसफ़ी को विकसित कर सकता है?"

यह सचमुच एक समस्या लग रही थी क्योंकि उसकी नर्व्ज़ जल्दी ही रोमांचित हो जाती थीं और वे विस्फोट की कगार पर थीं। वह फ़र्श पर घूम रहा था, उसने टेबल पर मुक्का मारा, उसकी आवाज़ तीखी थी। उसने पूरी तरह विचलित और परेशान व्यक्ति की छवि स्थापित की। स्पष्ट रूप से वह अपने सबसे बुरे रूप में दिख रहा था परंतु यह स्पष्ट था कि वह अपने व्यक्तित्व की आंतरिक अवस्था को प्रकट कर रहा था और इस तरह हमें जो अंतर्दृष्टि मिली उससे हमें उसे बेहतर समझने का अवसर मिला ताकि हम उसकी अधिक मदद कर सकें।

जब मैंने उसके शब्दों को सुना और उसके नज़रिये को देखा तो मैंने एक बार फिर यह समझा कि ईसा मसीह की पकड़ लोगों पर इतनी ज़्यादा क्यों है। ऐसा इसलिये है क्योंकि उनके पास इस तरह की समस्याओं के जवाब हैं और मैंने अचानक चर्चा को बदलते हुये इस तथ्य को सिद्ध किया। बिना किसी शुरुआती परिचय के मैंने बाइबल की कुछ पंक्तियाँ बोलना शुरू कर दीं, "भारी बोझ से लदे हुये लोगो, मेरे पा आओ, मैं तुम्हें आराम दूँगा।" (मैथ्यू 11:28)। "मैं तुम्हारे लिये शांति छोड़े जाता हूँ, मेरी शांति अब मैं तुम्हें

प्रदान करता हूँ, ऐसी शांति जो तुम्हें दुनिया में और कहीं नहीं मिल सकती। दिल को दुखी मत करो, न ही किसी बात से डरो।" (जॉन 14:27)। और "तुम उसे पूर्ण शांति में रखोगे क्योंकि उसका मन तुममें लगा हुआ है।" (यशायाह 26:3)।

मैंने इन शब्दों को धीमे से, चिंतन करते हुये बोला। जब मैं इन वाक्यों को बोल रहा था तो मैंने देखा कि मेरा आगंतुक अब विचलित नहीं हो रहा था। वह शांत हो चुका था और फिर हम दोनों चुपचाप बैठे रहे। ऐसा लग रहा था जैसे हम लोग कई मिनट तक चुप बैठे रहे। शायद यह इतना लंबा समय न हो, परंतु आख़िरकार उसने गहरी साँस ली।

"यह अजीब सी बात है," उसने कहा। "मुझे काफ़ी बेहतर अनुभव हो रहा है। क्या यह अजीब नहीं है? मुझे लगता है कि यह इन शब्दों का कमाल है।"

"नहीं, सिर्फ़ शब्दों का नहीं," मैंने जवाब दिया, "हालाँकि इन शब्दों का मस्तिष्क पर उल्लेखनीय प्रभाव होता है, परंतु उससे भी कुछ गहरा यहाँ पर घटित हुआ था। उसने आपको एक मिनट पहले छुआ था - उसने, जो उपचारक स्पर्श वाला चिकित्सक है। वह इस कमरे में मौजूद था।"

मेरे आगंतुक ने इस बात पर कोई आश्चर्य व्यक्त नहीं किया, बल्कि उत्साह से और उमंग से सहमति दर्शायी - और इसका विश्वास उसके चेहरे पर साफ़ झलक रहा था। "यह सही है, वे निश्चित रूप से यहाँ थे। मैंने उन्हें महसूस किया। मैं समझ सकता हूँ आपका क्या मतलब है। अब मैं जान गया हूँ - ईसा मसीह जीने की शांत फ़िलॉसफ़ी विकसित करने में मेरी मदद करेंगे।"

इस व्यक्ति ने वही जाना जो हज़ारों लोग जान रहे हैं कि ईसाई धर्म के सिद्धांतों और तकनीकों में विश्वास और उनमें सहज आस्था से शरीर, मस्तिष्क और आत्मा में शांति और इस कारण नई शक्ति आ सकती है। चिढ़ने और गुस्सा होने के लिये यह आदर्श दवा है। इससे व्यक्ति को शांत होने में मदद मिलती है और इस प्रकार वह शक्ति के नये स्त्रोतों का दोहन कर सकता है।

ज़ाहिर है कि यह आवश्यक था कि इस व्यक्ति को चिंतन और कार्य करने के नये तरीक़े सिखाये जायें। ऐसा कुछ हद तक आध्यात्मिक संस्कृति के क्षेत्र में विशेषज्ञों द्वारा लिये गये साहित्य को सुझाकर किया गया। उदाहरण

के तौर पर, हमने उसे चर्च जाने की कला का पाठ पढ़ाया। हमने उसे बताया कि किस तरह चर्च की पूजा को चिकित्सा पद्धति बनाया जाये। उसे प्रार्थना और आराम के वैज्ञानिक प्रयोग के निर्देश दिये गये। इस अभ्यास के परिणामस्वरूप अंततः वह एक स्वस्थ व्यक्ति बन गया। मेरा विश्वास है कि जो भी व्यक्ति इस कार्यक्रम का पालन करने का इच्छुक हो और जो भी आंतरिक शांति और शक्ति को विकसित कर सकता है। इनमें से कई तकनीकें इस पुस्तक में दी गयी हैं।

भावनात्मक नियंत्रण हासिल करने के लिये उपचारक तकनीकों का दैनिक अभ्यास सबसे महत्त्वपूर्ण है। भावनात्मक नियंत्रण किसी जादुई या आसान तरीक़े से हासिल नहीं किया जा सकता। आप इसे सिर्फ़ किताब पढ़कर ही विकसित नहीं कर सकते, हालाँकि इससे अक्सर मदद मिलती है। इसे हालिस करने का इकलौता अचूक नुस्ख़ा है इस पर नियमित रूप से, लगातार, वैज्ञानिक रूप से काम करना और रचनात्मक आस्था विकसित करना।

मैं सुझाव देता हूँ कि आप शुरुआत में तो एक मूलभूत तकनीक का प्रयोग करें यानी आप शारीरिक रूप से स्थित रहने की आदत डाल लें। फ़र्श पर इधर से उधर न टहलें। अपने हाथ न मलें। न चिल्लायें, न बहस करें, न ही तेज़ आवाज़ में बोलें। अपने आपको गुस्से में थरथराने न दें। रोमांच में हमारी शारीरिक गतिविधियाँ तेज़ हो जाती हैं। इसलिये सबसे आसान जगह से शुरू करें यानी अपनी शारीरिक गतिविधि को समाप्त कर दें। स्थिर खड़े रहें, बैठ जायें या लेट जायें। अपनी आवाज़ को धीमा कर दें।

शांत नियंत्रण विकसित करने के लिये शांति से सोचना आवश्यक है क्योंकि आपका शरीर उस प्रकार के विचारों के प्रति संवेदनशीलता से प्रतिक्रिया करता है जो आपके मस्तिष्क से गुज़रते हैं। यह भी सच है कि पहले शरीर को शांत करके मन को शांत किया जा सकता है। कहने का आशय यह है कि शारीरिक गतिवधियों का मानसिक नज़रिये पर प्रभाव पड़ता है।

एक भाषण में मैंने वह घटना सुनाई जो एक कमेटी की बैठक में घटित हुई जिसमें मैंने भाग लिया था। एक व्यक्ति जिसने मेरी इस कहानी को सुना वह इससे इतना अधिक प्रभावित हुआ कि उसने इसे अपने दिल में बिठा लिया। उसने सुझायी गयी तकनीक को आज़माकर देखा और बताया

कि यह उसकी चिड़चिड़ाहट और गुस्से को नियंत्रण करने में बहुत प्रभावी सिद्ध हुई है।

मैं एक मीटिंग में था जहाँ विचार-विमर्श चल रहा था जो बाद में थोड़ा कटु हो गया। लोग तनावपूर्ण हो गये और कुछ प्रतिभागी तो संतुलन खोने की कगार पर आ गये। चुभने वाली बातें कही गयीं। अचानक एक व्यक्ति उठा, उसने इत्मीनान से अपना कोट उतारा, अपने कॉलर को खोला और फिर कोच पर लेट गया। सभी हैरान थे और किसी ने पूछा कि क्या वह बीमार है।

"नहीं," उसने कहा, "मैं ठीक हूँ, परन्तु मैं गुस्से से पागल हो रहा था और मैंने सीखा है कि लेटे-लेटे पागल होना मुश्किल है।"

हम सभी हँसे, और तनाव ख़त्म हो गया। फिर हमारे इस अजीब दोस्त ने स्पष्ट किया कि वह अपने साथ "एक छोटी सी चालाकी" करता है। उसे गुस्सा बहुत जल्दी आता है और जब उसे लगता है कि वह गुस्से से पगला रहा है तो उसने पाया कि वह अपनी मुट्ठियाँ भींच लेता है, तेज़ आवाज़ में बोलने लगता है इसलिये उसने अपनी उँगलियों को जान-बूझकर खुला रखना शुरू कर दिया और उन्हें मुट्ठी बाँधने की इजाज़त नहीं दी। जैसे-जैसे उसका तनाव या गुस्सा बढ़ता था वह जान-बूझकर अपनी आवाज़ को धीमा करता जाता था। "आज फुसफुसाकर किसी ने बहस नहीं कर सकते," उसने मुस्कराते हुये कहा।

यह सिद्धांत भावनात्मक रोमांच, चिड़चिड़ाहट और तनाव को नियंत्रित करने में प्रभावी हो सकता है जैसा कइयों ने प्रयोग द्वारा खोजा है। इसलिये शांति हासिल करने के लिये शुरुआती क़दम यह है कि अपनी शारीरिक प्रतिक्रियाओं को अनुशासित कर लें। आप हैरान रह जायेंगे कि ऐसा करने से किस तरह आप अपनी भावनाओं के उबाल को कम कर देंगे और जब यह कम हो जायेगा तो चिढ़ और गुस्सा अपने आप कम हो जायेगा। आप जितनी ऊर्जा और शक्ति बचायेंगे उससे आपको हैरानी होगी। आपको थकान भी कम होगी।

यही नहीं, यह एक अच्छा तरीक़ा है कि आप शांत या भावशून्य या उदासीन रहें। कुछ हद तक मंद रहने का भी अभ्यास करें। इस तरह के लोगों में भावनात्मक अंसतुलन की संभावना कम होती है। इस आदत को सीखने और विकसित करने से सुव्यवस्थित लोगों को बहुत लाभ होगा।

स्वाभाविक रूप से कोई भी व्यक्ति सुव्यवस्थित व्यक्ति के प्रखर और

संवेदनशील प्रतिक्रिया के मूल गुण को खोना नहीं चाहता। परंतु शांत रहने के अभ्यास में महत्त्वाकांक्षी व्यक्तित्व को संतुलित भावनात्मक स्थिति में लाने की प्रवृत्ति होती है।

नीचे छह बिंदुओं की एक तकनीक दी जा रही है जिसे मैंने चिढ़ने और गुस्सा होने की प्रवृत्ति घटाने में काफ़ी मददगार पाया है। मैंने असंख्य लोगों को इसका प्रयोग करने का सुझाव दिया है जिन्होंने इसका अभ्यास किया और इसे बहुत लाभदायक पाया :

1. किसी कुर्सी में रिलैक्स्ड होकर पूरे आराम से बैठें। अपने आपको पूरी तरह से कुर्सी के हवाले कर दें। कल्पना करें कि आपके पैर से शुरू करते हुये आपके सिर तक हर अंग पूरी तरह आराम से है। बोलकर अपने हर अंग को रिलैक्स करें, "मेरे पंजे आराम कर रहे हैं, मेरी अंगुलियाँ, मेरे चेहरे की मांसपेशियाँ।"
2. अपने मस्तिष्क को झील की सतह मानें, जिसमें तूफ़ान आया हुआ है, जिसमें लहरें उछल रही हैं और उथलपुथल मची हुई है। परंतु अब लहरें घट रही हैं और एक बार फिर से झील की सतह शांत और स्थिर है।
3. दो या तीन मिनट तक अपने देखे हुये सबसे सुंदर और शांतिपूर्ण दृश्य की याद करें। जैसे पहाड़ से देखा गया सूर्यास्त का दृश्य, या सुबह-सुबह धुंध भरी वादियों का शांत मंज़र, या दोपहर में जंगल की शांति, या कलकल करते पानी में चाँदनी रात का दृश्य। इन दृश्यों की याद को ताज़ा करें।
4. धीमे-धीमे, इत्मीनान से इन शब्दों को दोहरायें जिनसे शांति का भाव उपजता है : शांति, आराम, सुकून, इत्मीनान। इसी तरह के दूसरे शब्दों को सोचें और उन्हें भी दोहरायें।
5. ऐसी घटनाओं की मानसिक सूची बनायें जब आपको यक़ीन था कि ईश्वर ने आपका साथ दिया था। यह याद करें कि जब आप चिंतित और परेशान थे, तब उसने आपकी समस्यायें सुलझाने में आपकी मदद की थी और आपका ध्यान रखा था। फिर इस प्रार्थना की पंक्ति को ज़ोर से कहें, "अब तक मैं तुम्हारी शक्ति के सहारे चला हूँ, आगे भी तुम्हारी शक्ति ही मुझे सहारा देगी।"

6. इस वाक्य को दोहरायें जिसमें मस्तिष्क को शांत करने की अद्‌भुत शक्ति है : "जिसका ध्यान तुममें लगा है, उसे तुम संपूर्ण शांति प्रदान करोगे।" (यशायाह 26:3)। जब भी आपके पास एक मिनट का समय हो, इसे दिन में कई बार दोहरायें। यदि संभव हो तो इसे ज़ोर से दोहरायें ताकि दिन के अंत तक आप इसे कई बार कह दें। इन शब्दों को सक्रिय और महत्त्वपूर्ण तत्व मानें जो आपके मन में प्रवेश कर रहे हैं और आपके चिंतन के हर क्षेत्र में एक उपचारक मरहम लगा रहे हैं। मस्तिष्क का तनाव कम करने के लिये इससे बेहतर दवा कोई दूसरी नहीं है।

जब आप इस अध्याय में दी गई तकनीकों पर काम करेंगे तो आपकी चिढ़ने और गुस्सा होने की प्रवृत्ति धीरे-धीरे कम हो जायेगी। आप जितनी प्रगति करेंगे इस दुखद आदत द्वारा नष्ट की जा रही शक्ति आपके पास उतनी ही बची रहेगी जिसका प्रयोग आप जीवन की ज़िम्मेदारियों को उठाने की बढ़ी हुई योग्यता के रूप में अनुभव करेंगे।

7

अच्छे परिणामों की उम्मीद करेंगे, तो अच्छे परिणाम मिलेंगे

"मेरा बेटा हर काम में असफल क्यों होता है," एक दुखी पिता ने अपने तीस साल के बेटे के बारे में पूछा।

इस युवक की असफलता का कारण समझना सचमुच मुश्किल था क्योंकि उसके पास सब कुछ था। वह अच्छे परिवार का था, उसकी शैक्षणिक योग्यता बहुत अच्छी थी, उसके सामने बिज़नेस की संभावनायें भी औसत से बेहतर थीं। फिर भी न जाने क्यों वह अपने हर काम में असफल हो जाता था। वह जिस काम में हाथ डालता था, वह गड़बड़ हो जाता था। वह बहुत कोशिश करता था, परंतु न जाने क्यों सफलता उसके हाथ नहीं आती थी। बहरहाल एक दिन उसे जवाब मिल गया, एक आसान परंतु सशक्त जवाब। इस नये प्राप्त रहस्य का कुछ समय तक अभ्यास करने के बाद असफलता का सिलसिला टूट गया और उसमें सफलता का जादुई स्पर्श आ गया। उसका व्यक्तित्व अब केंद्रित था, उसकी शक्तियाँ प्रचुर थीं।

कुछ समय पहले मैं एक लंच में इस युवक से मिला और यह प्रतिभाशाली व्यक्ति अपने करियर के शिखर पर दिख रहा था। मैंने उसकी प्रशंसा करते हुये कहा, "मुझे हैरानी हो रही है। कुछ साल पहले तक आप हर काम में असफल हो रहे थे। अब आपने एक मौलिक विचार को बेहतरीन बिज़नेस में बदल लिया है। आप अपने समुदाय के लीडर बन चुके हैं। कृपया आपमें हुए इस उल्लेखनीय परिवर्तन के कारणों के बारे में बताइये।"

"दरअसल यह बहुत आसान था," उसने जवाब दिया। "मैंने सिर्फ़ विश्वास का जादू सीख लिया। मैंने पाया कि अगर आप बुरे परिणामों की

कल्पना करेंगे, तो आपको बुरे परिणाम मिलेंगे। परंतु अगर आप अच्छे परिणामों की कल्पना करेंगे, तो आपको अच्छे परिणाम मिलेंगे। यह चमत्कार बाइबल की एक पंक्ति पर अभ्यास करने की वजह से हुआ।"

"और वह पंक्ति कौन-सी है?"

"अगर आपमें विश्वास हो, तो आपके लिये सब कुछ संभव है।" (मार्क 9:23)। मैं धार्मिक परिवार में बड़ा हुआ था," उसने कहा, "और मैंने यह पंक्ति कई बार सुनी थी, परंतु मुझ पर इसका कोई ख़ास असर नहीं हुआ था। एक दिन आपके चर्च में मैंने सुना कि आप एक प्रवचन में इन शब्दों पर ज़ोर दे रहे थे। अचानक मेरे दिमाग़ में बिजली सी कौंधी कि मुझमें इसी बात की तो कमी थी कि मेरे मस्तिष्क को विश्वास करने का, सकारात्मक चिंतन का, खुद या ईश्वर में आस्था रखने का प्रशिक्षण नहीं मिला था। मैंने आपके दिये गये सुझाव के अनुरूप स्वयं को ईश्वर के हाथों में सौंप दिया और आपकी बतायी आस्था की तकनीकों का पालन किया। मैंने स्वयं को हर चीज़ के बारे में सकारात्मक तरीक़े से सोचने का प्रशिक्षण दिया। इसके अलावा मैं सही तरीक़े से जीने की कोशिश भी करता हूँ।" वह मुस्कराया और उसने कहा : "ईश्वर और मेरे बीच एक पार्टनरशिप हो गयी है। जब मैंने इस नीति को अपना लिया, तो मेरे साथ होने वाली घटनायें तत्काल बदल गयीं। मैंने सबसे बुरे की जगह सबसे अच्छे की उम्मीद करने की आदत डाल ली और यही कारण है कि पिछले दिनों मेरे साथ इतनी अच्छी घटनायें हुई हैं। मुझे लगता है जैसे जादू हो गया है, नहीं क्या?" उसने अपनी मनमोहक कहानी को समाप्त करते हुये पूछा।

परंतु इसमें जादू जैसी कोई बात नहीं है। दरअसल हुआ यह था कि उसने दुनिया के सबसे सशक्त नियमों में से एक का प्रयोग करना सीख लिया था, एक ऐसा नियम जिसे मनोविज्ञान भी मानता है और धर्म भी यानी आप अपनी मानसिक आदत को अविश्वास के बजाय विश्वास में बदल लें। उम्मीद करना सीखें, शंका करना छोड़ दें। ऐसा करने से आप हर काम को संभव बना सकते हैं।

इसका यह मतलब नहीं है कि केवल विश्वास कर लेने से ही आपको अपनी हर मनचाही चीज़ मिल जायेगी। अगर ऐसा हो, तो शायद आपके लिये अच्छा नहीं होगा। जब आप ईश्वर में विश्वास करते हैं तो वह आपके दिमाग़ को दिशा दिखाता है ताकि आप उससे वह चीज़ें न माँगें जो आपके लिये अच्छी न हों या जो ईश्वर की इच्छा के अनुरूप न हों। परंतु इसका

निश्चित रूप से यह मतलब ज़रूर है कि जब आप विश्वास करना सीख जाते हैं तो जो काम असंभव लगता था, वह अब संभावना के क्षेत्र में आ जाता है। हर महान काम अंत में आपके लिये एक संभावना बन जाता है।

प्रसिद्ध मनोवैज्ञानिक विलियम जेम्स का कहना था, "किसी भी शंका भरे काम की शुरुआत में हमारा विश्वास वह चीज़ है (इस बात का ध्यान रखें, वह चीज़ है) जो उस काम में हमें सफलता दिलाती है।" विश्वास करना सीखना सबसे महत्त्वपूर्ण है। यही किसी भी काम में सफलता हासिल करने के लिये मूलभूत तत्व है। जब आप सर्वश्रेष्ठ की उम्मीद करते हैं तो आप अपने मस्तिष्क में एक चुंबकीय शक्ति उत्पन्न करते हैं जो आकर्षण के नियम के अनुसार सर्वश्रेष्ठ को आपकी ओर आकर्षित करती है। परंतु अगर आप सबसे बुरे की आशा करते हैं तो आप अपने मस्तिष्क में विकर्षण की शक्ति को उत्पन्न करते हैं जो सर्वश्रेष्ठ को आपसे दूर कर देती है। यह आश्चर्यजनक है कि सर्वश्रेष्ठ की लगातार आशा करने से किस तरह ऐसी शक्तियाँ गति में आ जाती हैं जो सर्वश्रेष्ठ को संभव बना देती हैं।

इस तथ्य का एक रोचक उदाहरण हमें कुछ साल पहले बीते हुये युग के प्रसिद्ध स्पोर्ट्स लेखक ह्यू फुलर्टन के दिये गये वर्णन में मिलता है। बचपन में ह्यू फुलर्टन स्पोर्ट्स लेखों के मेरे प्रिय लेखक थे। उनके लिखे एक लेख को मैं कभी नहीं भूल पाऊँगा जो टैक्सास लीग के सैन एंटोनियों क्लब के मैनेजर जोश ओ' रैली के बारे में था। ओ' रैली के पास महान खिलाड़ी थे, जिनमें से सात तो तीन सौ से भी अधिक स्कोर कर चुके थे और हर एक विचार था कि उनकी टीम आसानी से चैंपियनशिप जीत जायेगी। परंतु क्लब ने ख़राब प्रदर्शन किया और वे शुरुआतीी बीस मैचों में से सत्रह मैच हार गये। खिलाड़ी हिट नहीं कर पा रहे थे और हर खिलाड़ी दूसरे खिलाड़ी को दोष देने में लगा था।

डल्लास क्लब के साथ खेलते हुये, जो उस साल थोड़ी कमज़ोर टीम थी, केवल एक सैन एंटोनियों के खिलाड़ी को हिट मिली और अजीब बात यह थी कि यह पिचर को मिली। ओ' रैली की टीम उस दिन बुरी तरह हार गयी। खेल के बाद क्लब हाउस में खिलाड़ी बहुत असंतुष्ट और हताश थे। जोश ओ' रैली जानते थे कि उनके पास सितारों का जमावड़ा है और वह यह भी जानते थे कि समस्या सिर्फ़ इतनी थी कि उनकी सोच ग़लत थी। वे हिट मिलने की उम्मीद नहीं कर रहे थे। वे जीतने की उम्मीद नहीं कर रहे थे। वे हारने की उम्मीद कर रहे थे। वे जीत के बारे में नहीं, बल्कि हार

के बारे में सोच रहे थे। उनकी मानसिकता आशा की नहीं, बल्कि शंका की थी। इस नकारात्मक मानसिक प्रक्रिया ने उन्हें रोक दिया, उनकी मांसपेशियों को कुंद कर दिया, उनकी टाइमिंग को गड़बड़ा दिया और पूरी टीम में सहज शक्ति का मुक्त बहाव कहीं नहीं दिख रहा था।

संयोग से उस समय श्लेटर नाम का एक धार्मिक संत उस इलाक़े में लोकप्रिय था। वह आस्था-उपचारक होने का दावा करता था और स्पष्ट रूप से उसे आश्चर्यजनक परिणाम मिल रहे थे। भारी भीड़ उसे सुनने के लिये जाती थी और लगभग हर व्यक्ति उसमें विश्वास करता था। शायद इसलिये कि वे लोग उसकी शक्ति में विश्वास करते थे, श्लेटर को इतने अच्छे परिणाम मिले।

ओ' रैली ने टीम के हर खिलाड़ी से कहा कि वे अपने सबसे अच्छे दो बल्ले निकालकर उसे दे दें। फिर उसने सभी खिलाड़ियों से कहा कि वे लोग वहीं क्लब हाउस में बैठकर उसके लौटने का इंतज़ार करें। उसने बल्लों को गाड़ी में रखा और चला गया। एक घंटे बाद वह ख़ुशी से उछलता हुआ आया और उसने खिलाड़ियों को बताया कि महान उपदेशक श्लेटर ने इन बल्लों को आशीर्वाद दे दिया है और अब उन बल्लों में ऐसी आध्यात्मिक शक्ति आ गयी है जिसके सहारे वे दुनिया की किसी भी टीम को हरा सकते हैं। खिलाड़ी यह सुनकर अचंभित भी हुये और ख़ुश भी।

अगले दिन उन्होंने डल्लास की टीम को बुरी तरह रौंद डाला। उन्हें 37 बेस हिट और 20 रन मिले। इसके बाद उन्होंने अपना विजयी अभियान जारी रखते हुये हर टीम को हराया और चैंपियनशिप जीत ली। ह्यू फुलर्टन ने कहा कि वर्षों तक दक्षिण पश्चिम में खिलाड़ी इन "श्लेटर" बल्लों के लिये बड़ी क़ीमत देने के लिये तैयार थे।

श्लेटर की व्यक्तिगत शक्ति के अलावा, तथ्य यह था कि इन खिलाड़ियों के मस्तिष्क में एक ज़बर्दस्त परिवर्तन हुआ था। उनका मानसिक रवैया पूरी तरह बदल गया। शंका के बजाय वे आशा और उम्मीद के संदर्भ में सोचने लगे। वे बुरे परिणामों की उम्मीद नहीं कर रहे थे, बल्कि वे अच्छे परिणामों की उम्मीद कर रहे थे। उन्हें अच्छे शॉट, बहुत सारे रन, जीत की उम्मीद थी और उन्हें यही सब हासिल हुये। जो वे चाहते थे उसे हासिल करने की शक्ति उनके पास थी। बल्लों में भी कोई अंतर नहीं था, मैं इस बारे में विश्वास से कह सकता हूँ, परंतु उन बल्लों का प्रयोग कर रहे लोगों

के मस्तिष्क में निश्चित रूप से अंतर आ गया था। अब वे जानते थे कि वे हिट कर सकते थे। अब वे जानते थे कि वे रन बना सकते थे। अब वे जानते थे कि वे जीत सकते थे। एक नयी सोच ने इन लोगों के मस्तिष्कों को बदल दिया ताकि आस्था की रचनात्मक शक्ति कार्य कर सके।

शायद आप जीवन के खेल में अच्छा प्रदर्शन नहीं कर रहे हों। शायद आप बैटिंग के लिये खड़े होते हों और हिट नहीं कर पा रहे हों। आप बार-बार बैटिंग करते हैं परंतु आपका बैटिंग का औसत बहुत ही निराशाजनक है। मुझे एक सुझाव देने दें। मैं इस बात की गारंटी देता हूँ कि यह काम करेगा। मेरे आश्वासन का आधार यह है कि हज़ारों लोगों ने इसका प्रयोग करके बहुत अच्छे परिणाम पाये हैं। अगर आप इस तरीक़े को सचमुच आज़मायेंगे तो आपके जीवन में चीज़ें बदल जायेंगी।

न्यू टेस्टामेंट को पढ़ना शुरू कर दें और देखें कि कितनी बार यह आस्था का उल्लेख करती है। आस्था के बारे में एक दर्जन सबसे प्रबल वाक्यों को चुन लें, उन वाक्यों को जो आपको सबसे अच्छे लगते हों। फिर हर एक को याद कर लें। आस्था के इन विचारों को अपने चेतन मस्तिष्क में डाल दें। उन्हें बार-बार दोहराते रहें, ख़ास तौर पर रात को सोने जाने से ठीक पहले। आध्यात्मिक रूपांतरण की प्रक्रिया द्वारा वे आपके चेतन मस्तिष्क से आपके अवचेतन मस्तिष्क में पहुँच जायेंगे और समय के साथ आपकी मूलभूत मानसिकता और सोच को सुधार देंगे। यह प्रक्रिया आपको एक विश्वास करने वाले व्यक्ति में बदल देगी, एक उम्मीद करने वाले व्यक्ति के रूप में और जब आप इस तरह के बन जायेंगे तो आप समय के साथ सफल भी होंगे। आपमें वह प्राप्त करने की नई शक्ति होगी जो ईश्वर और आपके अनुसार आपको जीवन में मिलना चाहिये।

मानवीय स्वभाव में सबसे प्रबल शक्ति बाइबल में सिखायी गयी आध्यात्मिक शक्ति की तकनीक है। बहुत ही चतुराई से बाइबल उस तरीक़े पर ज़ोर देती है जिसके द्वारा कोई व्यक्ति अपने आपको कुछ बना सकता है, "आस्था की ढाल से आप बुरे लोगों के तीरों को असफलता कर पायेंगे।" (इफीसियन्स 6:16)। आस्था, विश्वास, सकारात्मक चिंतन, ईश्वर में आस्था, दूसरे लोगों में आस्था, खुद में आस्था, जीवन में आस्था। यह उस तकनीक का सार है जो यह सिखाती है। "अगर आप विश्वास कर सकते हैं," यह कहती है, "अगर आपमें विश्वास हो, तो आपके लिये सब कुछ संभव है," (मार्क 9:23)। "अगर आपमें विश्वास है... तो आपके लिये कुछ भी असंभव

नहीं है।" (मैथ्यू 17:21)। "आपकी जितनी आस्था होगी, आपको उतना ही मिलेगा।" (मैथ्यू 9:29)। विश्वास करो - विश्वास करो - और यह इस सच्चाई को बार-बार बताती है कि अगर आपमें आस्था है, तो आप पहाड़ को भी हिला सकते हैं।

कोई शंकालु व्यक्ति जिसने कभी सही चिंतन के प्रभाव के इस सशक्त नियम के बारे में नहीं सीखा मेरी बातों पर शंका कर सकता है। वह सोच सकता है कि जब इस तकनीक का प्रयोग किया जाता है तो इस तरह के आश्चर्यजनक परिणाम प्राप्त नहीं होंगे।

परिणाम बेहरत बन जाते हैं जब आप बुरे की बजाय अच्छे की उम्मीद करते हैं। इसका कारण यह है कि आत्मशंका से मुक्त होने के कारण आप अपने प्रयास में अपना सब कुछ लगा सकते हैं और कोई भी अवरोध उस व्यक्ति की राह में खड़ा नहीं रह सकता जो किसी समस्या पर अपना सब कुछ लगा देता है। जब आप किसी कठिनाई का सामना व्यक्तिगत एकता के रूप में करते हैं तो कठिनाई, जो एकता के अभाव का रूप है, अपने आप कम होने लगती है।

जब आपकी पूरी शक्तियों - शारीरिक, मानसिक और आध्यात्मिक - की पूरी एकाग्रता लग जाती है और इनका सही तरीक़े से प्रयोग किया जाता है तो इनके विरोध में कोई बाधा खड़ी नहीं रह सकती।

सर्वश्रेष्ठ की उम्मीद करने का मतलब यह है कि आप अपने पूरे दिल (आपके व्यक्तित्व का केन्द्रीय सार) से किसी चीज़ को हासिल करने की कोशिश करते हैं। लोग जीवन में इसलिये असफल नहीं होते क्योंकि उनमें योग्यता की कमी होती है, बल्कि इसलिये असफल होते हैं क्योंकि वे पूरे दिल से काम नहीं करते। उन्हें पूरे दिल से सफलता की उम्मीद नहीं होती। इसमें उनका दिल नहीं लगता, जिसका मतलब है कि वे पूरी तरह से सफलता की उम्मीद नहीं करते। परिणाम उस व्यक्ति को नहीं मिलते जो अपेक्षित परिणामों के लिये पूरे दिल से काम करने से इन्कार कर देता है।

ज़िंदगी में सफलता पाने की, वह हासिल करने की जिसकी आपके मन में प्रबल इच्छा है, महत्त्वपूर्ण कुंजी यह है कि आप पूरे दिल से उस काम में जुट जायें जिसे आप करना चाहते हैं। दूसरे शब्दों में आप जो भी कर रहे हों, उसमें समर्पण भाव से अपने आपको झोंक दें। उसमें अपना सब कुछ झोंक दें। कुछ भी बचाकर न रखें। ज़िंदगी उस व्यक्ति को कभी असफल नहीं

कर सकती, जो अपना सब कुछ झोंक देता है। परंतु दुर्भाग्य से अधिकांश लोग ऐसा नहीं करते। दरअसल, बहुत कम लोग ऐसा करते हैं और यह असफलता का दुखद कारण है। अगर यह असफलता न भी हो तो भी यही वह कारण है कि हम आधा-अधूरा हासिल कर पाते हैं।

एक प्रसिद्ध कनाडायी एथलेटिक कोच एस पर्सीवल कहते हैं कि ज़्यादातर लोग चाहे वे एथलीट हों या न हों रोककर रखने वाले लोग होते हैं यानी कि वे हमेशा कुछ न कुछ रिज़र्व में रखते हैं। वे प्रतियोगिता में अपना शत-प्रतिशत समर्पण नहीं करते। इस तथ्य के कारण वे उन सर्वश्रेष्ठ ऊँचाइयों को हासिल नहीं कर पाते जिसमें वे समर्थ हैं।

प्रसिद्ध बेसबॉल उद्घोषक रेड बार्बर ने मुझे बताया कि वे बहुत कम एथलीटों को जानते हैं जिन्होंने अपने आपको पूरी तरह से समर्पित किया।

अपने आप को रोककर न रखें। पूरी तरह से लगा दें। ऐसा करें और ज़िंदगी भी आपको रोककर नहीं रखेगी।

एक प्रसिद्ध ट्रैपीज़ आर्टिस्ट अपने विद्यार्थियों को प्रशिक्षण दे रहे थे कि किस तरह ऊँची ट्रैपीज़ बार पर प्रदर्शन किया जाये। आख़िरकार इस कला में पूरे निर्देश समझाने के बाद उन्होंने उनसे अपनी योग्यता का प्रदर्शन करने को कहा।

एक विद्यार्थी ने उस असुरक्षित स्थान को देखा जहाँ से उसे प्रदर्शन करना था और अचानक वह भयभीत हो गया। वह पूरी तरह से डर के मारे जम गया था। उसके मन में एक भयावह कल्पना आ गयी थी कि वह ज़मीन पर गिर रहा है। उसका डर इतना गहरा था कि वह अपनी एक भी मांसपेशी नहीं हिला पा रहा था। वह चिल्लाया, "मैं इसे नहीं कर सकता। मैं इसे नहीं कर सकता!"

प्रशिक्षक ने उसके कंधे पर हाथ रखा और कहा, "बेटा, तुम इसे कर सकते हो और मैं तुम्हें बताऊँगा कि तुम इसे किस तरह कर सकते हो।" फिर उसने एक ऐसा वाक्य कहा जो अत्यंत महत्त्वपूर्ण है। यह उन सबसे समझदारीपूर्ण वाक्यों में से एक है जो मैंने सुने हैं। उसने कहा : "अपने दिल को बार के ऊपर फेंक दो और तुम्हारा शरीर उसका अनुसरण करेगा।"

इस एक वाक्य को नोट कर लें। इसे एक कार्ड पर लिख लें और अपनी जेब में रख लें। इसे अपनी डेस्क पर काँच के नीचे रख लें। इसे अपनी दीवार पर लगा लें। इसे अपने शेविंग मिरर पर चिपका लें। इससे भी

बेहतर, आप इसे अपने दिमाग़ में लिख लें, अगर आप जीवन में सचमुच कुछ करना चाहते हैं। इस वाक्य में बहुत शक्ति भरी हुई है। "अपने दिल को बार के ऊपर फेंक दो और तुम्हारा शरीर उसका अनुसरण करेगा।"

दिल रचनात्मक गतिविधि का प्रतीक है। अपने दिल में यह समा लें कि आप कहाँ जाना चाहते हैं और आप क्या करना चाहते हैं। इसे अपने अवचेतन में इतनी गहराई से समा लें कि आप कभी नहीं का जवाब सुनने के लिये तैयार न हों, फिर आपका पूरा व्यक्तित्व आपके दिल का अनुसरण करेगा। "अपने दिल को बार के ऊपर फेंक दो" का अर्थ यह है कि आप अपनी आस्था को अपनी कठिनाई के ऊपर फेंक दें, अपने संकल्प को हर बाधा के ऊपर फेंक दें, अपनी कल्पना की तस्वीर को अपनी मुश्किलों के ऊपर फेंक दें। दूसरे शब्दों में अपने आध्यात्मिक स्वरूप को बार के ऊपर फेंक दें। आपका भौतिक स्वरूप अनुसरण करेगा और आपको आस्था द्वारा प्रेरित मस्तिष्क के माध्यम से विजय दिलवायेगा। सबसे बुरे के बजाय सर्वश्रेष्ठ की उम्मीद करें और आप अपने दिल की इच्छा को हासिल कर लेंगे। आपके दिल में क्या है, अच्छा या बुरा, कमज़ोर या शक्तिशाली, वही अंत में आपके पास लौटकर आता है। हमर्सन ने कहा था : "इस बारे में सावधान रहें कि आप क्या चाहते हैं क्योंकि आपको वह मिल जायेगा।"

यह फ़िलॉसफ़ी प्रैक्टिकल रूप से महत्त्वपूर्ण है इस बात का उदाहरण एक महिला के अनुभव से मिल जायेगा जिसका मैंने कई वर्ष पहले इंटरव्यू लिया था। उसने मुझसे मिलने के लिये मेरे ऑफ़िस मे दो बजे अपॉइंटमेंट लिया था। उस दिन बहुत व्यस्त होने के कारण मैं थोड़ा लेट हो गया और दो बजकर पाँच मिनट पर मीटिंग रूम में पहुँचा जहाँ वह मेरा इंतज़ार कर रही थी। यह स्पष्ट था कि वह नाखुश थी क्योंकि उसके होंठ भिंचे हुये थे।

"दो बजकर पाँच मिनट हो चुके हैं जबकि हमारा अपॉइंटमेंट दो बजे का था," उसने कहा। "मैं हमेशा वक़्त की पाबंदी को पसंद करती हूँ।"

"मैं भी। मैं हमेशा वक़्त का पाबंद होने में विश्वास करता हूँ और मुझे आशा है कि आप इस टाली न जा सकने वाली देरी के लिये मुझे माफ़ कर देंगी," मैंने मुस्कराते हुये कहा।

परंतु वह मुस्कराने के मूड में नहीं थी और उसने कड़क अंदाज़ में कहा : "मुझे आपसे एक बहुत महत्त्वपूर्ण समस्या पर चर्चा करना है। मुझे जवाब चाहिये और मैं आपसे वह जवाब देने की उम्मीद करती हूँ।" फिर

उसने मुझ पर अपना अगला वाक्य दागा : "मैं आपसे सीधे-सीधे यह कहना चाहती हूँ। मैं शादी करना चाहती हूँ।"

मैंने जवाब दिया, "यह बहुत ही सामान्य इच्छा है और मैं इसमें आपकी मदद करना चाहूँगा।"

"मैं जानना चाहती हूँ कि मेरी शादी क्यों नहीं हो रही है," उसने आगे कहा। "हर बार जब भी मेरी किसी आदमी से दोस्ती होती है, तो कुछ समय बाद वह तस्वीर से बाहर चला जाता है और मेरे हाथ में शादी का अवसर निकल जाता है।" और, उसने खुलेपन से बोलते हुये कहा, "मेरी उम्र बढ़ती जा रही हे। आप लोगों का अध्ययन करने के लिये व्यक्तिगत-समस्या क्लीनिक चलाते हैं और आपको कुछ अनुभव है। मैं सीधे से आपके सामने अपनी समस्या रख रही हूँ। मुझे बतायें, मैं शादी क्यों नहीं कर पा रही हूँ?"

मैंने उसकी तरफ़ देखा और उसका अध्ययन किया कि क्या वह उस तरह की महिला है जिससे मैं साफ़-साफ़ बात कर सकूँ क्योंकि अगर वह सचमुच जवाब चाहती थी तो कुछ बातें कहना ज़रूरी थीं। अंततः मैंने निर्णय लिया कि उसमें इतनी क्षमता थी कि वह उस दवा को गटक लेगी जिसे देना ज़रूरी था ताकि वह अपने व्यक्तित्व की कठिनाइयों को सुधार सके। इसलिये मैंने कहा : "अब हम स्थिति का विश्लेषण करें। स्पष्ट रूप से आपमें काफ़ी बुद्धि है और आपका व्यक्तित्व आकर्षक है। और अगर मैं कह सकूँ तो आप बहुत ही सुंदर महिला हैं।"

यह सभी बातें सच थीं। मैं ईमानदारी से उसकी जितनी तारीफ़ कर सकता था मैंने उन सभी के लिये उसे बधाई दी। परंतु फिर मैंने कहा, "मैं सोचता हूँ कि मैं आपकी कठिनाई को जान गया हूँ और वह यह है। आपने मुझे आड़े हाथों लिया क्योंकि मैं अपॉइंटमेंट के लिये पाँच मिनट लेट हो गया था। आपने मेरी ग़लती को कुछ ज़्यादा ही गंभीरता से लिया। क्या आपको कभी यह लगा कि आपका नज़रिया एक बड़ी गंभीर ग़लती दर्शाता है? मुझे लगता है कि अगर आप हमेशा अपने पति के साथ इतनी सख़्ती से पेश आयेंगी तो उसके सामने बहुत मुश्किलें आयेंगी। सच तो यह है कि आप उस पर इतनी हावी हो जायेंगी कि अगर आपकी शादी हो भी जाये तो भी आपका वैवाहिक जीवन बहुत दुखमय रहेगा। प्रेम सख़्ती में नहीं रह सकता।"

फिर मैंने कहा : "आपमें अपने होंठों को भींचने की आदत है, जो दबंग व्यक्तित्व का सूचक है। मैं आपको बता दूँ औसत पुरुष यह नहीं चाहता

कि उसकी पत्नी उस पर हावी हो जाये, कम से कम तब जब उसे यह बात पता हो।" फिर मैंने आगे कहा : "मुझे लगता है कि अगर आप अपने चेहरे की इन सख़्त लाइनों को दूर हटा दें तो आप बहुत ही आकर्षक महिला बन जायेंगी। आपके अंदर थोड़ी नरमी होना चाहिये, थोड़ी सी कोमलता और यह लाइनें इतनी सख़्त हैं कि यह नरम नहीं हो सकतीं।" फिर मैंने उसकी ड्रेस को देखा जो स्पष्ट रूप से बहुत महँगी थी, परंतु वह उस पर जम नहीं रही थी और मैंने कहा, "यह मेरे क्षेत्र में तो नहीं आता और मुझे आशा है कि आप इस बात को अन्यथा नहीं लेंगी, परंतु शायद आपको इस ड्रेस को थोड़ा ढीला पहनना चाहिये।" मैं जानता था कि मेरा वर्णन थोड़ा अजीब था, परंतु उसने इस बात को हँसकर लिया और वह ज़ोर से हँसी।

उसने कहा : "आप स्टाइल वाली शब्दावली का प्रयोग तो नहीं कर रहे हैं, परंतु मैं आपकी बात समझ गई हूँ।"

फिर मैंने सुझाव दिया : "शायद आपको अपनी हेयर स्टाइल बदलने की भी आवश्यकता है। आपके बाल थोड़े ज़्यादा ही तैरते हुये से हैं। फिर आप थोड़ा सा परफ़्यूम भी इस्तेमाल कर लें तो बेहतर होगा - बस थोड़ा सा। परंतु सचमुच महत्त्वपूर्ण चीज़ है एक नया नज़रिया विकसित करना जो आपके चेहरे की लाइनों को बदल दे और आपको वह अवर्णनीय गुण दे जिसे आध्यात्मिक सुख के नाम से जाना जाता है। मुझे विश्वास है कि यह आपमें आकर्षण और सुंदरता उत्पन्न कर देगा।"

वह ज़ोर से बोली, "मुझे किसी पादरी के ऑफ़िस में इस तरह की सलाह की उम्मीद कभी नहीं थी।"

"नहीं," मैंने हँसते हुये कहा, "मुझे लगता है आप सही हैं, परंतु आजकल हमें मानवीय समस्याओं के पूरे क्षेत्र को देखना होता है।"

फिर मैंने उसे ओहियो वेस्लेयन युनिवर्सिटी के अपने पुराने प्रोफ़ेसर के बारे में बताया जिनका नाम 'रॉली' वॉकर था जिन्होंने कहा था, "ईश्वर एक ब्यूटी पार्लर चलाता है।" वे बताते थे कि कुछ लड़कियाँ जब कॉलेज आती हैं तो वे बहुत सुंदर हुआ करती हैं परंतु जब वे तीस साल बाद उस कैंपस में दोबारा विज़िट पर आती हैं तो उनकी सुंदरता ग़ायब हो चुकी होती है। उनकी जवानी की चाँदनी और गुलाब का सौंदर्य टिक नहीं पाता। दूसरी तरफ़ कुछ लड़कियाँ जब कॉलेज आती हैं तो वे बहुत साधारण होती हैं परंतु जब वे तीस साल बाद लौटती हैं तो वे सुंदर महिलायें होती हैं। "किस चीज़ से

यह फ़र्क़ पड़ता है?" उसने पूछा। "बाद वाली महिलाओं के चेहरे पर आंतरिक आध्यात्मिक जीवन का सौंदर्य स्पष्ट रूप से लिखा होता है।" और फिर उसने जोड़ा : "ईश्वर एक ब्यूटी पार्लर चलाता है।"

इस युवा महिला ने कुछ मिनट तक मेरी बातों के बारे में सोचा और फिर कहा : "आपने जो कहा उसमें काफ़ी सच्चाई है। मैं इसे आज़माकर देखूँगी।"

यहाँ पर उसका दृढ़ व्यक्तित्व काम आया क्योंकि उसने सचमुच इसे आज़माकर देखा।

इस घटना को कई साल हो चुके थे और मैं उसे भूल चुका था। फिर एक शहर में भाषण देने के बाद एक बहुत सुंदर महिला एक आकर्षक पुरुष और दस साल के बच्चे के साथ मेरे पास आयी। महिला ने मुस्कराते हुये पूछा, "आपको मेरी ड्रेस कैसी लग रही है?"

"आपकी ड्रेस?" मैंने आश्चर्य से पूछा।

"मेरी ड्रेस," उसने कहा। "क्या यह थोड़ी ढीली है?"

अचरज से मैंने कहा : "हाँ, मैं सोचता हूँ कि यह काफ़ी बढ़िया है परंतु आप यह मुझसे क्यों पूछ रही हैं?"

"क्या आप मुझे पहचान नहीं पाये?" उसने पूछा।

"मैं अपने जीवन में बहुत सारे लोगों से मिल चुका हूँ," मैंने कहा। "वैसे सच कहूँ तो मुझे नहीं लगता कि मैं आपसे पहले कभी मिला हूँ।"

इस पर उसने मुझे वर्षों पहले की हमारी चर्चा याद दिलाई जिसका वर्णन मैंने किया है।

"मेरे पति और बच्चे से मिलें। आपने मेरे बारे में जो कहा था वह पूरी तरह सच था," उसने गंभीरता से कहा। "जब मैं आपसे मिलने आयी थी तो मैं बहुत ही कुंठित और दुखी रहा करती थी, परंतु मैंने आपके द्वारा सुझाये सिद्धांतों पर अमल किया। मैंने सचमुम ऐसा किया और इन्होंने जादू कर दिया।"

फिर उसके पति ने कहा : "दुनिया में मैरी से ज़्यादा अच्छी महिला कोई हो ही नहीं सकती," और मुझे कहना होगा कि मैरी को देखकर मुझे इस बात पर यक़ीन हो गया। यह स्पष्ट था कि वह "ईश्वर के ब्यूटी पार्लर" में जा चुकी थी।

न सिर्फ़ उसने आंतरिक आत्मा में थोड़ी सी नरमी और परिपक्वता का

अनुभव किया, बल्कि उसने अपने अंदर मौजूद एक महान गुण का उचित उपयोग किया, यानी, वह पाने की प्रबल इच्छाशक्ति जो वह चाहती थी। इससे वह उस बिन्दु पर आ गयी जहाँ वह अपने आपको इसलिये बदलने को इच्छुक थी ताकि उसके सपने सच हो सकें। उसमें वह मानसिक गुण था जिसके द्वारा वह अपने आपको सँभाल सकती थी और उसने आध्यात्मिक तकनीकों का इस्तेमाल किया। उसमें एक गहरी और सीधी-सादी आस्था थी कि वह दिल से जो चाहती थी उसे उचित रचनात्मक और सकारात्मक तरीक़ों से हासिल किया जा सकता था।

तो फ़ॉर्मूला यह है कि आप पहले तो यह जानें कि आप क्या चाहते हैं, फिर इसकी जाँच करें कि यह सही चीज़ है। इसके बाद अपने आपको इस तरीक़े से बदलें कि यह स्वाभाविक रूप से आपके पास आये और हमेशा आस्था रखें। विश्वास की रचनात्मक शक्ति द्वारा आप उन परिस्थितियों को प्रेरित करते हैं जो आपकी इच्छा को पूरा करने से संबंधित घटनाओं को जन्म देती हैं।

आधुनिक चिंतन के विद्यार्थी अधिकाधिक महसूस कर रहे हैं कि ईसा मसीह के विचार और शिक्षा का व्यावहारिक मूल्य है, ख़ास तौर पर इस सिद्धांत की तरह के सिद्धांतों का : "आपकी जितनी आस्था होगी, आपको उतना ही मिलेगा।" (मैथ्यू 9:29)। आपकी अपने आप में, अपने काम में, ईश्वर में जितनी आस्था होगी, आप उतने ही आगे तक जा पायेंगे, उससे आगे नहीं। अगर आपको अपने काम में, अपने आप में और अपने देश में मौजूद अवसरों में विश्वास है और अगर आपको ईश्वर में विश्वास है और अगर आप कड़ी मेहनत करते हैं, सीखते हैं और अपने आपको इसमें झोंक देते हैं - दूसरे शब्दों में अगर आप "अपने दिल को बार के ऊपर फेंक देते हैं," तो आप अपने आपको उस ऊँचे स्थान पर ले जा सकते हैं जो आप अपने जीवन, अपनी सेवा और अपनी उपलब्धि की दृष्टि से चाहते हैं। जब भी आपके सामने कोई बार या बाधा आ जाये तो रुकें, अपनी आँखें बंद करें, हर उस चीज़ की कल्पना करें जो उस बाधा के ऊपर है (नीचे की चीज़ों को न देखें) और फिर कल्पना करें कि आप अपने आपको बार या बाधा के ऊपर फेंक रहे हैं और कल्पना में अपने आपको उस बाधा या बार के ऊपर उठते हुये देखें। विश्वास करें कि आप इस ऊपर ले जाने वाली शक्ति का अनुभव कर रहे हैं। आपको जो ऊपर उठाने वाली शक्ति प्राप्त होगी उससे आप आश्चर्यचकित रह जायेंगे। अगर आपके मस्तिष्क की गहराई

में आप सर्वश्रेष्ठ की कल्पना करते हैं और आस्था और ऊर्जा की शक्तियों का प्रयोग करते हैं तो आपको सर्वश्रेष्ठ ही मिलेगा।

ज़ाहिर है कि सर्वश्रेष्ठ को हासिल करने की इस प्रक्रिया में यह जानना महत्त्वपूर्ण है कि आप जीवन में कहाँ जाना चाहते हैं। आप अपने लक्ष्य तक तभी पहुँच सकते हैं, अपने सपनों को तभी सच कर सकते हैं, वहाँ तक तभी पहुँच सकते हैं जहाँ आप जाना चाहते हैं, जब आपको यह मालूम हो कि आपका लक्ष्य क्या है। आपकी उम्मीद या आशा का एक स्पष्ट रूप से परिभाषित लक्ष्य होना चाहिये। ज़्यादातर लोग ज़िंदगी में कहीं नहीं पहुँच पाते, क्योंकि वे जानते ही नहीं हैं कि वे कहाँ पहुँचना चाहते हैं। उनका कोई स्पष्ट रूप से निर्धारित, पूरी तरह से निश्चित लक्ष्य नहीं होता। अगर आप बिना लक्ष्य के चल रहे हैं, तो आप सर्वश्रेष्ठ परिणामों की उम्मीद कैसे कर सकते हैं?

छब्बीस साल का एक युवक मुझसे सलाह लेने आया क्योंकि वह अपनी नौकरी से असंतुष्ट था। उसमें महत्त्वाकांक्षा थी। वह जीवन में बड़ा आदमी बनना चाहता था। वह जानना चाहता था कि वह किस तरह अपनी परिस्थितियों को सुधारे। उसका प्रयोजन पूरी तरह स्वार्थहीन और सार्थक लग रहा था।

"तो, आप कहाँ पहुँचना चाहते हैं?" मैंने उससे पूछा।

"मैं इस बारे में ठीक-ठीक कुछ नहीं जानता," उसने झिझकते हुये कहा। "मैंने इस बारे में कभी सोचा ही नहीं। मैं केवल इतना जानता हूँ कि मैं जहाँ हूँ, मैं उससे बेहतर जगह जाना चाहता हूँ।"

"आपकी विशेष योग्यतायें क्या हैं? यानी आप कौन-सा काम अच्छी तरह से कम सकते हैं?"

"मुझे नहीं पता," उसने जवाब दिया। "मैंने इस बारे में भी कभी नहीं सोचा।"

"परंतु अगर आपको विकल्प दिया जाये, तो आप जीवन में क्या करना चाहेंगे? आप अपने जीवन में सचमुच क्या करना चाहते हैं।" मैंने ज़ोर देकर पूछा।

"मैं इस बारे में कुछ नहीं कह सकता," उसने अनमने ढंग से जवाब दिया। "मैं सचमुच नहीं जानता कि मैं क्या करना चाहता हूँ। मैंने इस बारे में कभी नहीं सोचा। मुझे लगता है कि मुझे इस बारे में भी सोचना पड़ेगा।"

"देखिये," मैंने कहा, "जहाँ आप हैं, वहाँ से आप कहीं और जाना चाहिते हैं, परंतु आप यह नहीं जानते कि आप कहाँ जाना चाहते हैं। आप यह नहीं जानते कि आप क्या कर सकते हैं या आप क्या करना चाहते हैं। मेरे ख़्याल से आपको कहीं भी जाने से पहले अपने विचारों को क्रमबद्ध करना होगा और इस बारे में पूरी तरह से विचार करना होगा।"

कई लोग इसी कारण असफल हो जाते हैं। वे सिर्फ़ इसलिये अपनी मंज़िल तक नहीं पहुँच पाते, क्योंकि उनके दिमाग़ में केवल एक धुँधला विचार होता है कि वे कहाँ जाना चाहते हैं या वे क्या करना चाहते हैं। निश्चित लक्ष्य के बिना निश्चित जगह पर नहीं पहुँचा जा सकता।

हमने एक विस्तृत विश्लेषण किया, इस युवक की क्षमताओं की जाँच की और उसके व्यक्तित्व में कुछ ऐसी विशेषतायें पायीं जिनके अस्तित्व के बारे में वह अनजान था। परंतु उसे आगे बढ़ाने के लिये कोई प्रेरक शक्ति प्रदान करना आवश्यक था इसलिये हमने उसे व्यावहारिक आस्था की तकनीकें सिखायीं। आज वह उपलब्धि की राह पर है।

अब वह जानता है कि वह कहाँ जाना चाहता है और वहाँ कैसे पहुँचा जाता है। वह जानता है कि सर्वश्रेष्ठ क्या है और वह इसे हासिल करने की उम्मीद करता है और वह ऐसा कर लेगा - उसे कोई चीज़ नहीं रोक सकती।

मैंने एक अख़बार के प्रसिद्ध संपादक से पूछा जो एक प्रेरक व्यक्तित्व थे, "आप इस महत्त्वपूर्ण अख़बार के संपादक कैसे बने?"

"मैं बनना चाहता था," उसने सीधा सा जवाब दिया।

"क्या इतना ही?" मैंने पूछा। "आप बनना चाहते थे और इसलिये आप बन गये।"

"शायद इतना ही नहीं, परंतु सबसे बड़ा कारण तो यही है।" उसने स्पष्ट किया, "मेरा विश्वास है कि अगर आप कहीं पहुँचना चाहते हैं, तो आपको यह निश्चित रूप से तय कर लेना चाहिये कि आप कहाँ होना चाहते हैं या क्या हासिल करना चाहते हैं। यह सुनिश्चित कर लें कि आपका लक्ष्य सही हो, फिर उस लक्ष्य की तस्वीर को अपने दिमाग़ में जमकर बिठा लें और बिठाये रखें। कड़ी मेहनत करें, अपनी सफलता में विश्वास रखें और यह विचार इतना सशक्त बन जायेगा कि यह आपकी सफलता सुनिश्चित कर देगा। एक गहन प्रवृत्ति है," उसने घोषणा की, "कि आपका मस्तिष्क जो तस्वीर देखता है आप वही बन जाते हैं, बशर्ते आप इस मानसिक तस्वीर

को प्रबलता से देखें और आपका लक्ष्य दमदार हो।"

इतना कहते हुये संपादक ने अपने पर्स में से एक पुराना सा कार्ड बाहर निकाला और कहा : "मैं इस कोटेशन को अपने जीवन के हर दिन दोहराता हूँ। यह मेरा सबसे प्रेरक विचार बन चुका है।"

मैंने इसे नोट कर लिया और अब मैं इसे आपको दे रहा हूँ : "वह व्यक्ति जो आत्मनिर्भर, सकारात्मक, आशावादी है और जो अपने काम को सफलता के आश्वासन से हाथ में लेता है वह अपनी स्थिति को चुंबकीय बना देता है। वह अपनी तरफ़ ब्रह्मांड की रचनात्मक शक्तियों को आकर्षित करता है।"

यह सचमुच एक तथ्य है कि वह व्यक्ति जो रचनात्मक आत्मनिर्भरता और आशावाद से सोचता है अपनी स्थिति को चुंबकीय बना लेता है और अपने लक्ष्य को हासिल करने की शक्ति उत्पन्न कर देता है। इसलिये हमेशा सर्वश्रेष्ठ की ही उम्मीद करें। सबसे बुरे के बारे में कभी न सोचें। इसे अपने विचारों से निकाल दें, इसे अपनी ज़िंदगी से बाहर फेंक दें। आपके मस्तिष्क में ऐसा कोई विचार नहीं होना चाहिये कि घटना बुरी होगी। बुरे के विचार की संभावना से भी इन्कार कर दें क्योंकि आप अपने मस्तिष्क में जो चीज़ रखेंगे वही चीज़ वहाँ पर बढ़ेगी। इसलिये अपने मस्तिष्क में सर्वश्रेष्ठ को ही रखें और सिर्फ़ उसी को रखें। इसे पालें-पोसें, इस पर ध्यान एकाग्र करें, इस पर ज़ोर दें, इसकी कल्पना करें, इसके लिये प्रार्थना करें, इसके चारों तरफ़ आस्था का आवरण बना लें। इसे अपनी सनक बना लें। सर्वश्रेष्ठ की उम्मीद करें और ईश्वर की शक्ति की मदद से आध्यात्मिक रूप से रचनात्मक मन की शक्ति सर्वश्रेष्ठ की रचना कर देगी।

हो सकता है कि जब आप यह पुस्तक पढ़ रहे हों तो आपकी स्थिति ऐसी हो जिसे आप बुरी स्थिति मानते हों और आप यह कह सकते हैं कि किसी भी तरह के चिंतन से आपकी स्थिति पर कोई असर नहीं होगा। इस आपत्ति का जवाब यह है कि यह ऐसा नहीं है। चाहे आप बुरी से बुरी स्थिति में हों, परंतु सर्वश्रेष्ठ की संभावना आपके भीतर छुपी है। आपको सिर्फ़ इसे खोजना है, मुक्त करना है और इसके साथ ऊपर उठना है। इसमें साहस और चरित्र की निश्चित रूप से आवश्यकता होगी, परंतु प्रमुख आवश्यकता आस्था की होगी। आस्था विकसित करें और आपमें आवश्यक साहस और चरित्र अपने आप आ जायेगा।

विपत्तियों की सतायी एक महिला को सेल्स के काम में जुटना पड़ा जिसका उसके पास कोई प्रशिक्षण नहीं था। उसने घर-घर जाकर वैक्यूम क्लीनर बेचने का काम अपने हाथ में लिया। स्वयं के और अपने काम के बारे में उसका नज़रिया नकारात्मक था। उसे "विश्वास ही नहीं था कि वह यह काम कर सकती है।" वह "जानती थी" कि वह असफल होगी। उसे किसी घर के पास जाने में डर लगता था, चाहे उस घर के लोगों ने वैक्यूम क्लीनर के डिमॉन्स्ट्रेशन का अनुरोध ही क्यों न किया हो। उसे विश्वास था कि वह सेल नहीं कर पायेगी। परिणाम यह हुआ और इसमें आश्चर्य की कोई बात नहीं है कि वह अपने ज़्यादातर इंटरव्यूज़ में असफल हुई।

एक दिन वह एक ऐसी महिला से मिली जिसने औसत से अधिक समझदारी दिखायी। इस ग्राहक के सामने सेल्सवुमैन ने अपनी पराजय और शक्तिहीनता की पूरी कहानी कह डाली। दूसरी महिला ने धैर्य से सुना और फिर शांति से कहा : "अगर आप असफलता की उम्मीद करती हैं, तो आपको असफलता ही मिलेगी, परंतु अगर आप सफलता की उम्मीद करती हैं तो मुझे विश्वास है कि आप सफल होंगी।" और फिर उसने आगे कहा : "मैं अब आपको एक फ़ॉर्मूला देना चाहती हूँ जो मुझे विश्वास है कि आपकी मदद करेगा। यह आपके चिंतन को नया रूप देगा, आपको नया विश्वास देगा और आपके लक्ष्यों को हासिल करने में आपकी मदद करेगा। इस फ़ॉर्मूले को हर कॉल पर जाने से पहले दोहरायें। इसमें विश्वास करें और आपको यह हैरानी होगी कि यह आपके लिये क्या कर सकता है। यह है, 'अगर ईश्वर हमारे साथ हो, तो कौन हमारे ख़िलाफ़ हो सकता है?' (रोमन्स 8:31)। परन्तु आप इसे बदलकर व्यक्तिगत बना लें और इस तरह कहें : 'अगर ईश्वर *मेरे* साथ है, तो कौन मेरे ख़िलाफ़ हो सकता है? अगर ईश्वर *मेरे* साथ है, तो मैं जानती हूँ कि ईश्वर की मदद से मैं वैक्यूम क्लीनर बेच सकती हूँ।' ईश्वर को एहसास है कि आपको अपने बच्चों और अपने लिये सुरक्षा और समर्थन की ज़रूरत है और मेरे सुझाये तरीक़े पर अमल करने से आपको वह शक्ति प्रदान की जायेगी जो आप चाहती हैं।"

उस महिला ने इस फ़ॉर्मूले का प्रयोग करना सीख लिया। वह हर घर में इस उम्मीद के साथ जाती थी कि वह बेच लेगी। वह अपने मन में नकारात्मक परिणामों के बजाय सकारात्मक परिणामों की उम्मीद रखती थी। जब सेल्सवुमैन ने इस सिद्धांत का प्रयोग शुरू किया तो जल्दी ही उसने नया साहस, नयी आस्था और अपनी योग्यता में गहरा विश्वास हासिल कर

लिया। अब वह दावा करती है : "ईश्वर वैक्यूम क्लीनर बेचने में मेरी मदद करता है" और इस बात से कौन इन्कार कर सकता है?

यह सुपरिभाषित और सच्चा सिद्धांत है कि मस्तिष्क जिस बात की गहराई से उम्मीद करता है वह उसे मिल जाती है। शायद इसलिये सच है क्योंकि आप दरअसल जिस चीज़ की सचमुच उम्मीद करते हैं आप उसे सचमुच चाहते हैं। जब तक आप किसी चीज़ को सचमुच न चाहें, जब तक आप अपनी प्रबल इच्छा द्वारा सकारात्मक तत्वों का माहौल न बनायें तब तक आपको वह चीज़ प्राप्त होने की कोई संभावना नहीं है। "अगर आप पूरे दिल से" - यही रहस्य है। "अगर आप पूरे दिल से", यानी पूरे व्यक्तित्व से, अपने दिल की इच्छा की तरफ़ रचनात्मक हाथ बढ़ाते हैं तो आपका हाथ ख़ाली नहीं लौटेगा।

अब मैं आपको सात शब्द बताना चाहूँगा जो एक महान नियम की अभिव्यक्ति हैं - **आस्था की शक्ति से चमत्कार होते हैं**। यह शब्द इतने बेशक़ीमती हैं कि आप इन्हें अपने दिमाग़ में बिठा लें। इनके सहारे आप बड़ी से बड़ी बाधा को भी पार कर सकते हैं। इन्हें बार-बार दोहराते रहें - आस्था की शक्ति से चमत्कार होते हैं। इन सात शब्दों में प्रबल और रचनात्मक शक्ति है। इन्हें अपने चेतन मस्तिष्क में बिठा लें। इन्हें अपने अवचेतन मस्तिष्क में डूब जाने दें और यह आपको किसी भी कठिनाई पर विजय पाने में आपकी मदद करेंगे। इन्हें अपने विचारों में बिठा लें और इन्हें बार-बार कहें। इन्हें तब तक दोहराते रहें जब तक कि आपका मस्तिष्क इन्हें स्वीकार न कर ले और जब तक आप इनमें विश्वास न करने लगें - **आस्था की शक्ति से चमत्कार होते हैं**।

मुझे इस अवधारणा की प्रभावशीलता में कोई संदेह नहीं है क्योंकि मैंने इसे इतनी अधिक बार काम करते देखा है कि आस्था की शक्ति के बारे में मेरा उत्साह पूरी तरह असीमित है।

आप हर बाधा को पार कर सकते हैं। आप आस्था की शक्ति के द्वारा बड़ी से बड़ी सफलता हासिल कर सकते हैं। परंतु आप आस्था की शक्ति विकसित कैसे करें? इस सवाल का जवाब है : बाइबल के महान शब्दों से अपने मस्तिष्क को भर लें। अगर आप हर दिन एक घंटा बाइबल पढ़ें, इसके महान शब्दों को याद कर लें और उन्हें अपने व्यक्तित्व के पुनर्निर्माण की अनुमति दें तो आपमें और आपके अनुभव में जो परिवर्तन होगा वह किसी चमत्कार से कम नहीं होगा।

बाइबल का केवल एक खंड ही आपके लिये यह काम कर सकता है। मार्क का ग्यारहवाँ अध्याय ही पर्याप्त है। आपको यह रहस्य इन शब्दों में मिलेगा और यह इस पुस्तक के महानतम फ़ॉर्मूलों में से एक है : "ईश्वर में आस्था रखो (यह सकारात्मक सोच है)। मैं आपसे सच कहता हूँ, कि जो भी इस पहाड़ (निश्चित लक्ष्य) से यह कहेगा तुम अलग हट जाओ और समुद्र में डूब जाओ (यानी कि आँखों से ओझल हो जाओ - समुद्र में डूबने वाली हर चीज़ हमेशा के लिये ग़ायब हो जाती है। **टाइटैनिक** समुद्र की तलहटी में पड़ा हुआ है। समुद्र की तलहटी जहाज़ों से भरी पड़ी है। अपनी बाधा को जिसे 'पहाड़' कहा गया है, समुद्र में डुबा दो) और उसके दिल में इस पर संदेह नहीं होगा (यहाँ पर दिल शब्द का प्रयोग क्यों किया गया है? क्योंकि यहाँ यह बताया गया है कि आप अवचेतन मन में भी इस बात पर शंका न करें, जो आपके सबसे अंदर का हिस्सा है। यह चेतन मस्तिष्क में संदेह की तरह सतही नहीं है, जो सामान्य और बुद्धिमत्तापूर्ण प्रश्न करती है। यह गहरी मूलभूत शंका है जिससे बचना चाहिये।), बल्कि यह विश्वास होगा कि वह जो कहेगा वही होगा; तो सचमुच वह जो कहेगा उसे वही मिलेगा।" (मार्क 11:22-23)।

यह कोई ऐसा सिद्धांत नहीं है जो मैंने सोच लिया है। इसे उस पुस्तक द्वारा सिखाया गया है जो इन्सान की सबसे विश्वसनीय पुस्तक है। पीढ़ी दर पीढ़ी चाहे ज्ञान और विज्ञान में कितना ही विकास क्यों न हुआ हो, बाइबल को किसी अन्य पुस्तक की तुलना में अधिक लोग पढ़ते हैं। मानवता को किसी अन्य दस्तावेज़ की तुलना में इस पर अधिक विश्वास है और बाइबल हमें बताती है कि आस्था की शक्ति से चमत्कार होते हैं।

कुछ लोगों के साथ महान चीज़ें नहीं होतीं, इसका कारण यह है कि वे लोग आस्था की शक्ति के प्रयोग में निश्चित नहीं होते। हमसे कहा गया है : "जो भी इस पहाड़ से यह कहेगा"। यानी कि आप अपने प्रयासों को अपनी सारी मुश्किलों की पर्वत श्रृँखलाओं पर न लगायें, बल्कि एक समय में एक चीज़ पर हमला करें जो आपको उस समय परास्त कर रही है। निश्चित रहें। एक-एक करके समस्याओं को दूर करें।

अगर आप कुछ पाना चाहते हैं, तो आपको इसे कैसे हासिल करना चाहिये? सबसे पहले तो आप खुद से यह पूछें, "क्या मुझे यह पाना चाहिये?" ईमानदारी से इस प्रश्न को अपनी प्रार्थना में दोहरायें और पूछें कि आपको सचमुच यह पाना चाहिये या नहीं। अगर आपका जवाब हाँ में हो, तो फिर

ईश्वर से इस चीज़ को माँगें; माँगने में झिझकें नहीं। और अगर ईश्वर को, जिसमें आपसे ज़्यादा बुद्धि है, यह लगेगा कि आपको यह नहीं मिलना चाहिये, तो भी आप चिंता न करें - वह आपको वह चीज़ नहीं देगा। परंतु अगर आपके द्वारा माँगी जाने वाली चीज़ सही है, तो उसे माँगने में झिझकें नहीं, और जब आप माँगें तो अपने दिल में शंका न रखें। कोई निश्चित वस्तु माँगें।

इस नियम की सत्यता के बारे में मेरे मित्र ने मुझे बताया जो मिड-वेस्टर्न में बिज़नेसमैन है। वह एक हट्टा-कट्टा, बहिर्मुखी, मिलनसार, प्रेमी व्यक्ति है जो एक सच्चा ईसाई है। वह अपने राज्य में सबसे बड़ी बाइबल क्लास चलाता है। जिस क़स्बे में वह रहता है, वह वहाँ का लीडर है। वह एक प्लांट का प्रमुख है जिसमें चालीस हज़ार लोग काम करते हैं।

उसकी ऑफ़िस की मेज़ धार्मिक साहित्य से भरी पड़ी है। मेरे कुछ प्रवचन और पैम्फ़लेट भी उसके पास रखे हुये हैं। उसके प्लांट में, जो अमेरिका के सबसे बड़े प्लांटों में से एक है, वह रेफ्रिजरेटर बनाता है।

वह सच्चे दिल का अनगढ़ व्यक्ति है जिसमें आस्था की शक्ति है। उसे विश्वास है कि ईश्वर उसके ऑफ़िस में उसके साथ है।

मेरे मित्र ने कहा : "बड़ी आस्था का उपदेश दें - न कि छोटी और ज़रा से में बह जाने वाली कमज़ोर आस्था का। इस प्रकार न डरें कि आस्था वैज्ञानिक नहीं होती। मैं एक वैज्ञानिक हूँ," उसने कहा। "मैं अपने बिज़नेस में हर दिन विज्ञान का प्रयोग करता हूँ और मैं हर दिन बाइबल का प्रयोग करता हूँ। बाइबल काम करेगी। बाइबल की हर चीज़ काम करती है बशर्ते आपको उसमें विश्वास हो।"

जब उसे इस प्लांट का जनरल मैनेजर बनाया गया तो क़स्बे में लोग यह कहने लगे : "अब मिस्टर... जनरल मैनेजर बन गये हैं तो हम सबको काम पर बाइबल लेकर जाना पड़ेगा।" कुछ दिनों के बाद उसने अपने ऑफ़िस में उन लोगों को बुलाया जो इस तरह की बातें कह रहे थे। उसने उस भाषा का प्रयोग किया जो उनकी समझ में आ सके और उसने कहा : "मैंने सुना है कि आप लोग क़स्बे में चारों तरफ़ यह कह रहे हैं कि चूँकि अब मैं जनरल मैनेजर बन गया हूँ इसलिये अब आप लोगों को बाइबल लेकर ऑफ़िस आना पड़ेगा।"

"नहीं, हमारा यह मतलब नहीं था," उन लोगों ने लज्जित होकर कहा।

उसने कहा : "वेसे यह विचार बुरा नहीं है, परंतु मैं नहीं चाहता कि आप लोग बाइबल को अपने हाथ में उठाकर रोज़ प्लांट आओ। बाइबल को अपने दिल और दिमाग़ में लेकर आओ। अगर तुम दिल में सद्भाव और आस्था लेकर आओगे, तो मेरा विश्वास करो, हम लोग सही तरह से बिज़नेस कर सकेंगे।"

उसने कहा, "जिस आस्था का हमें प्रयोग करना चाहिये, वह है स्पष्ट आस्था जो किसी निश्चित पहाड़ को हटा दे।"

अचानक उसने मुझसे पूछा : "क्या कभी आपके पैर के अँगूठे ने आपको परेशान किया है?"

मैं इस सवाल से थोड़ा हैरान हुआ, परंतु इसके पहले कि मैं जवाब दे पाऊँ, उसने कहा : "मेरा एक अँगूठा मुझे पेरशान किये हुये था और मैं इसे लेकर इस शहर के डॉक्टरों के पास गया। वे अच्छे डॉक्टर थे और उन्होंने कहा कि मेरे अँगूठे में उन्हें कोई गड़बड़ी दिखाई नहीं दे रही थी। परंतु वे ग़लत थे क्योंकि यह दर्द कर रहा था। इसलिये मैं बाज़ार गया और एनाटॉमी की एक पुस्तक ले आया और अँगूठे के बारे में पढ़ा। यह दरअसल एक आसान सी संरचना है। इसमें कुछ मांसपेशियों, लिगामेंट्स और हड्डियों के ढाँचे के अलावा कुछ नहीं है। ऐसा लग रहा था जैसे कोई भी व्यक्ति जिसे अँगूठे के बारे में ज़रा भी ज्ञान होगा इसे ठीक कर सकता है, परंतु मैं किसी तरह उस अँगूठे को ठीक नहीं कर पाया और यह हर समय दर्द करता रहा। तो मैं एक दिन बैठा और मैंने उसे अँगूठे की तरफ़ देखा। फिर मैंने कहा : "ईश्वर, मैं इस अँगूठे को सीधे तुम्हारे प्लांट में भेज रहा हूँ। तुमने इस अँगूठे को बनाया है। मैं रेफ़्रिजरेटर बनाता हूँ और मैं रेफ़्रिजरेटर के बारे में वह सब जानता हूँ जो जानने लायक है। जब हम रेफ़्रिजरेटर बेचते हैं तो हम ग्राहक को सेवा की गारंटी देते हैं। अगर रेफ़्रिजरेटर सही तरीक़े से काम नहीं करता और अगर हमारे सर्विस एजेन्ट इसे ठीक नहीं कर पाते तो वे उसे सीधे प्लांट में वापस ले आते हैं और हम उसे ठीक करते हैं क्योंकि हम जानते हैं कि उसे कैसे ठीक किया जाता है।" इसलिये मैंने कहा : "ईश्वर, तुमने इस अँगूठे को बनाया है। तुमने इसका निर्माण किया है और तुम्हारे सर्विस एजेन्ट यानी कि डॉक्टरों को यह पता नहीं है कि इसे कैसे ठीक किया जाये और अगर आप बुरा न मानें, ईश्वर, तो मैं चाहूँगा कि आप इसे जल्दी से जल्दी ठीक कर दें, क्योंकि यह मुझे बहुत कष्ट दे रहा है।"

"अब अँगूठा कैसा है?" मैंने पूछा।

"बिलकुल ठीक," उसने जवाब दिया।

शायद यह मूर्खतापूर्ण कहानी है और जब उसने मुझे यह सुनाई तो मैं हँसा, परंतु मैं रोया भी क्योंकि मैंने उस व्यक्ति के चेहरे पर एक अद्भुत भाव देखा जब उसने मुझे निश्चित प्रार्थना की घटना सुनायी।

निश्चित रहें। ईश्वर से कोई भी सही चीज़ माँगें, परंतु छोटे बच्चे की तरह शंका न करें। शंका से शक्ति का प्रवाह रुक जाता है। आस्था इसे खोल देती है। आस्था की शक्ति इतनी अधिक है कि ऐसा कुछ भी नहीं है जो सर्वशक्तिमान ईश्वर हमारे लिये न कर सके, हमारे साथ न कर सके और हमारे द्वारा न कर सके, अगर हम उसे अपनी शक्ति अपने मस्तिष्क में प्रवाहित करने दें।

तो इन शब्दों को अपनी जीभ के चारों तरफ़ लपेट लें। उन्हें बार-बार दोहराते रहें, जब तक कि वे आपके मस्तिष्क में भीतर तक न प्रवेश कर जायें, जब तक कि वे आपके दिल में गहराई तक न उतर जायें, जब तक कि वे आपके सबसे अंदरूनी स्थान में प्रबलता से न जम जायें : "जो भी इस पहाड़ से यह कहेगा तुम दूर हट जाओ और समुद्र में डूब जाओ और उसके दिल में इस पर संदेह नहीं होगा, बल्कि यह विश्वास होगा कि वह जो कहेगा वही होगा; तो सचमुच वह जो कहेगा उसे वही मिलेगा।" (मार्क 11:22-23)।

मैंने इन सिद्धांतों का सुझाव कुछ महीने पहले अपने एक पुराने मित्र को दिया, जो हमेशा बुरे की आशा करता है। हमारी चर्चा के समय तक मैंने उसे कभी यह कहते नहीं सुना कि चीज़ें या घटनायें अच्छी होंगी। वह हर प्रोजेक्ट या समस्या के बारे में नकारात्मक नज़रिया ही रखता था। उसने इस अध्याय में बताये गये सिद्धांतों के बारे में प्रबल अविश्वास व्यक्त किया और यह प्रस्ताव किया कि वह मुझे ग़लत साबित करने के लिये इनका परीक्षण करने के लिये तैयार है। वह एक ईमानदार व्यक्ति है और उसने इन सिद्धांतों को विभिन्न मामलों में पूरे विश्वास से आज़माया और सचमुच एक स्कोर कार्ड रखा। उसने छह महीनों तक ऐसा किया। इसके बाद उसने मुझे यह जानकारी दी कि 85 प्रतिशत मामले संतोषजनक ढंग से हल हो गये थे।

"मुझे अब विश्वास है," उसने कहा, "हालाँकि मुझे यह संभव नहीं लगता था, परंतु यह एक तथ्य है कि अगर आप सर्वश्रेष्ठ की उम्मीद करते हैं तो आपको कोई ऐसी अजीब सी शक्ति मिल जाती है जिसके द्वारा आप

उन परिस्थितियों का निर्माण कर लेते हैं जिनके द्वारा अपेक्षित परिणाम मिलते हैं। आज से मैं अपने मानसिक नज़रिये को बदल रहा हूँ और मैं बुरे के बजाय सर्वश्रेष्ठ की उम्मीद करूँगा। मेरे परीक्षण ने यह साबित किया है कि यह सिद्धांत नहीं है, बल्कि जीवन की स्थितियों का सामना करने का वैज्ञानिक तरीक़ा है।"

मैं इसमें यह जोड़ना चाहूँगा कि उसने जो ऊँचा प्रतिशत हासिल किया था, उसे भी अभ्यास द्वारा बढ़ाया जा सकता है। उम्मीद करने की कला का भी अभ्यास उतना ही आवश्यक है जितना कि किसी संगीत के यंत्र के साथ या गोल्फ़ के क्लब के साथ। कोई भी गहन, सतत और बुद्धिमत्तापूर्ण अभ्यास के बिना इस कला में पारंगत नहीं हुआ है। यह भी ध्यान में रखा जाना चाहिये कि शुरुआत में मेरे मित्र की मानसिकता शंका की मानसिकता थी जिस वजह से उसके शुरुआती परिणामों पर बुरा असर हुआ होगा।

हर दिन जब आप जीवन की समस्याओं का सामना करें तो मैं आपको यह कहने का सुझाव देता हूँ : "मुझे विश्वास है कि ईश्वर मुझे वह हासिल करने की शक्ति देता है जो मैं सचमुच चाहता हूँ।"

कभी बुरे परिणामों का ज़िक्र न करें। उनके बारे में न सोचें। उन्हें अपने दिमाग़ से निकाल दें। हर दिन कम के कम दस बार सोचें : "मैं सर्वश्रेष्ठ परिणामों की उम्मीद करता हूँ और ईश्वर की मदद से मैं उन्हें हासिल कर लूँगा।"

ऐसा करने से आपके विचार सर्वश्रेष्ठ की ओर मुड़ जायेंगे और इसकी प्राप्ति के लिये तैयार हो जायेंगे। इस अभ्यास से आपकी सारी शक्तियाँ सर्वश्रेष्ठ को हासिल करने के लिये सक्रिय हो जायेंगी। फिर आपको सर्वश्रेष्ठ परिणाम मिल जायेंगे।

8

मैं हारने में विश्वास नहीं करता

अगर आप हार के विचार सोच रहे हैं, तो मैं आपसे निवेदन करना चाहूँगा कि आप ऐसे विचारों को तत्काल अपने दिमाग़ से बाहर निकाल दें। क्योंकि अगर आप हार के बारे में सोचेंगे तो आप हार जायेंगे। आप यह रवैया अपनायें, "मैं हारने में विश्वास नहीं करता।"

मैं आपको कुछ लोगों के बारे में बताना चाहता हूँ जिन्होंने इस फ़िलॉसफ़ी के प्रयोग द्वारा बहुत अच्छे परिणाम पाये हैं। मैं आपके सामने वे तकनीकें और फ़ॉर्मूले भी स्पष्ट करूँगा जिनका प्रयोग उन्होंने इतनी सफलता से किया है। अगर आप इन घटनाओं को सावधानी से और विचार करते हुये पढ़ें और उन्हीं की तरह विश्वास करें, सकारात्मक नज़रिया रखें और इन तकनीकों का प्रयोग करें तो आप भी उस 'हार' को हरा सकते हैं। जो आपको वर्तमान क्षण में अवश्यंभावी लग रही होगी।

मुझे आशा है कि आप उस "बाधापुरुष" की तरह नहीं होंगे जिसके बारे में मुझे बताया गया था। उसे "बाधापुरुष" इसलिये कहा जाता था, क्योंकि चाहे कोई भी सुझाव दिया जाये, उसका मस्तिष्क तत्काल उससे जुड़ी सारी बाधाओं के बारे में सोच लेता था। परंतु एक दिन उसे अपनी टक्कर का व्यक्ति मिल ही गया और उसने एक ऐसा सबक़ सीखा जिससे उसका नकारात्मक दृष्टिकोण बदल गया। यह इस तरह से हुआ।

उसकी फ़र्म के डायरेक्टर्स एक योजना बना रहे थे, जिसमें काफ़ी पूँजी लगानी थी, जिसमें कुछ जोखिम भी थे और सफलता की संभावनायें भी थीं। इस योजना के बारे में चर्चा के दौरान "बाधापुरुष" पूरे विश्वास से उठा और उसने बुद्धिमानी के अदाज़ में कहा (इस तरह के लोग हमेशा समझदारी का अभिनय करते हैं, शायद अपनी आंतरिक शंका की भावनाओं को छुपाने के

लिये) : "ज़रा एक मिनट ठहरें। पहले हम राह में आने वाली बाधाओं पर विचार कर लें।"

एक और व्यक्ति वहाँ पर बैठा हुआ था, जिसने बहुत कम बातें कही थीं। उसके सहयोगी उसका सम्मान करते थे क्योंकि उसमें योग्यता थी और वह काफ़ी सफल व्यक्ति था और उसमें एक निश्चित प्रबल गुण था। इस व्यक्ति ने "बाधापुरुष" से पूछा, "आप हमेशा बाधाओं की ही बातें क्यों करते हैं, संभावनाओं की बातें क्यों नहीं करते?"

"क्योंकि," 'बाधापुरुष' ने कहा, "समझदार होने के लिये हमें यथार्थवादी होना चाहिये। और यह सच है कि इस योजना में कई निश्चित बाधायें हैं। क्या मैं पूछ सकता हूँ कि इन बाधाओं के बारे में आपका क्या दृष्टिकोण होगा?"

दूसरे व्यक्ति ने बिना झिझक के जवाब दिया, "मेरा इन बाधाओं के बारे में क्या दृष्टिकोण होगा? यही, कि मैं उन्हें हटा दूँगा, बस और फिर मैं उन्हें भूल जाऊँगा।"

"परंतु," 'बाधापुरुष' ने कहा, "यह कहना आसान है, करना कठिन है। आपका कहना है कि आप उन्हें हटा देंगे और फिर उन्हें भूल जायेंगे। परंतु क्या आप मुझे वह तरकीब बतायेंगे जिससे आप उन बाधाओं को हटा सकते हैं और उन्हें भूल सकते हैं। वह कोई नायाब तरकीब ही होगी, क्योंकि हममें से किसी को भी ऐसी तरकीब नहीं मालूम।"

दूसरे व्यक्ति के चेहरे पर मुस्कान आ गयी, जब उसने कहा, "बेटे, मैंने पूरी ज़िंदगी बाधाओं को हटाने में गुज़ार दी है। मैंने पाया है कि अगर आपमें विश्वास हो, साहस हो और काम करने की इच्छा हो, तो ऐसी कोई बाधा नहीं जिसे हटाया न जा सके। चूँकि तुम जानना चाहते हो कि ऐसा किस तरह किया जाता है, तो लो मैं तुम्हें बता देता हूँ।"

उसने अपनी जेब में हाथ डालकर अपना पर्स निकाला। पर्स में अंदर की तरफ़ एक कार्ड रखा था जिस पर कुछ शब्द लिखे हुये थे। उसने टेबल पर अपने पर्स को "बाधापुरुष" को देते हुये कहा, "लो, इसे पढ़ लो, यह रहा मेरा फ़ॉर्मूला और इसे पढ़कर यह मत कहना कि यह काम नहीं करता। मैं अनुभव से जानता हूँ कि यह बहुत काम का फ़ॉर्मूला है।"

"बाधापुरुष" ने पर्स को लिया और चेहरे पर अजीब भाव के साथ चुपचाप शब्दों को पढ़ा।

पर्स के मालिक ने आग्रह किया, "उन्हें ज़ोर से पढ़ो, ताकि सभी लोग उन्हें सुन सकें।"

"बाधापुरुष" ने इन शब्दों को धीमी, शंका से भरी हुई आवाज़ में पढ़ा, "मैं ईसा मसीह की मदद से सारे काम कर सकता हूँ, क्योंकि वही मुझे शक्ति देते हैं।" (फिलिप्पियन्स 4:13)।

पर्स के मालिक ने पर्स को अपनी जेब में रखते हुये कहा, "मुझे बहुत सालों का अनुभव है और मैंने अपने जीवन में बहुत सी कठिनाइयों का सामना किया है, परंतु इन शब्दों में शक्ति है - सच्ची शक्ति है - और इनके सहारे आप किसी भी बाधा को हटा सकते हैं।"

उसने यह बात इतने विश्वास से कही थी कि सबको इस बात का यक़ीन हो गया। सभी उसके अनुभव के बारे में जानते थे। सभी को मालूम था कि वह एक सफल व्यक्ति है जिसने कई बाधाओं को पार किया है, सभी जानते थे कि वह किसी प्रकार से "मैं आपसे बेहतर हूँ" वाला रवैया नहीं रखता। इन सबके अलावा उसके सकारात्मक नज़रिये के कारण टेबल पर बैठे लोगों को उसकी बात पर विश्वास हो गया। चाहे जो भी हो, इसके बाद उनकी चर्चा में नकारात्मक विचार नहीं आये। प्रोजेक्ट को कार्यरूप में परिवर्तित कर दिया गया और कठिनाइयों और जोखिमों के बावजूद वह सफल साबित हुआ।

इस व्यक्ति ने जिस तकनीक का प्रयोग किया वह बाधा के बारे में इस मूलभूत तथ्य पर आधारित थी - बाधा से डरो मत। यह विश्वास करने का अभ्यास करें कि ईश्वर आपके साथ है और उसकी मदद से आपमें इसका सामना करने की शक्ति आ जायेगी।

तो बाधा का सामना करने के लिये सबसे पहले तो आपको सीधे तनकर खड़े रहना चाहिये। इसके बारे में चीख़ने-चिल्लाने या शिकायत करने से कोई फ़ायदा नहीं होगा। इस पर सीधे हमला बोल दें। घुटनों के बल चलकर आधी हार वाली आधी-अधूरी ज़िंदगी न जियें। अपनी मुश्किलों का सामना करें और उन्हें दूर करने के लिये कुछ करें। आप पायेंगे कि उन मुश्किलों में आपकी कल्पना से आधी शक्ति भी नहीं है।

इंग्लैंड के मेरे मित्र ने मुझे विन्स्टन चर्चिल की पुस्तक **मैक्सिम्स एंड रिफ़्लेक्शन्स** भेजी। इस पुस्तक में चर्चित ब्रिटिश जनरल ट्यूडर के बारे में बताते हैं जो ब्रिटिश फ़िफ़्थ आर्मी के एक डिवीज़न के कमांडर थे। इस

डिवीज़न ने मार्च 1918 में भयंकर जर्मन आक्रमण को झेला था। परिस्थितियाँ बुरी तरह उनके ख़िलाफ़ थीं परंतु जनरल ट्यूडर जानते थे कि किस तरह अटल और अपराजेय दिखने वाली मुश्किल का सामना किया जाता है। उनका तरीक़ा आसान था। वे सिर्फ़ खड़े रहे और बाधा को आने दिया, अपने आप से टकराने दिया और फिर उन्होंने उस बाधा को तोड़ दिया।

चर्चिल ने जनरल ट्यूडर के बारे में यह कहा। यह एक बहुत महान वाक्य है और यह शक्ति से भरा हुआ है : "ट्यूडर की मेरे मन में छवि एक लोहे की खूँटी की तरह है जो बर्फ़ से जमे हुये मैदान में गड़ी है और अटल है।"

जनरल ट्यूडर जानते थे कि बाधा का सामना कैसे किया जाये। सिर्फ़ इसके सामने डटे रहो, बस इतना ही, और किसी भी तरह मत झुको और यह अंततः टूट जायेगी। आप इसे तोड़ देंगे। किसी न किसी को तो टूटना ही है और आप तो टूट नहीं सकते, इसलिये बाधा को ही टूटना पड़ेगा।

आप ऐसा कर सकते हैं अगर आपमें आस्था हो, ईश्वर में और अपने आपमें आस्था हो। आस्था वह प्रमुख गुण है जिसकी आपको आवश्यकता है। यह पर्याप्त है। दरअसल यह पर्याप्त से भी अधिक है।

उस फ़ॉर्मूले का प्रयोग करें जो बिज़नेसमैन ने सुझाया था और आप ईश्वर में और अपने आप में उस सशक्त आस्था को विकसित कर सकते हैं। आप अपने आप को जानना सीखेंगे, आप अपनी योग्यताओं और काम करने की शक्ति के बारे में सीखेंगे। आपका दृष्टिकोण नकारात्मक से जितना सकारात्मक होगा, आपमें सफलता की उतनी ही योग्यता आ जायेगी। फिर पूरे विश्वास से आप अपने आपसे किसी भी परिस्थितियों में और सभी परिस्थितियों में कह सकते हैं : "मैं हारने में विश्वास नहीं करता।"

गॉन्ज़ालेस की कहानी लें जिन्होंने कुछ साल पहले एक ज़बर्दस्त संघर्ष में राष्ट्रीय टेनिस चैंपियनशिप जीती। वे लगभग अनजाने खिलाड़ी थे और बारिश के मौसम के कारण वे टूर्नामेंट से पहले अपने खेल को आदर्श स्तर तक नहीं पहुँचा पाये थे। गॉन्ज़ालेस का विश्लेषण करते हुये एक मेट्रोपॉलिटन अख़बार के खेल समीक्षक ने कहा कि उसकी तकनीक में कई दोष थे और उसने लिखा कि उसके विचार से उससे महान चैंपियन कोर्ट पर खेल चुके हैं। बहरहाल उसने गॉन्ज़ालेस की ज़बर्दस्त सर्विस और कुशल वॉली की प्रशंसा की। परंतु लेखक ने कहा कि चैंपियनशिप जीतने के पीछे जो सबसे प्रबल

तत्व था वह था उसकी डटे रहने की शक्ति और यह कि "खेल के हताशा भरे उतार-चढ़ाव के बीच भी उसने कभी हार नहीं मानी।"

यह उन सबसे बुद्धिमानी भरी पंक्तियों में से एक है जो मैंने कभी किसी खेल की कहानी में पढ़ी है - "खेल के हताशा भरे उतार-चढ़ाव के बीच भी उसने कभी हार नहीं मानी।"

इसका मतलब है कि जब खेल उसके ख़िलाफ़ जा रहा था तो उसने हताशा को अपने मन में नहीं आने दिया, न ही उसने नकारात्मक विचारों को प्रबल बनने दिया और इस वजह से जीतने के लिये आवश्यक शक्ति को कम नहीं होने दिया। इस मानसिक और आध्यात्मिक गुण ने इस व्यक्ति को चैंपियन बना दिया। वह बाधाओं का सामना करने, उनके सामने डटे रहने और उन्हें परास्त करने में योग्य था।

आस्था डटे रहने की शक्ति देती है। यह आपको तब भी आगे बढ़ने की शक्ति देती है, जब आगे बढ़ना कठिन होता है। जब परिस्थितियाँ अच्छी हों, तो कोई भी व्यक्ति सफल हो सकता है। परंतु आपको तब किसी अतिरिक्त तत्व की आवश्यकता होती है जिसके द्वारा आप उस वक़्त संघर्ष कर सकें जब हर चीज़ आपके ख़िलाफ़ लग रही हो। यह एक महान रहस्य है कि आप "खेल के हताशा भरे उतार-चढ़ाव के बीच भी" कभी हार न मानें।

आप जवाब में कह सकते हैं : "परंतु आप मेरी परिस्थितियाँ नहीं जानते। मैं बिलकुल रसातल में पहुँच गया हूँ और जो हालत मेरी है, वैसी आज तक किसी की नहीं हुई होगी।"

अगर यह बात है, तो आप खुशक़िस्मत हैं, क्योंकि अगर आप रसातल में हैं, तो आप इससे नीचे तो जा ही नहीं सकते। अब तो आपकी यात्रा केवल एक ही दिशा में हो सकती है - और वह है ऊपर की तरफ़। तो आपकी स्थिति काफ़ी संभावनापूर्ण लगती है। परंतु मैं आपको सावधान कर दूँ, आप ऐसा कभी न सोचें कि आपकी जो परिस्थिति है, वैसी आज तक किसी की नहीं हुई है। ऐसी कोई परिस्थिति होती ही नहीं है।

सच कहा जाये, तो इन्सान की कहानियाँ बहुत थोड़े तरह की होती हैं और यह सभी कहानियाँ पहले खेली जा चुकी हैं। हमें इस तथ्य को कभी नहीं भूलना चाहिये - ऐसे लोग हुये हैं जिन्होंने हर तरह की मुश्किल परिस्थिति का सफलतापूर्वक सामना किया है, जिसमें वह मुश्किल भी शामिल है जो अभी आपके सामने है और जो आपको पूरी तरह निराशाजनक दिख

रही है। यही दूसरों को भी लग रहा था, परंतु उन्होंने इससे बाहर निकलने का कोई तरीक़ा, ऊपर जाने का कोई तरीक़ा, पार निकलने की कोई राह, उसके बीच से होकर जाने वाली कोई तरकीब खोज ली।

इस तथ्य के सबसे प्रेरक उदाहरणों में से एक है एमॉस पैरिश की कहानी जो हर साल दो बार सैकड़ों अग्रणी डिपार्टमेंट स्टोर, एक्ज़ीक्यूटिव्ज़ और स्टाइल एक्सपर्ट्स को न्यूयॉर्क सिटी के वैलडोर्फ़-एस्टोरिया होटल के ग्रैंड बॉलरूम में आयोजित होने वाले दो सत्रों में इकट्ठा करते हैं। इन सत्रों में मिस्टर पैरिश बिज़नेस की प्रवृत्तियों, प्रॉडक्ट्स बेचने की तरकीबों और उनके सहयोगियों को सलाह देते हैं। उनके कई सत्रों में भाग लेने के बाद मुझे विश्वास हो चुका है कि मिस्टर पैरिश अपने ग्राहकों को जो सबसे महत्त्वपूर्ण जीवनमूल्य प्रदान करते हैं वे हैं साहस और सकारात्मक चिंतन, अपने आप में गहरा विश्वास और यह विश्वास कि वे तमाम बाधाओं को जीत सकते हैं।

वह अपनी फ़िलॉसफ़ी का जीता-जागता उदाहरण स्वयं है। बचपन में वह बीमार रहा करता था। यही नहीं, वह हकलाता भी था। वह संवेदनशील था और हीन भावना का शिकार भी था। ऐसा माना जा रहा था कि उसकी कमज़ोर शारीरिक स्थिति के कारण वह जीवित नहीं रहेगा, परंतु एक दिन एमॉस पैरिश को एक आध्यात्मिक अनुभव हुआ। उसके मस्तिष्क में आस्था के सूर्य का उदय हुआ और तब से वह जानता है कि ईश्वर की मदद से और अपनी शक्तियों के उपयोग से वह बहुत कुछ हासिल कर सकता है।

उसने बिज़नेसमैनों को सेवा देने का एक अद्भुत विचार विकसित किया और वे इसे इतना अधिक महत्त्वपूर्ण मानते हैं कि वे हर साल दो बार दो दिन के सत्र में भाग लेने के लिये मोटी फ़ीस देने के इच्छुक रहते हैं ताकि उन्हें एमॉस पैरिश की बिज़नेस बुद्धिमत्ता और प्रेरणा प्राप्त हो सके। मेरे लिये होटल के बॉलरूम में बड़ी भीड़ के साथ बैठना और "ए. पी." (जो उसका प्यार का नाम है) को इन महत्त्वपूर्ण बिज़नेसमैनों को सकारात्मक चिंतन सिखाते हुये सुनना एक रोमांचक अनुभव था।

कई बार उसे अपनी हकलाहट से बहुत कठिनाई होती है, परंतु वह हताश नहीं होता। वह खुलकर इसका उल्लेख करता है और इसे हँसी में लेता है। उदाहरण के तौर पर एक दिन वह कैडिलक शब्द कहने की कोशिश कर रहा था। उसने कई बार कहने की कोशिश की और वह किसी तरह से इसे नहीं कह पा रहा था और आख़िरकार उसने एक सशक्त प्रयास के

बाद ऐसा कर दिखाया। फिर उसने यह टिप्पणी की : "मैं क-क-क-कैडिलक कह ही नहीं पा रहा हूँ, ख़रीदने की बात तो दूर है।" जनता हँसते-हँसते दोहरी हो गयी, परंतु मैंने यह नोट किया कि वे लोग उसकी तरफ़ प्रेम से देख रहे हैं, प्रेम का भाव उनके चेहरे पर लिखा हुआ था। जिस मीटिंग में वह बोलता है, उसका हर श्रोता इस विश्वास के साथ वहाँ से जाता है कि वह भी अपनी बाधाओं को अपनी सफलताओं में बदल सकता है।

एक बार फिर मैं दोहरा दूँ कि ऐसी कोई मुश्किल नहीं है जिसे आप जीत न सकें। एक बुद्धिमान और दार्शनिक नीग्रो से जब मैंने पूछा कि वह किस तरह अपनी मुश्किलों को जीतता है तो उसने मुझे बताया : मैं मुश्किल को किस तरह पार करता हूँ? पहले तो मैं इसका चक्कर काटकर इसके पार जाने की कोशिश करता हूँ और अगर मैं ऐसा नहीं कर पाता, तो मैं इसके नीचे से घुसकर निकलने की कोशिश करता हूँ, अगर मैं इसके नीचे भी नहीं घुस पाता, तो मैं इसके ऊपर से निकलने की कोशिश करता हूँ, और अगर मैं इसके ऊपर से भी नहीं निकल पाता, तो फिर मैं सीधे इससे टकराता हुआ इसे चकनाचूर करता हुआ इसके पार निकल जाता हूँ।" फिर उसने जोड़ा, "ईश्वर और मैं इस मुश्किल को चकनाचूर करते हुये इसके पार निकल जाते हैं।"

बिज़नेसमैन के उस फ़ॉर्मूले को गंभीरता से लें जो इस अध्याय के शुरू में दिया गया है। एक पल के लिये ठहर जायें और उस फ़ॉर्मूले को पाँच बार दोहरायें और हर बार इसके अंत में यह जोड़ दें : "मैं इसमें विश्वास करता हूँ।" यहाँ पर वह फ़ॉर्मूला एक बार फिर दिया जा रहा है। "मैं ईसा मसीह की मदद से सारे काम कर सकता हूँ, क्योंकि वही मुझे शक्ति देते हैं।" (फिलिप्पियन्स 4:13)। इसे हर दिन पाँच बार दोहरायें और यह आपके मस्तिष्क में अत्यधिक शक्ति उत्पन्न कर देगा।

आपका अवचेतन जो हमेशा किसी भी परिवर्तन को नापसंद करता है आपसे यह कह सकता है : "इस तरह की बातों में विश्वास मत करो।" परंतु याद रखें कि एक प्रकार से आपका अवचेतन मस्तिष्क बहुत बड़ा झूठ बोलने वाला है। यह आपकी योग्यताओं के बारे में आपकी अपनी ग़लतियों में सहमति दर्शाता है और उन्हें आपके पास वापस भेज देता है। आपने अपने अवचेतन में नकारात्मक नज़रिया बना लिया था और यह इस ग़लती को आपके पास वापस भेज देता है। इसलिये अपने अवचेतन मस्तिष्क को खोलें और इससे कहें : "देखो, मैं इसमें विश्वास करता हूँ। मैं इस पर विश्वास

करने पर ज़ोर देता हूँ।" अगर आप अपने अवचेतन मस्तिष्क से इतनी सकारात्मकता से बात करेंगे तो समय के साथ-साथ यह भी इस पर विश्वास करने लगेगा। जिसका एक कारण यह होगा कि अब आप इसे सकारात्मक विचारों की खुराक दे रहे हैं। दूसरे शब्दों में अब आख़िरकार आप अपने अवचेतन में सत्य प्रविष्ट करा रहे हैं। कुछ समय के बाद आपका अवचेतन मस्तिष्क आपके पास सत्य वापस भेजना शुरू कर देगा और वह सत्य यह होगा कि ऐसी कोई बाधा नहीं है जिसे आप ईसा मसीह की मदद से पार न कर सकें।

अपने अवचेतन मस्तिष्क को सकारात्मक बनाने का एक प्रभावी तरीक़ा है अपने विचार और भाषा से कुछ वाक्यों को निकाल बाहर फेंकना जिन्हें हम "छोटे-छोटे नकारात्मक वाक्य" कह सकते हैं। यह तथाकथित "छोटे-छोटे नकारात्मक वाक्य" किसी औसत व्यक्ति की चर्चा में इकट्ठे जाते हैं और हालाँकि हर वाक्य अपने आप में महत्त्वहीन दिखता है परंतु इनका कुल प्रभाव यह होता है कि मस्तिष्क नकारात्मक हो जाता है। जब "छोटे-छोटे नकारात्मक वाक्य" का यह विचार मेरे मन में पहली बार आया तो मैंने अपनी खुद की चर्चा की आदतों का विश्लेषण करना शुरू किया और मैंने जो पाया उससे मुझे धक्का लगा। मैंने पाया कि मैं इस तरह की बातें कह रहा था। "मुझे डर है कि कहीं देर न हो जाये," या "कहीं रास्ते में मेरा टायर पंचर न हो जाये," या "मुझे नहीं लगता कि मैं यह कर सकता हूँ," या "मैं यह काम नहीं कर पाऊँगा। इतना सारा काम पड़ा है।" अगर कोई चीज़ गड़बड़ हो जाती थी, तो मैं यह कहता था, "अरे, मुझे इसी बात की उम्मीद थी।" या, अगर मैं आसमान में बादल देखता था, तो मैं उदास स्वर में कहता था, "मैं जानता था, बारिश होने वाली है।"

यह सारी नकारात्मक बातें दिखने में तो छोटी हैं, और बड़ा विचार छोटे विचार की तुलना में अधिक शक्तिशाली होता है परंतु यह नहीं भूलना चाहिये कि बड़े पेड़ छोटे बीजों से ही उगते हैं और अगर आपकी चर्चा में छोटी-छोटी नकारात्मक बातें आती हैं तो यह तय है कि वे आपके अवचेतन में पहुँच जायेंगी। यह आश्चर्यजनक है कि किस तरह वे शक्तिशाली बन जाती हैं और इसके पहले कि आप जान पायें वे बड़ी नकारात्मक बातों में विकसित हो जाती हैं। इसलिये मैंने यह तय किया कि मैं इन छोटी-छोटी नकारात्मक बातों पर काम करूँगा और उन्हें अपनी चर्चा से बाहर कर दूँगा। मैंने पाया कि इन्हें नष्ट करने का सर्वश्रेष्ठ तरीक़ा हर चीज़ के बारे में

सकारात्मक शब्द कहना था। जब आप यह कहते हैं कि चीज़ें ठीक तरीक़े से हो रही हैं और होंगी, कि आप सही समय पर पहुँच जायेंगे तो अच्छे परिणामों के बारे में बातें करके आप सकारात्मक प्रभावों के नियम को जाग्रत कर रहे हैं और आपको अच्छे परिणाम मिलेंगे। घटनायें अच्छी होंगी।

सड़क के किनारे लगे एक होर्डिंग पर मैंने एक मोटर ऑइल का विज्ञापन देखा। उसमें लिखा था : "साफ़ इंजन हमेशा शक्ति देता है।" इसी तरह जो मस्तिष्क नकारात्मक बातों से मुक्त होता है वह हमेशा सकारात्मक परिणाम देता है, यानी कि साफ़ मस्तिष्क हमेशा शक्ति देगा। इसलिये अपने विचारों की सफ़ाई करें, अपने मानसिक इंजन को साफ़ रखें और यह याद रखें कि साफ़ इंजन की तरह ही साफ़ मस्तिष्क भी हमेशा शक्ति देता है।

अगर आप बाधाओं को जीतना चाहते हैं और "मैं हारने में विश्वास नहीं करता" की फ़िलॉसफ़ी को जीवन में उतारना चाहते हैं, तो अपनी चेतना की गहराइयों में सकारात्मक विचारों के पैटर्न को विकसित करें। हम बाधाओं का सामना किस तरह से करते हैं, यह सीधे रूप से हमारे मानसिक रवैये से तय होता है। हमारी ज़्यादातर मुश्किलें दरअसल मानसिक ही होती हैं।

"अरे नहीं," आप आपत्ति कर सकते हैं, "मेरी मुश्किलें मानसिक नहीं हैं, मेरी मुश्किलें तो वास्तविक हैं।"

शायद आपकी मुश्किलें वास्तविक हों, परंतु उनके प्रति आपका रवैया तो मानसिक है। रवैया तय होता है आपकी मानसिक प्रक्रिया से और आप अपनी मुश्किलों के बारे में किस तरह सोचते हैं, उसी से काफ़ी हद तक यह तय होता है कि आप उनका सामना किस तरह से करते हैं। अगर आपका रवैया यह होगा कि आप किसी बाधा को नहीं हटा सकते, तो आप सचमुच उसे नहीं हटा पायेंगे, परंतु इसका अर्थ यह नहीं था कि आपमें उसे हटाने की क्षमता नहीं थी। बल्कि इस विचार को अपने दिमाग़ में दृढ़ता से बिठा लें कि बाधा उतनी बड़ी नहीं है, जितनी बड़ी यह पहले दिख रही थी। इस विचार को चाहे कितने हल्के रूप में सोचें, उसी समय से आप इस तरीक़े से सोचना शुरू कर देंगे और वह प्रक्रिया शुरू हो जायेगी जो इसे अंततः हटा देगी।

अगर आपको कोई मुश्किल लंबे समय से परास्त करती चली जा रही है तो शायद ऐसा इसलिये है क्योंकि आपने खुद को हफ़्तों, महीनों और शायद वर्षों तक यह बताया है कि आप इस बारे में कुछ नहीं कर सकते। आपने अपनी अयोग्यता पर ज़ोर दिया है और आपके मस्तिष्क ने धीरे-धीरे

इस निष्कर्ष पर विश्वास कर लिया है और जब आपके मस्तिष्क को विश्वास हो जाता है तो आपको विश्वास हो जाता है क्योंकि आप जो सोचते हैं वही आप होते हैं।

परंतु इसके विपरीत जब आप इस नये और रचनात्मक विचार को अपनाते हैं : "मैं ईसा मसीह की मदद से सारे काम कर सकता हूँ" तो आप एक नया मानसिक नज़रिया विकसित कर लेते हैं। इस सकारात्मक नज़रिये पर ज़ोर दें और बार-बार ज़ोर दें। आप अपनी चेतना को आख़िरकार यह विश्वास दिला देंगे कि आप अपनी कठिनाइयों के बारे में कुछ कर सकते हैं। जब अंत में आपका मस्तिष्क इस बात पर विश्वास कर लेता है तो फिर चमत्कारी परिणाम मिलना शुरू हो जायेंगे। अचानक आप पायेंगे कि आपमें ऐसी शक्तियाँ आ चुकी हैं जिनके बारे में आपको पहले कोई अंदाज़ा नहीं था।

मैं एक व्यक्ति के साथ गोल्फ़ खेला था, जो न सिर्फ़ एक अच्छा गोल्फ़र है बल्कि फ़िलॉसफ़र भी है। जब हम गोल्फ़ कोर्स में घूमते थे तो गेम के माध्यम से वह ज्ञान के कई मोती बिखेरता था जिनमें से एक के लिये मैं हमेशा कृतज्ञ रहूँगा।

मैंने एक गेंद को रफ़ में हिट किया जो ऊँची घास में गिरी। जब हम गेंद के पास आये तो मैंने थोड़ी निराशा से कहा : "अब इसकी तरफ़ देखो। मैं निश्चित रूप से रफ़ में हूँ। इस ऊबड़-खाबड़ जगह से बाहर निकलना बहुत मुश्किल होगा।"

मेरा दोस्त मुस्कराया और उसने कहा : "क्या मैंने आपकी किताबों से सकारात्मक चिंतन के बारे में कुछ नहीं पढ़ा है?"

लज्जित होते हुये मैंने स्वीकार किया कि वह सही था।

"मैं आपकी गेंद की स्थिति के बारे में नकारात्मक रूप से नहीं सोचूँगा," उसने कहा। "क्या आपको नहीं लगता कि अगर यह गेंद वहाँ पर छोटी घास में पड़ी होती तो आप ज़्यादा अच्छा हिट लगा सकते थे?"

मैंने कहा कि बिलकुल यही बात थी।

"तो," उसने आगे कहा, "आप ऐसा क्यों सोचते हैं कि वहाँ पर आपकी स्थिति यहाँ से बेहतर होती है?"

"क्योंकि," मैंने जवाब दिया, "वहाँ पर घास छोटी कटी हुई है और

गेंद वहाँ से बेहतर तरीक़े से मारी जा सकती है।"

फिर उसने एक अजीब सी बात की। "हम अने घुटनों और हाथों के बल बैठ जायें," उसने सुझाव दिया, "और स्थिति का परीक्षण करें। हम यह देखें कि यह गेंद किस स्थिति में है?"

फिर हम अपने हाथों और घुटनों के बल नीचे बैठ गये और उसने कहा : "यह देखिये कि यहाँ पर गेंद की तुलनात्मक ऊँचाई उतनी ही है जितनी की वह छोटी घास में होती, फ़र्क़ सिर्फ़ इतना है कि गेंद के ऊपर पाँच या छह इंच घास है।"

फिर उसने एक और अजीब चीज़ की। "इस घास की क्वालिटी और स्थिति को देखो," उसने कहा। उसने एक तिनका उखाड़ा और मुझे दिया। "इसे चबाओं," उसने कहा।

मैंने चबाया, और उसने पूछा : "क्या यह नर्म नहीं है?"

"बिलकुल," मैंने जवाब दिया। "निश्चित रूप से यह नर्म घास दिख रही है।"

उसने आगे कहा, "तो फिर स्थिति स्पष्ट है कि आपका नंबर पाँच का लोहा इस घास को एक चाकू की तरह चीर देगा।" और फिर उसने मुझे वह वाक्य दिया जिसे मैं मरते दम तक याद रखूँगा और मुझे आशा है कि आप भी याद रखेंगे।

"मुश्किल सिर्फ़ मानसिक होती है। दूसरे शब्दों में," उसने आगे कहा, "यह मुश्किल इसलिये है क्योंकि आप सोचते हैं कि यह मुश्किल है। अपने मन में आपने फ़ैसला कर लिया है कि यह एक बाधा है जो आपको परेशान करेगी। इस बाधा को परास्त करने की शक्ति आपके मस्तिष्क में है। अगर आप यह कल्पना करें कि आप इस गेंद को इस ऊबड़-खाबड़ स्थान से बाहर उछाल रहे हैं और आपके मन में यह विश्वास हो कि आप ऐसा कर सकते हैं तो आपका मस्तिष्क आपकी मासपेशियों को लचीलापन, लय और शक्ति प्रदान करेगा और आप अपने क्लब को इस तरह से पकड़ेंगे कि गेंद वहाँ से एक सुंदर शॉट के रूप में उठकर बाहर निकल जायेगी। आपको सिर्फ़ इतना करना है कि आप गेंद को उस घास से एक सुंदर स्ट्रोक द्वारा उछालने वाले हैं। अपने शरीर से कठोरपन और तनाव को बाहर निकलने दें। इसे आनंद और शक्ति के साथ हिट करें। याद रखें, मुश्किल सिर्फ़ मानसिक होती है।"

आज तक मुझे वह रोमांच, वह शक्ति का एहसास और वह आनंद याद है जब मैंने एक साफ़-सुथरे शॉट के माध्यम से उस गेंद को हरी घास के कोने पर उछाल दिया था।

मुश्किल समस्याओं के संबंध में याद रखने के लिये यह एक बहुत ही महान तथ्य है - "मुश्किल सिर्फ़ मानसिक होती है।"

हर एक के जीवन में बाधायें आती हैं। वे काल्पनिक नहीं हैं, परंतु दरअसल वे उतनी कठिन भी नहीं हैं जितनी कि वे दिखती हैं। आपका मानसिक नज़रिया सबसे महत्त्वपूर्ण तत्व है। विश्वास करें कि सर्वशक्तिमान ईश्वर ने आपमें वह शक्ति दी है कि आप अपने आपको किसी मुश्किल परिस्थिति से ऊपर उठा सकें, बशर्ते आप अपनी निगाहें अपनी शक्ति के स्त्रोत पर जमकर गड़ाए रहें। अपने आपसे दृढ़ता से कहते रहें कि इस शक्ति के माध्यम से आप वह सब कुछ कर सकते हैं जो आप करना चाहते हैं। विश्वास रखें कि यह शक्ति सारे तनाव को आपके शरीर से बाहर निकाल रही है और यह शक्ति आपके शरीर में प्रवाहित हो रही है। इस पर विश्वास करें और विजय का एहसास आपको अवश्य होगा।

अब उस बाधा पर एक और नज़र डालें जो आपको परेशान कर रही है। आप पायेंगे कि यह उतनी विराट नहीं है जितना आपने सोचा था। खुद से कहें : "मुश्किल सिर्फ़ मानसिक होती है। मैं विजय के बारे में सोचता हूँ - मुझे विजय मिलेगी।" इस फ़ॉर्मूले को याद रखें। इसे एक कागज़ के टुकड़े पर लिख लें, अपने पर्स में रख लें, अपने शीशे पर लगा लें जहाँ आप हर सुबह दाढ़ी बनाते हैं, किचन सिंक के ऊपर लगा लें, ड्रेसिंग टेबल पर लगा लें और मेज़ पर लगा लें - इसकी तरफ़ देखते रहें जब तक कि यह सत्य आपकी चेतना की गहराइयों में नहीं उतर जाता, जब तक कि यह आपके समूचे मानसिक रवैये में नहीं समा जाता, जब तक कि यह एक सकारात्मक सनक में नहीं बदल जाता - "मैं ईसा मसीह की मदद से सारे काम कर सकता हूँ, क्योंकि वही मुझे शक्ति देते हैं।"

आपको जो चीज़ मुश्किल दिखती है, जैसा मैंने संकेत किया है, वह मुश्किल या आसान उसी अनुपात में दिख रही है जिस दृष्टिकोण से आप इसे देख रहे हैं या इसके बारे में सोच रहे हैं। यह कहा जा सकता है कि तीन लोगों ने अमेरिकियों की विचार-प्रक्रियाओं को प्रभावित किया है - इमर्सन, थोरो और विलियम जेम्स। आज की तारीख़ में भी अमेरिकी मस्तिष्क का

विश्लेषण करें तो यह स्पष्ट हो जायेगा कि इन तीन दार्शनिकों की शिक्षाओं ने अमेरिकी व्यक्ति की विशिष्ट प्रतिभा को रचने में अपना योगदान दिया जो मुश्किलों से हारता नहीं है और जो आश्चर्यजनक कार्यकुशलता के माध्यम से "असंभव" को संभव कर दिखाता है।

इमर्सन का एक मूलभूत सिद्धांत यह है कि मानवीय व्यक्ति दैवी शक्ति द्वारा स्पर्श किया जा सकता है और इस तरह महानता इसमें उत्पन्न की जा सकती है। विलियम जेम्स ने बताया कि किसी काम में सबसे महान तत्व उसके बारे में व्यक्ति का विश्वास होता है। थोरो ने हमें बताया कि उपलब्धि का रहस्य मस्तिष्क में सफल परिणाम की तस्वीर संजोये रखना है।

एक और बुद्धिमान अमेरिकी जेफ़रसन हैं जिन्होंने फ्रैंकलिन की तरह अपने मार्गदशन के लिये नियमों की एक श्रंखला बनाई। फ्रैंकलिन ने तेरह नियमित नियम लिखे, जेफ़रसन के कुछ दस नियम थे। जेफ़रसन का एक नियम यह था और मैं समझता हूँ कि यह अनमोल है : "हमेशा चीज़ों को चिकने हैंडल की तरफ़ से पकड़ो।" यानी कि किसी काम को करते समय या मुश्किलों का सामना करते समय आप उस तरीक़े का प्रयोग करें जिसमें न्यूनतम प्रतिरोध का सामना करना पड़े। प्रतिरोध से घर्षण पैदा होता है, इसलिये यह आवश्यक है कि घर्षण को कम किया जाये। नकारात्मक नज़रिया घर्षण का रास्ता है। इसीलिये नकारात्मकता में बहुत ज़्यादा प्रतिरोध होता है। सकारात्मक नज़रिया "चिकने हैंडल" वाली तकनीक है। यह ब्रह्मांड के प्रवाह के सामंजस्य में है। इससे न सिर्फ़ घर्षण कम होता है, बल्कि इससे सहयोगी शक्तियाँ प्रेरित भी होती हैं। यह उल्लेखनीय है कि किस तरह जीवन की शुरुआत से अंत तक इस फ़िलॉसफ़ी के प्रयोग से आप उन क्षेत्रों में सफल परिणाम हासिल करने में समर्थ हो सकेंगे जिन्होंने आपको दूसरी परिस्थितियों में हरा दिया होता।

उदाहरण के तौर पर, एक महिला ने अपने पंद्रह साल के बेटे को हमारे पास भेजा। वह चाहती थी कि हम उसे सीधा कर दें। इससे महिला को बहुत चिढ़ छूट रही थी कि उसका लड़का किसी भी विषय में सत्तर से अधिक नंबर नहीं ला पाया था। "इस बच्चे में बहुत दिमाग़ है," उसने गर्व से कहा।

"आपको कैसे मालूम कि उसमें बहुत दिमाग़ है?" मैंने पूछा।

"क्योंकि वह मेरा बेटा है," उसने कहा। "मैंने बहुत अच्छे कॉलेज से ग्रैजुएशन किया है और मैं मेरिट में आयी थी।"

लड़का उदास भाव से अंदर आया और मैंने उससे पूछा : "क्या बात है, बेटे?"

"मैं नहीं जानता। मेरी माँ ने मुझे आपसे मिलने के लिये भेजा है।"

मैंने कहा, "आपको देखकर ऐसा नहीं लग रहा है जैसे आपमें उत्साह की आग धधक रही है। आपकी माँ कहती हैं कि आपको सिर्फ़ सत्तर ही नंबर मिलते हैं।"

"हाँ," उसने कहा, "मुझे इतने ही मिलते हैं और इससे भी बुरी बात यह है कि मुझे इससे भी कम नंबर मिलते हैं।"

"क्या तुम्हें लगता है कि तुम्हारे पास बहुत दिमाग़ है, बेटे," मैंने पूछा।

"मेरी माँ कहती हैं कि दिमाग़ बहुत तेज़ है। मैं नहीं जानता - मुझे लगता है कि मैं बहुत ही मूर्ख हूँ। डॉ. पील," उसने गंभीरता से कहा, मैं पढ़ता तो हूँ। घर पर मैं इसे एक बार पढ़ता हूँ और फिर किताब बंद कर देता हूँ और उसे याद करने की कोशिश करता हूँ। मैं इस प्रक्रिया को तीन बार दोहराता हूँ और फिर मैं सोचता हूँ कि अगर मैं तीन बार में उसे अपने दिमाग़ में नहीं घुसा पाया तो फिर मैं इसे कैसे अपने दिमाग़ में घुसा पाऊँगा? और फिर में यह सोचते हुये स्कूल जाता हूँ कि शायद मुझे कुछ याद नहीं हुआ है। फिर टीचर मुझसे कुछ पूछती हैं और जब मैं खड़ा होता हूँ तो मुझे कोई चीज़ याद नहीं रहती। फिर," उसने कहा, "परीक्षायें आ जाती हैं और मैं उसमें थर-थर काँपता हुआ बैठता हूँ और मुझे जवाब याद नहीं आते। मैं नहीं जानता कि ऐसा क्यों होता है," उसने आगे कहा। "मैं जानता हूँ कि मेरी माँ बहुत बुद्धिमान हैं। परंतु मुझे लगता है कि मेरी माँ की बुद्धि मुझमें नहीं आ पायी है।"

उसकी माँ के नज़रिये की वजह से उसमें हीन भावना आ गयी थी। जो उसकी नकारात्मक विचार प्रक्रिया के साथ मिलकर उसे हरा रही थी। उसका दिमाग़ कुंद हो गया था। उसकी माँ ने उससे यह कभी नहीं कहा था कि वह स्कूल जाये और ज्ञान हासिल करने की अद्‌भुत और रोमांचक प्रक्रिया से गुज़रे। वह इतनी समझदार नहीं थी कि उसे प्रोत्साहित करे कि वह दूसरों के साथ प्रतियोगिता करने के बजाय अपने आप से प्रतियोगिता करे। और वह लगातार ज़ोर दे रही थी कि वह भी अपनी माँ की तरह ही बुद्धिमानी का परिचय दे। इसमें कोई हैरानी नहीं कि इस दबाव में उसका दिमाग़ कुंद हो गया था।

मैंने उसे कुछ सुझाव दिये जो सहायक सिद्ध हुये। “इससे पहले कि तुम अपने पाठ पढ़ो, एक पल के लिये रुको और इस तरह से प्रार्थना करो : ‘हे ईश्वर मैं जानता हूँ कि मेरा दिमाग़ अच्छा है और मैं अपने काम को सफलतापूर्वक पूरा कर सकता हूँ, फिर आप रिलैक्स हो जायें और तनाव के बिना पुस्तक पढ़ें।' यह कल्पना करें कि आप कोई कहानी पढ़ रहे हैं। इसे दोबारा तब तक न पढ़ें जब तक कि आपकी इच्छा न हो। सिर्फ़ यह विश्वास करें कि आपको पहली बार पढ़ने में ही समझ में आ रहा है। इस बात की तस्वीर देखें कि यह सामग्री आपके मस्तिष्क में अंदर जा रही है और अंकुरित हो रही है। अगली सुबह जब आप स्कूल जायें तो खुद से कहें : परंतु इतने अच्छे नंबर लाने के लिये वे किताबी कीड़ा रही होंगी। और आज की तारीख़ में कौन किताबी कीड़ा बनना चाहता है? मैं मेरिट होल्डर स्टुडेन्ट नहीं बनना चाहता, मैं तो सिर्फ़ ठीक-ठीक तरह से स्कूल से पास होना चाहता हूँ।’

“कक्षा में जब टीचर आपसे पूछें, तो जवाब देने से पहले जल्दी से प्रार्थना कर लें। फिर विश्वास करें कि उस समय ईश्वर आपकी जवाब देने में मदद कर रहा है। जब आप कोई परीक्षा दे रहे हों तो प्रार्थना में विश्वास करें कि ईश्वर आपके मस्तिष्क को शक्ति प्रदान कर रहा है और आपके दिमाग़ में सही जवाब आ जायेंगे।”

वह लड़का इन विचारों पर चला और आप जानते हैं उसे छह महीने बाद परीक्षा में कितने अंक मिले? नब्बे! मुझे यह विश्वास है कि इस लड़के ने यह जान लिया था कि “मैं हारने में विश्वास नहीं करता” की फ़िलॉसफ़ी कितनी असरदार हो सकती है और वह अपने जीवन भर सकारात्मक चिंतन की अद्‌भुत शक्ति का प्रयोग करता रहेगा।

मैं और भी बहुत से उदाहरण दे सकता हूँ जिनमें इन तकनीकों के प्रयोग से लोगों के जीवन बदल गये हैं, परंतु यदि मैंने ऐसा किया तो यह पुस्तक बहुत ही मोटी और भारी हो जायेगी। इसके अलावा, यह घटनायें और अनुभव सामान्य या रोज़मर्रा के जीवन के बाहर के भी हैं जो क़तई सैद्धांतिक नहीं हैं, बल्कि पूरी तरह प्रैक्टिकल हैं। मेरी मेल लोगों द्वारा भेजे गये ऐसे प्रमाणों से भरी रहती है जिन्होंने मेरे विजयी जीवन अनुभवों के बारे में सुनकर या पढ़कर अपने जीवन के भी उसी तरह के अनुभव मुझे भेजे हैं।

इस तरह का पत्र एक सज्जन ने भेजा जो अपने पिता के बारे में निम्न बातें बताते हैं। मैं ऐसे कई लोगों को जानता हूँ जिन्होंने इस पत्र की

योजना पर चलकर आश्चर्यजनक परिणाम प्राप्त किये हैं।

"मेरे पिताजी एक सेल्समैन थे। कभी वे फ़र्नीचर बेचते थे, कभी हार्डवेयर, कभी चमड़े के सामान। वे हर साल अपनी लाइन बदल लेते थे।"

"मैं अक्सर सुनता था कि वे माँ को यह बता रहे हैं कि स्टेशनरी या बेड लैंप या जो भी सामान वे उस वक़्त बेच रहे होते थे, उसमें यह उनकी आख़िरी ट्रिप है। अगले साल हर चीज़ बदल जायेगी; अगले साल हम लोग अमीर बन जायेंगे। उन्हें एक ऐसी फ़र्म में काम मिलने वाला है जिसका माल तो खुद-ब-खुद बिक जाता है। उसे बेचने में मेहनत नहीं करनी पड़ती। यह हमेशा तनाव में रहते थे, वे हमेशा डरे हुये रहते थे और हमेशा अँधेरे में सीटी बजाते रहते थे।

"एक दिन उनके एक साथी सेल्समैन ने उन्हें तीन वाक्यों की छोटी सी प्रार्थना दी। उसने पिताजी से कहा कि ग्राहक से मिलने जाने से ठीक पहले वे इसे दोहरा लें। पिताजी ने इसका प्रयोग किया, और इसके परिणाम चमत्कारिक थे। पहले सप्ताह में उन्होंने 85 प्रतिशत लोगों को सामान बेचने में कामयाबी पाई और उसके बाद हर सप्ताह उन्हें आश्चर्यजनक परिणाम मिले। कुछ ही सप्ताह बाद वे 95 प्रतिशत लोगों को सामान बेच रहे थे। सोलह सप्ताह तो ऐसे थे जिसमें पिताजी ने हर उस ग्राहक को सामान बेचने का रिकॉर्ड बनाया जिससे वे मिले।

"पिताजी ने यह प्रार्थना कई दूसरे सेल्समैनों को भी दी और हर एक को इससे आश्चर्यजनक परिणाम मिले।

"मेरे पिताजी ने जिस प्रार्थना का प्रयोग किया था, वह यह है :

"मुझे विश्वास है कि ईश्वर मुझे हमेशा राह दिखा रहा है।

"मुझे विश्वास है कि मैं हमेशा सही मोड़ पर मुड़ूँगा।

"मुझे विश्वास है कि जहाँ राह नहीं होगी, वहाँ ईश्वर मेरे लिये राह बना देगा।"

एक छोटी फ़र्म के प्रमुख को अपना बिज़नेस स्थापित करने में बहुत सी मुश्किलों का सामना करना पड़ रहा था और उसने मुझे बताया कि उसने एक ऐसी तकनीक खोजी जिससे उसे बेहद फ़ायदा हुआ। उसने बताया कि उसमें यह प्रवृत्ति थी कि वह छोटी सी मुश्किल को भी बहुत बड़ी मुश्किल में बदल देता था जिससे पार पाना मुश्किल दिखता था। वह जानता था कि वह अपनी समस्याओं का सामना हारने वाले नज़रिये से कर रहा है और

उसमें इतना कॉमनसेन्स था कि वह यह महससू कर सके कि यह बाधायें उतनी मुश्किल नहीं थीं जितनी मुश्किल वह उन्हें समझता था और उन्हें बना लेता था। जब उसने मुझे यह कहानी सुनाई तो मैं सोचने लगा कि कहीं उसमें वह अजीब सी मनोवैज्ञानिक कठिनाई तो नहीं है जिसे असफल होने की इच्छा कहा जाता है।

उसने एक ऐसी युक्ति का प्रयोग किया जिसने उसके मानसिक नज़रिये को नया कर दिया और कुछ समय बाद इसका उसके बिज़नेस पर सकारात्मक प्रभाव पड़ा। उसने अपने ऑफ़िस की मेज़ पर एक बड़ी सी वायर बास्केट रखी। इस बास्केट पर एक कार्ड लगा था जिस पर यह शब्द लिखे थे, "ईश्वर साथ हो, तो सब कुछ संभव है।" जब भी कोई समस्या आती थी जिसे उसका पराजय का पुराना तंत्र किसी बड़ी समस्या में बदल रहा होता था तो वह उस समस्या से संबंधित काग़ज़ को उस बास्केट में डाल देता था जिस पर लिखा था, "ईश्वर साथ हो, तो सब कुछ संभव है" और वह इसे एक-दो दिन तक उसी में पड़ा रहने देता था। "अजीब बात यह थी कि जब मैं उस काग़ज़ को उस बास्केट से दोबारा निकालता था तो यह समस्या बिलकुल भी कठिन नहीं दिखती थी।" उसने बताया।

इस कार्य में उसने अपनी समस्या को ईश्वर के हाथों में सौंपने के मानसिक नज़रिये का नाटकीयकरण कर दिया था। इसका परिणाम यह हुआ कि उसे अपनी समस्या को सामान्य तरीक़े से सफलतापूर्वक सुलझाने की शक्ति मिली।

जब आप इस अध्याय को समाप्त करें तो कृपया इन शब्दों को ज़ोर से दोहरायें : "मैं हारने में विश्वास नहीं करता।" इस वाक्य को तब तक बार-बार दोहराते रहें जब तक कि यह विचार आपके अवचेतन नज़रिये में प्रबलता से प्रविष्ट नहीं हो जाता।

9

चिंता की आदत को कैसे छोड़ें

आपको चिंता का शिकार होने की ज़रूरत नहीं है। ज़रा सोचें तो सही, चिंता दरअसल है क्या? यह सिर्फ़ एक हानिकारक और विध्वंसात्मक मानसिक आदत है। आप चिंता की आदत के साथ पैदा नहीं हुये हैं। आपने इसे सीखा है। और चूँकि आप अपनी किसी भी सीखी हुई आदत और नज़रिये को बदल सकते हैं, इसलिये आप चिंता को भी अपने दिमाग़ से बाहर निकाल सकते हैं। चूँकि इसे आक्रामक और सीधी कार्यवाही से ही बाहर निकाला जा सकता है, इसलिये चिंता पर हमला करने का सही समय सिर्फ़ एक ही है और वह है अभी। इसलिये तत्काल अपनी चिंता की आदत छोड़ना शुरू कर दें।

हमें चिंता की समस्या को इतनी गंभीरता से क्यों लेना चाहिये? प्रसिद्ध मनोविश्लेषक डॉ. स्माइली ब्लैंटन इसका कारण स्पष्ट रूप से बताते हैं, "चिंता आधुनिक युग का बहुत बड़ा प्लेग है।"

एक प्रसिद्ध मनोवैज्ञानिक का कहना है, "डर इन्सान के व्यक्तित्व को विखंडित करने वाला सबसे प्रबल शत्रु है।" और एक प्रसिद्ध डॉक्टर यह घोषणा करते हैं कि, "चिंता सभी मानवीय बीमारियों में सबसे सूक्ष्म और विनाशकारी बीमारी है।" एक और डॉक्टर बताते हैं कि हज़ारों लोग सिर्फ़ इसलिये बीमार हैं, क्योंकि उन्होंने अपने दिमाग़ में बहुत सारी "चिंताओं को बाँध बनाकर रोक रखा है।" चिंता के कारण कष्ट उठा रहे लोग अपनी चिंताओं को बाहर नहीं निकाल पाते हैं जिस वजह से ये उनके व्यक्तित्व के अंदर चली जाती हैं और कई तरह की बीमारियों में बदल जाती हैं। चिंता की विध्वंसात्मक प्रवृत्ति इस तथ्य से पता चल जाती है कि "वरी" शब्द पुराने एंग्लो-सैक्सन शब्द से निकला है जिसका अर्थ है "दम घुटना"।

अगर कोई आपके गले पर अपनी उंगलियाँ रख दे और कसकर आपका गला दबाये तो आपकी जीवनशक्ति का प्रवाह रुकने लगेगा और यह उस बात का नाटकीय प्रदर्शन होगा जो आप अपने साथ लंबे समय से रोकी हुई चिंताओं और चिंता की आदत द्वारा करते हैं।

शोध से पता चला है कि चिंता की वजह से आर्थ्राइटिस भी हो सकता है। इस आम बीमारी के कारणों का विश्लेषण करने वाले डॉक्टरों का कहना है कि आर्थ्राइटिस में लगभग हमेशा निम्न कारण या कम से कम इनमें से कुछ देखने में आते हैं : आर्थिक नुक़सान, कुंठा, तनाव, डर, अकेलापन, दुख, दीर्घकालीन दुर्भावना और चिंता करने की आदत।

एक क्लीनिक स्टाफ़ ने चवालीस वर्ष की औसत आयु के 176 अमेरिकी एक्ज़ीक्यूटिव्ज़ का सर्वे किया और उसमें यह पता चला कि इनमें से आधों को हाई ब्लड प्रेशर, हृदयरोग या अल्सर की शिकायत थी। यह महत्त्वपूर्ण था कि हर प्रकरण में उनकी बीमारी में चिंता एक प्रमुख कारण थी।

इन बातों से यह निष्कर्ष निकाला जा सकता है कि चिंता करने वाला उतना नहीं जी पाता, जितना निश्चिंत व्यक्ति जी सकता है जिसने चिंतामुक्त जीवन जीना सीख लिया है। रोटेरियन मैग्ज़ीन में एक लेख छपा था, “आप कितना जी सकते हैं?” लेखक का कहना है कि आपकी कमर की रेखा ही आपकी जीवनरेखा है। इस लेख में यह भी कहा गया है कि अगर आप लंबा जीना चाहते हैं, तो आप नीचे बताये हुये नियमों पर चलें : 1. शांत रहें। 2. चर्च जायें। 3. चिंता न करें।

एक सर्वे से पता चला है कि चर्च के सदस्य उन लोगों से ज़्यादा जीते हैं, जो चर्च नहीं जाते (इसलिये अगर आप जल्दी नहीं मरना चाहते, तो चर्च के सदस्य बन जायें)। लेख के अनुसार शादीशुदा लोग कुँवारों की अपेक्षा ज़्यादा जीते हैं। शायद ऐसा इसलिये होता है क्योंकि शादीशुदा दंपत्ति चिंता को बाँट सकते हैं। परंतु जब आप अकेले होते हैं, तो आपको चिंता का भार अकेले ही उठाना पड़ता है।

एक वैज्ञानिक विशेषज्ञ ने जीवन की अवधि पर 450 लोगों का अध्ययन किया जो सौ साल से ज़्यादा समय तक जीवित रहे। उसने पाया कि वे लोग इन कारणों से दीर्घायु और सुखी थे :

1. वे व्यस्त रहते थे।
2. वे सभी चीज़ों में संयम से काम लेते थे।

3. वे कम और सादा भोजन करते थे।
4. उन्हें जीवन में बहुत मज़ा आता था।
5. वे जल्दी सोते और जल्दी उठते थे।
6. वे चिंता और डर से मुक्त थे, ख़ासकर मौत के डर से।
7. उनके मस्तिष्क में शांति और उनकी ईश्वर में आस्था थी।

क्या आपने किसी व्यक्ति को यह कहते सुना है, "मैं चिंता के मारे मरा जा रहा हूँ" और फिर उसने हँसकर यह भी जोड़ा होगा, "परंतु चिंता के कारण कोई सचमुच नहीं मरता है।" परंतु यहीं पर वह ग़लती कर रहा है। चिंता के कारण आप बीमार हो सकते हैं।

प्रसिद्ध अमेरिकी सर्जन डॉ. जॉर्ज डब्ल्यू. क्राइल कहते हैं, "हम न सिर्फ़ डर को अपने दिमाग़ में जगह देते हैं बल्कि अपने दिल, अपने दिमाग़ और अपने पेट में भी जगह देते हैं और डर व चिंता का कारण कुछ भी हो, उसका प्रभाव हमेशा शरीर की कोशिकाओं, ऊतकों और अंगों पर देखा जा सकता है।"

न्यूरोलॉजिस्ट डॉ. स्टैनले कॉब कहते हैं कि चिंता रयूमैटॉइड आर्थ्राइटिस के साथ अंतरंगता से जुड़ी हुई है।

एक डॉक्टर ने हाल ही में यह कहा कि अमेरिका में डर और चिंता की महामारी फैली हुई है। उन्होंने घोषणा की, "सभी डॉक्टरों के पास ऐसी बीमारियों के मामले आ रहे हैं जो सीधे डर से उत्पन्न हुई हैं और जिन्हें चिंता और असुरक्षा की भावना ने अधिक प्रबल बना दिया है।"

परंतु हताश न हों, क्योंकि आप अपनी चिंताओं को जीत सकते हैं। एक ऐसा उपचार है जो आपको निश्चित रूप से राहत देगा। यह आपकी चिंता की आदत को हमेशा के लिये ख़त्म करने में आपकी मदद करेगा। और चिंता को जीतने का पहला क़दम तो सिर्फ़ यह है कि आपको विश्वास करना होगा कि आप ऐसा कर सकते हैं। जब आपको यह विश्वास होता है कि आप कोई काम कर सकते हैं तो ईश्वर की मदद से आप सचमुच उसे कर सकते हैं।

यहाँ एक प्रैक्टिकल तरीक़ा बताया जा रहा है जिससे आप अपनी असामान्य चिंताओं को अपने दिमाग़ से बाहर निकाल सकते हैं।

अपने दिमाग़ को हर दिन ख़ाली करने का अभ्यास करें। आदर्श स्थिति में यह कार्य सोने जाने से ठीक पहले करना चाहिये, ताकि नींद में आपकी चेतना में चिंता का नामोनिशान न रहे। नींद में विचार हमारे अवचेतन की गहराइयों में चले जाते हैं। इसलिये सोने से पहले के पाँच मिनट हमारे लिये बेहद महत्त्वपूर्ण होते हैं, क्योंकि उस समय हमारा मस्तिष्क सुझावों के प्रति सबसे अधिक ग्रहणशील होता है। यह उन आख़िरी विचारों को अपने अंदर सोख लेता है जो जाग्रत चेतना में सोचे जाते हैं।

दिमाग़ को ख़ाली करने की प्रक्रिया चिंता से मुक्ति पाने के लिये बहुत महत्त्वपूर्ण है। अगर हम चिंता और डर की भावनाओं को बाहर नहीं निकालेंगे, तो वे दिमाग़ में जमकर हमारी मानसिक और आध्यात्मिक शक्तियों के प्रवाह को रोक देंगी। परंतु इस तरह के विचारों को दिमाग़ से बाहर निकाला जा सकता है और यदि हम उन्हें हर दिन बाहर निकालते रहेंगे तो वे हमारे दिमाग़ में इकट्ठे नहीं हो पायेंगे। उन्हें ख़ाली करने के लिये रचनात्मक कल्पना की मदद लें। इस बात की तस्वीर बनायें कि आप अपने दिमाग़ से अपनी चिंताओं और डर को बाहर निकाल रहे हैं। मन में यह तस्वीर बनायें जिस तरह स्टॉपर हटाने से बेसिन का जमा पानी बहकर बाहर निकल जाता है, उसी तरह आप अपने मस्तिष्क से चिंताओं को बाहर निकाल रहे हैं। इस काल्पनिक तस्वीर के दौरान खुद से यह कहते रहें, "ईश्वर की मदद से मैं अपने दिमाग़ से सारी चिंताओं, डर और असुरक्षा की भावना को निकाल रहा हूँ।" इसे धीमे-धीमे पाँच बार दोहरायें और फिर कहें, "मुझे विश्वास है कि मेरे दिमाग़ में अब कोई चिंता, डर या असुरक्षा की भावना नहीं बची है।" इस वाक्य को भी पाँच बार दोहरायें और इस दौरान अपने दिमाग़ में एक मानसिक तस्वीर देखें कि आपका मस्तिष्क सचमुच इन विचारों से मुक्त हो चुका है। फिर ईश्वर को धन्यवाद दें कि उसने आपके मन में डर और चिंता को बाहर निकालने में आपकी मदद की। फिर सो जायें।

उपचारक प्रक्रिया शुरू करने में इसी तरीक़े का प्रयोग रात को सोने जाने से पहले के अलावा सुबह, दोपहर और शाम को भी किया जाना चाहिये। इस काम के लिये पाँच मिनट ऐसी जगह चले जायें जहाँ शांति हो। इस प्रक्रिया को पूरे विश्वास से करें, आपको जल्द ही लाभदायक परिणाम दिखेंगे।

इस तकनीक को और सशक्त बनाने के लिये आप यह कल्पना कर सकते हैं कि आप अपने मस्तिष्क में हाथ डालकर एक-एक चिंता को अपने

दिमाग़ से बाहर निकाल रहे हैं। बच्चों में वयस्कों से अधिक कल्पनाशीलता होती है। जब बच्चे को चोट लगती है, तो वह एक बार उसे चूम लेता है या फूँक मार लेता है और उसकी चिंता करना छोड़ देता है। इस तरह से वह डर को दूर फेंक देता है और उस बारे में भूल जाता है। यह आसान सी प्रक्रिया बच्चे के साथ इसलिये काम कर जाती है क्योंकि बच्चे को मन में विश्वास होता है कि इससे समस्या सचमुच ख़त्म हो गयी है। नाटकीय कार्य उसके लिये हक़ीक़त बन जाता है और इसलिये बात वहीं पर ख़त्म हो जाती है। अपने मस्तिष्क में कल्पना करें और यह तस्वीर देखें कि आपके डर आपके दिमाग़ से बाहर निकल रहे हैं और एक समय ऐसा आयेगा जब आपकी कल्पना की तस्वीर हक़ीक़त में बदल जायेगी।

कल्पना डर का बहुत बड़ा कारण है, परंतु कल्पना से डर का इलाज भी हो सकता है। "कल्पना की तस्वीर बनाना" तथ्यात्मक परिणामों की मानसिक तस्वीरें बनाना है और यह एक आश्चर्यजनक रूप से प्रभावी तरीक़ा है। कल्पना का अर्थ कपोलकल्पना नहीं है। कल्पना का अर्थ है तस्वीर बनाना। यानी कि आप डर की या डर से मुक्ति की एक काल्पनिक तस्वीर बनाते हैं। जो तस्वीर आप बनाते हैं वह अंततः तथ्य बन सकती है यदि उसे पर्याप्त विश्वास के साथ लंबे समय तक मानसिक रूप से देखा जाये।

इसलिये अपनी मानसिक छवि ऐसी रखें जैसे आपका जीवन चिंतामुक्त हो। असामान्य डर को विचारों से बाहर निकालने की प्रक्रिया आपके दिमाग़ को ख़ाली कर देगी। परंतु मस्तिष्क को ख़ाली करना ही पर्याप्त नहीं है क्योंकि मस्तिष्क लंबे समय तक ख़ाली नहीं रह सकता। इसमें कुछ न कुछ तो रहेगा ही। इसलिये मस्तिष्क को ख़ाली करने के बाद इसे दोबारा भरने का भी अभ्यास करें। इसमें आशा, आस्था और साहस के विचार भरें। इस तरह के वाक्य ज़ोर से कहें, "ईश्वर मेरे मस्तिष्क को साहस, शांति और आस्था के विचारों से भर रहा है। ईश्वर मेरी रक्षा कर रहा है इसलिये मुझे कोई नुक़सान नहीं हो सकता। ईश्वर मेरे प्रियजनों की रक्षा कर रहा है इसलिये उन्हें कोई नुक़सान नहीं हो सकता। ईश्वर मुझे सही फ़ैसला करने का रास्ता दिखा रहा है। ईश्वर मुझे इस मुश्किल परिस्थिति से बाहर निकालेगा।"

हर दिन छह बार आप इस तरह के विचार सोचें जब तक कि आपके मस्तिष्क में यह विचार पूरी तरह से न भर जायें। कुछ समय बाद आस्था के यह विचार आपके दिमाग़ से चिंता को हमेशा के लिये बाहर निकाल देंगे। डर सबसे शक्तिशाली विचार है, परंतु एक विचार डर से भी शक्तिशाली है - वह

है आस्था। आस्था हमेशा डर को हरा सकती है। आस्था ही एकमात्र शक्ति है जिसके सामने डर खड़ा नहीं रह सकता। दिन-प्रतिदिन जब आप अपने दिमाग़ में आस्था भरेंगे, तो अंततः डर के लिये कोई जगह ही नहीं बचेगी। यह एक ऐसा महान तथ्य है जिसे हमें नहीं भूलना चाहिये। अगर आप अपने भीतर आस्था भर लें, तो आपका डर अपने आप बाहर निकल जायेगा।

तो प्रक्रिया यह है - अपने दिमाग़ को ख़ाली कर लें और इस पर ईश्वर की कृपा की मोहर लगा दें। फिर अपने मस्तिष्क को आस्था से भरने का अभ्यास करें और आप चिंता की आदत को छोड़ देंगे।

अपने मस्तिष्क को आस्था से भर लें और कुछ समय में आस्था का संग्रह डर को बाहर निकाल देगा। इस सुझाव को सिर्फ़ पढ़ने से ही बहुत लाभ नहीं होगा जब तक कि आप इसे अपने जीवन में न उतारें। और इसे जीवन में उतारने का समय अभी है, जब आप इस बारे में सोच रहे हैं और जब आपको यह विश्वास है कि चिंता की आदत को ख़त्म करने का नंबर एक तरीक़ा हर दिन अपने दिमाग़ को डर के विचारों से ख़ाली करना और इसे आस्था से भरना हे। यह इतनी आसान सी बात है। तब तक आस्था का अभ्यास करना सीखें जब तक कि आप आस्था में विशेषज्ञ न बन जायें। तब डर आपके भीतर ज़िंदा नहीं रह सकता।

अपने मस्तिष्क को डर से मुक्त करना बेहद महत्त्वपूर्ण होता है। किसी चीज़ से लंबे समय तक डरते रहे तो इस बात की सचमुच संभावना है कि आप जिस चीज़ से डर रहे होंगे वह सचमुच घटित हो जायेगी। बाइबल में एक पंक्ति है जो इस दुखद सच्चाई को अभिव्यक्त करती है : "जिससे मैं डर रहा था, मुझ पर वही मुसीबत आ गयी..." (जॉब 3:25)। और ऐसा तो होना ही था। क्योंकि किसी चीज़ से लगातार डरते रहने के कारण आपके मस्तिष्क में ऐसी परिस्थितियाँ निर्मित हो गयी थीं कि उस चीज़ के विकास के लिये अनुकूल माहौल बन गया जिससे आप डर रहे थे। एक ऐसे माहौल को प्रोत्साहन मिला जिसमें यह जड़ें जमा सकी और फल-फूल सकी। आपने खुद इसे अपनी तरफ़ खींचा था।

परंतु घबरायें नहीं। बाइबल में एक और महान सच्चाई बार-बार बतायी गयी है : "जिसमें मेरा दृढ़ विश्वास था, मेरे साथ वही अच्छी घटना हो गयी।" हालाँकि यह वाक्य बाइबल में कहीं नहीं मिलेगा, परंतु बाइबल में बार-बार, बहुत बार बताया गया है कि अगर हममें आस्था है तो हमारे लिये

"कुछ भी असंभव नहीं है" और "आपकी जितनी आस्था होगी, आपको उतने ही परिणाम मिलेंगे।" तो अगर आप अपने दिमाग़ को डर के बजाय आस्था पर केंद्रित कर लेते हैं तो आप अपने डर से संबंधित परिस्थितियों को बनाना बंद कर देते हैं और इसके बजाय अपनी आस्था की वस्तु को हक़ीक़त में बदलना शुरू कर देते हैं। अपने मस्तिष्क को डर के बजाय स्वस्थ विचारों से, आस्था के विचारों से सराबोर कर दें और आपको डर के परिणाम मिलने के बजाय आस्था के परिणाम मिलना प्रारंभ हो जायेंगे।

चिंता की आदत के ख़िलाफ अभियान में आपको रणनीति बनाना पड़ेगी। चिंता के प्रमुख हिस्से पर सामने से हमला करना और इस तरह से इसे जीतने की उम्मीद करना कठिन साबित हो सकता है। शायद अधिक कुशल योजना यह होगी कि आप इसके बाहरी किलों को एक-एक करके जीतें और धीरे-धीरे इसके मुख्य हिस्से पर आयें।

चिंता को धराशायी करने के लिये यह उचित होगा कि आप अपने डर की सबसे बाहरी शाखाओं पर लगी छोटी-छोटी चिंताओं को नष्ट करने से शुरुआत करें। फिर धीरे-धीरे भीतर की तरफ़ बढ़ें और अंत में चिंता के मुख्य तने को नष्ट कर दें।

मेरे फ़ार्म पर एक बड़े पेड़ को काटना आवश्यक हो गया था, जिसका मुझे बहुत अफ़सोस था। किसी पुराने बड़े पेड़ को काटना हमेशा दुखद होता है। मोटर से चलने वाली आरी लेकर कई लोग आये और मैं यह उम्मीद कर रहा था कि वे लोग इस तरह से शुरू करेंगे कि ज़मीन के पास से उसके मुख्य तने को काट देंगे। इसके बजाय, उन्होंने सीढ़ियाँ निकालीं और सबसे पहले छोटी टहनियों को काटा, फिर बड़ी टहनियों को और अंत में पेड़ के सबसे ऊपरी हिस्से को। अब जो बचा था वह सिर्फ़ उसका मुख्य केन्द्रीय तना बचा था और कुछ ही क्षणों में मेरे पेड़ का नामोनिशान मिट गया था, जैसे उसे बढ़ने में पचास साल न लगे हों।

पेड़ काटने वाले ने बताया। "अगर हमने पेड़ को ज़मीन पर से काट दिया होता और शाखाओं को पहले न काटा होता तो गिरते समय इस पेड़ ने नज़दीकी पेड़ों को भी गिरा दिया होता। आप पेड़ को जितना छोटा बना सकते हों, बना दें। फिर आपको उसे काटने में आसानी होती है।"

चिंता के विशालकाय वृक्ष को भी, जिसे आपके व्यक्तित्व में बढ़ने में बहुत साल लगे हैं, इसी तरह से काटा जाना चाहिये। उसे यथासंभव छोटा

बना दें। छोटी-छोटी चिंताओं को और चिंता की अभिव्यक्तियों को पहले काट दें। उदाहरण के तौर पर आपको अपनी बातचीत से चिंता के शब्दों की संख्या को कम करना होगा। शब्द चिंता का परिणाम हो सकते हैं, परंतु वे चिंता की रचना भी करते हैं। जब भी मस्तिष्क में कोई चिंता का विचार आये तो तत्काल आस्था का विचार सोचकर और बोलकर इसे बाहर निकाल दें। उदाहरण के तौर पर, "मुझे डर है कि कहीं मेरी ट्रेन न छूट जाये।" तो बेहतर यही होगा कि आप वहाँ समय पर पहुँचने के लिये समय पर या समय से थोड़ा पहले चल दें। आप जितनी कम चिंता करेंगे, आपके उतनी ही जल्दी काम शुरू करने की संभावना है क्योंकि जब दिमाग़ पर बोझ नहीं होता तो यह अधिक सुनियोजित होता है और समय पर काम करने में समर्थ होता है।

जब आप इन छोटी चिंताओं की शाखाओं को काट दें तो फिर धीरे-धीरे चिंता के मुख्य तने पर आयें। फिर आपने इतनी अधिक शक्ति विकसित कर ली होगी कि आप अपने जीवन की मुख्य चिंता यानी चिंता करने की आदत को नष्ट करने में समर्थ हो जायेंगे।

मेरे मित्र डॉ. डैनियल ए. पॉलिंग एक बहुमूल्य सुझाव देते हैं। वे कहते हैं कि वे हर दिन सुबह बिस्तर से उठने से पहले तीन शब्द तीन बार बोलते हैं : "मुझे विश्वास है।" दिन की शुरुआत में ही वे अपने मस्तिष्क को आस्था से भर लेते हैं और वह पूरे दिन उनका साथ नहीं छोड़ती। उनका मस्तिष्क यह बात मान लेता है कि आस्था के सहारे वे दिन में आने वाली अपनी समस्याओं और मुश्किलों को सुलझा लेंगे। वे अपने दिन की शुरुआत ही रचनात्मक और सकारात्मक विचारों से करते हैं। वे विश्वास करते हैं, और उस व्यक्ति को सफल होने से रोका नहीं जा सकता जिसे विश्वास होता है।

मैंने एक रेडियो चर्चा में डॉ. पॉलिंग की "मुझे विश्वास है" तकनीक के बारे में बताया और मुझे एक महिला का पत्र मिला जिसने मुझे बताया कि वह अपने धर्म के प्रति बहुत निष्ठावान नहीं थी और उसका धर्म यहूदी धर्म था। उसने कहा कि उसके घर में वाद-विवाद, कलह, चिंता और दुख का माहौल था। उसने कहा कि उसका पति "बहुत ज़्यादा शराब पिया करता था" और दिन भर घर में हाथ पर हाथ धरे बैठा रहता था और कोई काम-धाम नहीं करता था। पति कमज़ोर तर्क देता था कि उसे नौकरी ही नहीं मिल रही है। इस महिला की सास भी उसी के साथ रहती थी और वह दिन भर "हमेशा अपने शरीर में दर्द" की शिकायत करती रहती थी।

इस महिला ने बताया कि डॉ. पॉलिंग के तरीक़े ने उसे प्रभावित किया और उसने इस पर अमल करने का फ़ैसला किया। इसलिये अगली सुबह जागने पर उसने भी तीन बार दोहराया, "मुझे विश्वास है, मुझे विश्वास है, मुझे विश्वास है।" अपने पत्र में वह रोमांच से भरकर बताती है : "इस योजना को शुरू करने के दस दिन बाद ही यानी कल रात को मेरा पति घर आया और उसने मुझे बताया कि उसे 80 डॉलर प्रति सप्ताह की नौकरी मिल गयी है। और वह भी कहता है कि वह शराब छोड़ रहा है। मुझे विश्वास है कि ऐसा सचमुच होगा। और इससे भी आश्चर्य की बात यह है कि मेरी सास अब शायद ही कभी अपने दर्द या पीड़ा की शिकायत करती हैं। ऐसा लगता है जैसे इस घर में चमत्कार हो गया है। मेरी चिंतायें जैसे काफ़ूर हो गयी हैं।"

यह लगभग जादुई सा लगता है परंतु इस तरह का चमत्कार हर दिन उन लोगों के साथ होता है जो नकारात्मक डर के विचारों से सकारात्मक आस्था के विचारों और नज़रिये की तरफ़ बढ़ते हैं।

स्वर्गीय हॉवर्ड चैंडलर क्रिस्टी मेरे अच्छे दोस्त थे। वे एक आर्टिस्ट थे। उनकी चिंता-विरोधी तकनीक बहुत आसान और दमदार थी। मुझे ऐसा दूसरा व्यक्ति नहीं मिला जिसके जीवन में इतनी अधिक ख़ुशी और आनंद छलकता हो, जितना कि हॉवर्ड के जीवन में छलकता था। उसमें एक अजेय गुण था और उसकी ख़ुशी संक्रामक थी।

मेरे चर्च की यह नीति है कि वह अपने पादरी का पोर्ट्रेट पेंट करवाते हैं। यह उस पादरी के जीवनकाल में उसके घर टँगा रहता है और उसकी मौत के बाद यह चर्च को दे दिया जाता है जहाँ इसे गैलरी में उसके पूर्ववर्तियों के साथ टाँग दिया जाता है। एल्डर्स और डीकन्स के बोर्ड की यह पॉलिसी है कि आम तौर पर पोर्ट्रेट तब बनवाये जाते हैं जब उनकी समझ से पादरी अपनी अच्छी शक्ल के चरम पर हो (मेरा कई साल पहले पेंट करवाया जा चुका है)।

जब मिस्टर क्रिस्टी मेरा पोर्ट्रेट बना रहे थे तो मैंने पूछा : "हॉवर्ड, क्या आप कभी चिंता नहीं करते?"

वह हँसा, "नहीं, कभी नहीं। मैं इसमें यक़ीन नहीं करता।"

मैंने टिप्पणी की, "यह तो चिंता न करने का बहुत ही आसान तरीक़ा है। वास्तव में, यह मुझे बहुत ज़्यादा आसान लगता है - आप इसमें यक़ीन

नहीं करते, इसलिये आप चिंता नहीं करते। क्या आप कभी चिंतित नहीं रहे? मैंने पूछा।"

उसने जवाब दिया, "हाँ, मैंने एक बार कोशिश की थी। मैंने देखा कि हर व्यक्ति चिंता करता नज़र आ रहा था और इसलिये मैंने सोचा कि मेरी ज़िंदगी में कोई कमी है, इसलिये एक दिन मैंने अपना मन बनाया कि मैं भी चिंता करके देखता हूँ। मैंने एक दिन चुन लिया और कहा : 'यह मेरा चिंता दिवस होगा।' मैंने फ़ैसला किया कि मैं इस चिंता के मामले की जाँच करूँगा और मैं थोड़ी चिंता करके देखूँगा कि चिंता करना कैसा होता है।"

"उस दिन के पहले वाली रात को मैं जल्दी सो गया ताकि मुझे अगले दिन चिंता करने से पहले पर्याप्त आराम मिल सके और चिंता करने के लिये मैं तरोताज़ा रहूँ। अगली सुबह मैं उठा और मैंने अच्छा नाश्ता किया - क्योंकि आप ख़ाली पेट सफलतापूर्वक चिंता नहीं कर सकते - और फिर मैंने चिंता करने की कोशिश करने का फ़ैसला किया। मैंने दोपहर तक सर्वश्रेष्ठ प्रयास किये परंतु मुझे इसका सिर-पैर समझ में नहीं आया। इसमें मुझे कोई समझदारी नहीं दिखी, इसलिये मैंने बस हार मान ली।"

वह एक संक्रामक हँसी हँसा।

"परंतु," मैंने कहा, "आपके पास चिंता को जीतने का कोई और तरीक़ा अवश्य होना चाहिये।" और उसके पास सचमुच ऐसा तरीक़ा था और शायद यह सर्वश्रेष्ठ तरीक़ा था।

"हर दिन मैं सुबह पंद्रह मिनट तक ईश्वर के विचारों से अपने मस्तिष्क को भर लेता हूँ," उसने कहा। "जब आप मस्तिष्क में ईश्वर का चिंतन करते हैं, तो चिंता के लिये जगह ही नहीं बचती है। मैं हर दिन अपने मस्तिष्क को ईश्वर के विचारों से भर लेता हूँ और इसलिये मेरा हर दिन बहुत अच्छी तरह से गुज़र जाता है।"

हॉवर्ड क्रिस्टी पेंट-ब्रश का महान कलाकार था, परंतु वह जीवन का भी उतना ही महान कलाकार था क्योंकि उसने एक महान सच्चाई को लिया और उसे इसके मूलभूत तथ्य में ग्रहण किया कि आपके मस्तिष्क से वही बाहर आता है जो आप इसमें मूल रूप से अंदर डालते हैं। डर के विचारों के बजाय आप अपने मस्तिष्क को ईश्वर के विचारों से भर दें और आपको आस्था और साहस के विचार मिलने लगेंगे।

चिंता वह विनाशकारी प्रक्रिया है जो मस्तिष्क में ईश्वर के प्रेम और

कृपा के विरोधी विचारों को भर देती है। मूलतः यही चिंता का असली स्वरूप है। इसका इलाज यह है कि अपने मस्तिष्क को ईश्वर की शक्ति, उसके संरक्षण और उसकी अच्छाई के विचारों से भर दिया जाये। इसलिये हर दिन पंद्रह मिनट अपने मस्तिष्क को ईश्वर के विचारों से भरें। अपने मस्तिष्क को "मुझे विश्वास है" फ़िलॉसफ़ी से पूरी तरह भर लें। आपके मस्तिष्क में कोई जगह ही नहीं बचेगी जहाँ चिंता और आस्थाहीन विचार रह सकें।

कई लोग चिंता जैसी मुश्किलों को जीतने में असफल रहते हैं क्योंकि हॉवर्ड क्रिस्टी के विपरीत वे समस्या को जटिल बना लेते हैं और किसी आसान तकनीक से इस पर हमला नहीं करते। यह आश्चर्यजनक है कि किस तरह हमारी सबसे मुश्किल व्यक्तिगत समस्यायें अक्सर किसी आसान तकनीक से दूर की जा सकती हैं। ऐसा इस तथ्य के कारण है क्योंकि यह जानना ही पर्याप्त नहीं है कि मुश्किलों के बारे में क्या किया जाये। हमें यह भी जानना चाहिये कि उस काम को कैसे करना है जिसे किया जाना चाहिये।

रहस्य यह है कि आक्रमण की योजना बनायी जाये और इस पर लगे रहा जाये। ऐसी वह हर चीज़ करना महत्त्वपूर्ण है जो हमारे मस्तिष्क में इस तथ्य को नाटकीय रूप से भर दे कि एक प्रभावी आक्रमण चल रहा है। ऐसा करने से हम उस समस्या पर आध्यात्मिक शक्तियों को सक्रिय कर देते हैं और यह तरीक़ा आसानी से समझा जा सकता है और इसका प्रयोग किया जा सकता है।

चिंता के ख़िलाफ़ तकनीक और रणनीति के सर्वश्रेष्ठ उदाहरणों में से एक है एक बिज़नेसमैन द्वारा बनायी गयी योजना। वह एक ज़बर्दस्त चिंता करने वाला व्यक्ति था। दरअसल, वह चिंता कर-करके अपने स्वास्थ्य को बर्बाद कर रहा था और उसकी नर्व्ज़ की दशा भी चिंताजनक थी। उसकी चिंता का विशिष्ट स्वरूप यह था कि उसे हमेशा यह शंका होती रहती थी कि उसने जो कहा या किया है वह सही चीज़ थी। वह हमेशा अपने निर्णयों को बदलता रहता था और उनके बारे में परेशान होता रहता था। वह एक पोस्टमॉर्टम विशेषज्ञ था। वह एक असामान्य रूप से बुद्धिमान व्यक्ति था, दरअसल वह दो युनिवर्सिटीज़ से ग्रेजुएट था और दोनों में ही उसने ऑनर्स किया था। मैंने उसे सुझाव दिया कि उसे कोई आसान तरीक़ा खोजना चाहिये जो उसकी मदद कर सके। मैंने कहा कि जब दिन ख़त्म हो जाये तो उसे उस दिन को ख़त्म मान लेना चाहिये और भविष्य की ओर जाना चाहिये तथा अतीत को भूल जाना चाहिये। मैंने उसके सामने आसान और नाटकीय रूप

से आध्यात्मिक सत्य की ज़बर्दस्त प्रभावशीलता को स्पष्ट किया।

यह हमेशा सच है कि महानतम मस्तिष्कों में आसान होने की सर्वश्रेष्ठ योग्यता होती है यानी कि उनमें गहन सत्यों को आसान योजनाओं में परिवर्तित करने की क्षमता होती है और इस व्यक्ति ने भी अपनी चिंताओं के संबंध में यही किया। मैंने देखा कि उसमें सुधार हो रहा था और मैंने इस बारे में टिप्पणी की।

"अरे हाँ," उसने कहा, "आख़िरकार मुझे वह रहस्य मिल गया है और यह अद्‌भुत तरीक़े से काम कर रहा है।" उसने कहा कि अगर मैं उसके ऑफ़िस में किसी शाम को आ जाऊँ, तो वह मुझे यह बतायेगा कि उसने चिंता करने की आदत को किस तरह से हटाया। उसने मुझे एक दिन फ़ोन किया और मुझसे उस शाम डिनर लेने का आग्रह किया। मैं उसके ऑफ़िस के बंद होने के समय वहाँ पर पहुँचा। उसने बताया कि उसने अपनी चिंता की आदत को समाप्त करने के लिये एक "छोटी सी तरकीब" खोजी है जो वह हर रात ऑफ़िस से निकलने से पहले करता है। और यह अनूठी तरकीब थी। इसने मुझ पर स्थायी प्रभाव डाला।

हमने अपने हैट और कोट उठाये और दरवाज़े की तरफ़ बढ़े। उसके ऑफ़िस के दरवाज़े के पास एक कचरे की टोकरी रखी थी और इसके ऊपर दीवार पर एक कैलेंडर टँगा था। यह उस तरह का कैलेंडर नहीं था जो एक सप्ताह या एक महीने या तीन महीने का कैलेंडर हो, बल्कि यह एक दिन का कैलेंडर था। आप इसमें एक समय में सिर्फ़ एक ही तारीख़ देख सकते थे और वह तारीख़ बड़े-बड़े अक्षरों में लिखी थी। उसने कहा : "अब मैं अपनी शाम की वह तरकीब करूँगा जिसने मेरी चिंता करने की आदत को ख़त्म करने में मेरी मदद की है।"

उसने हाथ बढ़ाया और कैलेंडर से उस दिन की तारीख़ वाले पन्ने को फाड़ दिया। उसने इसे मरोड़कर इसकी एक छोटी सी गेंद बनायी और मैंने मंत्रमुग्ध होकर देखा कि उसकी उंगलियाँ धीरे-धीरे यह काम कर रही थीं और फिर उसने "दिन" को कचरे की टोकरी में डाल दिया। फिर उसने अपनी आँखें बंद कर लीं और उसके होंठ हिल रहे थे और मैं जानता था कि वह प्रार्थना कर रहा था इसलिये मैं सम्मान के साथ मौन रहा। अपनी प्रार्थना समाप्त करने के बाद उसने ज़ोर से कहा : "आमीन। चलिये, दिन अब ख़त्म हो गया है। आइये, हम बाहर चलें और जीवन का आनंद लें।"

जब हम सड़क पर पहुँच गये तो मैंने पूछा : “क्या आप मुझे बतायेंगे कि आपने अपनी प्रार्थना में क्या कहा था?”

वह हँसा और उसने कहा : “मुझे नहीं लगता कि यह आपकी तरह की प्रार्थना है।” परंतु जब मैंने ज़ोर दिया तो उसने कहा : “अच्छा, मैं इस तरह से प्रार्थना करता हूँ : ‘हे प्रभु, आपने मुझे यह दिन दिया। मैंने यह दिन नहीं माँगा था, परंतु मुझे यह दिन पाकर खुशी हुई। मैं इसके साथ जो अच्छे से अच्छा कर सकता था, वह मैंने किया और इसमें आपने मेरी मदद की, इसलिये मैं आपको धन्यवाद देता हूँ। मैंने कुछ ग़लतियाँ भी कीं और ऐसा तब हुआ जब मैंने आपकी सलाह नहीं मानी और मुझे इस बारे में अफ़सोस है। मुझे माफ़ कर दें। परंतु मेरे खाते में कुछ सफलतायें और कुछ जीत भी हैं और मैं आपके मार्गदर्शन के लिये आभारी हूँ। परंतु हे प्रभु, सफलता या ग़लती, विजय या पराजय, आज का दिन ख़त्म हो गया है और मैंने अपना काम कर दिया है और मैं अब इसे आपको वापस लौटा रहा हूँ। आमीन।’”

शायद यह कोई धार्मिक प्रार्थना नहीं है, परंतु यह निश्चित रूप से बहुत प्रभावी प्रार्थना साबित हुई। इस बिज़नेसमैन ने दिन के अंत को नाटकीय बना दिया और उसने अपने चेहरे को भविष्य की तरफ़ मोड़ दिया और वह अगले दिन बेहतर प्रदर्शन करने की उम्मीद सँजोये था। उसने ईश्वर के तरीक़े के साथ सहयोग किया। जब दिन ख़त्म हो जाता है, तो ईश्वर भी रात का पर्दा गिराकर इसे मिटा देता है। इस तरीक़े से इस व्यक्ति की अतीत की ग़लतियाँ और असफलतायें, काम करने या न करने के पापों की उस पर पकड़ धीरे-धीरे ढीली हो गयी। वह अपनी उन चिंताओं से मुक्त हो गया जो उसके अतीत में इकट्ठी हो गयी थीं। इस तकनीक में यह व्यक्ति सबसे प्रभावी चिंता-विरोधी फ़ॉर्मूलों में से एक का प्रयोग कर रहा था, जिसे इन शब्दों में बताया गया है : “... परंतु मैं यह एक काम कर रहा हूँ, उन चीज़ों को भुला रहा हूँ जो पीछे छूट गयी हैं, और उन चीज़ों की तरफ़ आगे बढ़ रहा हूँ जो मेरे सामने हैं, मैं निशानी की ओर दौड़ा चला जाता हूँ ताकि वह इनाम पाऊँ जिसके लिये परमेश्वर ने मुझे मसीह यीशु में ऊपर बुलाया है।” (फिलिप्पियन्स 3:13-14)

अन्य व्यावहारिक चिंता-विरोधी तकनीकें अपने आप आपके दिमाग़ में आ जायेंगी और आपको उन तकनीकों के बारे में सुनना चाहिये जो सावधानीपूर्वक प्रयोग के बाद प्रभावी सिद्ध होती हैं। मेरा विश्वास है कि हम सभी जो आत्मसुधार में रुचि रखते हैं ईश्वर की महान आध्यात्मिक

प्रयोगशाला में सहपाठी हैं। इकट्ठे हम सफल जीवन के व्यावहारिक तरीक़ों पर काम करते हैं। हर जगह से लोग दयालुतापूर्वक मुझे अपनी तकनीकों और हासिल किये गये परिणामों के बारे में लिख रहे हैं। मैं जाँचे-परखे गये तरीक़ों को पुस्तकों, उपदेशों, अख़बार के कॉलमों, रेडियो, टेलीविज़न और अन्य माध्यमों से दूसरों के लिये उपलब्ध कराने में मदद करने की कोशिश करता हूँ। इस तरीक़े से ऐसे बहुत से लोगों को विकसित किया जा सकता है जिन्हें न सिर्फ़ चिंता को, बल्कि अन्य व्यक्तिगत समस्याओं को जीतने का भी तरीक़ा आता हो।

अध्याय को इस तरीक़े से समाप्त करते हुये ताकि आपको *अभी* चिंता की आदत को समाप्त करने में मदद मिल सके, मैं दस बिंदुओं के चिंता ख़त्म करने वाले फ़ॉर्मूले की सूची दे रहा हूँ :

1. ख़ुद से कहें, "चिंता एक बहुत बुरी मानसिक आदत है। मैं ईश्वर की सहायता से किसी भी आदत को बदल सकता हूँ।"
2. आप चिंता का अभ्यास करके चिंतित हो जाते हैं। आप इसकी विरोधी और इससे अधिक शक्तिशाली आदत आस्था का अभ्यास करके चिंता से मुक्त भी हो सकते हैं। आपमें जितनी भी शक्ति और लगन हो, उसका पूरा प्रयोग करते हुये आप आस्था का अभ्यास करें।
3. आस्था की आदत डालने का तरीक़ा क्या है? हर दिन सुबह बिस्तर छोड़ने से पहले ज़ोर से तीन बार कहें : "मुझे विश्वास है।"
4. इस फ़ॉर्मूले का प्रयोग करते हुये प्रार्थना करें : "मैं यह दिन, अपना जीवन, अपने प्रियजन, अपना काम-धंधा ईश्वर के हाथ में सौंपता हूँ। ईश्वर के हाथ से मेरा कोई नुक़सान हो ही नहीं सकता, केवल मेरा भला हो सकता है। चाहे जो भी हो, चाहे परिणाम जो भी हों, अगर मैं ईश्वर के हाथों में हूँ तो यह ईश्वर की इच्छा है और यह अच्छा ही होगा।"
5. आप जिन चीज़ों के बारे में नकारात्मक बातें कहते हैं, उनके बारे में कोई न कोई सकारात्मक बात कहने का अभ्यास करें, सकारात्मक बातें करें। उदाहरण के तौर पर, यह न कहें : "आज का दिन बड़ा बुरा गुज़रेगा।" इसके बजाय, यह कहें, "आज का दिन बहुत बढ़िया गुज़रेगा।" यह न कहें, "मैं यह कभी नहीं कर पाऊँगा।" इसके

बजाय यह कहें, “ईश्वर की सहायता से मैं यह कर सकता हूँ।”

6. चिंता की चर्चा में कभी भाग न लें। अपनी सभी चर्चाओं में आस्था का इंजेक्शन लगा दें। निराशावादी बातें करने वालों का समूह उस समूह के प्रत्येक व्यक्ति में निराशावादी विचार भर सकता है। परंतु नकारात्मक नज़रिये के बजाय सकारात्मक नज़रिये से आशा भरी बातें करने से आप उस बोझिल माहौल को सुधार सकते हैं और हर एक को आशावान और सुखी बना सकते हैं।

7. आपकी चिंता का एक बहुत बड़ा कारण यह है कि आपके दिमाग़ में डर, हार और निराशा के विचार लबालब भरे हुये हैं। इनको परास्त करने के लिये बाइबल के हर उस वाक्य को अंडरलाइन कर लें, जिसमें आस्था, आशा, सुख, सफलता, आनंद के बारे में लिखा हुआ है। हर वाक्य को याद कर लें। इन्हें बार-बार कहते रहें, जब तक कि यह रचनात्मक विचार आपके अवचेतन मस्तिष्क में पूरी तरह से बैठ न जायें। फिर अवचेतन मस्तिष्क आपको वही विचार लौटायेगा जो आपने इसमें भीतर डाले थे, यानी कि यह आपको चिंतित बनाने के बजाय आशावादी बनायेगा।

8. आशावादी लोगों से दोस्ती करें। अपने चारों तरफ़ ऐसे दोस्त रखें जो सकारात्मक सोचते हों, जिनके विचार आस्था से भरे हों और जो माहौल को रचनात्मक बनाते हों। इससे आपको अपने आस्था के नज़रिये को प्रेरित करने में मदद मिलेगी।

9. यह देखें कि आप कितने लोगों की चिंता की आदत का इलाज करने में सहायता कर सकते हैं। चिंता को हराने में किसी दूसरे की सहायता करने से आप स्वयं के भीतर की शक्तियों को बढ़ा रहे हैं।

10. अपने जीवन के हर दिन यह कल्पना करें कि ईसा मसीह आपके साथ हैं और आपके पार्टनर हैं। और अगर वह सचमुच आपके साथ चल रहे हों तो क्या आपको चिंता करने या डरने की ज़रूरत है? तो फिर खुद से कहें, “वह मेरे साथ हैं।” ज़ोर से कहें, “मैं हमेशा आपके साथ हूँ।” फिर इसे बदलकर यह कहें : “वह अब मेरे साथ हैं।” इस वाक्य को हर दिन तीन बार दोहरायें।

10

निजी समस्यायें सुलझाने की शक्ति

मैं आपको उन सौभाग्यशाली लोगों के बारे में बताना चाहता हूँ जिन्होंने अपनी समस्याओं का सही समाधान खोजा।

वे एक आसान परंतु बहुत ही प्रैक्टिकल योजना पर चले और हर प्रकरण में उन्हें इसके सुखद व सफल परिणाम मिले। ये लोग आपसे किसी तरह से भिन्न नहीं हैं। उनके पास भी वही समस्यायें और मुश्किलें थीं, जो आपके पास हैं, परंतु उन्होंने एक ऐसा फ़ॉर्मूला ढूँढ़ लिया जिसने उन्हें सफलता दिलायी। इस फ़ॉर्मूले के सहारे उन्हें कठिन सवालों के सही जवाब ढूँढ़ने में मदद मिली। अगर आप इस फ़ॉर्मूले को अपनाते हैं, तो आपको भी यही परिणाम मिलेंगे।

सबसे पहले मैं आपको एक पति-पत्नी की कहानी बताना चाहता हूँ। बिल और उसकी पत्नी काफ़ी समय से मेरे मित्र हैं। वर्षों तक बिल कड़ी मेहनत करता रहा जब तक कि वह अपनी कंपनी की सीढ़ी में दूसरे स्थान पर नहीं पहुँच गया। वह कंपनी का वाइस प्रेसिडेंट बन गया और उसे विश्वास था कि वर्तमान प्रेसिडेंट के रिटायर होने के बाद उसे प्रेसिडेंट पद पर नियुक्ति दे दी जायेगी। ऐसा कोई कारण नहीं था कि उसकी महत्त्वाकांक्षा पूरी न हो सके। उसमें प्रेसिडेंट बनने की योग्यता थी, प्रशिक्षण था, अनुभव था। इसके अलावा उसे यह विश्वास दिलाया गया था कि उसे ही प्रेसिडेंट पद के लिये चुना जायेगा।

परंतु जब अपॉइंटमेंट का वक़्त आया तो उसे दरकिनार कर दिया गया। बाहर के एक व्यक्ति को कंपनी के प्रेसिडेंट पद पर नियुक्ति दे दी गयी।

मैं बिल से इस घटना के ठीक बाद मिला जब उसका घाव हरा था। ख़ास तौर पर उसकी पत्नी मैरी की इच्छा थी कि प्रतिशोध लिया जाये।

डिनर पर उसने कटुतापूर्वक वह सारी बातें कहीं जो वह "उन्हें सुनाना चाहती थी"। गहन निराशा, अपमान और कुंठा से भरे मैरी के दिल में गुस्से की आग धधक रही थी जब उसने अपने पति और मेरे सामने अपनी व्यथा-कथा कही।

इसके विपरीत बिल शांत था। हालाँकि वह स्पष्ट रूप से आहत, निराश और दुविधा में था, परंतु उसने परिस्थिति का सामना साहस से किया। बिल चूँकि स्वभाव से बेहद नम्र व्यक्ति है, इसलिये मुझे कोई हैरानी नहीं हुई कि वह गुस्सा नहीं था और उसकी प्रतिक्रिया प्रतिशोध या हिंसा की नहीं थी। मैरी चाहती थी कि वह तत्काल इस्तीफ़ा दे दे। उसने बिल को सलाह दी कि "वह कंपनी के मालिकों को अच्छी तरह से बता दे कि उन्होंने कितनी बड़ी ग़लती, नाइंसाफ़ी की है और इसके बाद इस्तीफ़ा दे दे।"

बिल यह क़दम नहीं उठाना चाहता था। उसने कहा कि शायद यह सबसे अच्छा रहेगा कि वह नये व्यक्ति के साथ काम करे और उसकी हर तरह से यथासंभव मदद करे।

यह नज़रिया रखना निश्चित रूप से मुश्किल था परंतु वह इस कंपनी में इतने लंबे समय से काम कर रहा था कि किसी और कंपनी में वह ख़ुश नहीं रह सकता था। इसके अलावा उसे महसूस हो रहा था कि वाइस प्रेसिडेंट के पद पर कंपनी उसकी सेवाओं का लाभ उठाती रहेगी।

इसके बाद उसकी पत्नी मेरी तरफ़ मुड़ी और उसने मुझसे पूछा कि इस परिस्थिति में मैं क्या करता। मैंने उसे बताया कि उसकी तरह मैं भी निश्चित रूप से आहत और निराश होता, परंतु मैं नफ़रत को अपने अंदर आने की अनुमति नहीं देता क्योंकि शत्रुता से न सिर्फ़ आत्मा कमज़ोर होती है बल्कि इससे हमारी चिंतन-प्रक्रिया भी अव्यवस्थित हो जाती है।

मैंने सुझाव दिया कि हमें ईश्वर से मार्गदर्शन की ज़रूरत थी, क्योंकि इस परिस्थिति में हमें दैवी बुद्धि की आवश्यकता है जो हमारी सीमाओं से परे है। इस समस्या में जो भावनात्मक तत्व था उस वजह से हम इस मामले में निष्पक्ष और तार्किक दृष्टि से सोचने में असमर्थ थे।

इसलिये मैंने सुझाव दिया कि हम कुछ देर तक साहचर्य और प्रार्थना के नज़रिये से चुपचाप बैठे रहें और अपने विचारों को उस शक्ति पर केन्द्रित करें जिसने कहा था : "जहाँ दो या तीन लोग मेरे नाम पर इकट्ठे होंगे, वहाँ से उनके बीच में रहूँगा।" (मैथ्यू 18:18-20)। मैंने बताया कि हम

तीन लोग यहाँ बैठे हैं और अगर हम उसके नाम पर इकट्ठे होकर प्रार्थना करेंगे तो वह हमारे बीच में उपस्थित होकर हमें रास्ता दिखायेगा कि हमें क्या करना चाहिये।

इस सुझाव का पालन करना मैरी के लिये आसान नहीं था, परंतु वह मूलतः समझदार और भली महिला है और इसलिये वह योजना में शामिल हो गयी।

कुछ मिनट तक शांत बैठे रहने के बाद मैंने सुझाव दिया कि हम लोग एक-दूसरे का हाथ पकड़ लें और हालाँकि हम लोग एक सार्वजनिक रेस्तराँ में बैठे थे परंतु मैं शांति से एक प्रार्थना करूँगा। प्रार्थना में मैंने ईश्वर का मार्गदर्शन माँगा। मैंने बिल और मेरी के लिये मानसिक शांति का आग्रह किया। मैं एक क़दम आगे बढ़ गया और मैंने नवनियुक्त प्रेसिडेन्ट के लिये भी प्रभु का आशीर्वाद माँगा। मैंने यह प्रार्थना भी की कि बिल नये प्रशासन के साथ तालमेल बिठाने में समर्थ हो और पहले से अधिक प्रभावी सेवायें दे सके।

प्रार्थना के बाद हम कुछ समय तक चुपचाप बैठे रहे। फिर मैरी ने कहा, "हाँ, मुझे लगता है कि हमें यही करना चाहिये। जब मुझे पता चला कि आप हमारे साथ डिनर लेने आ रहे हैं तो मुझे डर था कि आप इस विषय पर ईसाई नज़रिया अपनाने की सलाह देंगे। सच कहा जाये, तो उस समय मुझे ऐसा करना ठीक नहीं लग रहा था। मैं अंदर ही अंदर उबल रही थी, परंतु ज़ाहिर है अब मुझे यह महसूस होता है कि इसी नीति से इस समस्या का सही जवाब पाया जा सकता है। मैं ऐसा करने की कोशिश करूँगी और आस्था से करूँगी, चाहे यह कितना ही मुश्किल हो।" उसके चेहरे पर फीकी मुस्कान थी, परंतु उसका विद्वेष अब चला गया था।

समय-समय पर मैं उनकी खोज-ख़बर लेता रहा और मैंने पाया कि हालाँकि उनकी अपेक्षाओं के अनुरूप नहीं हो रहा था, परंतु वे नयी व्यवस्था से धीरे-धीरे संतुष्ट हो गये थे। उन्होंने अपनी निराशा और दुर्भावना को जीतने में सफलता पा ली थी।

बिल ने मुझे यह भी बताया कि उसे नया व्यक्ति पसंद था और उसे उसके साथ काम करने में मज़ा आता था। उसने मुझे बताया कि नया प्रेसिडेंट उसे अक्सर सलाह लेने के लिये बुलवाता था और उस पर निर्भर करने लगा था।

मैरी भी प्रेसिडेंट की पत्नी से अच्छा व्यवहार कर रही थी और सच कहा जाये तो दोनों ही पूरी तरह से सहयोग कर रहे थे।

दो साल गुज़र गये। एक दिन मैं उनके शहर में आया और उन्हें फ़ोन किया।

"मैं इतनी रोमांचित हूँ कि मैं आपसे फ़ोन पर बात नहीं कर सकती," मैरी ने फ़ोन पर कहा।

मैंने कहा कि अगर उसकी स्थिति ऐसी है तो निश्चित रूप से इसके पीछे कोई असामान्य महत्त्व की घटना होगी।

इस बात को नज़रअंदाज़ करते हुये वह चिल्लायी, "बहुत ही आश्चर्यजनक घटना हो गयी है। मिस्टर अमुक-अमुक," प्रेसिडेंट का नाम लेते हुये, "को किसी और कंपनी में एक ख़ास काम के लिये बड़े प्रमोशन के लिये चुन लिया गया है जिससे वह हमारी कंपनी छोड़कर इससे अच्छे पद पर चले जायेंगे और" - उसने आगे कहा - "क्या आप अंदाज़ा लगा सकते हैं? बिल को अभी-अभी यह बताया गया है कि वह अब कंपनी का प्रेसिडेंट बन गया है। आप भी आ जाइये, और हम तीनों मिलकर ईश्वर को उसकी कृपा के लिये धन्यवाद देंगे।"

बाद में जब हम तीनों इकट्ठे हुये, तो बिल ने कहा, "मुझे अब यह एहसास हो रहा है कि ईसाई धर्म सिर्फ़ सैद्धांतिक नहीं है। हमने अपनी समस्या को आध्यामिकता के सुस्पष्ट और वैज्ञानिक सिद्धांतों के माध्यम से सुलझाया है।" उसने कहा, "मैं यह सोचकर काँप जाता हूँ कि अगर हमने ईसा मसीह की शिक्षाओं में दिये गये फ़ॉर्मूले से इस समस्या का सामना नहीं किया होता, तो हमसे कितनी बड़ी ग़लती हो जाती।"

"कौन कहता है," बिल ने पूछा, "ईसाई धर्म प्रैक्टिकल नहीं है?" दोबारा अगर मेरे सामने कोई समस्या आयेगी तो मैं उस पर भी इसी फ़ॉर्मूले का प्रयोग करूँगा जो ईसा मसीह की शिक्षाओं में निहित है।

इस बात को कई साल गुज़र गये हैं। इस दौरान बिल और मैरी के जीवन में कई समस्यायें आयीं। हर समस्या में उन्होंने इसी तकनीक का प्रयोग किया और उन्हें इसके हमेशा अच्छे परिणाम मिले। "ईश्वर के हाथ में छोड़ने" की युक्ति द्वारा उन्होंने अपनी समस्याओं को सही तरह से सुलझाना सीख लिया था।

समस्या सुलझाने का एक और प्रभावी फ़ॉर्मूला यह बहुत ही आसान

तरीक़ा है कि आप ईश्वर की अपने पार्टनर के रूप में कल्पना करें। बाइबल में सिखायी गयी मूलभूत सच्चाइयों में से एक यह है कि ईश्वर हमारे साथ है। दरअसल, ईसाइयत इस अवधारणा से शुरू होती है क्योंकि जब ईसा मसीह पैदा हुये थे तो उन्हें इमैनुअल कहकर संबोधित किया गया था, जिसका अर्थ है "ईश्वर हमारे साथ है।"

ईसाई धर्म हमें सिखाता है कि हमारी सारी समस्याओं, मुश्किलों और परिस्थितियों में ईश्वर हमारे नज़दीक ही है। हम उससे बात कर सकते हैं, उससे मदद हासिल कर सकते हैं और उसका सहारा ले सकते हैं। हम उसकी रुचि, समर्थन और सहायता का असीम लाभ उठा सकते हैं। व्यावहारिक दृष्टि से लगभग हर व्यक्ति आम तौर पर इस बात को सच मानता है और कइयों ने इस आस्था के सत्य का अनुभव किया है।

अपनी समस्याओं के सही समाधानों पर पहुँचने के लिये यह आवश्यक है कि आप इसमें विश्वास करने से एक क़दम आगे बढ़ जायें क्योंकि आपको इस उपस्थिति के विचार को सचमुच अभ्यास में लाना है। यह विश्वास करने का अभ्यास करें कि ईश्वर उतना ही वास्तविक है जितनी कि पत्नी या आपका बिज़नेस पार्टनर या आपका सबसे क़रीबी दोस्त। उसके साथ विभिन्न विषयों पर बातें करने का अभ्यास करें; यह विश्वास करें कि वह सुन रहा है और आपकी समस्या पर ध्यान दे रहा है। यह मान लें कि वह आपकी समस्याओं को सुलझाने के लिये आवश्यक और सही विचारों को आपकी चेतना द्वारा आपके मस्तिष्क में ले आयेगा। निश्चित रूप से यह विश्वास करें कि इन समाधानों में कहीं कोई ग़लती नहीं होगी बल्कि आपको ऐसे कार्यों का मार्गदर्शन मिलेगा जिसे सही परिणाम हासिल होंगे।

एक बिज़नेसमैन ने मुझे एक दिन एक पश्चिमी शहर में रोटरी क्लब की एक मीटिंग में रोका जहाँ मैं भाषण दे रहा था। उसने मुझे बताया कि उसने अख़बार के मेरे कॉलम में कोई ऐसी बात पढ़ी थी, जिसने, "उसके नज़रिये में पूरी तरह से क्रांति ला दी थी और उसके बिज़नेस को बचा लिया था।"

ज़ाहिर है मैंने उसकी बातों में रुचि ली और मैं खुश हुआ कि मेरी लिखी हुई किसी छोटी सी बात से इतने अच्छे परिणाम मिले।

"मैं अपने बिज़नेस में काफ़ी मुश्किलों का सामना कर रहा था," उसने कहा। "दरअसल, मैं इस बहुत गंभीर सवाल को खुद से पूछना शुरू कर

रहा था कि क्या मैं अपने बिज़नेस को बचा पाऊँगा। दुर्भाग्यपूर्ण परिस्थितियों, मार्केट की बुरी दशा, नियामक नीतियों और देश की अर्थव्यवस्था की आम तौर पर बदहाली ने मेरी लाइन को बुरी तरह से प्रभावित किया था। मैंने आपका यह लेख पढ़ा जिसमें आपने ईश्वर को अपना पार्टनर बनाने का विचार सुझाया था। मुझे लगता है कि आपने यह वाक्यांश प्रयुक्त किया, "ईश्वर के साथ विलय करना।"

"जब मैंने इसे पहली बार पढ़ा तो मुझे यह "सरके हुये दिमाग़ का विचार" लगा। दुनिया का कोई भी व्यक्ति, कोई भी इन्सान, ईश्वर को अपना पार्टनर कैसे बना सकता है? इसके अलावा, मैंने हमेशा ईश्वर की कल्पना एक विराट व्यक्तित्व के रूप में की थी, जो मनुष्य की तुलना में इतना विशाल था कि मनुष्य उसकी दृष्टि में किसी कीड़े-मकोड़े की तरह था और आप कह रहे थे कि मुझे उसे अपना पार्टनर बना लेना चाहिये। यह विचार बहुत ही बकसाव लगा। फिर एक दोस्त ने मुझे आपकी एक पुस्तक दी और मुझे उस पुस्तक में इसी तरह के विचार बिखरे हुये मिले। आपने उन लोगों के बारे में असली जीवन की कहानियाँ बतायी थीं जिन्होंने इस सलाह का पालन किया था। वे सभी समझदार लोग लगे, परंतु मुझे अब भी विश्वास नहीं हुआ। मेरा हमेशा से यह विचार रहा है कि पादरी लोग आदर्शवादी सिद्धांतवादी होते हैं और वे बिज़नेस और जीवन के प्रैक्टिकल मामलों के बारे में कुछ नहीं जानते। इसलिये मैंने आपको अपनी 'याद्‌दाश्त से मिटा दिया,' उसने मुझे मुस्कुराते हुये बताया।

"बहरहाल, मेरे साथ एक दिन बड़ी मज़ेदार घटना हुई। मैं अपने ऑफ़िस में इतना हताश हो गया कि मैंने सचमुच सोचा कि मेरे लिये सबसे अच्छी चीज़ यह होगी कि मैं अपने भेजे को गोली मारकर उड़ा दूँ और उन सारी समस्याओं से निजात पा जाऊँ जो मुझे पूरी तरह से धराशायी किये दे रही थीं। फिर मेरे दिमाग़ में ईश्वर को पार्टनर बनाने का आपका विचार आया। मैंने दरवाज़ा बंद कर लिया, अपनी कुर्सी पर बैठ गया और सिर को मेज़ पर रखी अपनी बाँहों पर रख लिया। मैं आपके सामने यह स्वीकार करना चाहता हूँ कि मैंने पिछले बारह सालों में बारह बार से ज़्यादा प्रार्थना नहीं की थी। बहरहाल, इस अवसर पर मैंने सचमुच प्रार्थना की। मैंने ईश्वर को बताया कि मैंने उसे पार्टनर बनाने के विचार के बारे में पढ़ा था और मुझे यह ठीक-ठीक पता नहीं था कि इसका क्या अर्थ था या इसे किस तरह किया जाता है। मैंने उसे बताया कि मैं पूरी तरह से डूब गया था कि

मेरे पास डरावने विचारों के अलावा किसी तरह के विचार नहीं थे, कि मैं बौखलाया हुआ, दुविधा में और बुरी तरह निराश था। मैंने कहा : 'हे प्रभु, मैं पार्टनर के रूप में तुम्हें ज़्यादा कुछ तो दे नहीं सकता, मैं नहीं जानता कि आप मेरी मदद किस तरह से कर सकते हो, परंतु मुझे मदद चाहिये। इसलिये अब मैं अपने बिज़नेस को, अपने आपको, अपने परिवार को और अपने भविष्य को आपके हाथों में रखता हूँ। आप जो भी कहेंगे, वही होगा। मैं यह भी नहीं जानता कि आप मुझे किस तरह सलाह देंगे कि क्या करना है, परंतु मैं सुनने के लिये तैयार हूँ और अगर आप स्पष्ट रूप से सलाह देंगे तो मैं उस पर निश्चित रूप से चलने के लिये तैयार हूँ।'

"तो मैंने यह प्रार्थना की," बिज़नेसमैन ने बताया। "प्रार्थना पूरी करने के बाद मैं अपनी मेज़ पर बैठा रहा। मुझे लगता है कि मैं किसी चमत्कार होने की उम्मीद कर रहा था, परंतु कोई चमत्कार नहीं हुआ। बहरहाल, अचानक मैं शांत हो गया और मैं हल्का महसूस करने लगा। उस दिन या उस रात कुछ भी सामान्य से हटकर नहीं हुआ, परंतु अगले दिन मैं जब ऑफ़िस आया तो मेरा मूड आम तौर से अधिक ख़ुशनुमा और उत्साहपूर्ण था। मुझे यह विश्वास होने लगा कि सब कुछ सही हो जायेगा। इसे समझाना कठिन है कि मुझे ऐसा महसूस क्यों हो रहा था। कुछ भी नहीं बदला था। सच कहा जाये, तो आप कह सकते हैं कि परिस्थितियाँ थोड़ी अधिक बिगड़ चुकी थीं, परंतु मैं बदल गया था, कम से कम थोड़ा तो बदल गया था।"

"शांति की यह भावना मेरे साथ बनी रही और मैं पहले से बेहतर अनुभव करने लगा। मैं हर दिन प्रार्थना करता रहा और ईश्वर से उस तरह बातें करता रहा जैसे मैं अपने पार्टनर से करता। यह वैसी प्रार्थनायें नहीं थीं जैसी चर्चा में होती हैं - यह तो उस तरह की बातें थीं जो एक इन्सान दूसरे इन्सान के साथ करता है। तभी अपने ऑफ़िस में एक दिन में दिमाग़ में अचानक एक विचार कौंधा। जैसे टोस्टर में से टोस्ट अचानक बाहर आता है उसी तरह यह विचार भी अचानक आया। मैंने ख़ुद से कहा : 'तो इस बारे में आप क्या जानते हैं?' क्योंकि यह एक ऐसी चीज़ थी जो पहले मेरे दिमाग़ में नहीं आयी थी, परंतु मैं तत्काल यह समझ गया कि मुझे इसी युक्ति का अनुसरण करना चाहिये। मैं यह नहीं जानता कि मैं इसके बारे में पहले क्यों नहीं सोच पाया। शायद इसलिये क्योंकि मेरा मन तनावग्रस्त था। मेरा मस्तिष्क सही तरीक़े से काम नहीं कर रहा था।

"मैंने तत्काल उस आभास का पालन करना शुरू कर दिया।" फिर वह

रुका। "नहीं, यह आभास नहीं था, यह तो मेरा पार्टनर मुझसे बातें कर रहा था। मैंने तत्काल इस विचार के अनुसार काम करना शुरू कर दिया और चीज़ें सुधरने लगीं। नये विचार मेरे दिमाग़ से बाहर आने लगे और विपरीत परिस्थितियों के बावजूद मैं अपने बिज़नेस को सामान्य स्थिति में लाने की तरफ़ बढ़ने लगा। अब सामान्य स्थिति में काफ़ी सुधार हुआ है। और मैं अपनी मुश्किलों से उबर चुका हूँ।"

फिर उसने कहा : "मैं उपदेश देने के बारे में कुछ नहीं जानता, न ही मुझे यह आता है कि आप जिस तरह की पुस्तकें लिखते हैं उन्हें कैसे लिखा जाता है, सच कहें तो मुझे किसी तरह की पुस्तक लिखने के बारे में कुछ नहीं पता, परंतु मैं आपको यह बता दूँ - जब भी आपको किसी बिज़नेसमैन से बात करने का अवसर मिले तो आप उन्हें इतना बता दें कि अगर वे ईश्वर को अपना बिज़नेस पार्टनर बना लेंगे तो उन्हें बहुत अच्छे विचार बहुत अधिक संख्या में मिलेंगे और उन विचारों को संपत्ति में बदल सकते हैं। मेरा अर्थ सिर्फ़ धन से नहीं है," उसने कहा, "हालाँकि मुझे विश्वास है कि अपने निवेशों पर अच्छी आमदनी हासिल करने का एक तरीक़ा ईश्वर द्वारा निर्देशित विचारों पर चलना है। परंतु उन्हें बता दें कि ईश्वर की पार्टनरशिप का तरीक़ा उनकी समस्याओं को सही तरह से सुलझाने का तरीक़ा है।"

यह घटना इसी तरह के कई उदाहरणों में से एक है जो यह दर्शाती है कि व्यावहारिक मामलों में दैवी-इन्सानी संबंध का नियम काम करता है। मैं समस्या सुलझाने की इस तकनीक के प्रभावी होने पर पूरी प्रबलता से ज़ोर नहीं देता हूँ। मैंने देखा है कि इसने कई मामलों में कितने आश्चर्यजनक परिणाम हासिल किये हैं।

व्यक्तिगत समस्याओं को सुलझाने के बहुत आवश्यक मामले में सबसे पहले आपको यह मानना होगा कि उस समस्या को सही तरह से सुलझाने की शक्ति आपके भीतर है। दूसरी शर्त यह है कि आपको एक योजना बनानी होगी और उस पर चलना होगा। आध्यात्मिक और भावनात्मक योजना का अभाव वह निश्चित कारण है जिस वजह से कई लोग अपनी व्यक्तिगत समस्याओं को सफलतापूर्वक नहीं सुलझा पाते।

एक बिज़नेस एक्ज़ीक्यूटिव ने मुझे बताया कि वह "मानवीय मस्तिष्क की आपातकालीन शक्तियों" के सहारे सफलता हासिल करता है। उसने यह सिद्धांत बनाया था और यह बहुत काम का सिद्धांत है कि हर इन्सान में कुछ अतिरिक्त शक्तियाँ होती हैं जिनका उपयोग आपातकालीन स्थितियों में किया

जा सकता है। रोज़मर्रा के साधारण जीवन में यह आपातकालीन शक्तियाँ सोयी रहती हैं, परंतु असाधारण परिस्थितियों में मनुष्य ज़रूरत पड़ने पर इन अतिरिक्त शक्तियों का प्रयोग कर सकता है।

वह व्यक्ति जो एक सक्रिय आस्था विकसित कर लेता है इन शक्तियों को सोते रहने की अनुमति नहीं देता, बल्कि अपनी आस्था के अनुपात में इनमें से कई को रोज़मर्रा की गतिविधियों में सक्रिय कर देता है। इससे यह स्पष्ट होता है कि दैनिक आवश्यकताओं में या संकट के समय में कुछ लोगों में दूसरों से अधिक शक्ति क्यों दिखती है। उन्होंने उन शक्तियों का प्रयोग करना एक आदत बना ली है जिन्हें तब तक नज़रअंदाज़ कर दिया जाता है जब तक कि कोई नाटकीय आवश्यकता ही न आन पड़े।

जब कोई कठिन परिस्थिति उत्पन्न होती है, तो क्या आप जानते हैं कि इसका सामना कैसे करें? क्या आपके पास उन असामान्य रूप से कठिन समस्याओं को सुलझाने की कोई स्पष्ट रूप से परिभाषित योजना है? कई लोग मारने-या-चूकने के तरीक़े का प्रयोग करते हैं और दुखद बात यह है कि अधिकांश आम तौर पर चूक जाते हैं। मैं समस्याओं का सामना करने में आपकी अधिक महान शक्तियों के सुनियोजित प्रयोग की महत्ता की प्रबल अनुशंसा करता हूँ।

दो या तीन लोगों के इकट्ठे होकर "ईश्वर के सामने समर्पण" की तकनीक, ईश्वर के साथ पार्टनरशिप बनाने की युक्ति, अपनी आंतरिक आपातकालीन शक्तियों का प्रयोग करने और उनका दोहन करने की योजना बनाने के महत्त्व के अतिरिक्त एक और ज़बर्दस्त तकनीक है- आस्था के नज़रिये के अभ्यास की तकनीक। मैंने वर्षों तक बाइबल पढ़ी और इसके बाद मुझे यह समझ में आया कि यह मुझे बताने की कोशिश कर रही थी कि अगर मुझमें आस्था हो - और सचमुच हो - तो मैं अपनी सारी मुश्किलों को जीत सकता हूँ, हर स्थिति का सामना कर सकता हूँ, हर पराजय के बाद उठ सकता हूँ और मेरे जीवन की सभी मुश्किल समस्याओं को सुलझा सकता हूँ। जिस दिन मुझे यह एहसास हुआ वह दिन अगर मेरे जीवन का महानतम नहीं, तो मेरे जीवन के महानतम दिनों में से एक था। निस्संदेह कई लोग इस पुस्तक को पढ़ेंगे जिनके पास जीने का आस्था वाला विचार नहीं होगा। परंतु मैं आशा करता हूँ कि आपको यह विचार यहाँ समझ में आ जायेगा। क्योंकि इसमें कोई संदेह नहीं है कि आस्था की तकनीक दुनिया की सबसे शक्तिशाली सच्चाइयों में से एक है जिसका संबंध मानवीय जीवन

के सफल व्यवहार से है।

बाइबल में इस सत्य पर बार-बार ज़ोर दिया गया है कि "अगर आपमें राई के दाने के बराबर भी आस्था है, तो आपके लिये कुछ भी असंभव नहीं होगा।" (मैथ्यू 17:20)। बाइबल इस बात को पूरी तरह से, शब्दशः और तथ्यात्मक रूप से कहती है। यह कोई भ्रम नहीं है, न ही यह कल्पना की उड़ान है। यह उदाहरण नहीं है, प्रतीक नहीं है, रूपक नहीं है, बल्कि पूरी तरह सच है - "राई के दाने के बराबर भी आस्था" आपकी समस्याओं को सुलझा देगी, बशर्ते आप इसमें विश्वास करें और इसका अभ्यास करें। "आपकी जितनी आस्था होगी, आपको उतना ही मिलेगा।" (मैथ्यू 9:29)। जिस चीज़ की आवश्यकता है वह है आस्था और आपकी आस्था के अनुपात में ही आपको परिणाम मिलेंगे। आस्था अगर छोटी है, तो परिणाम भी छोटे ही मिलेंगे; आस्था अगर मध्यम है, तो परिणाम भी मध्यम मिलेंगे; और अगर आस्था बहुत ज़्यादा है तो सफलता भी बहुत ज़्यादा मिलेगी। परंतु ईश्वर इतना दयालु है कि अगर आपमें राई के दाने जितनी भी आस्था है, तो भी आप अपनी समस्याओं को सफलतापूर्वक सुलझा लेंगे।

उदाहरण के तौर पर मैं आपको अपने मित्रों मॉरिस और मैरी एलिस फ़्लिंट की रोमांचक कहानी बताना चाहता हूँ। मैं उनसे तब परिचित हुआ जब मेरी पिछली पुस्तक *अ गाइड टु कॉन्फ़िडेंट लिविंग* को *लिबर्टी मैग्ज़ीन* में साररूप में छापा गया। उस वक़्त मॉरिस फ़्लिंट असफल हो रहा था और बुरी तरह असफल हो रहा था। न सिर्फ़ वह अपने काम-धंधे में असफल हो रहा था, बल्कि वह अपनी व्यक्तिगत ज़िंदगी में भी असफल हो रहा था। वह डर और नफ़रत से भरा हुआ था और वह उन सबसे नकारात्मक लोगों में से एक था जिनसे मैं मिला था। वैसे उसे ईश्वर ने एक अच्छा व्यक्तित्व दिया था और दिल से वह एक बढ़िया व्यक्ति था, परंतु उसने अपने जीवन को तहस-नहस कर डाला था जैसा उसने खुद स्वीकार किया।

उसने पुस्तक का साररूप पढ़ा जिसमें "राई के दाने के बराबर आस्था" के विचार पर ज़ोर दिया गया था। इस समय वह फिलाडेल्फिया में अपने परिवार, अपनी पत्नी और दो बच्चों के साथ रह रहा था। उसने न्यूयॉर्क में मेरे चर्च में फ़ोन लगाया, परंतु किसी कारण वह मेरी सेक्रेटरी से बात नहीं कर पाया। मैं इस बात का ज़िक्र इसलिये कर रहा हूँ क्योंकि इससे यह पता चलता है कि उसका मानसिक नज़रिया बदल रहा था, क्योंकि आम तौर पर

उसने दोबारा फ़ोन नहीं किया होता, क्योंकि उसकी यह दुखद आदत पड़ गयी थी कि वह एक कमज़ोर कोशिश करने के बाद हर काम में हार मान लेता था, परंतु इस प्रकरण में वह तब तक जुटा रहा जब तक कि उसे पूरी जानकारी नहीं मिल गयी और उसे चर्च की सेवाओं के समय का ज्ञान नहीं हो गया। अगले रविवार वह अपने परिवार के साथ चर्च में भाग लेने के लिये फिलाडेल्फिया से न्यूयॉर्क आया जो वह इसके बाद भी करता रहा चाहे मौसम कितना ही ख़राब क्यों न हो।

बाद में उसने एक इंटरव्यू में मुझे अपने जीवन की कहानी पूरे विस्तार से बतायी और पूछा कि क्या मुझे लगता है कि वह कभी जीवन में कुछ कर पायेगा। धन की, परिस्थितियों की, क़र्ज़ की, भविष्य की और मूलतः स्वयं की समस्यायें इतनी जटिल थीं और वह इन कठिनाइयों से इतना आतंकित और त्रस्त था कि उसने इस स्थिति को पूरी तरह निराशाजनक मान लिया था।

मैंने उसे आश्वस्त किया कि यदि वह स्वयं को सुधार ले और अपने मानसिक नज़रिये को ईश्वर के वैचारिक पैटर्न के अनुरूप बनाकर आस्था की तकनीक को सीख ले और उसका प्रयोग करे तो उसकी सारी समस्यायें सुलझ सकती हैं।

उसे और उसकी पत्नी को एक नज़रिया अपने दिमाग़ से बाहर निकालना था औ वह था विद्वेष। वे लोग हर किसी से चिढ़ते थे और कुछ से तो बहुत अधिक चिढ़ते थे। वे अपनी वर्तमान दुखद स्थिति में थे, इसलिये उन्होंने अपने बीमार विचारों में तर्क किया कि यह उसकी असफलता नहीं है, बल्कि इसका कारण यह है कि दूसरे लोगों ने "घिनौने सौदे" करके उन्हें इस हाल में ला दिया है। वे रात को बिस्तर पर लेटकर एक-दूसरे को यह बताते थे कि अपमान करते हुये वे दूसरे लोगों को क्या सुनाना चाहते हैं। इस अस्वस्थ माहौल में वे सोने और आराम करने की कोशिश करते थे, परंतु उन्हें सफल परिणाम नहीं मिलते थे।

मॉरिस फ़्लिंट ने आस्था के विचार को सचमुच अपनाया। इसने उसके मस्तिष्क को इस तरह जकड़ लिया जिस तरह किसी चीज़ ने नहीं जकड़ा था। बहरहाल उसकी प्रक्रिया कमज़ोर थी क्योंकि उसकी इच्छाशक्ति अव्यवस्थित थी। पहले तो वह नकारात्मकता की लंबी आदत के कारण किसी भी चीज़ को शक्ति के साथ सोचने में अमसर्थ रहा, परंतु वह लगन से इस विचार पर जुटा रहा कि "अगर आपमें राई के दाने के बराबर भी आस्था है, तो आपके लिये कुछ भी असंभव नहीं होगा।" उसमें जितनी शक्ति थी उसी से

उसने आस्था को ग्रहण किया। निश्चित रूप से आस्था की उसकी क्षमता धीरे-धीरे अभ्यास से बढ़ती गयी।

एक रात को वह किचन में गया जहाँ उसकी पत्नी बर्तन साफ़ कर रही थी। उसने कहा : "आस्था का विचार चर्च में रविवार को तुलनात्मक रूप से आसान लगता है, परंतु मैं इसे बनाये नहीं रख पाता। यह ओझल होने लगता है। मैं सोच रहा था कि अगर मैं एक राई के दाने को अपनी जेब में रखूँ, तो जब मैं कमज़ोर पड़ने लगूँगा तो मैं इसे छू सकता हूँ और यह आस्था प्राप्त करने में मेरी मदद करेगा।" फिर उसने अपनी पत्नी से पूछा : "क्या हमारे पास राई के दाने हैं या यह सिर्फ़ ऐसी चीज़ है जो बाइबल में ही लिखी हुई है? क्या तुम्हारे पास राई के दाने हैं?"

वह हँसी और उसने कहा : "मेरे पास यहीं पर उस अचार की शीशी में रखे हैं।"

उसने दाना निकालकर अपने पति को दे दिया। "क्या तुम नहीं जानते मॉरिस," मैरी एलिस ने कहा, "तुम्हें असली राई के दाने की ज़रूरत नहीं है। यह तो सिर्फ़ एक विचार का प्रतीक है।"

"मैं इसके बारे में कुछ नहीं जानता," उसने जवाब दिया। "बाइबल में लिखा है राई का दाना और मुझे वही चाहिये। शायद मुझे आस्था हासिल करने के लिये प्रतीक की ज़रूरत हो।"

उसने अपनी हथेली पर राई के दाने को रखते हुये हैरानी से कहा, "क्या मुझे बस इतनी सी आस्था चाहिये - सिर्फ़ एक राई के दाने बरारब?" उसने इसे कुछ देर तक पकड़े रखा और फिर इसे अपनी जेब में रख लिया और कहा, "अगर मैं इसे दिन में अपनी उँगलियों से छूता रहूँगा तो मेरी आस्था बनी रहेगी।" परंतु दाना इतना छोटा था कि वह गुम गया और वह दूसरे दाने के लिये फिर से अचार की शीशी के पास गया और उसका वह दाना भी गुम गया। एक दिन जब उसकी जेब का एक और राई का दाना गुम गया तो उसके दिमाग़ में एक विचार आया, क्यों न राई के दाने को प्लास्टिक की बॉल में रखकर जड़वा लिया जाये? वह इस बॉल को अपनी जेब में रख सकता है या अपनी घड़ी की चेन में लगा सकता है ताकि यह हमेशा उसे याद दिलाती रहे कि अगर उसके पास राई के दाने के बराबर भी आस्था है, तो उसके लिये कुछ भी असंभव नहीं होगा।

उसने प्लास्टिक के एक तथाकथित विशेषज्ञ से सलाह ली और उससे

पूछा कि किस तरह राई के बीज को प्लास्टिक की गेंद में डाला जा सकता है ताकि कोई बुलबुला न रहे। "विशेषज्ञ" ने कहा कि ऐसा इस कारण नहीं किया जा सकता क्योंकि यह कभी नहीं किया गया था जो दरअसल कोई कारण नहीं था।

फ़्लिंट में इस समय तक यह विश्वास करने की पर्याप्त आस्था थी कि अगर उसमें "राई के दाने बराबर भी" आस्था थी तो वह उस दाने को प्लास्टिक की बॉल में रख सकता है। वह काम में जुट गया और कई सप्ताह तक इसमें जुटा रहा और आख़िरकार उसे सफलता मिल ही गयी। उसने कॉस्ट्यूम ज्वैलरी के कई सामान बनाये : हार, पिन, की-चेन, ब्रेसलेट इत्यादि और उसने इन्हें मेरे पास भेजा। वे सुंदर थे और हर ज्वैलरी के बीचोबीच चमकता हुआ पारदर्शी गोला था जिसके भीतर राई का दाना था। हर एक पर एक कार्ड लगा हुआ था, जिस पर लिखा था : "राई के दाने की याद।" कार्ड पर यह भी लिखा हुआ था, "अगर आपमें राई के दाने के बराबर भी आस्था है, तो आपके लिये कुछ भी असंभव नहीं होगा।"

उसने मुझसे पूछा कि क्या इन सामानों को बाज़ार में बेचा जा सकता है। मुझे यह स्वीकार करना होगा कि मुझे इस बारे में थोड़ा संदेह था। परंतु मैंने ज्वैलरी को ग्रेस अवर्सलर को दिखाया जो गाइडपोस्ट्स मैग्ज़ीन की सलाहकार संपादक हैं। वे उन आभूषणों को हमारे साझा मित्र मिस्टर वॉल्टर होविंग के पास ले गयीं जो बॉनविट टेलर डिपार्टमेंट स्टोर्स के प्रेसिडेंट हैं और देश के श्रेष्ठ एक्ज़ीक्यूटिव्ज़ में से एक हैं। उन्होंने तत्काल इस प्रोजेक्ट की संभावनाओं को देख लिया। मेरे आश्चर्य और आनंद का ठिकाना नहीं रहा जब कुछ दिनों बाद मैंने न्यूयॉर्क के अख़बारों में दो कॉलम का यह विज्ञापन देखा : "आस्था का प्रतीक : चमकते हुये काँच में लगा एक असली राई का दाना इस ब्रेसलेट को असली अर्थ देता है।" और विज्ञापन में बाइबल का यह वाक्य भी दिया था : "अगर आपमें राई के दाने के बराबर भी आस्था है... तो आपके लिये कुछ भी असंभव नहीं होगा।" (मैथ्यू, 17:20)। यह आभूषण हॉट केक की तरह फटाफट बिके। आज पूरे देश में सैकड़ों बड़े-बड़े डिपार्टमेंट स्टोर और दुकानें इन्हें बेच रहे हैं और उनके पास स्टॉक आते ही ख़त्म हो जाता है।

आज मिस्टर और मिसेज़ फ़्लिंट की एक मध्य-पश्चिमी शहर में एक बड़ी फ़ैक्ट्री है, जहाँ राई के दाने की याद दिलाने वाली ज्वैलरी बनती है। कितनी अजीब बात है, है ना कि एक असफल व्यक्ति चर्च गया। उसने

बाइबल की एक लाइन सुनी और एक बड़ा बिज़नेस खड़ा कर लिया। अगली बार जब आप चर्च जायें तो चर्च के प्रवचन को ध्यान से सुनें, अगली बार जब आप बाइबल पढ़ें तो ध्यान देकर पढ़ें। शायद आपको भी वहाँ कोई ऐसा विचार मिल जाये जो न सिर्फ़ आपका जीवन बदल दे, बल्कि आपके बिज़नेस को भी चमका दे।

इस प्रकरण में आस्था ने एक प्रॉडक्ट को बनाने और इसका वितरण करने के एक बिज़नेस की रचना कर दी जिसने लाखों लोगों की मदद की। यह इतना लोकप्रिय और प्रभावी था कि दूसरों ने इसकी नक़ल की, परंतु फ़्लिंट की राई के दाने की यादगार मौलिक है। इस छोटी सी युक्ति ने जो ज़िंदगियाँ बदली हैं उसकी कहानी इस पीढ़ी की सबसे रोमांचक आध्यात्मिक कहानियों में से एक है। परंतु मॉरिस और मैरी एलिस फ़्लिंट पर जो प्रभाव पड़ा - जिस तरह उनकी ज़िंदगियाँ बदल गयीं, जिस तरह उनके चरित्र का पुनर्निर्माण हुआ, जिस तरह उनके व्यक्तित्व मुक्त हुये - यह आस्था की शक्ति का एक रोमांचक उदाहरण है। अब वे बिलकुल नकारात्मक नहीं हैं - अब वे सकारात्मक हैं। वे अब बिलकुल पराजित नहीं हैं - यह आस्था की शक्ति का एक रोमांचक उदाहरण है। अब वे बिलकुल नकारात्मक नहीं हैं - अब वे सकारात्मक हैं। वे अब बिलकुल पराजित नहीं हैं - वे अब विजयी हैं। वे अब नफ़रत नहीं करते। अब उन्होंने अपने विद्वेष को परास्त कर दिया है और उनके दिल में अब प्रेम भरा हुआ है। वे अब नये लोग बन गये हैं, उनका नज़रिया नया बन गया है और उनमें शक्ति का एक नया एहसास है। वे बेहद प्रेरक व्यक्ति बन गये हैं।

मॉरिस और मैरी एलिस फ़्लिंट से पूछकर देखें कि किस तरह किसी समस्या को सही तरह से सुलझाया जाये। वे आपको बतायेंगे - "आस्था रखें - सचमुच आस्था रखें।" और मेरा यक़ीन करें, वे जानते हैं।

यह कहानी पढ़ते वक़्त अगर आपने यह नकारात्मक विचार सोचा है (और यह नकारात्मक नज़रिये का प्रतीक है), "फ़्लिंट दंपत्ति की दशा कभी उतनी ख़राब नहीं थी जितनी कि मेरी है," तो मैं आपको बता दूँ कि मैंने कभी किसी को उतने बुरे हाल में नहीं देखा जितने बुरे हाल में यह दोनों रह रहे थे। और मुझे यह भी कहने दें कि चाहे आपकी स्थिति कितनी ही ख़राब क्यों न हो, अगर आप इन चार तकनीकों का प्रयोग करेंगे जो इस अध्याय में बतायी गयी हैं और जिनका प्रयोग फ़्लिंट ने किया था तो आप भी अपनी समस्या को सुलझा सकते हैं।

इस अध्याय में मैंने किसी समस्या को सुलझाने के लिये विभिन्न तरीक़े बताने की कोशिश की है। अब मैं आपको ठोस तकनीक के रूप में दस आसान सुझाव देना चाहता हूँ जिनकी मदद से आम तौर पर आपकी समस्यायें सुलझ सकती हैं :

1. विश्वास करें कि हर समस्या का समाधान है।
2. शांत रहें। तनाव से विचारों की शक्ति का प्रवाह बाधित होता है। आपका मस्तिष्क तनाव की स्थिति में ठीक से काम नहीं कर पाता। इत्मीनान से समस्या का सामना करें।
3. जवाब ढूँढ़ने की जल्दी न मचायें। अपने दिमाग़ को रिलैक्स्ड रखें, ताकि सुझाव अपने आप आयें और स्पष्ट हों।
4. सभी तथ्यों को निष्पक्ष, न्यायपूर्ण और तार्किक ढंग से इकट्ठा करें।
5. इन तथ्यों को काग़ज़ पर लिख लें। इससे आपकी सोच स्पष्ट होती है और विभिन्न तत्व क्रमबद्ध रूप से जम जाते हैं। आप सोचते भी हैं और देखते भी हैं। समस्या व्यक्तिगत होने के बजाय विषयगत हो जाती है।
6. अपनी समस्या के बारे में प्रार्थना करें और विश्वास करें कि ईश्वर आपके मस्तिष्क में समाधान की रोशनी चमका देगा।
7. ईश्वर से मार्गदर्शन माँगें, क्योंकि 73वें भजन में यह वादा किया गया है, "आप सलाह देकर मेरा मार्गदर्शन करेंगे।"
8. अंतर्दृष्टि और अंतर्बोध की शक्ति में विश्वास करें।
9. चर्च जायें और समस्या पर अपने अवचेतन मस्तिष्क को कार्य करने दें जब आप पूजा करने के मूड से सामंजस्य करें। रचनात्मक आध्यात्मिक चिंतन में "सही" जवाब देने की अद्‌भुत शक्ति होती है।
10. अगर आप इन क़दमों पर आस्था के साथ चलते हैं, तो जो भी जवाब आपके मस्तिष्क में विकसित होगा या अचानक आयेगा, वह आपकी समस्या का सही समाधान या सही जवाब होगा।

11

इलाज में आस्था का प्रयोग कैसे करें

क्या धार्मिक आस्था से इलाज हो सकता है? महत्त्वपूर्ण प्रमाणों से यह संकेत मिलता है कि ऐसा संभव है। मेरे अपने अनुभव में ऐसा समय था जब मुझे इस बात का विश्वास नहीं था परंतु अब मुझे विश्वास हो चुका है और पूरी तरह से हो चुका है। मैंने इसके इतने अधिक प्रमाण देखे हैं कि मैं इसके अलावा कोई और बात सोच ही नहीं सकता।

हम यह सीख रहे हैं कि अगर आस्था को सही तरह से समझा जाये और इसका प्रयोग किया जाये तो बीमारी को दूर करने और स्वास्थ्य को बरकरार रखने में यह एक सशक्त तत्व सिद्ध हो सकती है।

इस महत्त्वपूर्ण प्रश्न के बारे में कई चिकित्सकों का भी मेरे जेसा विश्वास है। अख़बारों ने वियेना के प्रसिद्ध सर्जन डॉ. हैंस फ़िन्स्टरर की अमेरिका यात्रा का विवरण प्रकाशित किया। मैं अख़बार का वह लेख कोट कर रहा हूँ जिसका शीर्षक है, "ऑनर सर्जर 'जिसे ईश्वर मार्गदर्शन देता है।'"

"वियेना के सर्जन डॉ. हैंस फ़िन्स्टरर, जिनका विश्वास है कि, "ईश्वर का अदृश्य हाथ" ऑपरेशन को सफल बनाने में मदद करता है, को अतंर्राष्ट्रीय कॉलेज ऑफ़ सर्जन्स द्वारा अपने सबसे उच्च सम्मान "मास्टर ऑफ़ सर्जरी" के लिये चुना गया। उन्हें आमाशय की सर्जरी केवल स्थानीय एनेस्थीसिया की मदद से करने के लिये सम्मानित किया गया।

"फ़िन्स्टरर वियेना युनिवर्सिटी के 72 वर्षीय प्रोफ़ेसर हैं और वे 20,000 बड़े ऑपरेशन कर चुके हैं जिनमें से 8,000 में पूरा आमाशय या उसका कोई हिस्सा हटाना था और इनमें उन्होंने सिर्फ़ स्थानीय एनेस्थीसिया की मदद ली थी। फ़िन्स्टरर ने कहा कि हालाँकि चिकित्सा और सर्जरी में पिछले

कुछ वर्षों में काफ़ी प्रगति हुई है, परंतु 'यह सारी प्रगति अपने आप में हर ऑपरेशन की सफलता सुनिश्चित करने के लिये पर्याप्त नहीं है। कई प्रकरणों में,' उन्होंने कहा, 'जो आसान सर्जिकल ऑपरेशन लगता है उसमें मरीज़ मर जाते हैं और कई मामलों में जहाँ सर्जन हार मान लेता है वहाँ मरीज़ ठीक हो जाता है।'

"हमारे कुछ साथी इन घटनाओं को क़िस्मत का नाम देते हैं, जबकि दूसरों को विश्वास है कि इन मुश्किल प्रकरणों में ईश्वर के अदृश्य हाथ ने उनकी मदद की है। पिछले कुछ वर्षों में दुर्भाग्य से कई मरीज़ों और डॉक्टरों ने यह विश्वास करना बंद कर दिया है कि सभी चीज़ें ईश्वर की इच्छा पर आधारित हैं।"

"जब हम एक बार फिर से हमारी गतिविधियों में ईश्वर की मदद के महत्त्व के बारे में विश्वास करने लगेंगे, ख़ासकर हमारे मरीज़ों के उपचार में, तो बीमारों को स्वस्थ करने की दिशा में हम सच्ची प्रगति कर लेंगे।"

इस तरह एक महान सर्जन पर यह लेख समाप्त होता है जिसने विज्ञान को आस्था के साथ जोड़ दिया।

मैंने एक महत्त्वपूर्ण उद्योग के राष्ट्रीय सम्मेलन में भाषण दिया। यहाँ पर एक अद्‌भुत रचनात्मक व्यवसाय के लीडर्स बड़ी संख्या में मौजूद थे जिन्होंने इस विशिष्ट उद्योग को अमेरिकी बिज़नेस जीवन के महत्त्वपूर्ण तत्व के रूप में स्थापित कर दिया था।

मुझे कुछ हैरत हुई जब सम्मेलन में लंच के दौरान संगठन का एक लीडर मेरी तरफ़ मुड़ा और टैक्स पर, बढ़ती क़ीमतों और बिज़नेस की समस्याओं पर हो रही चर्चा से अलग हटकर उसने मुझसे इस तरह की बात कही : "क्या आपको विश्वास है कि आस्था उपचार कर सकती है?"

मैंने जवाब दिया, "बहुत से लोगों के ऐसे कई प्रमाणित उदाहरण हैं जिनका उपचार आस्था से हुआ था। बहरहाल, मैं यह नहीं सोचता कि हमें किसी शारीरिक इलाज के लिये सिर्फ़ आस्था पर ही निर्भर रहना चाहिये। मैं ईश्वर और डॉक्टर के तालमेल में विश्वास करता हूँ। इस तरह से हमें मेडिकल साइंस और आस्था के विज्ञान दोनों की ही उपचारक शक्तियों का लाभ मिल जाता है।"

इस बिज़नेसमैन ने कहा, "मैं आपको अपनी कहानी बताना चाहता हूँ कई साल पहले मुझे एक बीमारी हुई थी जिसके बारे में डॉक्टरों ने कहा था

कि मेरे जबड़े में बोन ट्यूमर हो गया था। डॉक्टरों का कहना था कि यह लाइलाज है। आप कल्पना कर सकते हैं कि यह सुनकर मैं कितना निराश और विचलित हुआ होऊँगा। मैं बुरी तरह मदद की तलाश में था। हालाँकि मैं सामान्य नियमितता के साथ चर्च जाता था, परंतु मैं कोई ख़ास धार्मिक नहीं था। मैं शायद ही कभी बाइबल पढ़ता था। एक दिन जब मैं बिस्तर पर लेटा हुआ था तो मेरे मन में यह विचार आया कि मैं बाइबल पढ़ना पसंद करूँगा और मैंने अपनी पत्नी से कहा कि वह बाइबल उठाकर मुझे दे। मेरी पत्नी को बहुत आश्चर्य हुआ क्योंकि मैंने इससे पहले इस तरह का आग्रह उससे कभी नहीं किया था।

"मैंने बाइबल पढ़ना शुरू की और मुझे राहत और आराम मिला। मैं थोड़ा कम निराश और ज़्यादा आशावादी भी हो गया। मैं हर दिन बहुत देर तक बाइबल पढ़ा करता था। परंतु यह मुख्य परिणाम नहीं था। मैं यह महसूस करने लगा कि मेरी तकलीफ़ अब दिनोदिन कम होती जा रही है। पहले तो मैंने सोचा कि यह मेरे मन का वहम है, परंतु बाद में मुझे इस बात का विश्वास हो गया कि सचमुच मेरे भीतर कोई बड़ा परिवर्तन हो रहा है।"

"एक दिन बाइबल पढ़ते समय मुझे सुख और ऊष्मा की अजीब सी अनुभूति हुई। इस अनुभूति का वर्णन करना संभव नहीं है और मैंने काफ़ी समय पहले ही उस अनुभूति का वर्णन करने का प्रयास करना छोड़ दिया। परंतु उस पल के बाद से मेरी हालत तेज़ी से सुधरने लगी। मैं डॉक्टरों के पास गया। उन्होंने एक बार फिर सावधानी से मेरी जाँच की। वे स्पष्ट रूप से आश्चर्यचकित हुये और वे इस बात पर सहमत हुये कि मेरी दशा में सुधार हुआ था, परंतु उन्होंने मुझे यह चेतावनी भी दी कि शायद यह सुधार सिर्फ़ अस्थायी था। कुछ समय बाद एक बार फिर जाँच करने पर यह रिपोर्ट आयी कि बोन ट्यूमर के लक्षण पूरी तरह ख़त्म हो चुके हैं। अब भी डॉक्टरों ने मुझे यह बताया कि शायद यह दोबारा शुरू हो जायेगा। इससे मैं ज़रा भी विचलित नहीं हुआ क्योंकि अपने दिल में मैं जानता था कि मैं ठीक हो चुका हूँ।"

"आपको ठीक हुये कितना समय हो चुका है?" मैंने पूछा।

"चौदह साल," उसने जवाब दिया।

मैंने इस व्यक्ति को ग़ौर से देखा। सशक्त, स्वस्थ और मज़बूत दिखने वाला यह व्यक्ति अपने उद्योग के लीडर्स में से एक था। उसने यह घटना

मुझे उसी तथ्यात्मक तरीक़े से सुनाई जिस तरह कोई बिज़नेसमैन सुनाता है। इस व्यक्ति के मन में शंका का कोई चिन्ह नहीं था। और हो भी कैसे सकता था, क्योंकि जहाँ उसे मौत की सज़ा सुना दी गयी थी, वहाँ अब वह ज़िंदा और स्वस्थ खड़ा हुआ था।

यह किसने किया? डॉक्टर के इलाज और! यह और क्या था? स्पष्ट रूप से आस्था जो उपचार करती है।

इस सज्जन द्वारा बताया गया उपचार इसी तरह के कई उदाहरणों में से एक है और उनमें से बहुतों को सुयोग्य मेडिकल संस्थाओं ने प्रमाणित किया है। ऐसा लगता है कि हमें लोगों को प्रोत्साहित करना चाहिये कि वे उपचार में आस्था की अद्‍भुत शक्ति का अधिक प्रयोग करना प्रारंभ करें। दुख की बात है कि आस्था में उपचारक तत्व को हमने भुला दिया है। मुझे विश्वास है कि आस्था "चमत्कार" कर सकती है और करती है, परंतु दरअसल यह आध्यात्मिक रूप से वैज्ञानिक नियमों का कार्य है।

वर्तमान धार्मिक अभ्यास में इस पर ज़्यादा ज़ोर दिया जा रहा है ताकि लोगों को अपने मन, दिल, आत्मा और शरीर की बीमारी का उपचार खोजने में मदद मिल सके। यह ईसाइयत की मूल अवधारणा की तरफ़ वापस लौटना है। कुछ समय पहले ही हमने इस तथ्य को नज़रअंदाज़ करना शुरू किया है कि सदियों से धर्म उपचारक गतिविधियों को चला रहा था। "पास्टर" या पादरी शब्द का उद्‍गम के आधार पर अर्थ है "आत्माओं का इलाज करने वाला।" आधुनिक काल में व्यक्ति ने यह ग़लत धारणा बना ली कि बाइबल की शिक्षा और विज्ञान के बीच तालमेल बिठाना असंभव है और इसलिये उसने धर्म के उपचारक महत्त्व को पूरी तरह से छोड़कर भौतिक विज्ञान का सहारा लेना शुरू कर दिया। बहरहाल आज धर्म और स्वास्थ्य के क़रीबी संबंध को लगातार पहचाना जा रहा है।

यह महत्त्वपूर्ण है कि "होलीनेस" शब्द की उत्पत्ति जिस शब्द से हुई है उसका अर्थ है "होलनेस" या सम्पूर्णता और "मेडिटेशन" शब्द जिसका प्रयोग आम तौर पर धार्मिक अर्थ में किया जाता है "मेडिकेशन" (उपचार) शब्द की उत्पत्ति के अर्थ से समानता रखता है। इन दोनों शब्दों की समानता अद्‍भुत रूप से स्पष्ट होती है जब हमें यह एहसास होता है कि ईश्वर और उसकी सच्चाई पर गंभीर और व्यावहारिक चिंतन आत्मा और शरीर के लिये उपचार की तरह काम करता है।

वर्तमान युग की चिकित्सा उपचार में मनोदैहिक तत्वों पर ज़ोर देती है और इस तरह शारीरिक स्वास्थ्य के मानसिक अवस्थाओं से संबंध को पहचान रही है। आधुनिक चिकित्सा प्रणाली इस क़रीबी संबंध को महसूस कर रही है जो मनुष्य के सोचने के तरीक़े और उसके महसूस करने के बीच होता है। चूँकि धर्म का सरोकार विचार, भावना और मूलभूत नज़रिये से है इसलिये यह स्वाभाविक ही है कि आस्था का विज्ञान उपचारक प्रक्रिया में महत्त्वपूर्ण बन जाता है।

लेखक और नाटककार हैरॉल्ड शेरमन को एक महत्त्वपूर्ण रेडियो प्रोगाम लिखने के लिये कहा गया और उनसे यह वादा किया गया कि उन्हें स्थायी लेखक का कॉन्ट्रैक्ट दे दिया जायेगा। कुछ महीने तक काम करने के बाद उनकी सेवायें समाप्त कर दी गयीं और उस सामग्री का उपयोग उनके नाम के बगैर किया गया। इससे आर्थिक कठिनाई और अपमान हुआ। इस अन्याय के कारण उनके मस्तिष्क में उस रेडियो एक्ज़ीक्यूटिव के प्रति कटुता बढ़ गयी जिसने उससे वादा तोड़ा था। मिस्टर शेरमन बताते हैं कि यह उनके जीवन में ऐसा समय था जब उनके दिल में हत्या के भाव भरे थे। उनकी नफ़रत की वजह से उन्हें एक शारीरिक व्याधि हो गयी। माइकॉसिस यानी फ़ंगस इन्फ़ेक्शन ने उनके गले पर आक्रमण कर दिया। सर्वश्रेष्ठ डॉक्टरी इलाज करवाया गया, परंतु इसके अलावा भी कुछ की ज़रूरत थी। जब उन्होंने अपनी नफ़रत छोड़ दी और क्षमा और समझ का भाव विकसित कर लिया तो यह स्थिति धीरे-धीरे अपने आप सुधर गयी। मेडिकल विज्ञान की मदद से और एक नये मानसिक नज़रिये की मदद से उसकी बीमारी का उपचार हो गया।

स्वास्थ्य और सुख का एक बुद्धिमत्तापूर्ण और प्रभावी पैटर्न यह है कि मेडिकल साइंस की योग्यताओं और विधियों का अधिकतम संभव उपयोग किया जाये और साथ ही आध्यात्मिक विज्ञान के ज्ञान, अनुभव और तकनीकों का भी सहारा लिया जाये। इस विश्वास को समर्थन देने के लिये काफ़ी प्रभावी प्रमाण हैं कि ईश्वर विज्ञान के प्रतिनिधि यानी डॉक्टर के माध्यम से भी काम करता है और आस्था के प्रतिनिधि यानी पादरी के माध्यम से भी काम करता है। कई डॉक्टर इस दृष्टिकोण से सहमत हैं।

रोटरी क्लब के लंच में मैं टेबल पर नौ और लोगों के साथ बैठा हुआ था, जिनमें से एक डॉक्टर था जिसे हाल ही में मिलिट्री सेवा से मुक्त किया गया था और जिसने अपनी सिविलियन प्रैक्टिस शुरू की थी। उसने कहा :

"सेना से मेरी वापसी पर मैंने अपने मरीज़ों की मुश्किलों में एक परिवर्तन देखा। मैंने पाया कि बहुत से मरीज़ों को तो दवा की नहीं बल्कि बेहतर विचार प्रक्रियाओं की ज़रूरत थी। उनके शरीर उतने बीमार नहीं थे, जितने कि उनके विचार और भावनायें बीमार थीं। वे सभी डर के विचार, हीन भावना, अपराधबोध और विद्वेष की दुनिया में जी रहे थे। मैंने पाया कि उनके इलाज के लिये मुझे डॉक्टर होने के साथ-साथ मनोविश्लेषक भी होना पड़ेगा और तब मैंने पाया कि मनोविश्लेषक भी इस काम को पूरी तरह से करने में मेरी मदद नहीं कर सकते। मैं इस बारे में सजग हुआ कि कई मामलों में लोगों के साथ मूलभूत समस्या आध्यात्मिक थी। इसलिये मैंने अपने आपको बाइबल की पंक्तियाँ उन्हें सुनाते हुये पाया। फिर मैंने उन्हें धार्मिक और प्रेरणादायक पुस्तकें 'प्रिस्क्राइब' करने की आदत डाली, ख़ास तौर पर वे पुस्तकें जो इस बारे में मार्गदर्शन देती हैं कि कैसे जिया जाये।"

अपने वक्तव्यों को मेरी दिशा में भेजते हुये उसने कहा : "अब समय आ गया है कि आप पादरी लोग इस बात को महसूस कर लें कि कई लोगों के उपचार में आपको भी अब भूमिका निभानी है। ज़ाहिर है कि आप डॉक्टर की सीमा में प्रवेश नहीं करेंगे, जिस तरह से डॉक्टर आपकी सीमा में प्रवेश नहीं करते, परंतु हम डॉक्टरों को मरीज़ों के स्वास्थ्य और कल्याण में पादरियों के सहयोग की ज़रूरत है।"

मुझे न्यूयॉर्क के एक डॉक्टर का एक पत्र मिला जिसमें लिखा था : "इस शहर के साठ प्रतिशत लोग सिर्फ़ इसलिये बीमार हैं क्योंकि उनके दिमाग़ और आत्मा में कोई असंतुलन या गड़बड़ी है। यह देखना दुखद है कि आधुनिक मनुष्य की आत्मा इतनी बीमार हो चुकी है कि शरीर पर उसके दर्दनाक प्रभाव दिखने लगे हैं। मुझे लगता है कि एक वक़्त आयेगा जब पादरी, पुजारी और धर्मोपदेशक इस संबंध को समझ लेंगे।"

इस डॉक्टर ने उदारतापूर्वक मुझे बताया कि वह अपने इलाज में मेरी पुस्तक *अ गाइड टु कॉन्फ़िडेंट लिविंग* और इसी तरह की अन्य पुस्तकों का भी इस्तेमाल करता था और उसे इसके द्वारा उल्लेखनीय परिणाम हासिल हुये हैं।

बर्मिंघम, अलाबामा के बुकस्टोर की मैनेजर ने मुझे उस शहर के एक डॉक्टर का पर्चा भिजवाया जिसकी दवा दवाई की दुकान में न मिलकर किताबों की दुकान में मिलती थी। वह अलग-अलग बीमारियों के लिये अलग-अलग पुस्तकें लिखा करता था।

कान्सस सिटी, मिसूरी की जैक्सन काउंटी मेडिकल सोसायटी के पूर्व प्रेसिडेंट डॉ. कार्ल आर. फ़ेरिस के साथ मैं एक रेडियो प्रोगाम में आ चुका हूँ जो स्वास्थ्य-और-सुख पर था। उन्होंने घोषणा की कि मानवीय बीमारियों के उपचार में शारीरिक और आध्यात्मिक विज्ञान अक्सर इतनी गहराई से आपस में जुड़े होते हैं कि दोनों के बीच में कोई स्पष्ट रूप से विभाजक रेखा नहीं है।

वर्षों पहले, मेरे मित्र डॉ. क्लेरेंस डब्ल्यू. लियेब ने मुझे बताया था कि आध्यात्मिक और मानसिक समस्याओं का शारीरिक स्वास्थ्य पर बहुत ज़्यादा असर पड़ता है। उनके मार्गदर्शन में यह पाया कि डर और अपराधबोध, नफ़रत और द्वेष, जिन समस्याओं से मैं मुक़ाबला कर रहा था, जल्दी ही किसी इन्सान के स्वास्थ्य पर भी असर डालती हैं और उसे शारीरिक रूप से बीमार बना देती हैं। डॉ. लियेब इस उपचार पद्धति में इतना गहन विश्वास करते हैं कि उन्होंने डॉ. स्माइली ब्लैन्टन के साथ धार्मिक-मनोविश्लेषक क्लीनिक की स्थापना की जिसने न्यूयॉर्क में मार्बल कॉलेजियेट चर्च में सैकड़ों लागों की सहायता की है।

स्वर्गीय डॉ. विलियम सीमैन बैनब्रिज और मैं इकट्ठे काम करते हैं और हमने कई लोगों को स्वास्थ्य और नये जीवन का वरदान दिया है।

न्यूयॉक में मेरे दो डॉक्टर मित्र डॉ. ज़ेड. टेलर बर्कोविट्ज़ और डॉ. हॉवर्ड वेस्टकॉट ने भी मेरे कार्य में काफ़ी मदद की है और मुझे आस्था से संबंधी शारीरिक, मानसिक और आत्मिक बीमारियों की वैज्ञानिक और गहन आध्यात्मिक समझ प्रदान की है।

डॉ. रेबेका बियर्ड का कहना है, "हमने पाया है कि हाई ब्लड प्रेशर का मनोदैहिक कारण है किसी तरह का सूक्ष्म, दबाया गया डर - उन चीज़ों का डर नहीं जो हैं, बल्कि उन चीज़ों का डर, जो हो सकती हैं। यह ख़ासकर भविष्य में होने वाली घटनाओं के डर होते हैं। इस तरह से यह काल्पनिक डर होते हैं क्योंकि ये शायद कभी घटित न हों। इसी तरह डाइबिटीज़ के मामले में हमने पाया है कि इसका मनोदैहिक कारण है - दुख या निराशा। दुख या निराशा में किसी भी अन्य भावना की तुलना में हमारी सबसे अधिक ऊर्जा नष्ट होती है। इसका परिणाम यह होता है कि हमारी इन्सुलिन ख़त्म हो जाती है जो पैन्क्रियाज़ कोशिकाओं द्वारा तब तक बनाई जाती है जब तक कि वे काम करती हैं।

"यहाँ हम यह पाते हैं कि अतीत की भावनाओं के कारण व्यक्ति बीमार हो जाता है - वह अतीत को बार-बार जीता है और जीवन में आगे जाने में समर्थ नहीं हो पाता। मेडिकल साइंस ऐसी दवायें तो दे सकता है जिसके सहारे इन बीमारियों में राहत मिल सके। ऐसी दवा दी जा सकती है जिससे हाई ब्लड प्रेशर को कम किया जा सकता है, लो ब्लड प्रेशर को ज़्यादा किया जा सकता है, परंतु स्थायी रूप से नहीं। वे आपको इन्सुलिन दे सकते हैं जो अधिक शकर को ऊर्जा में जला देती है और डाइबिटीज़ के मरीज़ को राहत देती है। निश्चित रूप से इनसे सहायता मिलती है, परंतु इनसे पक्का इलाज नहीं होता। ऐसी कोई दवा या इंजेक्शन आज तक नहीं बना है, जिसके सहारे हम अपनी भावनात्मक उलझनों से बच सकें। हमारे भावनात्मक स्वरूप की बेहतर समझ और धार्मिक आस्था की तरफ़ फिर से लौटने के समन्वय से ही हमें स्थायी सहायत की सर्वाधिक संभावना नज़र आती है।

डॉ. बियर्ड का निष्कर्ष था, "जवाब है उपचार में ईसा मसीह की शिक्षाओं के अनुरुप चलना।"

एक और प्रसिद्ध महिला डॉक्टर ने मुझे इस बारे में लिखा कि उसने दवा और आस्था की उपचार पद्धति को किस तरह मिलाया। "मैं आपकी सीधी धार्मिक फ़िलॉसफ़ी में रुचि लेने लगी थी। मैं टॉप स्पीड पर काम कर रही थी पर तनावग्रस्त और चिड़चिड़ी होती जा रही थी और कई बार डर और अपराधबोध से पीड़ित हो जाती थी। दरअसल मुझे अपने भारी तनाव से मुक्ति की ज़रूरत थी। एक सुबह निराशा के समय मैंने आपकी पुस्तक उठायी और उसे पढ़ना शुरू कर दिया। यह वह दवा थी जिसकी मुझे ज़रूरत थी। यहाँ महान चिकित्सक ईश्वर था जिसमें आस्था वह एंटीबायोटिक था जो डर के कीटाणुओं और अपराधबोध के वाइरस को मार सकता था।

"मैंने आपकी पुस्तक में बताये गये अच्छे ईसाई सिद्धांतों पर अमल करना शुरू किया। धीरे-धीरे मुझे तनाव से मुक्ति मिल गयी और मैं रिलैक्स्ड हो गयी। मैं अधिक सुखी हो गयी और मुझे नींद भी अच्छी आने लगी। मैंने विटामिन और ताक़त की गोलियाँ लेना बंद कर दिया। "फिर," वे आगे लिखती हैं, और यही वह बात है जिस पर मैं ज़ोर देना चाहता हूँ, "मैंने यह महसूस करना शुरू किया कि मैं इस नये अनुभव को अपने मरीज़ो के साथ बाँटूँगी, जो न्यूरॉसिस या मानसिक बीमारियों के लिये पास आते थे। मुझे यह जानकर आश्चर्य हुआ कि उनमें से कई ने आपकी पुस्तक पढ़ी थी और कई अन्य पुस्तकें पढ़ी थीं। मरीज़ और मेरे पास काम करने के लिये

एक साझा आधार था। यह एक बहुत सुखद अनुभव रहा। ईश्वर में आस्था के बारे में बात करना स्वाभाविक और आसान बात है।"

"एक डॉक्टर के रूप में," वे कहती हैं, "मैंने ईश्वर की मदद से कई चमत्कार होते देखे हैं। पिछले कुछ सप्ताहों में मुझे एक और अनुभव हुआ है। मेरी बहन को तीन सप्ताह पहले एक गंभीर ऑपरेशन करवाना था। ऑपरेशन के बाद उसकी आँतों में रुकावट हो गयी। पाँचवें दिन वह बुरी तरह बीमार हो गयी और जब मैं दोपहर को वहाँ से गयी तो मैंने महसूस किया कि अगर वह जल्दी ही ठीक नहीं हुई तो उसके ठीक होने की संभावना बहुत कम थी। मैं बहुत चिंतित थी, इसलिये मैंने धीरे-धीरे गाड़ी चलाते हुये बीस मिनट तक इस रुकावट के हटने के लिये ईश्वर से प्रार्थना की। (यहाँ मैं यह बता दूँ कि मेडिकल साइंस अपना काम कर रहा था।) घर पहुँचने के दस मिनट बाद ही मेरे फ़ोन की घंटी बजी और मुझे नर्स ने बताया कि रुकावट अपने आप हट चुकी थी और अब उसकी हालत सुधर रही है। कुछ समय बाद वह पूरी तरह से ठीक हो गयी। अब मैं इस घटना को ईश्वर के चमत्कार के सिवा और क्या मान सकती हूँ?"

यह था एक सफल डॉक्टर द्वारा लिखा गया पत्र।

इस दृष्टिकोण की रोशनी में, जो पूरी तरह से कॉमनसेन्स वैज्ञानिक नज़रिये पर आधारित है, हम आस्था द्वारा उपचार की प्रक्रिया पर विश्वास कर सकते हैं। अगर मुझे गंभीरतापूर्वक यह विश्वास नहीं होता कि उपचार में आस्था का तत्व सचमुच कारगर है तो मैंने निश्चित रूप से इस अध्याय में दिये गये दृष्टिकोण को नहीं बताया होता।

लंबे समय के दौरान मुझे कई पाठकों, रेडिओ श्रोताओं और मेरे अपने पैरिश के लोगों ने उपचार की ऐसी घटनायें बतायीं जिनमें आस्था का तत्व उपस्थित था। मैंने इनमें से कई की सावधानी से जाँच की है ताकि मैं उनकी सच्चाई को सुनिश्चित कर सकूँ। साथ ही में सबसे अविश्वासी व्यक्ति के सामने यह घोषणा करने में भी समर्थ होना चाहता था कि यह स्वास्थ्य, सुख और सफल जीवन का एक ऐसा तरीक़ा है जिसके पक्ष में इतने प्रमाण हैं कि केवल वही व्यक्ति इसका लाभ नहीं उठाना चाहेगा जो बीमार बने रहना चाहता है क्योंकि शायद उसके अवचेतन मन में असफल होने की इच्छा है।

इन कई घटनाओं में जो फ़ॉर्मूला निहित है उसे संक्षेप में बताया जा सकता है - यही कि हम मेडिकल साइंस और मनोवैज्ञानिक विज्ञान का अच्छे

से अच्छा इलाज करायें और साथ ही आध्यात्मिक विज्ञान का सहारा भी लें। यह उपचार पद्धतियों का एक ऐसा समन्वय है जो निश्चित रूप से स्वास्थ्य प्रदान करेगा बशर्ते ईश्वर की योजना के हिसाब से मरीज़ को जीना हो। ज़ाहिर है एक न एक दिन तो हम सबको मरना है। (जीवन कभी समाप्त नहीं होता, केवल जीवन का सांसारिक दौर समाप्त होता है।)

हम तथाकथित पुराने चर्चों के लोग, मेरी विनम्र राय में दृढ़ता से यह बताने में असफल रहे हैं कि ईसाइयत में स्वास्थ्य एक दमदार संदेश है। हम इस महानतम संभव योगदान को देने से चूक गये हैं। चर्च में इस बात पर ज़ोर न दिये जाने के कारण कई समूह, संगठन और अन्य आध्यात्मिक संस्थायें बने हैं जो ईसाई उपदेश की इस कमी को पूरा करते हैं। परंतु अब ऐसा कोई वैध कारण नहीं है कि चर्च इस बात को न पहचान पाये। यह प्रमाणित हो चुका है कि आस्था में उपचार निहित है और इसलिये चर्च को लोगों को कारगर उपचारक तकनीकें प्रदान करना चाहिये। सौभाग्य से हमारे धार्मिक संगठनों में विचारशील, वैज्ञानिक मानसिकता वाले आध्यात्मिक लीडर्स तथ्यों (और बाइबल) पर आधारित आस्था का अतिरिक्त कदम उठा रहे हैं और ईसा मसीह की अद्‌भुत उपचारक शक्ति के फ़ॉमूलों को जनता के लिये उपलब्ध करा रहे हैं, जो पहले कभी नहीं किया गया।

उपचार के सफल प्रकरणों में मैंने जितनी भी जाँच की, उनमें मुझे कुछ निश्चित तत्व उपस्थित मिले। सबसे पहली बात तो यह कि अपने आपको ईश्वर के हाथों में पूरी तरह समर्पित करने की पूर्ण इच्छा। दूसरी बात, सारे पापों और ग़लतियों का प्रायश्चित करके उनसे मुक्ति पाने और आत्मिक रूप से शुद्ध होने की इच्छा। तीसरी बात, मेडिकल साइंस के इलाज के साथ ईश्वर की उपचारक शक्ति में आस्था और विश्वास का समन्वय। चौथी बात, ईश्वर के उत्तर को स्वीकार करने की गंभीर इच्छा, चाहे उत्तर कुछ भी हो और उसकी इच्छा के विरोध में किसी तरह की कटुता या आक्रोश का अभाव। पाँचवीं बात, एक महत्त्वपूर्ण, पूर्ण विश्वास कि ईश्वर उपचार कर सकता है।

इन सभी उपचारों में ऊष्मा और रोशनी और आश्वस्ति की भावना पर ज़ोर दिया गया जिसके माध्यम से शक्ति प्राप्त हुई। लगभग हर प्रकरण में जिसकी मैंने जाँच की किसी न किसी रूप में मरीज़ ने एक ऐसे क्षण के बारे में बताया जब ऊष्मा, गर्मी, सुंदरता, शांति, सुख और मुक्ति का एहसास हुआ। कई बार यह अनुभव अचानक हुआ, जबकि कई बार यह विश्वास की क्रमिक अनुभूति थी कि उपचार हो चुका है।

इन मामलों की जाँच करते समय मैंने हमेशा कुछ समय गुज़र जाने दिया। ताकि यह सिद्ध हो सके कि उपचार स्थायी था और जो प्रकरण मैं बता रहा हूँ वे किसी तात्कालिक सुधार पर आधारित नहीं है जो शक्ति के क्षणिक आवेग का परिणाम हो।

उदाहरण के तौर पर मैं उस महिला के उपचारक अनुभव को सुनाना चाहता हूँ जिसकी विश्वसनीयता और बुद्धि का मैं गहरा सम्मान करता हूँ। इस प्रकरण में रिकॉर्ड पूरी तरह से रखा गया और वैज्ञानिक रूप से यह प्रभावी है। इस महिला को बताया गया कि उसके शरीर में किसी बढ़े हुये हिस्से में कैंसर हो गया है इसलिये तत्काल ऑपरेशन करके उसे हटाना होगा।

मैं उसके शब्दों को ही प्रस्तुत करता हूँ : "सभी एहतियात के उपचार लिये गये, परंतु वही लक्षण फिर से लौट आये। जैसा आप समझ सकते हैं, मैं डरी हुई थी। मैं जानती थी कि अस्पताल में इसके बाद कराये जाने वाले उपचार व्यर्थ हैं। अब कोई आशा नहीं थी, इसलिये मैं सहायता के लिये ईश्वर की तरफ़ मुड़ी। ईश्वर की एक बहुत पवित्र और आध्यात्मिक संतान ने प्रार्थना करके मेरी मदद की और मुझे यह एहसास दिलाया कि ईश्वर के सही ज्ञान से और उपचारक ईसा मसीह की मदद से मैं ठीक हो सकती हूँ। मैं इस तरह की सोच के बारे में बहुत ही ग्रहणशील थी और मैंने अपने आपको ईश्वर के हाथों में रख दिया।"

"मैंने हमेशा की तरह एक सुबह ईश्वर से मदद माँगी और अपने घर के कामकाज करने में दिन गुज़ारा जो उस समय बहुत से थे। मैं शाम का खाना बना रही थी और मैं कितन में अकेली थी। मुझे एहसास हुआ कि कमरे में असामान्य रोशनी हुई और मेरे पूरे बायें हिस्से पर कोई दबाव सा पड़ा जैसे कोई व्यक्ति मेरे पास बहुत क़रीब खड़ा हो। मैंने उपचारों के बारे में सुना था; मैं जानती थी कि मेरे लिये प्रार्थनायें की जा रही थीं," इसलिये मैंने यह फ़ैसला किया कि यह उपचारक ईसा मसीह होंगे जो मेरे साथ थे।

"मैंने सुबह तक इंतज़ार करने का फ़ैसला किया ताकि मुझे पूरा विश्वास हो जाये। अगर समस्या के लक्षण चले जायेंगे तो मैं जान जाऊँगी। सुबह तक सुधार इतना स्पष्ट था और मैं अपने मस्तिष्क में इतनी स्वतंत्र थी कि मुझे विश्वास हो गया। मैंने अपने मित्र को बताया कि उपचार घटित हो गया है।"

"उस उपचार और ईसा मसीह की उपस्थिति की याद मेरे मन में आज भी उतनी ही ताज़ा है जितनी कि उस दिन थी। यह पंद्रह साल पहले की

बात है और मेरे स्वास्थ्य में लगातार सुधार हुआ और आज मैं बहुत ही अच्छी स्थिति में हूँ।

कई हृदय रोग प्रकरणों में आस्था की चिकित्सा पद्धति (ईसा मसीह में एक शांत आस्था) निश्चित रूप से उपचार को प्रेरित करती है। जिन लोगों को "हार्ट अटैक" होता है और जो इसके बाद अपने डॉक्टरों के नियमों पर चलने के साथ-साथ ईसा मसीह की उपचारक शक्ति में पूरी तरह से आस्था का अभ्यास करते हैं। वे बताते हैं कि उनकी स्थिति में उल्लेखनीय सुधार हुये। शायद इस तरह के व्यक्ति को स्वास्थ्य की वह अवस्था भी हासिल हो सकती है जो हार्ट अटैक के पहले थी क्योंकि अब वह अपनी सीमायें जान चुका है और अब वह समझ चुका है कि वह अपने आप पर कितना अतिरिक्त तनाव डाल रहा है और इसलिये अब वह अपनी शक्ति को बचाकर रखता है।

परंतु इससे अधिक उसने मानवीय कल्याण की महानतम तकनीकों में से एक को समझ लिया : ईश्वर की उपचारक शक्ति के सामने खुद को पूरी तरह समर्पित कर देना। ऐसा स्वयं को सचेतन रूप से रचनात्मक प्रक्रिया से जोड़कर और यह सोचकर किया जा सकता है कि यह पुनर्निर्माण करने वाली शक्तियाँ स्वयं के भीतर काम कर रही हैं। मरीज़ अपनी चेतना के द्वारा जीवंतता और पुनर्निर्माण की ऊर्जा की लहरों के लिये खोल देता है जो ब्रह्मांड में निहित हैं जिन्हें तनाव, दबाव और कल्याण के नियमों से परे हो जाने की वजह से उसने अपने जीवन से दूर कर दिया था।

एक प्रशंसनीय व्यक्ति को पैंतीस साल पहले हार्ट अटैक आया था। उसे बताया गया था कि वह अब कभी दोबारा काम नहीं कर पायेगा। उसे आदेश दिये गये थे कि वह अपनी अधिकांश समय बिस्तर पर बिताये। उसके जीवन के बाक़ी दिन उसे मरीज़ों की तरह गुज़ारने थे और उसके दिन भी संख्या में कम थे, ऐसा उसे बताया गया था। इस बात में संदेह है कि वर्तमान मेडिकल प्रैक्टिस में उससे इस तरह की बातें कही जातीं। बहरहाल, उसने अपने भविष्य के बारे में यह डरावनी बातें सुनीं और उन पर सावधानीपूर्वक विचार किया।

एक सुबह वह जल्दी उठ गया और उसने अपनी बाइबल उठायी और संयोग से (क्या यह संयोग था?) उसने जो पृष्ठ खोला वह ईसा के उपचारों में से एक का वर्णन है। उसने यह वक्तव्य पढ़ा : "ईसा मसीह कल भी वही थे, आज भी वही हैं और हमेशा वही रहेंगे।" (हिब्रूज़, 13:8)। उसे यह

एहसास हुआ कि अगर ईसा मसीह बहुत पहले लोगों का उपचार कर सकते थे और उन्होंने ऐसा किया था और अगर वे आज भी वही हैं जो पहले थे तो वे आज उसका उपचार क्यों नहीं कर सकते?

"ईसा मसीह मेरा उपचार क्यों नहीं कर सकते?" उसने पूछा। उसके अंदर आस्था का सोता फूट गया।

इसलिये, सहज विश्वास से, उसने ईश्वर से प्रार्थना की कि वे उसे ठीक कर दें। उसने जीसस को यह कहते सुना : "क्या तुम्हें विश्वास है कि मैं यह कर सकता हूँ?" और उसका जवाब था : "हाँ, प्रभु, मुझे विश्वास है कि आप कर सकते हैं।"

उसने अपनी आँखें बंद कर लीं और "ईसा मसीह के उपचार के स्पर्श को अपने हृदय पर अनुभव किया।" उस पूरे दिन उसे विश्राम की एक अजीब सी अनुभूति हुई। जब कई दिन गुज़र गये तो उसे विश्वास हो गया कि उसके भीतर शक्ति बढ़ रही थी। अंततः एक दिन उसने प्रार्थना की : "प्रभु, अगर आपकी इच्छा हो तो मैं कल कपड़े पहनकर बाहर जा रहा हूँ और कुछ दिनों में मैं वापस अपने काम पर जा रहा हूँ। मैं अपने आपको पूरी तरह से आपकी देखरेख में रख रहा हूँ। अगर मैं इस बढ़ी हुई गतिविधि के कारण कल मर जाता हूँ तो मैं आपको इतने अद्भुत जीवन के दिनों के लिए धन्यवाद देना चाहता हूँ। अगर आप मेरी मदद करें तो मैं कल शुरू करना चाहता हूँ और आप पूरे दिन मेरे साथ रहेंगे। मुझे विश्वास है कि मुझमें पर्याप्त शक्ति रहेगी, परंतु अगर मैं इस प्रयास की वजह से मर जाता हूँ तो मैं आपके साथ अनंतकाल में रहूँगा और दोनों ही स्थितियों में परिणाम अच्छा होगा।"

जैसे-जैसे दिन गुज़रते गये उसने इस शांत आस्था के साथ अपनी गतिविधियाँ बढ़ा लीं। उसने अपने सक्रिय करियर के पूरे कालखंड में इस फ़ॉर्मूले का हर दिन पालन किया जो उसके हार्ट अटैक की तिथि से तीस साल बाद तक चला। वे पचहत्तर साल की उम्र में रिटायर हुये। मैं बहुत कम लोगों को जानता हूँ जो अपने कार्यों में इतने उत्साही हों या जिन्होंने मानवीय कल्याण में उनसे अधिक योगदान दिया हो। बहरहाल उन्होंने हमेशा अपनी शारीरिक और नर्वस शक्ति को बचाकर रखा। उनकी आदत थी कि वे लंच के बाद लेट जाते थे और आराम करते थे और वे कभी अपने आपको तनाव या दबाव में आने की अनुमति नहीं देते थे। वह जल्दी सो जाते थे और जल्दी उठ जाते थे और वे हमेशा जीवन के अनुशासन और दृढ़ नियमों का पालन करते रहे।

उनकी सभी गतिविधियों में चिंता, द्वेष और तनाव का अभाव था। वे कड़ी मेहनत करते थे परंतु सहजता से करते थे। डॉक्टरों का कहना सही था। अगर उन्होंने अपने पुराने जीवन की विनाशकारी आदतों के अनुसार जीना चालू रखा होता तो शायद वे बहुत समय पहले ही मर गये होते या कम से कम बिस्तर पर मरीज़ों का जीवन जी रहे होते। उनके डॉक्टरों की सलाह ने उन्हें उस बिंदु पर ला दिया जहाँ ईसा मसीह की उपचारक शक्ति अपना काम कर सके। हार्ट अटैक के बिना वे उपचार के लिये मानसिक या आध्यात्मिक रूप से तैयार नहीं होते।

मेरा एक और दोस्त है जो एक प्रसिद्ध बिज़नेसमैन है। उसे भी हार्ट अटैक हुआ था। कई सप्ताह तक वह बिस्तर पर पड़ा रहा, परंतु कुछ समय बाद वह अपनी महत्त्वपूर्ण ज़िम्मेदारियों को एक बार फिर से सँभालने लगा जहाँ अब वह पहले जितना ही काम करता है परंतु कुछ तनाव के साथ। उसे अपने भीतर एक नयी शक्ति का एहसास होता है जिसकी अनुभूति उसे पहले कभी नहीं हुई थी। उसकी हालत में सुधार उसकी स्वास्थ्य समस्या को सुलझाने की निश्चित और वैज्ञानिक आध्यात्मिक पद्धति से हुआ था। उसके पास सुयोग्य डॉक्टर थे और उसने उनके निर्देशों का पूरी तरह से पालन किया जो इन स्थितियों में एक महत्त्वपूर्ण तत्व है।

डॉक्टरों के उपचार के अलावा उसने एक आध्यात्मिक उपचारक फ़ॉर्मूले का भी इस्तेमाल किया। उसने अस्पताल में इसका विवरण लिखा जो इस प्रकार है : "मेरा एक अंतरंग मित्र था जो केवल 25 वर्ष का था। उसे भी मेरे जैसा अटैक आया था और वह चार घंटे के भीतर मर गया था। मेरे दो परिचितों के साथ भी पास के कमरों में यही हादसा हुआ था। मुझे लगा जैसे दुनिया में अभी मेरा काम पूरा नहीं हुआ है। इसलिये मैं उन कामों की तरफ़ लौट गया और मैंने वे काम किये जो मेरे सामने पड़े थे। मैं अधिक लंबा और अधिक समृद्ध जीवन जीने की उम्मीद कर रहा था जो मैंने इस अनुभव के बिना नहीं किया होता। डॉक्टर अद्‌भुत थे, नर्सें सेवाभावी थीं और अस्पताल आदर्श था।"

इसके बाद वह अपने द्वारा आज़मायी गयी आध्यात्मिक उपचारक तकनीक बताता है। इस फ़ॉर्मूले में तीन हिस्से हैं। 1. पहली अवस्था में जब पूर्ण विश्राम की ज़रूरत थी, तो मैंने भजन की चेतावनी को याद किया : "शांत रहो और जानो कि मैं ईश्वर हूँ।" (भजन 16:10)। यानी कि उसने पूरी तरह विश्राम किया और ईश्वर के हाथों में आराम किया। 2. जब

दिन अधिक उजले हुये तो मैंने इस वाक्य का प्रयोग किया : "ईश्वर की राह देखो : साहस रखो और वह तुम्हारे हृदय को शक्ति प्रदान करेगा।" (भजन 27:14)। मरीज़ ने उसके दिल को ईश्वर की देखरेख में रखा और ईश्वर ने अपने उपचारक हाथ को उसके हृदय पर रखकर उसे नवीन कर दिया। 3. अंततः जब मेरी शक्ति लौट आयी तो मैंने आश्वस्ति और आत्मविश्वास की नयी भावना का अनुभव किया जिसे मैंने इस वाक्य में अभिव्यक्ति दी : "मैं इसा मसीह की मदद से सारे काम कर सकता हूँ, क्योंकि वही मुझे शक्ति देते हैं।" (फिलिप्पियन्स 4:13)। इसमें उसने सकारात्मक रूप से यह दृढ़ विश्वास जताया कि उसे शक्ति प्रदान कर दी गयी थी और इस प्रक्रिया में उसे नयी शक्ति हासिल हुई है।

इस तीन बिंदु के फ़ॉर्मूले से इस व्यक्ति का उपचार हो गया। उसके डॉक्टरों की कुशल देखरेख ने उसके शरीर की उपचारक शक्तियों को प्रेरित किया। इसी तरह आस्था के बुद्धिमत्तापूर्ण प्रयोग ने उसके अंदर की आध्यात्मिक शक्तियों को प्रेरित करके उसके इलाज को पूर्ण किया। यह दो चिकित्सा पद्धतियाँ इकट्ठी होकर हमारे जीवन की दो महान शक्तियों का प्रयोग करके पुनर्जीवन देती हैं, एक इन्सान के शरीर की उपचारक शक्ति का प्रयोग करती है और दूसरी मस्तिष्क के भीतर की उपचारक शक्ति का प्रयोग करती है। एक डॉक्टरी इलाज से काम करती है और दूसरी आस्था के इलाज से और ईश्वर दोनों ही क्षेत्रों में इनका स्वामी होता है। उसने शरीर भी बनाया है, मस्तिष्क भी और उसने दोनों के ही स्वास्थ्य संबंधी नियम बनाये हैं। "उसमें हम जीते हैं और चलते हैं और उसी में हमारा अस्तित्व है।" (एक्ट्स 17:28)।

बीमारी को रोकने और मस्तिष्क तथा शरीर के उपचार में उस शक्ति को बाहर निकालना न भूलें जो आपके पास उपलब्ध महानतम क्षमताओं में से एक है - आस्था जो उपचार करती है।

इस अध्याय में दिये गये सिद्धांतों की रोशनी में जब आप या आपका कोई प्रियजन बीमार हो तो आप किस तरह का रचनात्मक कार्य कर सकते हैं? नीचे आठ प्रैक्टिकल सुझाव दिये गये हैं :

1. एक प्रसिद्ध मेडिकल कॉलेज के प्रमुख की सलाह मानें, जिन्होंने कहा था, "बीमारी में आप डॉक्टर के साथ अपने पादरी को भी बुला लें।" दूसरे शब्दों में, यह विश्वास करें कि इलाज में मेडिकल साइंस

के अलावा धार्मिक शक्तियाँ भी महत्त्वपूर्ण होती हैं।

2. डॉक्टर के लिये प्रार्थना करें, आपको यह पता होना चाहिये कि ईश्वर अपनी उपचारक शक्तियों का प्रयोग प्रशिक्षित इन्सानों के माध्यम से करता है। जैसा एक डॉक्टर ने कहा था, "हम मरीज़ का इलाज करते हैं; ईश्वर उसे ठीक करता है।" इसलिये डॉक्टर के लिये प्रार्थना करें कि वह ईश्वर की उपचारक शक्तियों का माध्यम बन जाये।
3. आप जो भी करें, आप घबरायें या डरें नहीं। अगर आप डर जायेंगे, तो आप अपने प्रियजन की दिशा में नकारात्मक या विध्वंसात्मक विचार प्रेषित करेंगे जबकि उसे सकारात्मक और उपचार के विचारों की आवश्यकता है।
4. याद रखें कि ईश्वर कोई भी काम बिना नियम के नहीं करता। यह भी याद रखें कि हमारे तुच्छ सांसारिक नियम उस महान शक्ति की आंशिक अभिव्यक्ति हैं जो इस ब्रह्मांड में प्रवाहित हो रही है। आध्यात्मिक नियम बीमारी पर भी लागू होते हैं। ईश्वर ने हर बीमारी के लिये दो इलाज दिये हैं, पहला विज्ञान के प्राकृतिक नियमों द्वारा उपचार यानी डॉक्टरों या दवाओं का इलाज और दूसरा आध्यात्मिक नियम द्वारा उपचार यानी आस्था द्वारा इलाज।
5. अपने प्रियजन को पूरी तरह ईश्वर के हाथ में छोड़ दें। अपनी आस्था से आप उसे दैवी शक्ति के प्रवाह में रख दें। वहाँ पर चिकित्सा है, परंतु इसके प्रभावी होने के लिये मरीज़ को पूरी तरह से ईश्वर की इच्छा के हवाले करना होगा। इसे समझना मुश्किल है और इसे करना उतना ही कठिन है परंतु यह एक तथ्य है कि अगर प्रियजन के जीने की प्रबल इच्छा के साथ उसे ईश्वर की इच्छा पर छोड़ने की भी प्रबल इच्छा हो तो उपचारक शक्तियाँ आश्चर्यजनक गति से सक्रिय हो जाती हैं।
6. यह भी महत्त्वपूर्ण है कि परिवार में सामंजस्य हो यानी आध्यात्मिक सामंजस्य हो। याद रखें कि बाइबल में इस बात पर ज़ोर दिया गया है : "अगर धरती पर तुममें से दो लोग किसी भी वस्तु को सहमत होकर इकट्ठे माँगेंगे तो स्वर्ग में बैठे मेरे पिता उनकी इच्छा पूरी कर देंगे।" (मैथ्यू 18:19)। यह स्पष्ट है कि सामंजस्य के अभाव और बीमारी में नज़दीकी संबंध है।

7. अपने मस्तिष्क में एक ऐसी तस्वीर बनायें जिसमें आपका प्रियजन स्वस्थ हो गया हो। उसके पूर्ण रूप से स्वस्थ होने की कल्पना करें। तस्वीर में उसे ईश्वर के प्रेम और अच्छाई से चमकता हुआ देखें। आपका चेतन मस्तिष्क बीमारी, यहाँ तक कि मृत्यु का भी सुझाव दे सकता है, परंतु आपके मस्तिष्क का नब्बे प्रतिशत हिस्सा अवचेतन में है। स्वास्थ्य की तस्वीर को अवचेतन में डूब जाने दें और आपके मस्तिष्क का यह शक्तिशाली हिस्सा प्रचुर स्वास्थ्य ऊर्जा अपने आप भेजेगा। हम अवचेतन में जिस पर विश्वास करते हैं हमें आम तौर पर वही मिलता है। जब तक आपकी आस्था आपके अवचेतन पर नियंत्रण नहीं करेगी, तब तक आपको कोई अच्छी चीज़ नहीं मिलेगी, क्योंकि अवचेतन सिर्फ़ वही वापस देता है जो आपका असली विचार होता है। अगर असली विचार नकारात्मक है तो परिणाम भी नकारात्मक होंगे। अगर असली विचार सकारात्मक है तो आपको सकारात्मक और उपचारक परिणाम मिलेंगे।

8. पूरी तरह सहज रहें। ईश्वर से अपने प्रियजन का उपचार करने की प्रार्थना करें। आप अपने दिल में यही चाहते हैं, इसलिये उससे प्रार्थना करें कि वह कृपया ऐसा कर दें, परंतु हमारा सुझाव है कि आप "कृपया" का प्रयोग सिर्फ़ एक बार करें। इसके बाद अपनी प्रार्थना में उसकी अच्छाई के लिये उसे धन्यवाद दें। इस तरह की प्रार्थना से गहरी आध्यात्मिक शक्ति को मुक्त होने में मदद मिलेगी और ईश्वर की प्रेमपूर्ण देखरेख की आश्वस्ति द्वारा खुशी भी मिलेगी। यह खुशी आपको संबल देगी और याद रखें कि खुशी अपने आप में उपचार करने की शक्ति रखती है।

12

जब ऊर्जा घटने लगे तो इस हेल्थ फ़ॉर्मूले को आज़मायें

मैंने सुना है कि एक महिला दवाई की दुकान पर गई और उसने मनोदैहिक दवा की बोतल माँगी।

ज़ाहिर है ऐसी कोई दवा दवाई की दुकान में नहीं मिलती, क्योंकि यह गोलियों या बोतलों में नहीं आती। परंतु फिर भी एक मनोदैहिक दवा होती ज़रूर है और हममें से कइयों को उसकी ज़रूरत है। यह दवा प्रार्थना, आस्था और प्रबल आध्यात्मिक चिंतन के मिश्रण से तैयार होती है।

कई तरह से इस बात का अनुमान लगाया गया है कि वर्तमान युग के 50 से 75 प्रतिशत लोग इसलिये बीमार हैं क्योंकि उनकी अस्वस्थ मानसिक अवस्था का उनकी भावनात्मक और शारीरिक संरचना पर विपरीत प्रभाव पड़ रहा है। इसलिये इस तरह की दवा बहुत महत्त्वपूर्ण है। कई लोग जो इस क्षेत्र में कमज़ोर हैं उन्हें यह पता चलेगा कि एक फ़ॉर्मूला है जो उनके डॉक्टर की सेवाओं के अतिरिक्त उनके लिये महत्त्वपूर्ण हो सकता है।

किस तरह आध्यात्मिक और भावनात्मक उपचार कम होती ऊर्जा को वापस लौटा सकता है इसका उदाहरण उस सेल्स मैनेजर की घटना से मिलता है जिसे हमारे पास एक बड़ी कंपनी के प्रमुख ने भेजा। यह सेल्स एक्ज़ीक्यूटिव पहले बहुत ही प्रभावी और ऊर्जावान हुआ करता था परंतु अब उसकी योग्यता और ऊर्जा दोनों में ही कमी साफ़ दिख रही थी। उसने अपनी रचनात्मक योग्यता खो दी थी। पहले उसके सेल्स विचार अनूठे और प्रशंसनीय हुआ करते थे। उसके सहयोगियों को जल्दी ही यह समझ में आ गया कि यह सेल्स मैनेजर बुरे दौर से गुज़र रहा है। उसे डॉक्टर से

सलाह लेने के लिये प्रेरित किया गया और कंपनी ने उसे आराम करने के लिये अटलांटिक सिटी भेजा और उसके उपचार का दूसरा प्रयास करने के लिये उसे फ़्लोरिडा भेजा। इन दोनों ही छुट्टियों से किसी तरह का निश्चित रचनात्मक सुधार नहीं हुआ।

उसके डॉक्टर ने, जो हमारे धार्मिक-मनोविश्लेषक क्लीनिक के बारे में जानता था, कंपनी के प्रसिडेंट को सुझाव दिया कि यह सेल्स मैनेजर हमारे पास आकर चर्चा करे। प्रेसिडेंट ने उससे ऐसा करने के लिये कहा और उसने ऐसा किया भी, परंतु चर्च भेजे जाने से वह बुरी तरह चिढ़ गया था।

"यह अजीब मज़ाक़ है," उसने गुस्से से कहा, "कि एक बिज़नेसमैन को एक उपदेशक के पास भेजा जाये। मुझे लगता है अब आप मेरे साथ प्रार्थना करेंगे और बाइबल पढ़ेंगे," उसने चिढ़कर कहा।

"मुझे हैरानी नहीं होगी," मैंने जवाब दिया, "क्योंकि कई बार हमारी समस्या किसी ऐसे क्षेत्र में होती है जहाँ प्रार्थना और बाइबल का उपचार एक महत्त्वपूर्ण प्रभाव डाल सकता है।"

इसके बावजूद उसका रवैया इतना असहयोगी और चिड़चिड़ा था कि मुझे यह कहने के लिये विवश होना पड़ा, "मैं आपको सीधे-सीधे यह बता दूँ कि अगर आप हमारे साथ सहयोग नहीं करेंगे, तो आपको नौकरी से निकाल दिया जायेगा।"

"आपसे ऐसा किसने कहा?" उसने पूछा।

"आपके बॉस ने," मैंने जवाब दिया। "उन्होंने कहा कि अगर आप ठीक नहीं होते, तो उन्हें दुख तो होगा, पर उनके पास आपको नौकरी से निकालने के अलावा कोई विकल्प नहीं बचेगा।"

उसके चेहरे पर जिस तरह हवाइयाँ उड़ रही थीं, वैसी हवाइयाँ मैंने किसी और के चेहरे पर उड़ती नहीं देखीं। फिर हकलाते हुये उसने मुझसे पूछा, "आपको क्या लगता है मुझे क्या करना चाहिये?"

मैंने जवाब दिया, "आपकी आज जो दशा है, कई बार देखा गया है कि वह दशा डर, तनाव, चिंता, द्वेष, नफ़रत या अपराधबोध का परिणाम होती है। जब यह भावनात्मक बाधायें इकट्ठी होकर एक ख़ास सीमा तक पहुँच जाती हैं तो व्यक्तित्व उन्हें सहारा नहीं दे पाता और हार मान लेता है। भावनात्मक, आध्यात्मिक और बौद्धिक शक्ति के स्त्रोत बंद होने लगते हैं। और इस तरह कोई व्यक्ति द्वेष, डर या अपराधबोध की वजह से दलदल में

फँस जाता है। मैं आपकी समस्या तो नहीं जानता परंतु मैं आपको यह सुझाव दूँगा कि आप मुझे सहानुभूति रखने वाला अपना मित्र मानें, जिसमें आप पूरा विश्वास रख सकते हैं और आप मुझे अपने बारे में बतायें।" मैंने इस बात पर ज़ोर दिया कि यह महत्त्वपूर्ण था कि वह कुछ न छुपाये और अपने मस्तिष्क में मौजूद डर, द्वेष या अपराधों को पूरी तरह से बाहर निकाल दे। "मैं आपको आश्वस्त करता हूँ कि आप जो कहेंगे वह पूरी तरह गोपनीय रखा जायेगा। आपकी कंपनी सिर्फ़ आपको अपने पुराने रूप में वापस पाना चाहती है, उसी बेहद प्रभावी व्यक्ति के रूप में जो आप कभी थे।"

कुछ समय बाद समस्या का कारण सामने आ गया। इस व्यक्ति ने कई पाप किये थे, उन्हें ढँकने के लिये उसने कई झूठ बोले थे। वह अब इस डर में जी रहा था कि उसका भाँडा फूट जायेगा। कुल मिलाकर यह आंतरिक दुविधा का बहुत ही करुण उदाहरण था। यह मानसिक गंदगी से थोड़ा सा ही कम था।

उसे बोलने के लिये तैयार करना ज़रा मुश्किल था क्योंकि वह मूल रूप से एक भला व्यक्ति था और उसमें लज्जा का प्रबल भाव था। मैंने उसे बताया कि मैं उसकी चुप्पी को समझ सकता हूँ परंतु इस ऑपरेशन को किये बिना काम नहीं चलेगा और यह तब तक नहीं किया जा सकता जब तक कि पूरी तरह से दिमाग़ को ख़ाली न कर दिया जाये।

जब यह ख़त्म हो गया तो मैं उस अंदाज़ को कभी नहीं भूलूँगा जिसमें उसने प्रतिक्रिया की थी। अपने पैरों पर खड़े होकर वह ऊपर की तरफ़ तन गया। अपने पंजों के बल खड़े होकर उसने अपनी उँगलियाँ छत की तरफ़ बढ़ायीं और एक गहरी साँस ली। उसने कहा, "अब मुझे अच्छा लग रहा है।" यह मुक्ति और राहत की एक नाटकीय अभिव्यक्ति थी। फिर मैंने सुझाव दिया कि वह प्रार्थना करे और ईश्वर से अपने अपराधों के लिये क्षमा माँगे, ताकि एक बार फिर ईश्वर उसके दिल में शांति और स्वच्छता भर दें।

"क्या आप यह कह रहे हैं कि मुझे ज़ोर से प्रार्थना करना है?" उसने शंका भरे स्वर में पूछा। "मैंने अपने जीवन में ऐसा कभी नहीं किया।"

"हाँ," मैंने कहा, "यह एक अच्छी आदत है और इससे आपको शक्ति मिलेगी।"

यह एक आसान प्रार्थना थी और जहाँ तक मुझे याद है उसने यह कहा था : "प्रिय ईश्वर, मैं एक बुरा व्यक्ति था और मैं अपनी ग़लतियों पर

दुखी हूँ। मैंने यहाँ पर अपने मित्र के सामने अपनी पूरी ग़लतियाँ स्वीकार की हैं। मैं अब आपसे यह माँगता हूँ कि आप मुझे माफ़ कर दें और शांति से भर दें। साथ ही मुझे इतना मज़बूत बना दें ताकि मैं इन ग़लतियों को दोबारा न दोहराऊँ। दोबारा स्वच्छ और बेहतर बनने में मेरी मदद करें - पहले से बहुत बेहतर।"

वह उसी दिन अपने ऑफ़िस चला गया। उससे कुछ भी नहीं कहा गया और उससे कुछ कहने की ज़रूरत भी नहीं थी क्योंकि जल्दी ही वह पटरी पर आ गया और आज वह अपने शहर के सर्वश्रेष्ठ सेल्स मैनेजर्स में से एक है।

बाद में मैं उसके प्रसिडेंट से मिला जिसने कहा : "मैं नहीं जानता कि आपने बिल का इलाज कैसे किया, परंतु अब उसके अंदर आग दिख रही है।"

"मैंने कुछ नहीं किया, जो कुछ किया है ईश्वर ने किया है," मैंने जवाब दिया।

"हाँ," उसने कहा, "मैं समझता हूँ। जो भी हो, वह पहले जैसा ही हो गया है।"

जब इस व्यक्ति की ऊर्जा घटने लगी, तो उसने एक हेल्थ फ़ॉर्मूला आज़माया, जिसने उसे फिर से ऊर्जावान बना दिया। उसने मनोदैहिक दवा ली, जिसने उसकी अस्वस्थ आध्यात्मिक और मानसिक स्थिति का इलाज कर दिया।

युनिवर्सिटी ऑफ़ कॉलोरेडो मेडिकल स्कूल के डॉ. फ़्रैंकलिन एबॉग के अनुसार सामान्य अस्पतालों के एक तिहाई प्रकरणों के पीछे शरीर संबंधी कारण होते हैं, जबकि एक तिहाई भावनात्मक और शरीर के मिले-जुले कारणों से होते हैं और एक तिहाई स्पष्ट रूप से भावनात्मक होते हैं।

माइन्ड एंड बॉडी के लेखक डॉ. फ़्लैंडर्स डनबार कहते हैं, "सवाल यह नहीं है कि कोई बीमारी कितनी शारीरिक और कितनी भावनात्मक है, सवाल यह है कि यह कितने प्रतिशत शारीरिक और कितने प्रतिशत भावनात्मक है।"

हर विचारशील व्यक्ति जिसने इस विषय पर विचार किया है उसे यह एहसास होगा कि डॉक्टर सही कहते हैं जब वे हमें बताते हैं कि नफ़रत, द्वेष, कपट, दुर्भावना, ईर्ष्या, प्रतिशोध ऐसे नज़रिये हैं जिनसे हम अस्वस्थ होते हैं। जब आपको गुस्से का दौरा पड़े तो आपको अपने पेट की गहराई में डूबने की अनुभूति महसूस होगी जिसे स्टमक सिकनेस कहा जाता है। भावनात्मक

विस्फोटों के बाद शरीर में रासायनिक प्रक्रियायें शुरू हो जाती हैं जिनसे बीमारी की भावनायें उत्पन्न होती हैं। अगर यह कुछ समय तक लगातार चलती रहें तो शरीर की सामान्य स्थिति में निश्चित रूप से गिरावट आयेगी।

एक व्यक्ति के बारे में बात करते हुये, जिसे हम दोनों जानते थे, एक डॉक्टर ने मुझे बताया कि वह मरीज़ "बदले की आग में जलकर" मरा था। डॉक्टर को सचमुच ऐसा लग रहा था जैसे वह मरीज़ अपनी लंबी नफ़रत की वजह से मर गया था। "उसने अपने शरीर का इतना नुक़सान कर लिया था कि उसकी प्रतिरोधक शक्ति कम हो गयी थी," डॉक्टर ने स्पष्ट किया, "इसलिये जब शारीरिक बीमारी ने उस पर हमला किया तो उसमें इतनी शक्ति या स्टेमिना नहीं था कि वह इसे परास्त कर सके। उसने अपनी दुर्भावना की प्रबलता की वजह से खुद को शारीरिक रूप से कमज़ोर बना लिया था।"

सैन फ्रांसिस्को के डॉक्टर चार्ल्स माइनर कूपर ने "दिल की समस्या के बारे में दिल से दी गयी सलाह" शीर्षक के अपने लेख में लिखा है, "आपको अपनी भावनात्मक प्रतिक्रियाओं को नियंत्रण में रखना चाहिये। मैं आपको बता दूँ, मैंने यह देखा है कि एक मरीज़ ने जब गुस्सा किया तो उसके तत्काल बाद ही उसका ब्लड प्रेशर साठ पॉइंट बढ़ गया था। इससे आप समझ सकते हैं कि इतने तनाव का दिल पर क्या असर होगा।" उन्होंने लिखा है कि जल्दी भड़कने वाले व्यक्ति किसी ग़लती के लिये दूसरों को दोष देते हैं, जबकि समझदारी इसमें होती है कि आप उस बात पर विचलित न हों या तनाव में न आयें जो हो चुकी है और इसलिये अब उसको बदला नहीं जा सकता।" उन्होंने महान स्कॉटिश सर्जन जॉन हंटर के शब्दों को भी बताया। डॉ. हंटर खुद दिल के मरीज़ थे और वे जानते थे कि किसी प्रबल भावना का उनके दिल पर क्या प्रभाव होगा। उन्होंने कहा था कि उनकी ज़िंदगी उस व्यक्ति की दया पर निर्भर है जो उन्हें गुस्सा दिला सके। और वास्तव में उनकी मौत हार्ट अटैक के कारण ही हुई। अटैक उन्हें गुस्से की वजह से पड़ा था जब वे खुद को अनुशासित करना भूल गये थे।

डॉ. कूपर ने अपने लेख के अंत में लिखा है, "जब भी बिज़नेस की कोई समस्या आपको परेशान करने लगे या आप गुस्सा होने लगें, तो अपने आपको पूरी तरह ढीला छोड़ दें। यह आपके बढ़ते हुये आंतरिक तनाव को कम कर देगा। आपका हृदय यह चाहता है कि यह स्थायी रूप से एक दुबले, खुशनुमा और शांत व्यक्ति में रहे जो बुद्धिमानी से अपनी शारीरिक, मानसिक और भावनात्मक गतिविधियों पर क़ाबू रख सके।"

अगर आपको लगता है कि आपकी स्थिति ठीक नहीं है तो मैं सुझाव दूँगा कि आप ईमानदारी से आत्म-विश्लेषण करें। ईमानदारी से खुद से पूछें कि क्या आप किसी तरह की दुर्भावना या विद्वेष या कटुता को पाले हुये हैं और अगर ऐसा है तो फिर इन्हें बाहर निकाल फेंकें। बिना देर किये उनसे मुक्ति पा जायें। नफ़रत से आपके सिवा और किसी को नुक़सान नहीं होता। इससे उस व्यक्ति को कोई नुक़सान नहीं होता जिसके विरोध में आपने इन भावनाओं को पाल रखा है, परंतु आपके जीवन के हर दिन और हर रात को कटु भावनायें खोखला कर देती हैं। कई लोग इसलिये बीमार नहीं रहते क्योंकि वे कोई ग़लत चीज़ खा रहे हैं, बल्कि इसलिये बीमार रहते हैं क्योंकि उन्हें कोई ग़लत चीज़ खा रही है। भावनात्मक बीमारियाँ आप पर हावी हो जाती हैं, आपकी ऊर्जा को कम कर देती हैं, आपकी कार्यकुशलता को कम कर देती है और आपके स्वास्थ्य पर बुरा प्रभाव डालती हैं। और हाँ, वे आपके सुख को भी समाप्त कर देती हैं।

इसलिये हमें आज यह एहसास होने लगा है कि विचार शारीरिक अवस्था पर प्रभाव डालते हैं। हमें यह एहसास हो गया है कि कोई व्यक्ति नफ़रत करके अपने आपको बीमार बना सकता है। हम जानते हैं कि वह अपराधबोध के एहसास की वजह से कई तरह के शारीरिक लक्षण विकसित कर सकता है। इसके अलावा, डर और चिंता के कारण व्यक्ति निश्चित शारीरिक लक्षण भी दर्शा सकता है। हम जानते हैं कि जब इन विचारों को बदला गया तो शरीर की बीमारी भी ठीक हो गयी।

हाल ही में मुझे एक डॉक्टर ने एक युवा महिला के बारे में बताया जिसे 102 डिग्री बुखार की स्थिति में अस्पताल में भर्ती किया गया था। वह र्‍यूमेटॉइड आर्थ्राइटिस की शिकार थी और उसके जोड़ बुरी तरह सूजे हुये थे।

इस केस के अध्ययन को ठीक तरह से करने के लिये डॉक्टर ने उसे दर्द कम करने की गोली के अलावा कोई दवा नहीं दी। दो दिन के बाद युवती ने डॉक्टर से पूछा, "मैं कितने लंबे समय तक इस स्थिति में रहूँगी और मुझे कब तक अस्पताल में रहना होगा?"

"मुझे लगता है कि मुझे आपको बता देना चाहिये," डॉक्टर ने जवाब दिया, "आपको शायद छह महीने तक अस्पताल में रहना होगा।"

"आपका मतलब है कि मेरी शादी छह महीने तक नहीं हो सकती," युवती ने कहा।

"मुझे दुख है," डॉक्टर ने कहा, "परंतु मैं इस मामले में इससे बेहतर कोई वादा नहीं कर सकता।"

यह चर्चा शाम को हुई थी। अगली सुबह युवती का बुखार सामान्य था और उसके जोड़ों की सूजन भी चली गयी थी। डॉक्टर को इस परिवर्तन का कारण समझ नहीं आया और उन्होंने उसे कुछ दिनों तक निगरानी में रखकर वापस घर भेज दिया।

एक महीने बाद वही युवती उसी बीमारी की वजह से एक बार फिर अस्पताल में थी : बुखार एक सौ दो और जोड़ों में सूजन। सवाल पूछने पर पता चला कि उस युवती के पिता चाहते थे कि वह उनकी पसंद के एक लड़के से शादी करे जो बिज़नेस संबंधों में उनके लिये बहुत लाभकारी सिद्ध होगा। युवती अपने पिता से प्रेम करती थी और उनकी इच्छा के अनुरूप कार्य करना चाहती थी। परंतु वह किसी ऐसे व्यक्ति से शादी भी नहीं करना चाहती थी, जिससे उसे प्रेम न हो। इसलिये उसके अवचेतन मस्तिष्क ने उसकी मदद की और उसे बुखार और र्यूमेटॉइड आर्थ्राइटिस की बीमारियाँ दे दीं।

डॉक्टर ने पिता को समझाया कि अगर उन्होंने अपनी पुत्री से शादी के लिये ज़बर्दस्ती की तो उसकी पुत्री हमेशा के लिये रोगी बन सकती है। जब पिता ने युवती को बताया कि अब उसे उस लड़के से शादी नहीं करना पड़ेगी, तो युवती जल्दी ही और स्थायी रूप से ठीक हो गयी।

यह न सोचें कि अगर आपको आर्थ्राइटिस है तो इसका कारण यह है कि आपकी शादी ग़लत व्यक्ति से हुई है! यह घटना सिर्फ़ यह बताती है कि मानसिक दर्द का शारीरिक स्थितियों पर कितना गहरा प्रभाव पड़ता है।

मैंने एक मनोवैज्ञानिक के एक वक्तव्य को दिलचस्पी से पढ़ा जिसमें उन्होंने बताया था कि बच्चे अपने चारों तरफ़ के लोगों से खसरे या अन्य संक्रामक बीमारियों को जितनी जल्दी पकड़ लेते हैं उससे जल्दी वे उनके डर और नफ़रत के भावों को पकड़ लेते हैं। डर का वाइरस उनकी चेतना में गहराई में जा सकता है और वहाँ जीवन भर बना रह सकता है।

"परंतु," मनोवैज्ञानिक ने आगे कहा, "सौभाग्य से बच्चे प्रेम, अच्छाई और आस्था को भी पकड़ सकते हैं और सामान्य, स्वस्थ बच्चों और वयस्कों के रूप में बड़े हो सकते हैं।"

लेडीज़ होम जरनल नामक मैग्ज़ीन में कॉन्स्टेन्ज जे. फ़ॉस्टर ने टेम्पल युनिवर्सिटी मेडिकल स्कूल के डॉ. एडवर्ड वीस के अमेरिकन स्कूल ऑफ़

फिज़िशियन्स में दिये गये भाषण को उद्धृत (quote) किया जिसमें डॉ. वीस ने बताया कि मांसपेशियाँ और जोड़ों के दर्द के लंबे समय से शिकार लोगों के मन में अपने किसी क़रीबी व्यक्ति के प्रति कोई कसकती हुई गाँठ हो सकती है। उन्होंने आगे कहा कि यह व्यक्ति आम तौर पर इस बात से पूरी तरह से अनभिज्ञ रहते हैं कि वे किसी दीर्घकालीन विद्वेष को पाले हुये हैं।

"किसी भी तरह की संभावित ग़लतफ़हमी को दूर करने के लिये," लेखक ने कहा, "इस बात पर ज़ोर देकर कहना आवश्यक है कि भावनायें उतनी ही असली हैं जितने कि कीटाणु और उनसे उतना ही सतर्क रहना चाहिये। मूल रूप से भावनाओं के कारण जो दर्द और बीमारियों का कष्ट उत्पन्न होता है वह बैक्टीरिया के कारण उत्पन्न दर्द और कष्ट जितना ही काल्पनिक होता है। किसी भी स्थिति में मरीज़ को जान-बूझकर बीमारी विकसित करने के लिये दोषी नहीं ठहराया जा सकता। इस तरह के लोग मस्तिष्क की किसी तरह की बीमारी से पीड़ित नहीं हैं, बल्कि भावनाओं की अव्यवस्था से पीड़ित हैं, जो अक्सर वैवाहिक या अभिभावक-बालक समस्या से जुड़ी होती है।"

इसी लेख में एक महिला मिसेज़ एक्स की कहानी बतायी गयी है जो डॉक्टर की सर्जरी में यह शिकायत करती हुई आयी कि उसके हाथों में फुंसियाँ हो रही थीं। जिसका निदान एक्ज़ीमा के रूप में किया गया। डॉक्टर ने मिसेज़ एक्स को अपने बारे में बातें करने के लिये प्रोत्साहित किया। इससे यह पता चला कि वे एक बहुत ही कठोर महिला थीं। उनके होंठ पतले और भिंचे हुये थे। वे र्‌यूमेटॉइड से ग्रस्त भी थीं। डॉक्टर ने मिसेज़ एक्स को मनोविश्लेषक के पास भेज दिया, जिसने पहली ही नज़र में देख लिया कि उसके जीवन में कोई अंदरूनी स्थिति है जिसे वह त्वचा की फुंसी के रूप में बाहरी अभिव्यक्ति दे रही है और इस तरह खुद को नोंच रही है जबकि उसकी इच्छा किसी अन्य वस्तु या व्यक्ति को नोंचने की है।

डॉक्टर ने आख़िरकार उससे स्पष्ट रूप से पूछ लिया, "आपको क्या चीज़ खाये जा रही है?" उसने पूछा। "आप किस बात से चिढ़ी हुई हैं?"

"वह एक वृक्ष की तरह तन गयी और सर्जरी से सीधे बाहर निकल गयी, इसलिये मैं जानता था कि मेरा निशाना बिलकुल सही लगा था और इसलिये वह बौखला गयी थी। कुछ दिनों बाद वह वापस आयी। एक्ज़ीमा के दर्द के कारण वह इस बात के लिये तैयार थी कि वह मेरी मदद करे चाहे इसके लिये उसे अपनी नफ़रत को अपने दिल से बाहर निकालना पड़े।

"यह पता चला कि परिवार में वसीयत को लेकर कोई विवाद था और मिसेज़ एक्स को लगता था कि उनके छोटे भाई ने उनके साथ अन्याय किया था। जब उसने दुश्मनी त्याग दी तो वह ठीक हो गयी और जब उसने अपने भाई से सुलह कर ली तो उसके चौबीस घंटों के भीतर ही उस महिला का एक्ज़ीमा ग़ायब हो गया।"

युनिवर्सिटी ऑफ़ पेनसिल्वेनिया मेडिकल स्कूल के डॉ. एल. जे. सॉल बताते हैं कि भावनात्मक असंतुलन का संबंध सर्दी से भी होता है और उन्होंने इस विषय का अध्ययन किया है।

"ऐसा विश्वास है कि भावनात्मक असंतुलन हमारे गले और नाक की भीतरी परत में रक्त प्रवाह को प्रभावित करता है। वह ग्रंथियों के स्त्राव को भी प्रभावित करता है। यह तत्व हमारी म्यूकस मैम्ब्रेन को सर्दी के वायरस या विषाणु के संक्रमण के प्रति अधिक ग्रहणशील बना देता है।"

कोलंबिया युनिवर्सिटी के कॉलेज ऑफ़ फिज़िशियन्स एंड सर्जन्स के डॉ. एडमंड पी. फ़ाउलर कहते हैं, "परीक्षा के समय कई मेडिकल विद्यार्थियों को सर्दी हो जाती है। इसी तरह कई लोगों को यात्रा से पहले या बाद में सर्दी हो जाती है। जिन महिलाओं को बड़े परिवार की देखरेख करनी होती है उन गृहिणियों को सर्दी हो जाती है। और यह अक्सर देखा जाता है कि जब किसी महिला की सास उसके घर में आने वाली होती है, तो उसे सर्दी हो जाती है और जैसे ही सास चली जाती है, उसकी बीमारी अपने आप ठीक हो जाती है।" (डॉ. फ़ाउलर सास पर बहू या दामाद के प्रभावों का ज़िक्र नहीं करते। शायद उसे भी सर्दी हो जाती हो।)

डॉ. फ़ाउलर ने जिन मामलों के बारे में रिपोर्ट दी उनमें से एक पच्चीस साल की एक सेल्सगर्ल के बारे में थी। जब वह उनकी सर्जरी में आयी तो उसकी नाक बंद थी, नाक के अंदर की परत लाल थी, उसे सिरदर्द हो रहा था और उसे हल्का बुखार भी था। वह इन लक्षणों को दो सप्ताह से झेल रही थी। पूछताछ में पता चला कि मंगेतर से उसका भयानक झगड़ा होने के कुछ घंटे बाद ही यह लक्षण उभरे थे।

दवाओं से उसकी सर्दी दूर हो गयी, परंतु कुछ ही सप्ताह बाद वह युवती दोबारा उसी समस्या को लेकर डॉक्टर के पास आयी। इस बार एक दुकानदार से विवाद होने के बाद यह समस्या शुरू हुई थी। एक बार फिर दवाओं से उसकी बीमारी ठीक हो गयी। परंतु इस युवती को बार-बार

सर्दी होती रही और हर बार उसका संबंध गुस्से के आवेग में पाया जाता था। डॉक्टर फ़ाउलर ने आख़िरकार उस युवती को यह विश्वास दिलाने में कामयाबी पायी कि उसका गुस्सा ही उसकी दीर्घकालीन सर्दी की समस्या के पीछे है। जब उसने अधिक शांत जीवन जीने का तरीक़ा सीख लिया तो उसकी छींकें और सर्दी अपने आप ठीक हो गयी।

और इसके बावजूद लोग अब भी सोचते हैं कि *बाइबल* की नफ़रत या गुस्सा नहीं करने की सलाह सिर्फ़ "सैद्धांतिक" है। *बाइबल* सैद्धांतिक नहीं है। यह ज्ञान की हमारी सर्वश्रेष्ठ पुस्तक है। यह जीवन और स्वास्थ्य पर व्यावहारिक सलाह से भरपूर है। क्रोध, विद्वेष और अपराधबोध आपको बीमार बनाते हैं। आधुनिक डॉक्टर हमें यही बताते हैं जिससे यह एक बार फिर सिद्ध होता है कि व्यक्तिगत कल्याण के विषय पर हमारी सर्वश्रेष्ठ पुस्तक होली *बाइबल* है, जिसे बहुत से लोग सिर्फ़ धार्मिक पुस्तक मानते हैं, प्रैक्टिकल नहीं और इसलिये उसे नज़रअंदाज़ कर देते हैं। कोई हैरानी नहीं कि बाइबल दूसरी सभी पुस्तकों से अधिक संख्या में पढ़ी जाती है। ऐसा इसलिये है क्योंकि इस पुस्तक में हम न सिर्फ़ यह जानते हैं कि हमारे साथ क्या गड़बड़ है बल्कि यह भी जानते हैं कि उसे कैसे सुधारा जाये।

डॉ. फ़ाउलर ने "भावनात्मक सर्दी" की तरफ़ ध्यान दिलाया जो उन बच्चों को हो जाती है जो असुरक्षित अनुभव करते हैं। उन्होंने बताया कि दीर्घकालीन सर्दी के कई प्रकरण उन बच्चों में दिखते हैं जो टूटे हुये घरों से आये हैं। जब छोटा भाई पैदा होता है तो बड़े बच्चे को अक्सर श्वास संबंधी संक्रमण हो जाता है क्योंकि वह अपने आपको उपेक्षित और ईर्ष्यालु महसूस करता है। एक नौ साल के बच्चे के पिता बहुत तानाशाह क़िस्म के थे और उसकी माँ बहुत दुलार करने वाली थीं। एक अभिभावक की कठोरता और दूसरे की कोमलता के संघर्ष से बच्चे को स्पष्ट रूप से कष्ट हो रहा था। वह अपने पिता के दंड से ख़ास तौर पर डरता था। बच्चा कई सालों तक लगातार सर्दी और खाँसी से परेशान रहा। यह पाया गया कि जब वह अपने माता-पिता से दूर कैंप में जाता था तो उसकी सर्दी-खाँसी ग़ायब हो जाती थी।

चिड़चिड़ेपन, क्रोध, नफ़रत और विद्वेष का बीमारी उत्पन्न करने में इतना सशक्त प्रभाव पड़ता है तो इसका इलाज क्या है? स्पष्ट रूप से इसका इलाज है दिमाग़ में सद्भाव, क्षमा, आस्था, प्रेम और शांति का नज़रिया रखना। और ऐसा किस तरह हासिल किया जा सकता है। नीचे कुछ

व्यावहारिक सुझाव दिये गये हैं। बहुतों ने इनका सफलतापूर्वक प्रयोग किया, ख़ास तौर पर क्रोध की भावना पर नियंत्रण करने के लिये। इन सुझावों के लगातार प्रयोग से अच्छे स्वास्थ्य की भावना उत्पन्न हो सकती है :

1. याद रखें क्रोध एक भावना है और भावना हमेशा गर्म होती है, कई बार बेहद गर्म भी। इसलिये किसी भी भावना पर क़ाबू करने के लिये इसे ठंडा कर लें। और आप इसे ठंडा कैसे करेंगे? जब कोई व्यक्ति गुस्सा होता है तो उसकी मुट्ठी भिंचने लगती है, आवाज़ का वॉल्यूम बढ़ जाता है, शरीर अकड़ जाता है। (मनोवैज्ञानिक रूप से आप लड़ाई के लिये तैयार हो जाते हैं और आपके शरीर में एड्रीनलिन प्रवाहित होने लगती है।) यह नर्वस सिस्टम में पाषाण युग के व्यक्ति के अवशेष हैं। इसलिये इस भावना की गर्मी का जानते-बूझते हुये प्रतिरोध करें - इसे बर्फ़ की तरह जमा दें। जान-बूझकर, इच्छा के प्रयोग द्वारा अपनी मुट्ठी न भिंचने दें। अपनी उँगलियों को सीधा रखें। जान-बूझकर अपनी आवाज़ के वॉल्यूम को कम कर लें; इसे फुसफुसाहट के स्तर तक ले जायें। याद रखें, फुसफुसाकर किसी से बहस करना कठिन होता है। कुर्सी में लुढ़क जायें, या यदि संभव हो तो लेट जायें। लेटे-लेटे गुस्से से पगलाना बहुत कठिन होता है।
2. खुद से ज़ोर से कहें, "मूर्खता मत करो। इससे तुम्हें कोई फ़ायदा नहीं होगा, इसलिये जाने दो।" हालाँकि ऐसे समय प्रार्थना करना आपके लिये मुश्किल होगा, फिर भी प्रार्थना करने की कोशिश करें। कम से कम अपने मस्तिष्क में ईसा मसीह की तस्वीर ले आयें और इस बारे में सोचें कि वह भी आपकी तरह गुस्से से पागल हो रहे हैं। आप ऐसा नहीं कर सकते और इस प्रयास से आपके क्रोध की भावनाओं का गुब्बारा पिचक जायेगा।
3. गुस्से को ठंडा करने की सर्वश्रेष्ठ तकनीकों में से एक सुझाव मिसेज़ ग्रेस ऑसलर ने दिया। पहले तो वे "दस तक गिनती थीं।" बाद में उन्होंने पाया कि वे ईश्वर की प्रार्थना के दस शब्द से अपने गुस्से को नियंत्रित करने में ज़्यादा सफल हो रही हैं। "हमारे पिता जो स्वर्ग में हैं आपका आशीर्वाद बना रहे।" - आप जब भी गुस्से में हों, तो इन शब्दों को दस बार दोहरायें और आपका गुस्सा अपने आप दूर हो जायेगा।

4. गुस्सा एक बड़ा शब्द है जो छोटे-छोटे बहुत से तनावों की इकट्ठी हो चुकी भावनाओं की प्रबल अभिव्यक्ति करता है। इनमें से हर तनाव या कुंठा अपने आप में छोटी होती है, परंतु आपस में मिलकर आख़िरकार यह एक बड़ी आग का रूप ले लेती हैं जिसमें हम अपने आपको जला लेते हैं और बाद में शर्मिंदा होते हैं। इसलिये, उन सारी बातों की सूची बना लें जिनसे आपको चिढ़ होती है। चाहे वे कितनी ही महत्त्वहीन या मूर्खतापूर्ण क्यों न हों, उनकी सूची बना लें। ऐसा करने का मक़सद उन छोटी-छोटी धाराओं को सुखाना है जो क्रोध की बड़ी नदी को भर देती हैं।

5. हर छोटी परेशानी को दूर करने के लिये ईश्वर से अलग-अलग प्रार्थना करें। अपने सारे गुस्से को इकट्ठे नष्ट करने के बजाय जिसे हमने बहुत ही ठोस शक्ति के रूप में दर्शाया है, एक-एक करके इन परेशानियों को अपनी प्रार्थना के माध्यम से दूर करें, जो आपके गुस्से को ईंधन देती हैं। इस तरीक़े से आप अपने गुस्से को उस सीमा तक कमज़ोर कर देंगे जहाँ इस पर आप आसानी से नियंत्रण हासिल कर लेंगे।

6. अपने आपको इस तरह प्रशिक्षित करें ताकि जब भी गुस्सा आये, खुद से कहें, "क्या यह समस्या इतनी बड़ी है कि इस पर गुस्सा हुआ जाये? क्या मैं गुस्सा करके खुद को मूर्ख साबित नहीं कर रहा हूँ? क्या मैं ऐसा करके अपने दोस्त नहीं गँवा रहा हूँ?" इस तकनीक से पूरा लाभ उठाने के लिये हर दिन खुद से कई बार यह कहने का अभ्यास करें : "किसी बात पर गुस्सा होने या पगलाने से कोई फ़ायदा नहीं होगा।" साथ ही यह भी कहें : "चवन्नी की बात पर हज़ार रुपये का गुस्सा करना फ़ायदे का सौदा नहीं है।"

7. जब भी आपको लगे कि आपको भावनात्मक चोट पहुँची है, आप जितनी जल्दी हो सके उसका इलाज कर लें। इस पर विचार करने में एक मिनट का भी विलंब न करें। उसके बारे में कुछ करें। दुखी होने या झुँझलाने में वक़्त बर्बाद न करें। विद्वेष की भावना में इधर से उधर डोलते न फिरें। जिस मिनट आपकी भावनाओं को चोट लगे, आप वही करें जो आप तब करते यदि आपकी उँगली में चोट लग जाती। तत्काल उस पर दवा लगा लें। अगर आप ऐसा नहीं करेंगे तो परिस्थिति क़ाबू से बाहर जाकर विकृत हो सकती है।

इसलिये प्रेम और क्षमा की प्रार्थना कहकर अपनी चोट पर थोड़ा-सा आध्यात्मिक आयोडीन तत्काल लगा लें।

8. अपने दिल से शिकायतों को निकालते रहें। अपने दिमाग़ के ढक्कन को खोलकर अपनी शिकायतों को बह जाने दें। किसी ऐसे व्यक्ति के पास जायें जिस पर आपको विश्वास हो और उससे आप अपना दुख-दर्द कह दें। कुछ भी अपने दिमाग़ में बचाकर न रखें। फिर इसे भूल जायें।

9. जिस व्यक्ति ने आपको चोट पहुँचायी है, आप उसके लिये प्रार्थना करना शुरू कर दें। इसे तब तक करते रहें जब तक कि आपको यह न लगे कि द्वेष अब ग़ायब हो रहा है। कई बार तो इस परिणाम को पाने के लिये आपको लंबे समय तक बहुत बार प्रार्थना करना पड़ेगी। एक व्यक्ति जिसने इस तरीक़े को आज़माया था उसने मुझे बताया कि उसने उस संख्या का रिकॉर्ड रखा जितनी बार प्रार्थना करने के बाद उसकी शिकायत ख़त्म हुई और उसे शांति मिली। उसने कुछ 64 बार प्रार्थना की। उसने प्रार्थना कर-करके अपने सिस्टम से इसे बाहर निकाल दिया। इसके सफल होने की पूरी गारंटी है।

10. यह छोटी सी प्रार्थना करें : "मेरा हृदय यीशु के प्रेम से भर जाये।" फिर इसमें उस व्यक्ति का नाम जोड़ दें, जिसने आपको चोट पहुँचायी है, "अमुक व्यक्ति के लिये यीशु का प्रेम मेरी आत्मा में भर जाये।" प्रार्थना करें, सच्चे दिल से प्रार्थना करें और आपको निश्चित रूप से राहत मिलेगी।

11. दरअसल आपको ईसा मसीह की सलाह का पालन करना चाहिये यानी सत्तर गुना सत्तर बार माफ़ करना चाहिये। इसका मतलब है चार सौ नब्बे बार माफ़ करना। अगर आप इतनी बार माफ़ करने की कोशिश करते हैं, तो इसके काफ़ी पहले ही आपकी शिकायत और नफ़रत दूर हो जायेगी।

12. अंततः यह जंगली, अनुशासनहीन और आदिकालीन भावना जिसकी लपटें सतह पर दिखाई देती हैं सिर्फ़ तभी क़ाबू में आ सकती हैं जब हम ईसा मसीह को इस पर नियंत्रण करने दें। इसलिये, इस अध्याय को पूरा करते हुये ईसा मसीह से कहें : "जिस तरह आप किसी व्यक्ति के नैतिक सिद्धांतों को बदलते हैं, उसी तरह मैं आपसे

यह चाहता हूँ कि आप मेरी नर्व्ज़ को बदल दें। जिस तरह आप मांस के पापों के संबंध में शक्ति प्रदान करते हैं, उसी तरह आप मानसिकता के पापों पर मुझे शक्ति प्रदान करें। मेरे गुस्से को क़ाबू में लायें। आप अपनी उपचारक शांति मेरे नर्वस सिस्टम और मेरी आत्मा में प्रदान करें।" अगर आप गुस्से से बेक़ाबू हैं तो इस प्रार्थना को हर दिन तीन बार दोहरायें। यह भी उचित होगा यदि आप इसे एक कार्ड पर छपवा लें और अपनी मेज़ पर रखें या किचन सिंक के ऊपर रखें या अपनी पॉकेट बुक में रखें।

13

नज़रिया बदलकर नये इन्सान बनें

नीचे दिये गये वक्तव्य में आपके बारे में एक अत्यंत महत्त्वपूर्ण और सशक्त तथ्य बताया गया है। यह वक्तव्य विलियम जेम्स का है जो अमेरिका के चंद बेहद बुद्धिमान व्यक्ति में से एक थे, "मेरी पीढ़ी की सबसे महान खोज यह है कि **अपना मानसिक रवैया बदलकर इन्सान अपनी ज़िंदगी बदल सकते हैं।"** जैसा आप सोचेंगे, आप वैसे ही बनेंगे। इसलिये अपने दिमाग़ से पुराने, थके-हारे, घिसे-पिटे विचारों को बाहर निकाल फेंकें। अपने दिमाग़ में आस्था, प्रेम और भलाई के नये, ताज़े, रचनात्मक विचार भरें। इस तरह अपना नज़रिया बदलकर आप दरअसल नये इन्सान बन सकते हैं।

और आप इस तरह के व्यक्तित्व को बनाने वाले विचारों को कहाँ पा सकते हैं?

मैं एक बिज़नेसमैन को जानता हूँ जो बहुत ही विनम्र व्यक्ति है परंतु वह उस क़िस्म का इन्सान है जो कभी हारता नहीं है। कोई बाधा, कोई समस्या, कोई असफलता उसे कभी नहीं हरा पाती। वह हर समस्या पर आशावादी नज़रिये से हमला करता है और उसे यह पक्का विश्वास होता है कि यह समस्या सही तरीक़े से ठीक हो जायेगी और किसी न किसी अजीब तरीक़े से ऐसा होता भी है। ऐसा लगता है जैसे उसके पास कोई जादू की छड़ी है - एक ऐसी छड़ी जो कभी असफल नहीं होती।

इस प्रभावी लक्षण के कारण मेरी इस व्यक्ति में सदा दिलचस्पी रही है। मैं जानता था कि उसके इस तरह के होने के पीछे कोई निश्चित कारण है और ज़ाहिर है मैं उसकी कहानी सुनना चाहता था, परंतु उसकी विनम्रता

और कम बोलने की आदत के कारण उसे अपने बारे में बात करने के लिये राज़ी करना आसान नहीं था।

एक दिन जब वह मूड में था तो उसने मुझे अपना रहस्य बताया। यह बहुत आश्चर्यजनक रूप से आसान परंतु प्रभावी रहस्य था। मैं उसके प्लांट का भ्रमण कर रहा था जो एक आधुनिक, नवीनतम प्लांट था जिसका ज़्यादातर हिस्सा एयरकंडीशंड था। अत्याधुनिक मशीनरी और उत्पादन के तरीक़ों ने उसकी फ़ैक्ट्री को बहुत ही उत्पादक और कार्यकुशल फ़ैक्ट्री बना दिया था। लेबर-मैनेजमेंट संबंध उतने ही आदर्श थे जितने कि आधे-अधूरे मनुष्यों की इस दुनिया में संभव हैं। पूरी फ़ैक्ट्री में सद्भावना का वातावरण मौजूद था।

उसका ऑफ़िस अत्याधुनिक रूप से सज्जित था, जिसमें सुंदर डेस्क और कालीन थे और उसमें आकर्षक लकड़ी के पैनल लगे हुये थे। साज-सज्जा की योजना पाँच अद्भुत रंगों के संयोजन का आकर्षक परिणाम थी। कुल मिलाकर यह सजावट के मामले में आख़िरी शब्द था और उससे भी आगे तक जाता था।

इसके बाद आप मेरे आश्चर्य का अनुमान लगाइये जब मैंने उसकी पॉलिश की हुई सफ़ेद महोगनी की मेज़ पर बाइबल की एक पुरानी प्रति देखी। उसके अत्याधुनिक कमरों में यही एकमात्र पुरानी वस्तु थी। मैंने इस अजीब असंयोजन पर टिप्पणी की।

उसने बाइबल की तरफ़ संकेत करते हुये जवाब दिया, "यह पुस्तक इस ऑफ़िस की सबसे आधुनिक वस्तु है। सभी मशीनें पुरानी पड़ जायेंगी और सजावट की शैलियाँ बदल जायेंगी, परंतु यह पुस्तक हमारे इतने आगे के युग की है कि यह कभी पुरानी नहीं पड़ेगी।"

"जब मैं कॉलेज गया तो मेरी भली ईसाई माँ ने मुझे यह बाइबल दी थी। उसने यह सुझाव दिया था कि अगर मैं इसकी शिक्षा को पढ़ूँगा और इस पर चलूँगा तो मैं यह सीख जाऊँगा कि जीवन में सफलता कैसे हासिल की जाती है। परंतु मैंने उस समय सोचा कि वह एक भली बूढ़ी महिला की तरह बातें कर रही हैं," - वह हँसा - मेरी उम्र में वह बूढ़ी लग रही थीं - दरअसल वह बूढ़ी थीं नहीं, परंतु उनका दिल रखने के लिये मैंने बाइबल ले ली परंतु कई सालों तक मैंने कभी इसकी तरफ़ सचमुच ध्यान नहीं दिया। मैंने उस समय सोचा कि मुझे इसकी कोई ज़रूरत नहीं थी। मैं कितना मूर्ख

था! फिर मैंने अपनी ज़िंदगी को नर्क बना लिया।

"हर चीज़ ग़लत हो रही थी। इसका मूलभूत कारण यह था कि मैं खुद ही ग़लत था। मैं ग़लत तरीक़े से सोच रहा था, ग़लत काम कर रहा था। मैं किसी काम में सफल नहीं हो रहा था और अपने हर काम में प्रमुख कारण था ग़लत सोच। मैं नकारात्मक, अहंकारी, विद्वेषपूर्ण और मूर्खतापूर्ण चिंतन के जाल में फँसा हुआ था। मैं किसी की कोई बात नहीं सुनता था। मुझे लगता था जैसे मैं सब कुछ जानता था। मैं हर किसी से चिढ़ जाता था। इसमें हैरानी की बात नहीं थी कि कोई मुझे पंसद नहीं करता था। निश्चित रूप से मैं एक 'असफल' व्यक्ति था।"

यह उसकी निराशा की कहानी थी। "एक रात को अपने काग़ज़ों को ठीक करते समय," उसने आगे कहा, "मुझे यह बाइबल दिख गयी, जिसे मैं लंबे समय से भूल चुका था। इसने मेरी पुरानी यादें ताज़ा कर दीं और मैंने इसे बिना लक्ष्य के यूँ ही पढ़ना चालू कर दिया। क्या आप जानते हैं कि चीज़ें कितनी अजीब तरह से होती हैं; किस तरह एक क्षण में हर चीज़ बदल जाती है। तो जब मैंने पढ़ा तो एक वाक्य मेरी तरफ़ कूदा, एक वाक्य जिसने मेरी ज़िंदगी बदल दी - और जब मैं कहता हूँ कि बदल दी, तो मेरा मतलब है कि सचमुच बदल दी। जिस मिनट से मैंने वह वाक्य पढ़ा हर चीज़ बदल गयी, पूरी तरह से बदल गयी।"

"यह अद्भुत वाक्य कौन सा था?" मैं जानना चाहता था और उसने इसे धीरे-धीरे दोहराया, "ईश्वर मेरे जीवन की शक्ति है... और यही सोचकर मुझमें विश्वास आ जाता है।" (भजन 27.1,3)।

"मैं यह तो नहीं जानता कि इस पंक्ति का मुझ पर इतना ज़्यादा प्रभाव क्यों पड़ा," उसने आगे कहा, "परंतु ऐसा सचमुच हुआ था। अब मैं जानता हूँ कि मैं इसलिये कमज़ोर था और इसलिये असफल हो रहा था क्योंकि मुझमें आस्था नहीं थी, विश्वास नहीं था। मैं बहुत नकारात्मक और निराशावादी था। अचानक मेरे दिमाग़ में कुछ हुआ। शायद इसी का नाम आध्यात्मिक अनुभव है। मेरी सोच का रवैया एकदम नकारात्मक से सकारात्मक हो गया। मैंने ईश्वर में आस्था रखने और खुद अच्छे से अच्छा काम करने का निर्णय लिया और इस काम में मैंने बाइबल के सिद्धांतों का अनुसरण करने की कोशिश की। ऐसा करते ही मेरे दिमाग़ में नई तरह के विचार आने लगे। मैं अलग तरीक़े से सोचने लगा। कुछ ही समय में मेरे पुराने असफलता के

विचार इस नये आध्यात्मिक अनुभव द्वारा बाहर खदेड़ दिये गये और नये विचारों के प्रवाह ने धीरे-धीरे परंतु सचमुच मुझे नया व्यक्ति बना दिया।"

इस तरह इस बिज़नेसमैन की कहानी समाप्त होती है। उसने अपने चिंतन को बदल लिया और जो नये विचार अंदर आये उन्होंने उन पुराने विचारों की जगह ले ली, जो उसे हरा रहे थे और उसका जीवन बदल गया।

इस घटना से हमें इन्सानी स्वभाव के बारे में महत्त्वपूर्ण तथ्य पता चलता है : आप नकारात्मक तरीक़े से यानी असफलता और दुख दिलाने वाले तरीक़े से सोच सकते हैं, परंतु आप सकारात्मक तरीक़े से यानी सफलता और सुख दिलाने वाले तरीक़े से भी सोच सकते हैं। जिस दुनिया में आप रहते हैं वह दुनिया मूल रूप से बाहरी स्थितियों या परिस्थितियों से निर्धारित नहीं होती, बल्कि आपके दिमाग़ में आदतन रहने वाले विचारों से निर्धारित होती है। पुराने समय के महान चिंतक मार्कस ऑरेलियस के बुद्धिमत्तापूर्ण शब्दों को याद करें : "किसी व्यक्ति की ज़िंदगी उसके विचारों से ही बनती है।"

यह कहा जाता है कि अमेरिका का सबसे समझदार इन्सान रैल्फ़ वॉल्डो इमर्सन था, जो कॉन्कॉर्ड का संत था। इमर्सन ने कहा था, "व्यक्ति वैसा ही होता है जैसा वह दिन-रात सोचता रहता है।"

एक प्रसिद्ध मनोवैज्ञानिक कहते हैं, "मानव स्वभाव में एक गहरी प्रवृत्ति है कि इन्सान बिलकुल वैसा ही बन जाता है जैसी वह अपने बारे में आदतन कल्पना करता है।"

ऐसा कहा गया है कि विचार ही वस्तुयें हैं, जिनमें असाधारण शक्ति भरी हुई है। जब हम यह देखते हैं कि उनमें कितनी शक्ति है तो हम इस निष्कर्ष से तत्काल सहमत हो जाते हैं। आप सचमुच अपने आपको किसी स्थिति में मान सकते हैं या किसी स्थिति से बाहर मान सकते हैं। आप अपने विचारों से अपने आपको सचमुच बीमार बना सकते हैं। इसी तरह भिन्न तरीक़े के विचारों और उपचारक विचारों से अपनी बीमारी को ठीक भी कर सकते हैं। एक तरह से अगर आप सोचते हैं तो उस तरह की परिस्थितियों को आकर्षित करते हैं जो उस नज़रिये में निहित होती हैं। दूसरी तरह से अगर आप सोचते हैं तो आप बिलकुल ही अलग तरह की परिस्थितियों का निर्माण कर लेते हैं। परिस्थितियों से आपके विचार बनते हैं, इसके बजाय यह कहना ज़्यादा ठीक रहेगा कि आपके विचारों के अनुरूप परिस्थितियाँ बनती हैं।

उदाहरण के लिये अगर आप सकारात्मक तरीक़े से सोचते हैं तो आप अपने जीवन में सकारात्मक शक्तियों को सक्रिय कर देंगे जिससे आपको सकारात्मक परिणाम मिलने लगेंगे। सकारात्मक विचार आपके आसपास ऐसा माहौल बना देते हैं जिससे अनुकूल परिस्थितियाँ निर्मित होने लगती हैं। इसके विपरीत अगर आप नकारात्मक विचार सोचेंगे, तो आप अपने आसपास ऐसी परिस्थितियाँ बना लेते हैं जो आपके प्रतिकूल होती हैं और जिनके परिणाम नकारात्मक होते हैं।

अपनी परिस्थितियों को बदलने के लिये सबसे पहले आपको अलग तरह से सोचना शुरू करना चाहिये। हाथ पर हाथ धरकर असंतोषजनक परिस्थितियों को स्वीकार न करें, बल्कि अपने मस्तिष्क में आदर्श परिस्थितियों की तस्वीर बनायें। इस तस्वीर को बनाये रखें, इसे पूरे विस्तार से विकसित करें, इसमें विश्वास करें, इसके बारे में प्रार्थना करें, इस पर काम करें और आप इसे हक़ीक़त में उसी अनुरूप बदल देंगे जो आपके सकारात्मक चिंतन द्वारा बनी मानसिक तस्वीर थी।

यह ब्रह्मांड के महानतम नियमों में से एक है। काश यह मुझे अपनी जवानी में पता होता! यह मुझे जीवन में बहुत बाद में पता चला और मैंने पाया कि ईश्वर के साथ मेरे संबंधों को छोड़कर यह सबसे महानतम खोजों में से एक है। और गहरे अर्थ में यह नियम ईश्वर के साथ इन्सान के संबंधों का एक तत्व है क्योंकि यह ईश्वर की शक्ति को व्यक्तित्व में प्रवाहित करता है।

यह महान नियम संक्षेप और आसान भाषा में यह है कि अगर आप नकारात्मक तरह से सोचेंगे तो आपको नकारात्मक परिणाम मिलेंगे। अगर आप सकारात्मक तरह से सोचेंगे तो आपको सकारात्मक परिणाम मिलेंगे। यही वह आसान तथ्य है जो समृद्धि और सफलता के आश्चर्यजनक नियम का आधार है। संक्षेप में : विश्वास करें और सफल बनें।

मैंने इस नियम को बड़े रोचक तरीक़े से सीखा। कुछ साल पहले हम लोगों ने एक प्रेरणादायक सेल्फ़-हेल्प मैग्ज़ीन *गाइडपोस्ट्स* की स्थापना की। हमारे समूह में लॉवेल थॉमस, कैप्टेन एड्डी रिकेनबैकर, ब्रांच रिकी, रेमन्ड थॉर्नबर्ग और कई अन्य लोग शामिल थे। इस पत्रिका के दो कार्य थे : पहला, उन लोगों की कहानियाँ बताना जिन्होंने अपनी आस्था द्वारा अपनी कठिनाइयों को जीता था। इस तरह से यह सफल जीवन की तकनीकें सिखाती थी, जिनके द्वारा आप डर, परिस्थितियों, बाधाओं, द्वेष पर विजय

पाते थे। यह सभी तरह की नकारात्मक बातों को जीतने के लिये आस्था सिखाती थी।

दूसरे, एक अलाभकारी, असांप्रदायिक, आस्थावान प्रकाशन के रूप में यह इस महान तथ्य को सिखाती थी कि ईश्वर इतिहास की धारा में है और यह देश ईश्वर और उसके नियमों में विश्वास पर स्थापित हुआ है।

यह मैग्ज़ीन अपने पाठकों को यह याद दिलाती है कि अमेरिका इतिहास में पहला महान देश है जो एक निश्चित धार्मिक अवधारणा पर स्थापित हुआ है और अगर हम इसे बनाये नहीं रखेंगे तो हमारी स्वतंत्रतायें कम हो जायेंगी।

शुरुआत में मिस्टर रैमन्ड थॉर्नबर्ग इस मैग्ज़ीन के प्रकाशक थे और मैं इसका संपादक था। हमारे पास इसके लिये कोई आर्थिक संबल नहीं था। यह आस्था के आधार पर शुरू की गयी थी। दरअसल, इसका पहला ऑफ़िस तो न्यूयॉर्क के पॉलिंग ग्राम में एक ग्रॉसरी स्टोर के ऊपर के कमरों में था। एक उधार माँगा गया टाइपराइटर था, कुछ खस्ताहाल कुर्सियाँ थीं और बस इतना ही था, सिवाय महान विचार और महान आस्था के। धीरे-धीरे ग्राहकों की सूची 25,000 हो गयी।। भविष्य उज्ज्वल लग रहा था। अचानक एक रात आग लग गयी और एक घंटे में प्रकाशन का ऑफ़िस जल गया और इसके साथ ही ग्राहकों की पूरी सूची भी। हमारी मूर्खता थी कि हमने उसकी डुप्लीकेट कॉपी नहीं बनायी थी।

लॉवेल थॉमस, जो शुरू से ही **गाइडपोस्ट्स** के वफ़ादार और कुशल संरक्षक थे, ने अपने रेडियो ब्रॉडकास्ट में इस दुखद परिस्थिति का ज़िक्र किया और इसका परिणाम यह हुआ कि हमारे पास जल्दी ही 30,000 ग्राहक हो गये, जिसमें लगभग सभी पुराने ग्राहक थे और कुछ नये ग्राहक भी।

ग्राहकों की सूची लगभग 40,000 तक पहुँच गयी, परंतु लागत इससे भी अधिक तेज़ी से बढ़ रही थी। यह पत्रिका हमेशा अपनी लागत से कम क़ीमत पर बेची जाती थी ताकि इसका संदेश अधिक से अधिक लोगों तक पहुँच सके। अब यह अनुमान से अधिक महँगी हो गयी और हमारे सामने गंभीर आर्थिक समस्या आ गयी। सच कहा जाये तो एक वक़्त तो ऐसा था जब आगे बढ़ना असंभव लग रहा था।

इस मोड़ पर हमने एक मीटिंग बुलायी और मुझे विश्वास है कि इससे अधिक निराशाजनक, नकारात्मक, हताश करने वाली मीटिंग दूसरी नहीं हुई

होगी। यह निराशा से ओतप्रोत थी। हम अपने बिल का भुगतान करने के लिये पैसे कहाँ से लायेंगे? हमने पॉल को चुकाने के लिये पीटर को लूटने के तरीक़ों के बारे में सोचा। हमारे मस्तिष्क में पूर्ण हताशा भरी हुई थी।

इस मीटिंग में एक महिला को आमंत्रित किया गया था, जिसका हम सभी बहुत सम्मान करते थे। परंतु इस मीटिंग में उन्हें शामिल करने का एक कारण यह था कि उन्होंने पहले **गाइडपोस्ट्स** को शुरू करने में मदद करने के लिये 2000 डॉलर का योगदान दिया था। ऐसी आशा की जा रही थी कि बिजली उसी जगह पर दोबारा गिर सकती थी। परंतु इस बार उन्होंने पैसे से अधिक मूल्यवान कुछ दिया।

इस निराशाजनक मीटिंग के दौरान वे काफ़ी देर तक चुप बैठी रहीं, परंतु उन्होंने आख़िरकार कहा : "मुझे लगता है आप लोग यह चाहते होंगे कि मैं एक बार फिर से आर्थिक योगदान दूँ। मैं आपको आपके कष्ट से बाहर निकाल सकती हूँ परंतु मैं आपको एक भी सेंट नहीं दूँगी।"

उसकी यह बात सुनकर हम कष्ट से बाहर नहीं निकले। इसके बजाय हम और अधिक निराश हो गये। "परंतु," उसने आगे कहा, "मैं आपको पैसे से अधिक मूल्यवान कुछ प्रदान करूँगी।"

इससे हमें आश्चर्य हुआ, क्योंकि इन परिस्थितियों में हम किसी ऐसी चीज़ की कल्पना नहीं कर पा रहे थे जो पैसे से अधिक मूल्यवान हो।

"मैं आप लोगों को एक विचार देना चाहती हूँ," उसने कहा, "एक रचनात्मक विचार।"

"हम विचार से बिलों का भुगतान किस तरह कर सकते हैं?" हमने उत्साहहीनता से सोचा।

परंतु वह विचार इतना दमदार था कि उसने बिलों का भुगतान करने में हमारी मदद की। इस संसार में हर उपलब्धि की शुरुआत एक रचनात्मक विचार से ही हुई है। पहले विचार आता है, फिर इसमें आस्था आती है, फिर उस विचार पर अमल करने के साधन आते हैं। यही वह मार्ग है जो सफलता का मार्ग है।

"अब," उसने कहा, "विचार यह है। आपकी वर्तमान समस्या क्या है? यह कि आपमें किसी चीज़ की कमी है। आपके पास पैसे की **कमी** है, ग्राहकों की **कमी** है, मशीनरी की **कमी** है, विचारों की **कमी** है, साहस की **कमी** है। आपके पास इन सभी चीज़ों की **कमी** क्यों है? सिर्फ़ इसलिये क्योंकि आप

कमी के बारे में सोच रहे हैं। अगर आप **कमी** के बारे में सोचेंगे तो आप ऐसी परिस्थितियाँ निर्मित कर लेंगे जो **कमी** की स्थिति को जन्म देती हैं। अपनी कमियों पर लगातार मानसिक विचार करके आपने अपनी रचनात्मक शक्तियों को कुंठित कर लिया है जो **गाइडपोस्ट्स** के विकास में प्रेरक हो सकती हैं। कई चीज़ों को करने के लिहाज़ से आप कड़ी मेहनत कर रहे हैं, परंतु आप एक सबसे महत्त्वपूर्ण चीज़ करने में असफल रहे हैं जो आपके अन्य सभी प्रयासों को शक्ति प्रदान करेगी। आपने सकारात्मक चिंतन का प्रयोग नहीं किया है। इसके बजाय, आपने सिर्फ़ **कमियों** के संदर्भ में ही सोचा है।

इस स्थिति में सुधार करने के लिये - मानसिक प्रक्रिया को उलट दें और समृद्धि, उपलब्धि, सफलता के बारे में सोचना शुरू कर दें। इसमें अभ्यास की आवश्यकता होगी, परंतु अगर आप आस्था का प्रदर्शन करेंगे तो इसे जल्दी किया जा सकता है। यह प्रक्रिया है तस्वीर देखने की प्रक्रिया, यानी कि आपको **गाइडपोस्ट्स** को सफल उपलब्धि के संदर्भ में देखना होगा। अपने दिमाग़ में ऐसी तस्वीर बनाइये कि **गाइडपोस्ट्स** एक महान पत्रिका है जो पूरे देश में फैल गयी है। ग्राहकों की बड़ी संख्या की तस्वीर बनायें जो इस प्रेरणादायक सामग्री को पढ़ने और इससे लाभ उठाने के लिये उत्सुक हैं। यह मानसिक तस्वीर बनायें कि लोगों की ज़िंदगियाँ उपलब्धि की उस फ़िलॉसफ़ी से बदल रही हैं जो **गाइडपोस्ट्स** हर महीने अपने अंकों में सिखा रही है।

कठिनाइयों और असफलताओं की मानसिक तस्वीरों को देखना बंद करें, बल्कि अपने मस्तिष्क को उससे ऊपर उठायें और शक्तियों और उपलब्धियों की तस्वीर बनायें। जब आप अपने विचारों को उपलब्धि की तस्वीर के क्षेत्र तक उठा लेते हैं तो आप अपनी समस्याओं को नीचे की तरफ़ देखते हैं, परंतु अगर आप ऐसा नहीं करते तो आप उन्हें ऊपर की तरफ़ देखते हैं। निश्चित रूप से उन्हें देखने का यह अधिक प्रोत्साहित करने वाला दृष्टिकोण होगा। हमेशा अपनी समस्याओं के ऊपर जायें। कभी भी किसी समस्या को नीचे रहकर न देखें।

"अब मुझे आगे कहने दें," उसने कहा। "आपको इस समय आगे बढ़ने के लिये कितने ग्राहकों की ज़रूरत होगी?"

हमने तत्काल सोचा और कहा : "1,00,000।" हमारे पास उस समय 40,000 ग्राहक थे।

"ठीक है," उसने आत्मविश्वास भरे स्वर में कहा, "यह कठिन नहीं

है। यह आसान है। बस इस बात की कल्पना करें कि इस पत्रिका से एक लाख लोगों को रचनात्मक मदद मिल रही है और आपके पास एक लाख ग्राहक हो जायेंगे। सच तो यह है कि जिस मिनट आप उन्हें अपने मस्तिष्क में देख लेंगे, उसी समय वे आपके पास होंगे।"

वह मेरी तरफ़ मुड़ी और कहा : "नॉर्मन, क्या तुम इस समय एक लाख ग्राहकों को देख सकते हो? वहाँ देखो, अपने आगे की तरफ़। अपने दिमाग़ की आँख से क्या तुम उन्हें देख सकते हो?"

मुझे अब भी पूरा विश्वास नहीं हुआ था और इसलिये मैंने ज़रा शंका भरे स्वर में कहा : "हो सकता है, परंतु मुझे वे बहुत धुँधले नज़र आ रहे हैं।"

वह मेरी तरफ़ से थोड़ी निराश हुई। उसने मुझसे फिर पूछा, "क्या आप कल्पना में एक लाख ग्राहकों की तस्वीर नहीं बना सकते?"

मुझे लगता है मेरी कल्पनाशिक्त ज़्यादा अच्छी तरह से काम नहीं कर रही थी क्योंकि मैं जो देख पा रहा था वह सिर्फ़ अपर्याप्त परंतु वास्तविक 40,000 ग्राहक थे।

फिर वे मेरे पुराने दोस्त रैमन्ड थॉर्नबर्ग की तरफ़ मुड़ीं जिन्हें विजयी और सफल व्यक्तित्व का आशीर्वाद मिला है और उन्होंने उनके उपनाम का प्रयोग करते हुये कहा : "पिंकी क्या आप 1,00,000 ग्राहकों की कल्पना कर सकते हैं?"

मुझे थोड़ा संदेह था कि पिंकी उन्हें देख सकता था। वह एक रबर निर्माता था जो अपने बिज़नेस से काफ़ी समय निकालकर इस प्रेरणादायक, अलाभकारी पत्रिका को दिया करता था। आप सामान्य रूप से यह नहीं सोचेंगे कि कोई रबर निर्माता इस तरह की कल्पना कर सकता था। परंतु उसमें रचनात्मक कल्पनाशक्ति थी। मैंने उसके चेहरे पर मनमोहक भाव देखा और मैं समझ गया कि महिला को सफलता मिल गयी थी। उस महिला ने आगे की तरफ़ थोड़े आश्चर्य से देखते हुये पूछा : "क्या आप 1,00,000 ग्राहकों को देख सकते हैं?"

"हाँ," उसने उत्सुकता से कहा, "हाँ, मैं उन्हें देख सकता हूँ।"

बिजली की तरह चौकन्ना होकर मैंने पूछा : "कहाँ? मुझे उन्हें दिखाओ?"

फिर मैं भी उनकी तस्वीर को देखने लगा।

"अब," हमारी मित्र ने कहा, "हम अपना सिर झुकायें और ईश्वर को हमें एक लाख ग्राहक देने के लिये धन्यवाद दें।"

सच कहूँ तो मुझे लग रहा था कि यह ईश्वर को सीमा से अधिक परेशान करना था, परंतु यह बाइबल की उस पंक्ति के अनुरूप सही था, जहाँ यह कहा गया था, "जो भी चीज़ आप प्रार्थना में माँगेंगे और यदि आपमें विश्वास होगा तो आपको वह चीज़ें मिल जायेंगी।" (मैथ्यू 21:22)। इसका अर्थ है कि जब आप किसी चीज़ के लिये प्रार्थना करते हैं, उसी समय उस चीज़ की कल्पना भी करें जिसकी आप प्रार्थना कर रहे हैं। विश्वास करें कि अगर यह ईश्वर की इच्छा है और अगर यह अच्छी चीज़ है यानी कि इसे स्वार्थवश नहीं बल्कि मानवता की भलाई के लिये माँगा जा रहा है तो यह उस समय आपको दे दी जाती है।

अगर आपको इस तर्क का अनुसरण करने में मुश्किल आती हो तो मैं आपको बता दूँ कि उस समय से आज तक **गाइडपोस्ट्स** को कभी किसी चीज़ की कमी नहीं पड़ी। इसे आश्चर्यजनक दोस्त मिले और इसे बहुत अच्छा सहयोग मिला। यह हमेशा अपने बिलों का भुगतान कर पायी, यह आवश्यक उपकरण ख़रीद पायी, इसे आर्थिक समस्या नहीं रही और जब मैं यह शब्द लिख रहा हूँ तो **गाइडपोस्ट्स** पाँच लाख की संख्या के क़रीब पहुँच रही है और अधिक ग्राहक नियमित रूप से बन रहे हैं, कई बार तो तीन या चार हज़ार प्रति दिन।

मैं इस उदाहरण को **गाइडपोस्ट्स** के विज्ञापन के उद्देश्य से नहीं बता रहा हूँ हालाँकि मैं इस पत्रिका की अपने पाठकों से प्रबल अनुशंसा करता हूँ और अगर आप इसके ग्राहक बनना चाहते हैं तो जानकारी के लिये **गाइडपोस्ट्स**, पॉलिंग, न्यूयॉर्क को पत्र भेजें। परंतु मैं यह कहानी इसलिये बता रहा हूँ क्योंकि मुझे इस अनुभव पर श्रद्धामिश्रित विश्वास होता है। मुझे यह एहसास है कि मुझे अनायास ऐसा नियम मिल गया था, जो व्यक्तिगत विजय का ज़बर्दस्त नियम था। इसके बाद मैंने इसे अपनी खुद की समस्याओं पर अपनाना लागू किया और मैंने जहाँ भी इसका प्रयोग किया मुझे उसके अद्भुत परिणाम मिले। जहाँ भी मैं इसका प्रयोग करने में असफल रहा, वहाँ मुझे अच्छे परिणाम नहीं मिल पाये।

यह इतना ही आसान है - अपनी समस्या को ईश्वर के हाथों में सौंप दो। अपने विचारों में समस्या के ऊपर उठ जाओ ताकि आप इसकी

तरफ़ नीचे की निगाह से देखें, न कि ऊपर की तरफ़ इसे देखें। ईश्वर की इच्छा के अनुरूप इसकी जाँच करें। यानी कि किसी ऐसी चीज़ में सफलता हासिल करने की कोशिश न करें जो ग़लत हो। यह सुनिश्चित कर लें कि यह नैतिक, आध्यात्मिक रूप से सही है। आप कोई ग़लत काम करके कभी सही परिणाम हासिल नहीं कर सकते। अगर आपकी सोच ग़लत है तो यह ग़लत है और सही नहीं है और यह तब तक सही नहीं हो सकती जब तक कि यह ग़लत रहती है। अगर यह मूल रूप से ग़लत है तो इसका परिणाम भी ग़लत ही होगा, यह बात तय है।

इसलिये यह सुनिश्चित कर लें कि यह सही है, फिर इसे ईश्वर के नाम पर सोचें और अच्छे परिणाम की तस्वीर बना लें। समृद्धि, उपलब्धि और सफलता के विचार को अपने दिमाग़ में दृढ़ता से जमाये रखें। कभी असफलता के विचार को मन में न लायें। अगर पराजय का कोई नकारात्मक विचार आपके मन में आये तो सकारात्मक विचारों को बढ़ाकर इसे बाहर निकाल दें। ज़ोर से कहें, "ईश्वर अब मुझे सफलता दिला रहा है। वह मुझे उपलब्धियाँ प्रदान कर रहा है।" जो मानसिक तस्वीर आपने बनायी है और जिसे आपने प्रबलता से अपनी चेतना में स्थान दिया है हक़ीक़त बन जायेगी बशर्ते आप लगतार इसे अपने विचारों में दोहराते रहें और मेहनत और कुशलता से इस पर काम करें। यह रचनात्मक प्रक्रिया आसान शब्दों में यह है : कल्पना करें, तस्वीर बनायें और अंततः हक़ीक़त बनायें।

जीवन के सभी क्षेत्रों में जिन लोगों ने उल्लेखनीय उपलब्धियाँ हासिल की हैं वे अपने अनुभव से इस नियम की क़ीमत जानते हैं।

हेनरी जे. कैसर ने मुझे बताया कि एक बार वह नदी के किनारे एक तटबंध (बाँध) बना रहे थे कि तभी ज़ोरदार तूफ़ान और बाढ़ के कारण उसकी सारी मशीनें कीचड़ में डूब गयीं और उसके अब तक किये हुये काम पर पानी फिर गया। जब पानी कम हुआ और वह नुक़सान का अंदाज़ा लगाने के लिये गया तो उसने पाया कि उसके मज़दूर उदास खड़े हैं और कीचड़ और उसमें डूबी हुई मशीनों को निराशा से देख रहे हैं।

वह उनके पास गया और उसने मुस्कराकर कहा : "तुम लोग इतने निराश क्यों हो?"

"क्या आपको नहीं दिख रहा है?" उन्होंने पूछा। "हमारी मशीनें कीचड़ में डूबी हुई हैं।"

"कौन सा कीचड़?" उसने उत्साह से कहा।

"कौन सा कीचड़?" उन्होंने हैरानी से दोहराया। "चारों तरफ़ देखिये, हर तरफ़ कीचड़ ही कीचड़ है।"

"अच्छा," वह हँसा, "परंतु मुझे तो कीचड़ कहीं दिख नहीं रहा है।"

"परंतु आप ऐसा किस तरह कह सकते हैं?" उन्होंने उससे पूछा।

"क्योंकि," मिस्टर कैसर ने कहा, "मैं आसमान की तरफ़ देख रहा हूँ और ऊपर आसमान में कोई कीचड़ नहीं है। वहाँ मुझे सूरज चमकता हुआ दिख रहा है और अगर सूरज तेज़ी से चमक रहा है, तो दुनिया का कोई भी कीचड़ उसका मुक़ाबला नहीं कर सकता। जल्दी ही कीचड़ सूख जायेगा और तुम अपनी मशीनों को एक बार फिर से निकाल लोगे और फिर से अपना काम शुरू करोगे।"

वह कितना सही था! अगर आप आँखों को नीचे रखेंगे तो आपको कीचड़ दिखेगा और असफलता का एहसास होगा, इस तरह आप अपने लिये हार के विचार निर्मित कर लेंगे। आशावादी तस्वीर के साथ प्रार्थना और आस्था हों, तो सफलता अवश्यंभावी है।

मेरे एक और दोस्त ने सबसे निचली सीढ़ी से शुरुआत करके असाधारण सफलता पायी है। मुझे याद है कि स्कूल के दिनों में वह एक अजीब सा, अनाकर्षक और बेहद संकोची देहाती लड़का था। परंतु उसमें चरित्र था और प्रखर बुद्धि थी। आज वह अपने क्षेत्र में असाधारण व्यक्ति है। मैंने उससे पूछा : "तुम्हारी सफलता का रहस्य क्या है?"

"वे लोग जिन्होंने मेरे साथ इतने साल काम किया है और असीमित अवसर जो अमेरिका में हर बच्चे के लिये उपलब्ध हैं," उसने जवाब दिया।

"हाँ, मैं जानता हूँ यह सच है, परंतु मुझे विश्वास है कि तुम्हारी कोई व्यक्तिगत तकनीक होगी और मेरी दिलचस्पी उसे जानने में है," मैंने कहा।

"यह पूरी तरह से इस बारे में निहित है कि आप समस्याओं के बारे में किस तरह सोचते हैं," उसने जवाब दिया। "मैं समस्या पर आक्रमण करता हूँ और अपने दिमाग़ में इसके टुकड़े-टुकड़े कर देता हूँ। मैं इसे हराने में अपनी पूरी मानसिक शक्ति लगा देता हूँ। दूसरी बात, मैं इसके बारे में पूरी निष्ठा से प्रार्थना करता हूँ। तीसरी बात, मैं सफलता की मानसिक तस्वीर बना लेता हूँ। चौथी बात, मैं हमेशा खुद से पूछता हूँ, 'कौन सा काम सही है?'

क्योंकि," उसने कहा, "अगर यह ग़लत होगा तो कुछ भी सही नहीं होगा। ग़लत चीज़ का परिणाम सही हो ही नहीं सकता। पाँचवीं बात यह है कि मैं समस्या को हल करने में अपनी पूरी ताक़त लगा देता हूँ। परंतु मैं इस बात पर ज़ोर देना चाहूँगा कि अगर आप पराजय के बारे में सोचते हैं, तो अपने विचारों को तत्काल बदल लें। नये और सकारात्मक विचारों को अपने दिमाग़ में भर लें। मुश्किलों को जीतने और सफलता हासिल करने के लिये यह मूलभूत आवश्यकता है।"

इसी मिनट, जब आप यह पुस्तक पढ़ रहे हैं, आपके मन में संभावित शक्तिशाली विचार मौजूद हैं। इन विचारों को मुक्त और विकसित करके आप अपनी आर्थिक समस्या, अपनी बिज़नेस की दशा को सुधार सकते हैं। आप अपने परिवार का उचित ख़्याल रख सकते हैं और आप अपने कार्यों में सफल हो सकते हैं। इन रचनात्मक विचारों का स्थायी अंदरूनी प्रवाह और प्रैक्टिकल प्रयोग आपके जीवन का पुनर्निमाण कर सकता है और इसके साथ ही आपका भी।

एक समय ऐसा था जब मैं इस मूर्खतापूर्ण विचार की गिरफ़्त में था कि आस्था और समृद्धि में कोई संबंध नहीं है, कि धर्म का उपलब्धि से कोई संबंध नहीं है और यह सिर्फ़ नैतिकता या सामाजिक मूल्यों से संबंधित है। परंतु अब मुझे एहसास होता है कि इस तरह का दृष्टिकोण ईश्वर की शक्ति और व्यक्ति के विकास को सीमित कर देता है। धर्म सिखाता है कि ब्रह्मांड में प्रबल शक्ति है और यह शक्ति हर व्यक्ति के भीतर होती है। यह एक ऐसी शक्ति है जो हर तरह की पराजय को चकनाचूर कर सकती है और इन्सान को सभी मुश्किल स्थितियों के ऊपर उठा सकती है।

हमने अणु की ऊर्जा का उदाहरण देखा है। हम जानते हैं कि ब्रह्मांड में कितनी आश्चर्यजनक और ज़बर्दस्त ऊर्जा मौजूद है। ऊर्जा की यही शक्ति मानवीय मस्तिष्क में रहती है। इस धरती पर कोई भी चीज़ संभावित शक्ति के रूप में मानवीय मस्तिष्क से अधिक महान नहीं है। औसत व्यक्ति को जितना एहसास है वह उससे अधिक महान उपलब्धि हासिल करने में समर्थ है।

यह सच है चाहे इसे कोई भी पढ़ रहा हो। जब आप सचमुच अपने आपको मुक्त करना सीख लेंगे तो आप पायेंगे कि आपके मस्तिष्क में रचनात्मक रूप से मूल्यवान इतने विचार मौजूद हैं कि आपको किसी चीज़ की कमी नहीं होना चाहिये। ईश्वर की शक्ति से प्रेरित अपनी शक्ति के

पूर्ण और उचित प्रयोग द्वारा आप अपने जीवन को सफल बना सकते हैं।

आप अपने जीवन में कुछ भी हासिल कर सकते हैं - वह सब कुछ जिसमें आप विश्वास करें या जिसकी आप कल्पना करें, वह सब कुछ जिसके लिये आप प्रार्थना करें और काम करें। अपने मस्तिष्क में गहराई से देखें। अद्भुत आश्चर्य वहाँ पर मौजूद हैं।

आपकी स्थिति आज चाहे जो हो, आप इसे सुधार सकते हैं। सबसे पहले तो अपने मन को शांत कर लें, ताकि आत्मा की गहराई से आपको नई प्रेरणा और नये विचार मिल सकें। विश्वास करें कि ईश्वर आपकी मदद कर रहा है। उपलब्धि की तस्वीर बनायें। अपने जीवन का आध्यात्मिक आधार मज़बूत कर लें, ताकि ईश्वर के सिद्धांत आपके भीतर काम कर सकें। अपने मन में असफलता के बजाय सफलता की तस्वीर बिठा लें। अगर आप यह सब करेंगे, तो आपके मस्तिष्क में रचनात्मक विचार उन्मुक्तता से प्रवाहित होने लगेंगे। यह एक अद्भुत नियम है, एक ऐसा नियम जो किसी का भी जीवन बदल सकता है... आपका भी। चाहे आपकी राह में कितनी भी मुश्किलें हों, नये विचारों के प्रवाह से आप हर मुश्किल को दूर कर सकते हैं और मैं दोहरा दूँ - **हर मुश्किल को**।

अंतिम विश्लेषण में मैं यह कहना चाहूँगा कि अगर कोई इन्सान रचनात्मक और सफल जीवन जीने में असफल होता है तो उसका मूलभूत कारण यह है कि उसके अंदर ही कोई ग़लती होती है। उसकी सोच ग़लत होती है। उसे अपने विचारों की ग़लती को सुधारने की आवश्यकता है। जब 23वाँ भजन कहता है : "वह मुझे सही रास्तों पर ले जाता है," तो इसका अर्थ सिर्फ़ अच्छाई का रास्ता ही नहीं है, बल्कि सही मानसिकता का रास्ता भी है। जब यशायाह कहते हैं, "बुरे व्यक्ति अपने रास्ते को त्याग दें और ग़लत व्यक्ति अपने विचारों को।" (यशायाह 55:7)। तो इसका सिर्फ़ यह अर्थ नहीं है कि व्यक्ति बुराई को छोड़कर अच्छाई करे, बल्कि यह भी है कि वह अपनी सोच को ग़लत से सही कर ले, त्रुटि के बजाय सत्य पर आधारित कर ले। सफल जीवन का महान रहस्य अपने आप में त्रुटि की मात्रा को कम करना ओर सत्य की मात्रा को बढ़ाना है। नये, सही, स्वस्थ विचारों का प्रवाह जब मस्तिष्क में होता है तो यह रचनात्मक रूप से जीवन की परिस्थितियों को प्रभावित करता है, क्योंकि सत्य हमेशा सही तरीक़ों का निर्माण करता है और इसलिये हमें परिणाम भी सही मिलते हैं।

वर्षों पहले मैं एक युवक को जानता था जो कुछ समय तक मेरे पूरे अनुभव में सबसे बुरी तरह असफल व्यक्तियों में से एक था। उसमें आकर्षक व्यक्ति होने की संभावना थी, परंतु वह हर काम में असफल हो जाता था। कोई व्यक्ति उसे काम पर रखता था और उसके बारे में उत्साही रहता था, परंतु जल्दी ही उसका उत्साह ठंडा पड़ जाता था और कुछ ही समय बाद उसे नौकरी से निकाल दिया जाता था। यह असफलता का चक्र कई बार दोहराया गया। वह एक व्यक्ति के रूप में भी असफल था और कर्मचारी के रूप में भी। उसकी पटरी किसी से भी नहीं बैठती थी। वह कोई काम सही तरह से नहीं कर पाता था और वह मुझसे पूछा करता था : "मेरे साथ क्या गड़बड़ है कि हर चीज़ परेशानी हो जाती है?"

इसके बावजूद उसमें बहुत दंभ था। वह बहुत दंभी और घमंडी था और उसमें चिढ़ाने वाली आदत यह थी कि वह अपने आपको दोष देने के बजाय बाक़ी सबको दोष देता फिरता था। उसने जिस भी ऑफ़िस में काम किया वहाँ कुछ न कुछ गड़बड़ थी, जिस संगठन में उसे नौकरी मिली, उसमें कोई न कोई दोष था। उसने अपनी असफलताओं के लिये हर एक को दोष दिया। सिवाय अपने आपको। वह अपने अंदर झाँकने को ही तैयार नहीं था। उसे यह एहसास कभी नहीं हुआ कि उसके अंदर भी कोई ग़लती हो सकती है।

बहरहाल एक रात वह मुझसे बात करना चाहता था और जब मुझे एक भाषण देने के लिये सौ मील की यात्रा करना थी तो वह मेरे साथ गया और वापस आया। वापसी पर हम लोग आधी रात के क़रीब सड़क के किनारे एक स्टॉल में हैमबर्गर और कॉफ़ी के लिये रुके। मैं नहीं जानता था कि उस हैमबर्गर सैंडविच में क्या था, परंतु इस घटना के बाद मेरे मन में हैमबर्गर के लिये नया नज़रिया पैदा हो गया है क्योंकि अचानक वह चिल्लाया : "मुझे पता चल गया! मुझे पता चल गया!"

"तुम्हें क्या पता चला गया?" मैंने आश्चर्य से पूछा।

"मुझे जवाब मिल गया। अब मैं जानता हूँ कि समस्या मुझमें है। मेरे साथ हर चीज़ गड़बड़ इसलिये होती है क्योंकि मैं खुद ही गड़बड़ हूँ।"

मैंने उसकी पीठ ठोंकते हुये कहा : "शाबाश, अब तुम सही रास्ते पर जा रहे हो।"

"यह बिलकुल ही स्पष्ट है," उसने कहा। "मैं ग़लत तरीक़े से सोच रहा था और इसी वजह से मुझे ग़लत परिणाम मिले।"

इस समय तक हम लोग चाँदनी रात में मेरी कार के पास खड़े थे और मैंने उससे कहा : "हैरी, तुम्हें एक क़दम आगे जाना चाहिये और ईश्वर से यह प्रार्थना करना चाहिये कि वे तुम्हें अंदर से नई शक्ति दें।" मैंने **बाइबल** की यह पंक्तियाँ दोहरायीं, "तुम्हें सच्चाई पता चलेगी और यह सच्चाई तुम्हें मुक्त कर देगी।" (जॉन 8:32)। अपने मन में सच्चाई जान लें और आप अपनी असफलताओं से मुक्त हो जायेंगे।

वह ईसा मसीह का उत्साही अनुयायी बन गया। सच्ची आस्था और विचारों तथा व्यक्तिगत आदतों के पूर्ण परिवर्तन से ग़लत सोच और ग़लत काम उसके स्वभाव से ही हट गये। उसने त्रुटिपूर्ण पैटर्न के बजाय सही पैटर्न विकसित करके खुद को सही कर लिया। जब वह सही बन गया तो उसके साथ हर चीज़ सही होने लगी।

नीचे सात व्यावहारिक तरीक़े दिये जा रहे हैं, जिनके सहारे आप अपने मानसिक रवैये को नकारात्मक से सकारात्मक कर सकते हैं, नये रचनात्मक विचारों को मुक्त कर सकते हैं और ग़लत तरीक़े के बजाय सही तरीक़े से सोचना शुरू कर सकते हैं। इनका प्रयोग करें - प्रयोग करते रहें। ये सचमुच काम के है :

1. अगले चौबीस घंटे हर चीज़ के बारे में जान-बूझकर अच्छा बोलें, आपकी नौकरी, आपकी सेहत, आपके भविष्य के बारे में। अपनी इच्छाओं के विपरीत भी जाकर हर चीज़ के बारे में आशावादी बातें करें। यह कठिन होगा, क्योंकि शायद निराशावादी बातें करना आपकी आदत बन चुकी है। इस नकारात्मक आदत पर आपको नियंत्रण करना होगा चाहे इसके लिये आपको इच्छाशक्ति का प्रयोग करना पड़े।
2. चौबीस घंटे तक आशावादी तरीक़े से बोलने के बाद एक सप्ताह तक इसी प्रयोग को करते रहें। एक सप्ताह बाद आपको इस बात की छूट दी जाती है कि आप "यथार्थवादी" तरीक़े से एक-दो दिन बोल सकते हैं। अब आप पायेंगे कि "यथार्थवादी" से आपका मतलब एक सप्ताह पहले दरअसल निराशावादी था, परंतु अब आपके लिये "यथार्थवादी" का पूरी तरह अलग अर्थ होगा; यह सकारात्मक नज़रिये की शुरुआत है। जब अधिकांश लोग कहते हैं कि ये "यथार्थवादी" हो रहे हैं तो वे खुद को धोखा दे रहे हैं : वे सिर्फ़ नकारात्मक हो रहे हैं।

3. जिस तरह आप अपने शरीर को भोजन देते हैं, उसी तरीक़े से आप अपने मस्तिष्क को भी भोजन दें। अपने मस्तिष्क को स्वस्थ बनाने के लिये आपको इसे पोषक स्वस्थ विचारों का आहार देना चाहिये। इसके लिये आप आज ही अपने सोचने के तरीक़े को नकारात्मक से सकारात्मक में बदल दें। न्यू टेस्टामेंट शुरू से पढ़ना आरंभ करें और इसमें **आस्था** के बारे में लिखे हुये हर वाक्य को अंडरलाइन करें। इसे करना जारी रखें जब तक कि आप चारों पुस्तकों मैथ्यू, मार्क, ल्यूक और जॉन के इस तरह के हर वाक्य को अंडरलाइन न कर दें। ख़ास तौर पर मार्क 11:22, 23, 24 पर ध्यान दें। वे उन पंक्तियों का उदाहरण हैं जिन्हें आपको अंडरलाइन करना है और अपनी चेतना में गहराई से बिठाना है।

4. इसके बाद न्यू टेस्टामेंट के जिन वाक्यों को आपने अंडरलाइन किया है, उन्हें याद करना शुरू कर दें। एक दिन में एक वाक्य से शुरू करें और तब तक करें जब तक कि आपको पूरी सूची याद न हो जाये। इसमें समय लगेगा, परंतु याद रखें आप इसमें जितना समय लगायेंगे आपने नकारात्मक चिंतक बनने में उससे बहुत अधिक समय लगाया है। अपने नकारात्मक पैटर्न को बदलने में आपको समय भी देना होगा और प्रयास भी करने होंगे।

5. अपने दोस्तों की सूची बनायें ताकि आप यह निर्धारित कर सकें कि उनमें से सबसे सकारात्मक चिंतक कौन है और फिर जान-बूझकर उसके साथ रहने के अवसर खोजें। अपने नकारात्मक मित्रों का साथ पूरी तरह न छोड़ें, परंतु कुछ समय तक अपने सकारात्मक दोस्तों के ज़्यादा क़रीब रहें, जब तक कि आप पूरी तरह उनके रंग में न रंग जाये। इसके बाद आप अपने नकारात्मक दोस्तों के बीच जा सकते हैं और उनकी नकारात्मक मानसिकता से प्रभावित हुये बिना उन्हें अपने नये नज़रिये के बारे में बता सकते हैं।

6. बहस से बचें, परंतु जब भी कोई नकारात्मक बात कही जाये, उसके जवाब में कोई सकारात्मक और आशावादी विचार रखें।

7. काफ़ी समय तक प्रार्थना करें और हमेशा अपनी प्रार्थना को धन्यवाद के रूप में दें, यह मानते हुये कि ईश्वर आपको महान और अद्भुत चीज़ें दे रहा है, क्योंकि अगर आप सोचते हैं कि वह ऐसा कर रहा है, तो वह निश्चित रूप से ऐसा करेगा। ईश्वर आपको आपके

विश्वास से बड़ा आशीर्वाद नहीं देगा। वह आपको महान चीज़ें देना चाहता है, परंतु वह भी उतना ही दे पायेगा जितना प्राप्त करने की आपमें आस्था है। "आपकी जितनी आस्था (यानी कि उसी अनुपात में) होगी, आपको उतना ही मिलेगा।" (मैथ्यू 9:29)।

बेहतर और अधिक सफल जीवन का रहस्य पुराने मृत और अस्वथ विचारों को बाहर निकाल फेंकना है। उनके स्थान पर नये, जीवंत और प्रबल आस्था के विचार अंदर ले आयें। आप इस बात को मान लें - नये विचारों का प्रवाह आपको और आपके जीवन को पूरी तरह बदल सकता है।

14

सहज ऊर्जा के लिये रिलैक्स रहें

"अमेरिका में हर रात साठ लाख नींद की गोलियों की ज़रूरत पड़ती है, ताकि अमेरिकी लोग सो सकें।"

यह आश्चर्यजनक तथ्य मुझे कई साल पहले एक औषधि निर्माता ने उस उद्योग के सम्मेलन में बताया था, जहाँ मैं भाषण दे रहा था। हालाँकि मुझे इस पर विश्वास नहीं हुआ, परंतु बाद में मुझे इस विषय के विशेषज्ञों ने बताया कि दरअसल यह आँकड़ा वास्तविकता से कम था।

दरअसल एक विश्वसनीय स्त्रोत ने मुझे बताया कि अमेरिका के लोग एक करोड़ बीस लाख नींद की गोलियाँ हर रोज़ ले रहे हैं। इसका मतलब है आज हर बारहवाँ अमेरिकी नींद की गोलियाँ लेकर सो रहा है। आँकड़ों से पता चलता है कि नींद की गोलियाँ लेने वालों की संख्या पिछले कुछ वर्षों में 1000 प्रतिशत बढ़ चुकी है। परंतु हाल ही में दिया गया एक वक्तव्य तो और भी हैरान करने वाला है। एक बड़ी दवा निर्माता कंपनी के अनुसार सत्तर खरब गोलियाँ वर्ष भर में बिक रही हैं यानी कि हर रात 1.9 करोड़ गोलियाँ।

कितने दुख की बात है! नींद तो प्रकृति का वरदान है ताकि हम तरोताज़ा हो सकें, अपनी थकान दूर कर सकें। हम सोचते हैं कि हर व्यक्ति को दिन भर काम करने के बाद अपने आप शांति से चैन की नींद सोना चाहिये, परंतु ऐसा लगता है कि अमेरिकी जनता बेफ़िक्री से सोने की कला भी भूल चुकी है। दरअसल लोग इतने तनावग्रस्त हैं कि एक पादरी होने के नाते जिसे इस विषय में जाँच करने के प्रचुर अवसर हैं मैं यह रिपोर्ट करूँगा कि अमेरिकी लोग इतने नर्वस और तनावग्रस्त हैं कि अब यह लगभग असंभव है कि आप अपने प्रवचन से उन्हें सुला दें। कई साल से मैंने चर्च में किसी को सोते नहीं देखा है। और यह एक दुखद स्थिति है।

वॉशिंगटन के एक अधिकारी ने, जिसे आँकड़ों की माथापच्ची से प्रेम है, मुझे बताया कि पिछले साल अमेरिका में पचहत्तर खरब सिरदर्द हुये। यानी कि प्रति व्यक्ति एक साल में पचास सिरदर्द। क्या आपको इस साल इतने सिरदर्द हो चुके हैं? इस अधिकारी ने यह नहीं बताया कि वह इस आँकड़े पर कैसे पहुँचा, परंतु हमारी चर्चा के कुछ समय बाद ही मुझे एक रिर्पोट दिखी कि पिछले साल औषधि उद्योग ने ग्यारह मिलियन पौंड एस्पिरीन बेची। शायद इस युग को "एस्पिरीन युग" कहना ठीक होगा, जैसा एक लेखक ने सुझाया है।

एक आधिकारिक सूत्र के अनुसार अमेरिका के अस्पताल का हर दूसरा बिस्तर ऐसे मरीज़ से भरा हुआ है जो किसी एक्सीडेंट या वायरस या किसी शारीरिक गड़बड़ी के कारण अस्पताल में भर्ती नहीं है, बल्कि इसलिये है क्योंकि उसने अपनी भावनाओं को व्यवस्थित और अनुशासित नहीं रखा।

एक क्लीनिक में 500 मरीज़ों की सावधानी से जाँच की गई और इनमें से 386 यानी कि 77 प्रतिशत रोगी ऐसे थे जो मनोदैहिक रोगों से ग्रस्त थे - यानी इनकी शारीरिक बीमारी काफ़ी हद तक इनकी अस्वस्थ मानसिक अवस्था का परिणाम थी। एक और क्लीनिक ने अल्सर के बहुत से मरीज़ों का अध्ययन किया और यह बताया कि इनमें से आधे शारीरिक कारणों से नहीं, बल्कि मानसिक कारणों से रोगी थे। यानी कि यह मरीज़ या तो ज़्यादा चिंता करते थे या फिर ज़्यादा नफ़रत करते थे, या इनमें अपराधबोध ज़्यादा था या फिर वे तनाव के शिकार थे।

एक अन्य क्लीनिक के डॉक्टर ने यह विचार प्रस्तुत किया कि उसकी राय में असाधारण वैज्ञानिक विकास के बावजूद डॉक्टर अब सिर्फ़ विज्ञान की मदद से अपने मरीज़ों की पचास से भी कम प्रतिशत बीमारियाँ ठीक कर सकते हैं। उन्होंने कहा कि कई मामलों में मरीज़ अपने शरीर में अपने मस्तिष्क के बीमार विचार भेज रहे हैं। इन बीमार विचारों में सबसे प्रमुख हैं चिंता और तनाव।

यह दुखद स्थिति इतनी गंभीर बन चुकी है कि हमारे मार्बल कॉलेजियेट चर्च, फिफ़्थ एवेन्यू, 29वीं सड़क, न्यूयॉर्क सिटी में हमारे स्टाफ़ में बारह मनोविश्लेषक हैं जिनका नेतृत्व डॉ. स्माइली ब्लैंटन कर रहे हैं। किसी चर्च के स्टाफ़ में मनोविश्लेषक क्यों? जवाब यह है कि मनोविश्लेषण एक विज्ञान है। इसका कार्य है निश्चित प्रमाणित नियमों और तरीक़ों के अनुसार मानव स्वभाव का विश्लेषण, निदान और उपचार।

ईसाई धर्म को भी विज्ञान के रूप में लिया जा सकता है। यह एक फ़िलॉसफ़ी है, धर्मशास्त्र का सिस्टम है, रहस्यवाद का सिस्टम है और पूजा का सिस्टम है। यह नैतिक संहिताओं में काम करता है। परंतु ईसाई धर्म में विज्ञान के लक्षण भी हैं क्योंकि यह एक ऐसी पुस्तक पर आधारित है जिसमें मानव स्वभाव को समझने और उसका उपचार करने के फ़ॉर्मूले और तकनीकों का सिस्टम भी दिया गया है। यह नियम इतने सटीक हैं और इनका इतनी अधिक बार प्रमाण मिल चुका है कि जब समझ, विश्वास और अभ्यास की उचित स्थितियाँ मिलती हैं तो इस धर्म को एक निश्चित विज्ञान की तरह लिया जा सकता है।

जब कोई व्यक्ति हमारे क्लीनिक में आता है तो पहला परामर्शदाता शायद एक मनोविश्लेषक होता है जो दयालुतापूर्ण और सावधानी भरे अंदाज़ में समस्या का अध्ययन करता है और मरीज़ को बताता है कि, "वह जो करता है वह क्यों करता है।" यह जानना बहुत ही महत्त्वपूर्ण तथ्य है। उदाहरण के लिये आपको जीवन भर हीन भावना क्यों रही, या आप जीवन भर डर से क्यों पीड़ित रहे या आपने विद्वेष को अपने अंदर क्यों पाला? आप हमेशा संकोची या कम बोलने वाले क्यों रहे या आप मूर्खतापूर्ण काम क्यों करते हैं या ग़लत बात क्यों कहते हैं? आपके मानवीय स्वभाव की यह बातें बेवजह या अपने आप नहीं होतीं। आप जो करते हैं वह आप क्यों करते हैं इसके पीछे कोई न कोई कारण होता है और आपके जीवन अनुभव में वह दिन बहुत महत्त्वपूर्ण होता है जब आपको उस कारण का पता चल जाता है। आत्मज्ञान आत्मसुधार की शुरुआत है।

आत्मज्ञान की प्रकिया के बाद मनोविश्लेषक मरीज़ को पादरी के पास भेज देता है जो उसे बताता है कि उसे जो करना चाहिये, वह कैसे करना चाहिये। पादरी इस प्रकरण में वैज्ञानिक और सुनियोजित रूप से प्रार्थना, आस्था और प्रेम की चिकित्सा पद्धतियों का प्रयोग करता है। मनोविश्लेषक और पादरी अपने ज्ञान को इकठ्ठे कर लेते हैं और अपनी चिकित्सा पद्धतियों को मिला लेते हैं तब इसका परिणाम यह होता है कि कई लोगों को नया जीवन और सुख मिलता है। पादरी मनोविश्लेषक होने की कोशिश नहीं करता, न ही मनोविश्लेषक पादरी बनने का कोई प्रयास करता है। हर एक अपना काम करता है, परंतु हमेशा एक-दूसरे के सहयोग में।

इस तरीक़े में जिस ईसाई धर्म का प्रयोग किया गया है, वह ईसा मसीह की सच्ची शिक्षाओं पर आधारित है, जो मनुष्य के जीवन के नियंता और

उसके तारणहार हैं। हम ईसा मसीह की शिक्षा के व्यावहारिक होने और जीवन में अमल किये जाने में पूर्ण विश्वास करते हैं। हमें विश्वास है कि हम सचमुच "ईसा मसीह की मदद से सारे काम कर सकते हैं।" (फिलिप्पियन्स 4:13)। जब हम बाइबल के साथ काम करते हैं तो यह अपने आश्चर्यजनक वादे को सचमुच पूरा करती सिद्ध होती है : "जो आँख से देखी नहीं गयीं, जो कानों से सुनी नहीं गयीं, न ही जो मनुष्य के दिल में सोची गयी हैं वे वस्तुयें ईश्वर ने उन लोगों के लिये तैयार रखी हैं जो उनसे प्रेम करते हैं।" (कोरिन्थियन्स 2:9)। विश्वास करें (ईसा मसीह में), उनके विचार और प्रयोग के सिस्टम में विश्वास करें; विश्वास करें और आप समस्त डर, नफ़रत, हीन भावना, अपराध बोध और हर तरह की पराजय को पार कर पायेंगे। दूसरे शब्दों में इससे बढ़िया कोई चीज़ नहीं है। आपने जिन चीज़ों को न कभी देखा है, न सुना है, न ही उनकी कल्पना की है ईश्वर उन सभी चीज़ों को उन लोगों को देगा जो उनसे प्रेम करते हैं।

क्लीनिक के काम में अक्सर तनाव की समस्या आती है। काफ़ी हद तक इसे हम अमेरिका की प्रमुख बीमारी कह सकते हैं। परंतु केवल अमेरिकी लोग ही तनाव के शिकार नहीं हैं। कुछ समय पहले रॉयल बैंक ऑफ़ कैनेडा ने अपनी मासिक पत्रिका में इस समस्या पर "हमें धीमा हो जाना चाहिये" शीर्षक से एक लेख प्रकाशित किया और इसका मानना है : "यह मासिक पत्रिका मानसिक और शारीरिक स्वास्थ्य का परामर्शदाता होने का दावा नहीं करती है, बल्कि यह उस समस्या को तोड़ने का प्रयास कर रही है जो कनाडा में हर वयस्क व्यक्ति को परेशान कर रही है," और मैं यह जोड़ सकता हूँ कि अमेरिका में भी।

बैंक की इस पत्रिका में लिखा है, "हम सभी तेज़ी से बढ़ रहे मानसिक तनाव के शिकार हैं। हम आसानी से रिलैक्स नहीं हो पाते। हमारे नर्वस सिस्टम ध्वस्त हो चुके हैं। हम हर दिन, दिन भर, भागदौड़ करते रहते हैं। देर रात तक काम करते हैं और इस तरह हम पूर्ण जीवन का आनंद नहीं ले पाते। हमें यह याद रखना चाहिये कि कार्लायल ने 'परिस्थितियों पर आत्मा की शांत विजय' के बारे में कहा था।"

जब एक प्रसिद्ध बैंकिंग संस्था अपने ग्राहकों का ध्यान इस तथ्य की तरफ़ दिलाती है कि वे जीवन में अपनी मनचाही वस्तुओं को हासिल करने में सिर्फ़ इसलिये असफल हो रहे हैं क्योंकि वे तनाव के शिकार हो चुके हैं तो निश्चित रूप से यह समय है कि इस स्थिति के बारे में कुछ किया जाना चाहिये।

सेंट पीटर्सबर्ग, फ़्लोरिडा में मैंने सड़क पर एक मशीन देखी जिस पर लिखा था : "आपका ब्लड प्रेशर क्या है?" आप इसके छेद में सिक्का डालकर बुरी ख़बर सुन सकते थे। अगर किसी देश में ऐसी ज़रूरत पड़ जाये कि कॉफ़ी की मशीन की तरह ब्लड प्रशेर की मशीनें सड़को पर आ जायें जिसमें सिक्का डालकर ब्लड प्रेशर देखा जाये, तो यह तो मानना ही पड़ेगा कि बहुत सारे लोग इस बीमारी के शिकार होंगे।

तनाव कम करने का एक तरीक़ा हर काम को इत्मीनान से करना है। हर काम को थोड़े धीमे करें, कम जल्दबाज़ी से और बिना दबाव के करें। मेरे मित्र ब्रांच रिकी, जो प्रसिद्ध बेसबॉल खिलाड़ी हैं, ने मुझे बताया कि अगर कोई खिलाड़ी "अधिक दबाव" में रहता हो तो वे कभी ऐसे खिलाड़ी को अपनी टीम में नहीं लेंगे चाहे वह कितनी ही अच्छी तरह से हिट या फ़ील्ड या रन कर सकता हो। सफल बिग लीग बेसबॉल खिलाड़ी बनने के लिये आपके हर एक्शन और निश्चित रूप से आपके मस्तिष्क में सहज शक्ति का प्रवाह होना चाहिये। गेंद को हिट करने का सबसे प्रभावी तरीक़ा सहजता से हिट करना है, जहाँ सारी मांसपेशियाँ लचीली हों और समन्वित शक्ति में काम कर रही हों। गेंद की धज्जियाँ उड़ाने की कोशिश करें। आप या तो इसे ठीक से नहीं मार पायेंगे या इसे बिलकुल भी नहीं मार पायेंगे। यह गोल्फ़, बेसबॉल और हर खेल के बारे में सही है।

कई साल पहले वर्ल्ड सीरीज़ के एक गेम में बेसबॉल के महान हीरो टाई कॉब ने चार होम रन हिट किये, जो एक ऐसा रिकॉर्ड है जिसे आज तक तोड़ा नहीं गया है। टाई कॉब ने जिस बैट से यह असाधारण काम किया था, उस बैट को उन्होंने मेरे एक दोस्त को तोहफ़े में दे दिया। मुझे इस बल्ले को अपने हाथ में लेने की अनुमति दी गयी जिसे मैंने काफ़ी श्रद्धा से लिया। गेम की भावना के अनुरूप मैंने अपने पोज़ को इस तरह से बना लिया जैसे मैं बैटिंग कर रहा था। इसमें कोई शक नहीं कि मेरा बैटिंग पोज़ उस अमर खिलाड़ी की तरह क़तई नहीं था। दरअसल, मेरा मित्र, जो कभी खुद एक माइनर लीग बेसबॉल खिलाड़ी रह चुका है, हँसा और उसके कहा : "टाई कॉब कभी इस तरह से बैटिंग नहीं करेगा। तुम बहुत कठोर हो, बहुत तने हुये हो। यह स्पष्ट है कि तुम ज़्यादा ही कोशिश कर रहे हो। तुम मैदान में ज़्यादा समय नहीं टिक सकते।"

टाई कॉब को देखना बहुत सुंदर अनुभव था। आदमी और बल्ला एक हो जाते थे। यह लयबद्धता का अध्ययन था और दर्शकों को इस बात पर

आश्चर्य होता था कि वह कितनी आसानी से स्विंग करता है। वह सहज शक्ति का मास्टर था। यह हर तरह की सफलता के बारे में सही है। उन लोगों का विश्लेषण करें जो सचमुच प्रभावी हैं और वे हमेशा चीज़ों को आसानी से लेते नज़र आयेंगे, जिसमें न्यूनतम प्रयास होंगे। ऐसा करने से वे अधिकतम शक्ति को मुक्त करते हैं।

मेरा एक मित्र एक प्रसिद्ध बिज़नेसमैन है जो महत्त्वपूर्ण मामलों को निबटाता है और जिसकी रुचियाँ भिन्न हैं परंतु वह हमेशा सहज दिखता है। वह हर काम को कुशलता से और जल्दी करता है परंतु जल्दबाज़ी में नहीं करता। उसके चेहरे पर वह तनाव या परेशानी नज़र नहीं आती जो उन लोगों के चेहरे पर स्पष्ट रूप से दिख जाती है जिनसे या तो उनका समय या उनका काम नहीं सँभल रहा है। मैंने उससे उसकी सहज शक्ति के रहस्य के बारे में पूछा।

वह मुस्कराया और उसने जवाब दिया : "अरे नहीं, इसमें रहस्य जैसी कोई बात नहीं है। मैं तो सिर्फ़ अपने आपको ईश्वर की लय में लाने की कोशिश करता हूँ। बस इतना ही। हर सुबह नाश्ते के बाद," उसने स्पष्ट किया, "मेरी पत्नी और मैं शांति के लिये लिविंग रूम में जाते हैं। हममें से एक प्रेरणादायक सामग्री ज़ोर से पढ़ता है ताकि साधना का मूड बन सके। यह एक कविता हो सकती है या किसी पुस्तक के कुछ पैरेग्राफ़। इसके बाद हम लोग चुपचाप बैठ जाते हैं और अपने मूड और मानसिक स्थिति के हिसाब से प्रार्थना या साधना करते हैं, फिर हम इकट्ठे यह विचार करते हैं कि ईश्वर हममें शक्ति और शांत ऊर्जा भर रहा है। यह पंद्रह मिनट का एक निश्चित कार्य है और हम इसे कभी नहीं छोड़ते। हम इसके बिना चल ही नहीं सकते। हम इसके बिना टूट जायेंगे। इसके परिणामस्वरूप मुझे हमेशा यह अनुभव होता है कि मेरे पास अपनी ज़रूरत से अधिक ऊर्जा है और आवश्यकता से अधिक शक्ति है।" इस कार्यकुशल व्यक्ति का यह कहना था जो सहज शक्ति प्रदर्शित करता था।

फ़रवरी की एक सुबह मैं फ़्लोरिडा के एक होटल के वरांडे से तेज़ी में जा रहा था। मेरे साथ में डाक थी जो अभी-अभी न्यूयॉर्क के ऑफ़िस से आयी थी। मैं मध्य जाड़े की छुट्टियों को मनाने के लिये फ़्लोरिडा आया था, परंतु मैं सुबह सबसे पहले डाक निबटाने की अपनी आदत नहीं छोड़ पा रहा था। जब मैं जल्दी में आगे बढ़ा और दो घंटे तक उस डाक का जवाब देने के काम की दिशा में तेज़ी से क़दम बढ़ाये तो जॉर्जिया के एक मित्र ने मुझे

रोका। वह आराम कुर्सी पर अपने हैट को आंशिक रूप से अपनी आँखों के सामने करके बैठा हुआ था। उसने मुझे जल्दी में जाते देखकर रोका और अपने धीमे और सुखद दक्षिणी लहज़े में कहा : "डॉक्टर, आप इतनी जल्दी में कहाँ भागे जा रहे हैं? फ़्लोरिडा के सूरज में ऐसा करना ठीक नहीं है। आप यहाँ आइये और इन आरामकुर्सियों पर बैठिये और एक महान कला का अभ्यास करने में मेरी मदद कीजिए।"

आश्चर्य से मैंने पूछा, "एक महान कला का अभ्यास करने में आपकी मदद करूँ?"

"हाँ," उसने जवाब दिया, "एक ऐसी कला जिसे अब लोग भूलते जा रहे हैं। बहुत कम लोग जानते हैं कि इसे कैसे किया जाता है।"

"अच्छा," मैंने पूछा, "कृपया मुझे बतायें कि वह कला क्या है। मैं यह नहीं देख पा रहा हूँ कि आप किसी कला का अभ्यास कर रहे हैं।"

"हाँ, मैं कर रहा हूँ," उसने कहा। "मैं सिर्फ़ सूरज की रोशनी में बैठने की कला का अभ्यास कर रहा हूँ। यहाँ बैठिये और सूरज को अपने चेहरे पर पड़ने दीजिए। इसकी गर्मी सुखद है और यह अच्छा लगता है। इससे आपको अंदर शांति का अनुभव होता है। क्या आपने कभी सूरज के बारे में सोचा है?" उसने पूछा। "यह कभी जल्दी में नहीं रहता, यह कभी रोमांचित नहीं होता, यह धीमे-धीमे बस काम करता जाता है और कोई हल्ला नहीं मचाता। यह कोई बज़र नहीं बजाता, किसी टेलीफ़ोन का जवाब नहीं देता, कोई घंटी नहीं बजाता, यह सिर्फ़ चमकता रहता है और सूरज एक क्षण में ही इतना काम कर जाता है जो आप और मैं ज़िंदगी भर में भी नहीं कर सकते। ज़रा सोचिये कि यह क्या करता है। इसकी वजह से फूल खिलते हैं, पेड़ बड़े होते हैं, धरती गर्म होती है, फल और सब्ज़ियाँ बढ़ते हैं और फ़सल पकती है, यह पानी को ऊपर उठाता है ताकि वापस धरती पर गिर सके और यह आपको 'शांति का एहसास' दिलाता है।"

"मैंने पाया है कि जब मैं सूरज में बैठता हूँ और सूरज को अपने ऊपर पड़ने देता हूँ तो यह अपनी किरणों को मेरे अंदर भर देता है जिससे मुझे ऊर्जा मिलती है, यानी कि जब भी मुझे समय मिलता है, मैं सूरज की रोशनी में बैठ जाता हूँ।

"इसलिये अपनी डाक को किसी कोने में पटक दो," उसने कहा, "और मेरे पास यहाँ आकर बैठो।"

मैंने ऐसा किया और जब आख़िरकार मैं अपने कमरे में गया और अपनी डाक पर काम किया तो मैंने उसे बहुत जल्दी निबटा दिया। छुट्टी बिताने की गतिविधियों के लिये और सूरज में बैठने के लिये अब मेरे पास बहुत लंबा दिन बचा रहा।

ज़ाहिर है मैं ऐसे बहुत से आलसी लोगों को जानता हूँ जो ज़िंदगी भर सूरज की रोशनी में बैठे रहे हैं और जिन्होंने जीवन में कुछ हासिल नहीं किया है। परंतु बैठने और आराम करने तथा सिर्फ़ बैठने में फ़र्क़ है। अगर आप बैठते हैं, आराम करते हैं, ईश्वर के बारे में सोचते हैं, अपने आपको उसकी लय में ले आते हैं और उसकी शक्ति के प्रवाह के लिये अपने द्वार खोल देते हैं तो यह बैठना आलस्य नहीं होता। दरअसल यह शक्ति को नवीन करने का सर्वश्रेष्ठ तरीक़ा होता है। यह प्रबल ऊर्जा उत्पन्न करता है, उस तरह की ऊर्जा जो **आपको** शक्ति देती है, न कि उस तरह की ऊर्जा जो आपकी शक्ति छीन लेती है।

रहस्य यह है कि आपका मस्तिष्क शांत हो, जल्दबाज़ी की हड़बड़ी की प्रतिक्रियाओं से बचा जाये और शांत चिंतन का अभ्यास किया जाये। कला का रहस्य है गति को धीमा करना और अपनी ज़िम्मेदारियों को ऊर्जा के कुशल संचयन के आधार पर निभाना। यह सलाह उचित है कि एक या दो काम में आने वाली योजनायें बनायी जायें जिनके उपयोग द्वारा आप आरामदेह और सहज शक्ति के अभ्यास में विशेषज्ञ बन सकें।

इस तरह की सर्वश्रेष्ठ योजनाओं में से एक का सुझाव मुझे कैप्टेन एड्डी रिकेनबैकर ने दिया था। वे एक बहुत व्यस्त व्यक्ति हैं और वे अपनी ज़िम्मेदारियों को इस तरह से निभाते हैं जिससे शक्ति के संचय का आभास होता है। मैंने उनके रहस्य का एक तत्व संयोगवश ही खोज लिया था।

मैं एक बार कैप्टेन एड्डी रिकेनबैकर के साथ टेलीविज़न प्रोग्राम की फ़िल्म बनवा रहा था। हमें आश्वासन दिया गया था कि काम जल्दी ही निबट जायेगा और उनके पास इतना समय ख़ाली बचा रहेगा कि वे अपने रोज़मर्रा के बाक़ी मामलों को निबटा सकेंगे।

बहरहाल, रिकॉर्डिंग में ज़रूरत से ज़्यादा समय लग गया। मैंने देखा कि कैप्टेन रिकेनबैकर इस बात से ज़रा भी विचलित नहीं हुये। वे नर्वस या चिंतित नहीं हुये। वे इधर से उधर नहीं टहल रहे थे या चिंतित होकर अपने ऑफ़िस में धड़ाधड़ फ़ोन नहीं कर रहे थे। इसके बजाय उन्होंने स्थिति

को शांति से लिया। स्टूडियो में दो पुरानी आरामकुर्सियाँ थीं, जिन्हें वहाँ पर दूसरे लोगों के लिये रखा गया था। वे एक आरामकुर्सी में बहुत ही आराम भरे अंदाज़ में बैठ गये।

मैं हमेशा से एड्डी रिकेनबैकर का बड़ा प्रशंसक रहा हूँ और मैंने उनकी तनावहीनता पर टिप्पणी की। "मैं जानता हूँ कि आप कितने व्यस्त हैं," मैंने कहा, "और मुझे हैरानी हो रही है कि आप इतनी शांति और आराम से बैठे हुये हैं।"

जहाँ तक मेरा सवाल है मैं बहुत विचलित था क्योंकि मुझे कैप्टेन रिकेनबैकर का इतना अधिक समय लेने का अफ़सोस हो रहा था। "आप इतने अविचलित कैसे हैं?" मैंने पूछा।

उन्होंने हँसते हुये जवाब दिया : "आप जो सिखाते हैं, मैं बस उसका पालन करता हूँ। इत्मीनान से रहने से फ़ायदा होता है। मेरे पास यहाँ आराम से बैठो।"

मैंने दूसरी आरामकुर्सी को खींचा और खुद शांति से बैठ गया। फिर मैंने कहा : "एड्डी, मैं जानता हूँ कि आपके पास कोई तकनीक होगी जिससे आप इस तरह की प्रभावी शांति हासिल कर पाते हैं। मुझे इस बारे में कृपया बतायें।"

वे एक विनम्र व्यक्ति हैं, परंतु मेरे बार-बार कहने पर उन्होंने मुझे एक फ़ॉर्मूला दिया जिसका वे अक्सर इस्तेमाल करते थे। मैं अब खुद इसका प्रयोग करता हूँ और यह बहुत ही प्रभावी है। इसका वर्णन इस तरह से किया जा सकता है :

पहली बात तो यह कि शरीर को पूरी तरह से ढीला छोड़ दें। दिन में कई बार इसका अभ्यास करें। अपने शरीर की हर मांसपेशी को ढीला छोड़ दें। अपने आपको एक जेलीफ़िश मानें और अपने शरीर को पूरी तरह से ढीला छोड़ दें। आलू के बड़े बरलैप बैग की मानसिक कल्पना करें। फिर मानसिक रूप से उस बैग को काटने और आलुओं को बाहर निकलने की अनुमति देने की कल्पना करें। अपने आपको उस बैग की तरह मानें।

ख़ाली बरलैप से अधिक ढीला क्या हो सकता है?

इस फ़ॉर्मूले का दूसरा तत्व है "मस्तिष्क को ख़ाली करना।" दिन में कई बार अपने मस्तिष्क से सारे द्वेष, निराशा, कुंठा, क्रोध और तनाव को ख़ाली करते रहें। जब तक आप नियमित रूप से और अक्सर अपने मस्तिष्क को

ख़ाली नहीं करते, यह दुखद विचार वहाँ पर इकट्ठे होते रहेंगे जब तक कि एक बड़ा विस्फोट होने की स्थिति न बन जाये। इन सभी तथ्यों को मस्तिष्क से ख़ाली करते रहें क्योंकि यह आरामदेह शक्ति के प्रवाह में बाधा डालते हैं।

तीसरी बात, आध्यात्मिक चिंतन करें। आध्यात्मिक चिंतन का अर्थ है नियमित रूप से अपने मस्तिष्क को ईश्वर की तरफ़ मोड़ना। कम से कम दिन में तीन बार "अपनी आँखों को उन पहाड़ियों की तरफ़ ऊपर उठाओ।" इससे आप ईश्वर की लय से तालमेल बिठा पायेंगे। यह आपको शांति से भर देगा।

इस तीन बिंदु के कार्यक्रम ने मुझे बहुत प्रभावित किया और मैं कुछ महीनों से इनका अभ्यास कर रहा हूँ। सहजता से सफल जीवन जीने और आरामदेह तरीक़े से रहने का यह एक बहुत अच्छा तरीक़ा है।

न्यूयॉर्क सिटी के मेरे मित्र डॉ. ज़ेड. टेलर बर्कोविट्ज़ से भी मैंने रिलैक्स्ड रहने की तरक़ीब के बारे में बहुत कुछ सीखा। जब उन पर काम का बहुत दबाव होता था यानी जब उनका ऑफ़िस मरीज़ों से भरा होता था और टेलीफ़ोन की घंटी लगातार बजती रहती थी, तो वे अचानक काम बंद कर देते थे और अपनी मेज़ पर सिर रख देते थे और ईश्वर से स्वाभाविक और सम्मानपूर्वक चर्चा करते थे। मुझे उनकी प्रार्थना की शैली पसंद आयी। वे मुझे बताते हैं कि यह प्रार्थना कुछ इस तरह की होती थी : "हे ईश्वर, मैं अपने आपको अधिक शक्ति से धकेल रहा हूँ। मैं तनाव में हूँ। मैं लोगों को शांत रहने और आराम से काम करने की सलाह देता हूँ। इसलिये मुझे भी इसका अभ्यास करना चाहिये। आप मुझे शांति दें, शक्ति दें और मेरी नर्वस ऊर्जा को संचित करें ताकि मैं इन लोगों की मदद कर सकूँ जो मुझसे मदद लेने आये हैं।"

फिर वे एक या दो मिनट चुपचाप खड़े होते थे। इसके बाद ईश्वर को धन्यवाद देते थे और फिर इत्मीनान से अपने काम में पूरी शक्ति से जुट जाते थे।

कई बार शहर में इलाज करने के लिये जाते समय वे ट्रैफ़िक जाम में फँस जाते थे। इन तनाव भरे विलंब के क्षणों को वे आराम करने के अवसरों में बदल लेते थे और ऐसा करने का उनका तरीक़ा बहुत रोचक था। वे काम का इंजन बंद करके खुद को अपनी सीट में ढीला छोड़ देते थे, आराम से आँखें बंद कर लेते थे और सिर पीछे टिका लेते थे और कई बार तो वे सो भी गये। वे कहते हैं कि सोने के बारे में चिंता करने की कोई बात नहीं

थी, क्योंकि जब ट्रैफ़िक चालू हो जाता था तो पीछे के कार वाले अपने तेज़ हॉर्न से उनकी नींद खोल देते थे।

ट्रैफ़िक के बीच में पूरी तरह आराम का यह दौर शायद एक या दो मिनट ही चल पाता होगा, परंतु इसमें उनकी ऊर्जा को नया करने की शक्ति होती थी। यह आश्चर्यजनक है कि दिन में कितने मिनट का प्रयोग आप आराम करने के लिये कर सकते हैं, चाहे आप जहाँ भी हों। अगर इन क्षणों में आप जान-बूझकर ईश्वर की शक्ति को भी हासिल करें तो आप पर्याप्त आराम हासिल कर सकते हैं। आराम के समय की लंबाई से शक्ति नहीं मिलती, यह अनुभव की क्वालिटी पर निर्भर करता है।

मुझे बताया गया है कि रॉजर बैब्सन, प्रसिद्ध सांख्यिकीविद् अक्सर एक ख़ाली चर्च में जाते थे और वहाँ शांति में बैठते थे। शायद वे एक या दो भजन पढ़ते थे और ऐसा करने से उन्हें आराम मिल जाता था और उनकी ऊर्जा नयी हो जाती थी। डेल कारनेगी तनाव की अवस्था में अपने ऑफ़िस के पास वाले चर्च में जाकर पंद्रह मिनट तक प्रार्थनापूर्ण साधना किया करते थे। वे कहते थे कि वे जान-बूझकर ऐसे समय में ऑफ़िस से जाते थे, जब व्यस्तता सबसे ज़्यादा होती थी। इस तरह उन्हें यह एहसास होता था कि समय उन्हें नियंत्रित नहीं करता था, बल्कि वे समय को नियंत्रित कर रहे थे। इससे सतर्कता का भी पता चलता है ताकि तनाव नियंत्रण की सीमा से अधिक विकसित न हो जाये।

एक रात वॉशिंगटन से न्यूयॉर्क वाली ट्रेन में मेरी मुलाक़ात एक मित्र से हुई। यह व्यक्ति संसद सदस्य था और उसने बताया कि वह अपने जिले में जा रहा है जहाँ उसे अपने मतदाताओं की एक सभा को संबोधित करना है। जिस विशेष समूह को वह संबोधित करने जा रहा था, वह उनके प्रति शत्रुता रखता था, उसने कहा, और शायद वे लोग उनके लिये स्थिति बहुत कठिन बनाने का प्रयास करेंगे। हालाँकि वे लोग उनके जिले में कम संख्या में हैं, परंतु फिर भी वे उनका सामना करने जा रहे हैं।

"वे अमेरिकी नागरिक हैं और मैं उनका प्रतिनिधि हूँ। अगर वे मुझसे मिलना चाहें तो उन्हें मुझसे मिलने का अधिकार है।"

"आप इस बारे में ज़्यादा चिंतित नहीं लगे रहे," मैंने टिप्पणी की।

"नहीं," उसने जवाब दिया। "अगर मैं चिंतित हो गया तो मैं तनाव में आ जाऊँगा और मैं स्थिति का अच्छी तरह से सामना नहीं कर पाऊँगा।"

"क्या आपके पास इस तनावपूर्ण स्थिति का सामना करने का कोई ख़ास तरीक़ा है?" मैंने पूछा।

"हाँ," उसने जवाब दिया, "काफ़ी शोरगुल होगा। परंतु मेरे पास तनाव में आये बिना इन स्थितियों का सामना करने का तरीक़ा मौजूद है। मैं गहरी साँस लूँगा, शांति से बात करूँगा, गंभीरता से बोलूँगा और सबके प्रति मित्रता और सम्मान दिखाऊँगा, अपने गुस्से पर क़ाबू रखूँगा और ईश्वर में विश्वास रखूँगा कि वे सब कुछ ठीक कर देंगे।"

"मैंने यह महत्त्वपूर्ण तथ्य सीखा है," संसद सदस्य ने आगे कहा, "कि आप हर स्थिति में रिलैक्स्ड रहें, शांत रहें, दोस्ताना रवैया रखें, आस्था रखें और अपना सर्वश्रेष्ठ प्रदर्शन करें। अगर आप ऐसा करेंगे, तो आम तौर पर आपकी सफलता तय है।"

मुझे इस बारे में कोई संदेह नहीं है कि यह संसद सदस्य बिना तनाव के रहता होगा और काम करता होगा और इससे भी अधिक यह कि अपने लक्ष्यों को सफलतापूर्वक प्राप्त करता होगा।

जब हम पॉलिंग, न्यूयॉर्क में मेरे फ़ार्म पर कुछ कन्स्ट्रक्शन का काम कर रहे थे तो मैंने एक कारीगर को बेलचा चलाते हुये देखा। वह रेत के ढेर पर बेलचा चला रहा था। यह एक सुंदर दृश्य था। कमर तक नंगे बदन उसका पतला और मांसपेशीय शरीर सटीक और समन्वित तरीक़े से काम कर रहा था। बेलचा पूरी लय से उठता था और गिरता था। वह ढेर में बेलचे को धकेलता था, अपने शरीर को उस पर टिकाता था और रेत में उसे गहराई से धकेलता था। फिर, एक साफ़ और मुक्त स्विंग से यह ऊपर आता था और रेत बिना लय टूटे सही जगह पर पहुँच जाती थी। एक बार फिर बेलचा रेत में जाता था, एक बार फिर वह अपना शरीर उससे टिकाता था और एक बार फिर बेलचा आर्क बनाते हुये आसानी से उठ जाता था। ऐसा लगता था जैसे कोई व्यक्ति इस कारीगर की गति की लय में गा सकता था। और सचमुच यह व्यक्ति काम करते हुये गा रहा था।

मुझे आश्चर्य नहीं हुआ जब फ़ोरमैन ने मुझे बताया कि उसे वह अपने सर्वश्रेष्ठ कारीगरों में से एक मानता है। फ़ोरमैन ने बताया कि वह एक अच्छे स्वभाव का, सुखी और मज़ेदार व्यक्ति है जिसके साथ काम करना सुखद अनुभव है। वह एक रिलैक्स्ड व्यक्ति था जिसने आसानी से सफलता हासिल करने की कला में विशेषज्ञता हासिल कर ली थी।

इत्मीनान पुनर्रचना का परिणाम है और पुनर्रचना की प्रक्रिया निरंतर होनी चाहिये। इन्सान को शक्ति के उस निरंतर प्रवाह से जुड़े रहना चाहिये जो ईश्वर से प्राप्त होती है और इसे दोबारा ईश्वर के पास नवीनीकरण के लिये भेजना चाहिये। जब कोई इस सतत पुनर्रचनात्मक प्रक्रिया की लय में जीता है तो वह आराम करने और आसानी से सफलता हासिल करने की कला को सीख लेता है।

अब इस कला में निपुण कैसे हुआ जाये? यहाँ दस नियम बताये गये हैं जिनके द्वारा आप अपने कठिन काम को आसन काम में बदल सकते हैं। इन आज़माये हुये तरीक़ों का प्रयोग करें और कठिन काम को आसान बना लें। ये तरीक़े आराम करने और सहज शक्ति देने में आपकी मदद करेंगे।

1. अपने आपको एटलस न मानें जिसके कंधों पर सारी दुनिया का बोझ लदा हुआ है। ज़्यादा तनाव न पालें। अपने आपको ज़्यादा गंभीरता से न लें।

2. अपने काम को पसंद करने का पक्का इरादा कर लें। तब आपके लिये यह काम हम्माली के बजाय आनंद बन जायेगा। शायद आपको अपना काम बदलने की ज़रूरत नहीं है। अपने आपको बदल लें और आपका काम भी आपको अच्छा लगने लगेगा।

3. अपने काम की योजना बनायें - योजना के हिसाब से काम करें। योजना के अभाव के कारण ही यह भावना उत्पन्न होती है कि हम पर काम का बहुत बोझ है।

4. अपने सारे कामों को एक साथ करने की कोशिश न करें, बल्कि एक-एक करके काम करें। बाइबल की बुद्धिमत्तापूर्ण सलाह मानें, "मैं यह एक काम करूँगा।"

5. सही मानसिक रवैया रखें। याद रखें कि आपका काम मुश्किल है या कठिन, यह इस बात पर निर्भर करता है कि आप इसके बारे में क्या सोचते हैं। अगर आप इसे मुश्किल समझेंगे, तो यह मुश्किल होगा और अगर आप इसे आसान समझेंगे तो यह आपको आसान लगेगा।

6. अपने काम में कुशल बनें। "ज्ञान ही शक्ति है" (आपके काम में)। सही तरीक़े से काम करना हमेशा ज़्यादा आसान होता है।

7. रिलैक्स्ड रहने का अभ्यास करें। इत्मीनान से किया गया काम हमेशा बेहतर होता है। ज़्यादा प्रयास न करें, तनाव में न आयें। हर चीज़ को इत्मीनान से लें।
8. अपने आपको इस तरह से अनुशासित करें कि जो काम आप आज कर सकते हैं, उसे कल पर न टालें। पेंडिंग काम इकट्ठे होने पर आपको अपना काम ज़्यादा मुश्किल लगने लगता है। अपने काम को योजना या शेड्यूल के हिसाब से करें।
9. अपने काम के बारे में प्रार्थना करें। ऐसा करने से आप रिलैक्स भी होंगे और आपकी कार्यकुशलता भी बढ़ेगी।
10. "अदृश्य पार्टनर" का सहारा लें। यह आश्चर्यजनक है कि वह आपके बोझ को कितना कम कर देता है। ईश्वर हर जगह है। वह आपके ऑफ़िस, फ़ैक्ट्री, स्टोर या किचन में भी मौजूद है जितना कि वह चर्च में मौजूद है। वह आपके काम के बारे में आपसे ज़्यादा जानता है। उसकी मदद से आपका काम आसान हो जायेगा।

15

लोकप्रिय कैसे बनें

हमें यह मान लेना चाहिये कि हम चाहते हैं कि लोग हमें पसंद करें।

आप किसी के मुँह से यह सुन सकते हैं, “मुझे फ़र्क़ नहीं पड़ता कि लोग मुझे पसंद करते हैं या नहीं।” परंतु जब कोई ऐसा कहता है, तो आपको यह समझ लेना चाहिये कि वह दरअसल सच नहीं बोल रहा है।

मनोवैज्ञानिक विलियम जेम्स ने कहा है, “मानव स्वभाव की गहनतम आकांक्षा है सराहे जाने की इच्छा।” पसंद किये जाने की आकांक्षा, दूसरों का सम्मान हासिल करने की इच्छा, लोगों द्वारा चाहे जाने की इच्छा हम सबकी मूलभूत इच्छा है।

हाई स्कूल के विद्यार्थियों से एक सर्वे में यह सवाल पूछा गया, “आप लोगों की सबसे प्रबल इच्छा क्या है?” अधिकांश विद्यार्थियों का कहना था कि वे लोकप्रिय बनना चाहते थे। यही वयस्क और अधिक उम्र के लोग भी चाहते हैं। इसमें कोई संदेह नहीं है कि हर व्यक्ति यही चाहता है कि लोग उसे पसंद करें, उसका सम्मान करें और उसे स्नेह दें।

लोकप्रियता की कला में निपुण होने के लिये कलाहीन बनें। अगर आप जान-बूझकर लोकप्रियता का पीछा करेंगे तो इस बात की संभावना प्रबल है कि आप इसे हासिल नहीं कर पायेंगे। परंतु उस तरह के दुर्लभ व्यक्ति बन जायें जिनके बारे में लोग कहते हैं : “उसमें निश्चित रूप से कुछ बात तो है,” और आप विश्वास कर सकते हैं कि लोग आपको पसंद करने लगे हैं और आप सही राह पर जा रहे हैं।

बहरहाल मैं आपको चेतावनी दे दूँ कि लोकप्रियता की आपकी उपलब्धियों के बावजूद हर कोई आपको पसंद नहीं करेगा। मानवीय स्वभाव में एक अजीब सा पेंच होता है जिसके द्वारा कुछ लोग बस यूँ ही आपको

पसंद नहीं करेंगे। जैसा ऑक्सफ़ोर्ड की दीवार पर चार पंक्तियों में बताया गया है :

"मैं आपको पसंद नहीं करता, डॉ. फ़ेल,
इसका कारण मैं आपको नहीं बता सकता;
परंतु मैं इस बात को अच्छी तरह से जानता हूँ,
मैं आपको पसंद नहीं करता, डॉ. फ़ेल।"

यह कविता बहुत सूक्ष्म भाव लिये हुये है। लेखक डॉ. फ़ेल को पसंद नहीं करता। वह इसका कारण नहीं जानता, परंतु वह बस इतना जानता है कि वह उन्हें पसंद नहीं करता। इस बात की काफ़ी संभावना है कि यह नापसंदगी अतार्किक हो, क्योंकि इस बात में कोई शक नहीं था कि डॉ. फ़ेल एक बहुत अच्छे इन्सान थे। शायद अगर लेखक उन्हें ज़्यादा अच्छी तरह से जान लेता तो उसने उन्हें पसंद किया होता, परंतु बेचारे डॉ. फ़ेल इन पंक्तियों के लेखक की नज़रों में कभी लोकप्रिय नहीं बन पाये। ऐसा सिर्फ़ **तालमेल** की कमी की वजह से हो सकता है - वह अजीब सा तंत्र जिसके द्वारा हम किन्हीं ख़ास लोगों के साथ "क्लिक" कर जाते हैं या "क्लिक" नहीं कर पाते।

बाइबल भी मानवीय स्वभाव के इस दुखद तथ्य को जानती है। क्योंकि यह कहती है : "अगर संभव हो, तो जितना आपके वश में हो, सबके साथ शांति से रहो।" (रोमन्स 12:18)। बाइबल बहुत यथार्थवादी पुस्तक है और यह जानती है कि इंसानों में कितनी असीम संभावनायें और अपूर्णतायें हैं। बाइबल ने अपने शिष्यों को सलाह दी है कि अगर वे किसी गाँव में जायें और अपनी तरफ़ से लोगों के साथ सौहार्द्र स्थापित करने के सर्वश्रेष्ठ प्रयासों के बाद भी वे ऐसा न कर पायें तो वे उस गाँव की धूल तक को अपने पैरों से झाड़ दें - "और जो भी आपको पसंद न करे, उस शहर से निकलने के बाद आप अपने पैरों की धूल तक झाड़कर प्रतीकात्मक रूप से उन्हें अपने दिमाग़ से निकाल दें।" (ल्यूक 9:5)। इसका मतलब यह है कि समझदारी इसी में है कि आप उनकी नापसंदगी को स्वयं को गंभीरता से प्रभावित न करने दें, क्योंकि आप हर किसी के साथ पूरी तरह लोकप्रिय नहीं हो सकते।

बहरहाल, ऐसे कई फ़ॉर्मूले और तरीक़े हैं, जिनका निष्ठा से पालन करने पर आप ऐसे इन्सान बन सकते हैं जिसे दूसरे लोग पसंद करेंगे। चाहे आप स्वभाव से "कठिन" व्यक्ति हों या संकोची और दब्बू स्वभाव के हों या असामाजिक हों, फिर भी आप संतोषजनक व्यक्तिगत संबंधों का आनंद ले

सकते हैं। आप अपने आपको एक ऐसा इन्सान बना सकते हैं जो दूसरों के साथ सहज, स्वाभाविक और सुखद संबंध का आनंद लेता है।

मैं बता नहीं सकता यह विषय कितना महत्त्वपूर्ण है। हमें इसमें पारंगत होने के लिये समय देना चाहिये और प्रयास करना चाहिये क्योंकि जब तक आप ऐसा नहीं करेंगे तब तक आप पूरी तरह सुखी या सफल नहीं हो पायेंगे। इस क्षेत्र में आपकी असफलता आपको मनोवैज्ञानिक रूप से प्रभावित करेगी। लोकप्रियता हमारे ईगो को संतुष्ट करने से अधिक महत्त्व की चीज़ है। यह जीवन में आपकी सफलता के लिये भी आवश्यक है और स्वाभाविक तथा संतोषजनक व्यक्तिगत संबंध तो और भी अधिक महत्त्वपूर्ण हैं।

इन्सान को सबसे ज़्यादा परेशानी इस बात से होती है कि उसे कोई पसंद नहीं करता या किसी को उसकी ज़रूरत नहीं है। जिस इन्सान को जितना ज़्यादा पसंद किया जाता है या जिसकी लोगों को जितनी ज़्यादा ज़रूरत होती है, वह इन्सान उतना ही परिपूर्ण इन्सान बन जाता है। "अकेला" व्यक्ति या एकाकी व्यक्तित्व या सबसे कटा हुआ इन्सान इतना दुख उठाता है जिसे बयान करना मुश्किल है। आत्मरक्षा में वे अपने आप में दुबक जाते हैं। उनके अंदरूनी अंतर्मुखी स्वभाव की वजह से उनका सामान्य विकास नहीं हो पाता जो बहिर्मुखी और दूसरों की तरफ़ उन्मुख व्यक्ति अनुभव करता है जब व्यक्तित्व अपने खोल से बाहर नहीं निकलता तथा किसी और के लिये मूल्यवान नहीं बनता, तो यह बीमार पड़ सकता है और मर सकता है। न चाहे जाने या ज़रूरत न होने की भावना से कुंठा, बुढ़ापा और बीमारी भी तेज़ी से आती हैं। अगर आपको लग रहा है कि आप बेकार हैं, किसी को आपकी ज़रूरत नहीं है, कोई आपको नहीं चाहता, तो आपको इस बारे में कुछ न कुछ करना चाहिये। यह न सिर्फ़ जीने का निराशाजनक तरीक़ा है, बल्कि यह मनोवैज्ञानिक रूप से ख़तरनाक तरीक़ा भी है। जो लोग मानवीय स्वभाव की समस्या से वास्ता रखते हैं वे इस समस्या और इसके दुर्भाग्यपूर्ण परिणामों को अक्सर देखते रहते हैं।

उदाहरण के तौर पर रोटरी क्लब के लंच में शहर के दो डॉक्टर मेरी टेबल पर बैठे थे। उनमें से एक बुज़ुर्ग था जो कई साल पहले रिटायर हो चुका था और दूसरा शहर का सबसे लोकप्रिय युवा डॉक्टर था। युवा डॉक्टर बेहद व्यस्त दिखता हुआ लंच पर देरी से आया और उसने थकी हुई आह भरकर कुर्सी पर ख़ुद को पटक दिया। "काश मेरा टेलीफ़ोन बजना बंद हो जाये!" उसने शिकायत भरे लहज़े में कहा। "मैं कहीं भी नहीं निकल पाता,

क्योंकि लोग मुझे हर समय फ़ोन करते रहते हैं। मेरी इच्छा होती है कि मैं अपने टेलीफ़ोन पर सायलेंसर लगवा लूँ।"

बुज़ुर्ग डॉक्टर ने धीमे से कहा, "मैं जानता हूँ तुम्हें कैसा लगता होगा, जिम। पहले मैं भी यही सोचा करता था कि टेलीफ़ोन की घंटी बजना बंद हो जाये। परंतु तुम ईश्वर को धन्यवाद दो कि टेलीफ़ोन बज रहा है। इस बात पर खुश रहो कि लोग तुम्हें चाहते हैं और उन्हें तुम्हारी ज़रूरत है।" फिर उसने निराश स्वर में कहा, "अब कोई मुझे फ़ोन नहीं करता। मैं एक बार फिर चाहूँगा कि मेरा टेलीफ़ोन बजे। कोई मुझे नहीं चाहता, किसी को मेरी ज़रूरत नहीं है। मैं अब गुज़रा वक़्त हो चुका हूँ।"

टेबल पर बैठे हम सभी बेहद व्यस्त लोग, जो अपनी अत्यधिक गतिविधियों से थका हुआ महसूस करते हैं, उसकी बातों पर काफ़ी देर तक विचार करते रहे।

एक अधेड़ महिला ने मुझसे शिकायत की कि उसकी हालत ठीक नहीं है। वह असंतुष्ट और दुखी है। "मेरे पति मर गये हैं, बच्चे बड़े हो गये हैं और अब मेरे लिये कहीं कोई जगह नहीं है। लोग मेरे साथ दयालुतापूर्ण व्यवहार करते हैं, परंतु वे उदासीन हैं। हर एक की अपनी रुचियाँ हैं और किसी को मेरी ज़रूरत नहीं है - कोई भी मुझे नहीं चाहता। मैं सोचती हूँ, क्या यही वह कारण हो सकता है जिसके कारण मेरी हालत ठीक नहीं है?" उसने पूछा। निश्चित रूप से यह एक महत्त्वपूर्ण कारण हो सकता है।

एक बिज़नेस ऑफ़िस में फ़र्म का संस्थापक, जिसकी उम्र सत्तर साल से अधिक थी, बेचैनी और दिशाहीनता से इधर-उधर घूम रहा था। उसने मुझसे बातें कीं जबकि उसका पुत्र जो बिज़नेस का वर्तमान प्रमुख था, फ़ोन पर बातें कर रहा था। मैं उसके पुत्र से मिलने आया था। बुज़ुर्ग व्यक्ति ने निराशा से कहा : "आप इस विषय पर पुस्तक क्यों नहीं लिखते कि किस तरह रिटायर होना चाहिये? मैं यही जानना चाहता हूँ। मैंने सोचा था कि काम के बोझ का हटना बहुत ही बढ़िया अनुभव रहेगा," उसने आगे कहा, "परंतु अब मुझे लगता है कि कोई भी मेरी किसी भी बात में रुचि नहीं लेता। पहले मुझे लगता था कि मैं एक लोकप्रिय व्यक्ति हूँ, परंतु अब मैं जब यहाँ आकर बैठता हूँ और ऑफ़िस में घूमता हूँ तो हर कोई 'हलो' कहकर मुझे भूल जाता है। उन्हें इस बात से फ़र्क़ नहीं पड़ता कि मैं आया हूँ या नहीं आया। मेरा पुत्र बिज़नेस चला रहा है और वह इसे अच्छी तरह से चला रहा है, परंतु," उसने अंत में निराशा से कहा, "मैं यह सोचना चाहूँगा कि

उन्हें मेरी थोड़ी-बहुत ज़रूरत है।"

लोग इस जीवन के सबसे दुखद और करुण अनुभवों में से एक से पीड़ित हैं। उनकी मूलभूत इच्छा है कि कोई उन्हें चाहे और उनकी यह इच्छा पूरी नहीं हो पा रही है। वे चाहते हैं कि लोग उनकी सराहना करें। व्यक्तित्व सम्मान के लिये लालायित रहता है। परंतु ऐसा नहीं है कि यह स्थिति सिर्फ़ रिटायरमेंट के बाद ही आती है।

इक्कीस साल की एक लड़की ने मुझे बताया कि बचपन से ही उसे कोई पसंद नहीं करता था। उसे किसी ने इस बात का आभास करा दिया था कि वह एक अनचाही बच्ची है। यह गंभीर विचार उसके अवचेतन में अंदर तक प्रवेश कर गया और उससे उसमें हीनता और आत्म-अवमूल्यन की गहरी भावना आ गयी। इससे वह संकोची और पीछे रहने वाली बन गयी और अपने आप में सिमट गयी। वह अकेली और दुखी रहने लगी और दरअसल वह एक ऐसा व्यक्तित्व थी जिसका विकास कम हुआ था। उसकी स्थिति का इलाज था आध्यात्मिक रूप से उसके जीवन को नये सिरे से बनाना, ख़ासकर उसके चिंतन को जिस प्रक्रिया ने कुछ समय में उसे एक लोकप्रिय व्यक्ति बना दिया क्योंकि उसका व्यक्तित्व नकारात्मक भावनाओं से मुक्त हो गया था।

अनगिनत अन्य लोग, जो गहरे, अवचेतन मनोवैज्ञानिक द्वंद्व के विशेष शिकार नहीं हैं, वे भी लोकप्रिय होने की कला में निपुण नहीं हो पाते। वे बहुत कोशिश करते हैं। वे अति तक जाते हैं, अक्सर इस तरह का अभिनय करते हैं जिसे वे सचमुच पसंद नहीं करते, परंतु इसका प्रयोग वे केवल इसलिये करते हैं क्योंकि उनमें यह प्रबल इच्छा होती है कि लोग उन्हें पसंद करें। हर कहीं आज आपको ऐसे लोग दिख जायेंगे जो लोकप्रियता की अत्यधिक इच्छा के कारण सतही तौर पर अभिनय कर रहे हैं।

तथ्य यह है कि लोकप्रियता कुछ आसान, सहज, सामान्य और आसानी से की जाने वाली तकनीकों से हासिल हो सकती है। इनका मन लगाकर अभ्यास करें और आप एक लोकप्रिय व्यक्ति बन जायेंगे।

पहली बात तो यह कि आप आरामदेह व्यक्ति बनें, यानी ऐसे व्यक्ति जिसके साथ लोग तनावमुक्त रह सकें। कई लोगों के बारे में कहा जाता है : "आप उनके क़रीब नहीं आ सकते।" यानी कि कोई अवरोध रहता है जिसे आप पार नहीं कर सकते। आरामदेह व्यक्ति हर चीज़ को आराम से लेता है

और स्वाभाविक रहता है। उसका अंदाज़ सुखद, दयालुतापूर्ण और परोपकारी होता है। उसके साथ रहना पुराने कोट या पुराने जूते को पहनने की तरह होता है जिससे आप आरामदेह होते हैं। कठोर, संकोची, ग़ैर ज़िम्मेदार व्यक्ति समूह में घुलमिल नहीं पाता। वह हमेशा इससे थोड़ा बाहर बना रहता है। आप कभी यह ठीक-ठीक नहीं जान पाते कि उसे कैसे लिया जाये या वह किस तरह प्रतिक्रिया करेगा। आप उसके साथ आराम से नहीं रह पाते।

कुछ युवा एक सत्रह साल के लड़के के बारे में बात कर रहे थे जिसे वे बहुत पसंद करते थे। उसके बारे में उन्होंने कहा : "उसके साथ रहना अच्छा लगता है। वह सहज रहता है। उसके साथ आरामदायक अनुभव होता है।" स्वाभाविक रहने का गुण विकसित करना बहुत महत्त्वपूर्ण है। आम तौर पर इस तरह का व्यक्ति बड़े दिल का व्यक्ति होता है। छोटे लोग इस बारे में बहुत चिंतित रहते हैं कि आप उनके साथ कैसा बर्ताव करते हैं, वे अपने पद या अपने स्थान के बारे में ईर्ष्यालु होते हैं, वे अपने अधिकार के बारे में बिलकुल अड़ जाते हैं, वे कठोर होते हैं और जल्दी ही चिढ़ जाते हैं।

इन सच्चाइयों का एक अद्‌भुत उदाहरण हैं अमेरिका के पूर्व पोस्टमास्टर जनरल जेम्स ए. फ़ार्ले।

मैं कई साल पहले मिस्टर फ़ार्ले से पहली बार मिला था। महीनों बाद मैं उनसे एक जनसमूह में मिला और उन्होंने मुझे नाम से बुलाया। इन्सान होने के कारण मैं इस बात को कभी नहीं भूला और यह भी एक कारण है कि मैं हमेशा मिस्टर फ़ार्ले को पसंद करता था।

एक रोचक उदाहरण इस व्यक्ति का रहस्य बताता है जो इस बात का विशेषज्ञ था कि लोगों के बीच लोकप्रिय कैसे बना जाये। मुझे मिस्टर फ़ार्ले और दो अन्य लेखकों के साथ फिलाडेल्फिया में पुस्तक-और-लेखक लंच में बोलना था। मैंने दरअसल वह दृश्य नहीं देखा जिसका मैं वर्णन करने जा रहा हूँ क्योंकि मैं देर से पहुँचा था, परंतु मेरे प्रकाशक ने इसे देखा था। इस लंच के वक्ता होटल के कॉरीडोर में इकट्ठे जा रहे थे कि तभी वे एक अश्वेत नौकरानी के पास से गुज़रे जो वहाँ पर एक गाड़ी लिये खड़ी थी। गाड़ी में चादर, टॉवेल और अन्य सामान था जिसे वह कमरों में ले जा रही थी। वह इस समूह के लोगों की तरफ़ कोई ध्यान नहीं दे रही थी जो उसकी गाड़ी से बचने के लिये एक तरफ़ को हो गये। मिस्टर फ़ार्ले उसके पास गये, अपना हाथ बढ़ाया और कहा, "हलो, आप कैसी हैं? मैं जिम फ़ार्ले हूँ। आपका नाम क्या है? आपसे मिलकर खुशी हुई।"

जब समूह हॉल में आगे की तरफ़ बढ़ गया तो मेरे प्रकाशक ने उस लड़की की तरफ़ देखा। लड़की का मुँह आश्चर्य से खुला हुआ था और उसके चेहरे पर एक सुंदर सी मुस्कुराहट थी। यह एक बहुत अच्छा उदाहरण है कि किस तरह कोई आरामदेह, बहिर्मुखी और घमंड न रखने वाला व्यक्ति व्यक्तिगत संबंधों में सफल हो सकता है।

एक विश्वविद्यालय के मनोविज्ञान विभाग ने उन व्यक्तित्व के गुणों का विश्लेषण करवाया जिनके द्वारा लोगों को पसंद या नापसंद किया जाता था। एक सौ गुणों का वैज्ञानिक विश्लेषण किया गया और यह रिपोर्ट किया गया कि पसंद किये जाने के लिये किसी व्यक्ति में छयालीस अच्छे गुण होना चाहिये। यह जानना थोड़ा निराशाजनक है कि लोकप्रिय होने के लिये आपमें इतनी बड़ी संख्या में गुण होना चाहिये।

ईसाई धर्म, बहरहाल, वह मूलभूत गुण सिखाता है जो लोकप्रिय बनने में आपकी बहुत मदद करेगा। यह गुण है लोगों में गंभीरता और ईमानदारी से सच्ची रुचि लेना और लोगों के प्रति प्रेम। शायद अगर आप इस मूलभूत गुण को विकसित करेंगे तो बाक़ी गुण अपने आप विकसित हो जायेंगे।

अगर आप आरामदेह प्रकार के व्यक्ति नहीं हैं तो मैं सुझाव देता हूँ कि आप अपने व्यक्तित्व का अध्ययन करें। आपका लक्ष्य अपने अंदर उपस्थित तनाव के चेतन और अवचेतन तत्वों को बाहर निकालना होना चाहिये। यह न सोचें कि लोग आपको इसलिये पसंद नहीं करते क्योंकि उनमें कोई गड़बड़ी है। इसके बजाय यह सोचें कि गड़बड़ी आपके भीतर है और इसे खोजने तथा समाप्त करने का संकल्प करें। इसमें आत्मिक ईमानदारी की ज़रूरत होगी और हो सकता है कि इसमें व्यक्तित्व विशेषज्ञों की सहायता भी लेना पड़े। आपके व्यक्तित्व में यह तथाकथित "खुरदुरे" तत्व वे गुण हो सकते हैं जिन्हें आपने वर्षों तक इकट्ठा किया है। शायद आपने उन्हें सुरक्षात्मक रूप से लिया हो, या वे उन नज़रियों का परिणाम भी हो सकते हैं जिन्हें आपने कम उम्र में विकसित किया होगा। चाहे उनका उद्‌गम कहीं भी हो, उन्हें बाहर निकाला जा सकता है। इसके लिये आपको स्वयं का वैज्ञानिक अध्ययन करना होगा और परिवर्तन की आवश्यकता को पहचानना होगा जिसके बाद व्यक्तित्व के पुनर्वास की प्रक्रिया प्रारंभ होगी।

एक व्यक्ति चर्च के हमारे क्लीनिक में आया और उसने व्यक्तिगत संबंधों की समस्या के बारे में हमसे मदद माँगी। वह लगभग पैंतीस वर्ष का था। और वह इस क़िस्म का व्यक्ति था कि आप उसकी ओर तीन बार नहीं

देखेंगे तो कम से कम दो बार तो ज़रूर देखेंगे। वह इतना आकर्षक और प्रभावशाली दिख रहा था, कि यह यक़ीन करना मुश्किल था कि उसे लोग नापसंद करते होंगे। परंतु उसने कई घटनायें सुनाते हुये बताया कि उसकी परिस्थितियाँ कितनी दुखद हैं और वह मानवीय संबंधों में कितनी बुरी तरह से असफल हो रहा है।

"मैं सर्वश्रेष्ठ करने की कोशिश करता हूँ," परंतु उसने बताया, "मैंने लोकप्रियता और लोगों के साथ सुखद संबंध बनाने के सभी सिखाये गये नियमों को अमल में लाया है, परंतु मेरे प्रयास में मैं कभी सफल नहीं हुआ। लोग न जाने क्यों मुझे पसंद नहीं करते हैं और इससे भी बड़ी बात यह है कि मुझे इस बात का एहसास हो जाता है।"

उसके साथ बात करने के बाद समस्या को समझना कठिन नहीं था। उसके बोलने के तरीक़े और उसके हावभाव से यह साफ़ लगता था कि वह लगातार आलोचनात्मक रवैया रखता था जो हालाँकि थोड़ा छुपा होता था परंतु फिर भी दिख जाता था। उसमें अपने होंठों को भींचने की भी अनाकर्षक आदत थी जिससे दूसरे के लिये निंदा प्रकट होती थी, जैसे वह अपने आपको दूसरे व्यक्तियों से सुपीरियर समझता हो और उनके प्रति तिरस्कार का भाव रखता हो। दरअसल उसके साथ सुपीरियॉरिटी का नज़रिया स्पष्ट दिख जाता था। वह बहुत कठोर था और उसमें व्यक्तित्व का लचीलापन नहीं था।

"क्या मुझे बदलने का कोई तरीक़ा नहीं है ताकि लोग मुझे पसंद करें?" उसने कहा। "क्या ऐसा कोई तरीक़ा नहीं है जिससे मैं लोगों के साथ ग़लत तरीक़े से व्यवहार करने से बच सकूँ?"

निश्चित रूप से यह युवक आत्म केन्द्रित और अहंकारी था। वह केवल अपने आपसे प्रेम करता था। उसकी हर बात, हर नज़रिया अवचेतन रूप से इस बारे में नापा जाता था कि इसकी उस पर क्या प्रतिक्रिया होगी। हमें उसे यह सिखाना पड़ा कि वह खुद को भूल जाये और दूसरे लोगों से प्रेम करे, जो उसके अब तक के विकास के पूरी तरह से विपरीत था। बहरहाल यह उसकी समस्या के समाधान के लिये बहुत ही महत्त्वपूर्ण था। मैंने पाया कि यह युवक लोगों के साथ चिड़चिड़ा हो जाता था और अपने मस्तिष्क में उनकी आलोचना किया करता था हालाँकि दूसरे व्यक्तियों के साथ बाहरी संघर्ष विकसित नहीं हो पाता था। अंदर ही अंदर वह कोशिश कर रहा था कि हर व्यक्ति उसके हिसाब से बन जाये। अवचेतन रूप से लोग यह भाँप

लेते थे, हालाँकि शायद वे समस्या को परिभाषित नहीं कर पाते होंगे। उनके मस्तिष्क में उसकी ओर कई अवरोध खड़े हो जाते थे।

चूँकि वह अपने विचारों में दूसरों के प्रति तिरस्कार के भाव रखता था, इसका परिणाम यह होता था कि वह अपने व्यक्तिगत नज़रिये में भी उनके प्रति इतनी गर्मजोशी नहीं रख पाता था। वह पर्याप्त विनम्र था और इस बात का ध्यान रखता था कि वह असभ्य या बदतमीज़ न बन जाये, परंतु लोग अवचेतन रूप से उसमें ठंडक का अनुभव करते थे, इसलिये वे उसे पसंद नहीं करते थे जिसके बारे में वह शिकायत करता था। वे ऐसा इसलिये करते थे क्योंकि अपने मन में वह उन्हें पसंद नहीं करता था। वह अपने आप से ज़रूरत से ज़्यादा प्रेम करता था और अपने आत्म-स्वाभिमान को बनाने के लिये वह दूसरों को नापसंद करता था। वह आत्मप्रेम से पीड़ित था, जिसकी दवा है दूसरों से प्रेम करना।

जब हमने उसकी समस्या उसे बतायी तो वह आश्चर्य और दुविधा से भर गया। परंतु वह गंभीर था और वह सचमुच इसका इलाज करवाना चाहता था। उसने आत्मप्रेम के बजाय दूसरों के प्रति प्रेम विकसित करने की सुझायी गयी तकनीकों का अभ्यास किया। ऐसा करने के लिये कुछ मूलभूत परिवर्तनों की आवश्यकता पड़ी, परंतु वह ऐसा करने में सफल हो गया।

उसे एक तरीक़ा यह सुझाया गया था कि वह रात को सोने से पहले उन लोगों की एक सूची बनाये जिनसे वह दिन में मिला था, जैसे, उदाहरण के तौर पर, बस ड्राइवर या पेपर वाला। उसे मानसिक रूप से हर व्यक्ति की तस्वीर बनाना थी जिसका नाम उस सूची में आया हो और जब वह अपने सामने हर चेहरे को देखे तो उसे हर एक के बारे में कोई न कोई दयालुता का विचार सोचना था। फिर उसे हर एक के लिये प्रार्थना करना थी। उसे अपने छोटे संसार के चारों तरफ़ प्रार्थना करना थी। हममें से हर एक का अपना संसार होता है जिसमें वे लोग आते हैं जिनके साथ हम बिज़नेस करते हैं या जिनसे हम किसी न किसी तरह से जुड़े हुये हैं।

उदाहरण के तौर पर, परिवार के बाहर जिस पहले व्यक्ति को इस युवक ने सुबह देखा वह उसकी बिल्डिंग का लिफ़्टमैन था। आम तौर पर वह उससे रूटीन तरीक़े से "गुड मॉर्निंग" से अधिक कुछ नहीं कहता था। अब उसने इस लिफ़्ट वाले के साथ थोड़ी-बहुत चर्चा करने का समय निकाला। उसने उससे उसके परिवार और उसकी रुचियों के बारे में पूछा। उसने पाया

कि लिफ़्ट ऑपरेटर का दृष्टिकोण रोचक था और उसके कुछ अनुभव बहुत ही मनमोहक थे। वह उस व्यक्ति में नये जीवनमूल्य देखने लगा जिसे पहले वह मशीनी रोबोट मानता था जो लिफ़्ट को ऊपर से नीचे और नीचे से ऊपर ले जाया करता था। वह सचमुच लिफ़्ट ऑपरेटर को पसंद करने लगा और लिफ़्टमैन भी, जिसने उस युवक के बारे में अपनी सटीक राय बना ली थी, अब अपने विचारों को बदलने पर विवश हुआ। उनमें एक दोस्ताना संबंध बन गया। इस तरह प्रक्रिया एक से दूसरे व्यक्ति तक चलती गयी।

एक दिन युवक ने मुझसे कहा, "मैंने पाया है कि दुनिया रोचक लोगों से भरी हुई है और मुझे पहले कभी इसका एहसास नहीं हुआ।"

जब उसने यह बात कही तो उसने यह साबित किया कि वह खुद को भूलता जा रहा था और जब उसने ऐसा किया, तो बाइबल में जैसा समझदारीपूर्वक बताया गया है, उसने अपने आपको पा लिया। अपने आपको खोने के द्वारा उसने अपने आपको पा लिया और साथ ही बहुत सारे नये दोस्त भी पा लिये। लोग उसे पसंद करने लगे।

लोगों के लिये प्रार्थना करना सीखना उसके सुधार के लिये महत्त्वपूर्ण था, क्योंकि जब आप किसी के लिये प्रार्थना करते हैं तो आप उसके प्रति अपने व्यक्तिगत नज़रिये को बदलते हैं। आप अपने संबंध को अधिक ऊँचे स्तर तक ले जाते हैं। जब आपकी सर्वश्रेष्ठ भावना दूसरे व्यक्ति की ओर प्रवाहित होती है। सर्वश्रेष्ठ के इस मिलन से समझ की एक बेहतर क्वालिटी दोनों में ही स्थापित होती है।

मूल रूप से जब आप लोगों को पसंद करने लगते हैं, तो लोग भी आपको पसंद करने लगते हैं। हमारे समय में अमेरिका में रहने वाले सबसे लोकप्रिय व्यक्तियों में से एक हैं स्वर्गीय विल रॉजर्स। उन्होंने एक ज़बर्दस्त वाक्य कहा था जिसे मैं कभी नहीं भुला पाऊँगा, "मैं कभी किसी ऐसे व्यक्ति से नहीं मिला जिसे मैंने पसंद न किया हो।" यह थोड़ा अतिशयोक्तिपूर्ण लगता है, परंतु मुझे विश्वास है कि विल रॉजर्स ऐसा नहीं मानते थे। वे लोगों के बारे में इसी तरह महसूस करते थे और इसका परिणाम यह था कि लोग उनकी तरफ़ ऐसे खुल जाते थे जैसे फूल सूरज के सामने खुल जाते हैं।

कई बार यह कमज़ोर आपत्ति उठायी जाती है कि कुछ लोगों को पसंद करना या प्रेम करना बहुत मुश्किल होता है। माना कि कई लोगों को पसंद

करना ज़्यादा आसान होता है, परंतु अगर हम किसी व्यक्ति को जानने का गंभीर प्रयास करें, तो हमें हर व्यक्ति में ऐसे गुण मिल जायेंगे जो प्रशंसनीय होंगे या पसंद करने लायक होंगे।

एक व्यक्ति के साथ यह समस्या थी कि वह उन लोगों के प्रति चिढ़ की भावनाओं को जीतना चाहता था जिनके साथ वह जुड़ा हुआ था। कई लोगों को वह बुरी तरह नापसंद करता था। उनसे वह बुरी तरह चिढ़ता था, परंतु उसने इन भावनाओं को जीत लिया। उसने बस हर व्यक्ति के बारे में ऐसे गुणों की सूची बनाई जिनकी प्रशंसा की जा सकती थी। हर दिन वह इस सूची में कुछ न कुछ जोड़ने की कोशिश करता था। उसे यह जानकर आश्चर्य हुआ कि जिन लोगों के बारे में वह सोचता था कि वह उन्हें पसंद नहीं करता था, उनमें कई सुखद गुण थे। दरअसल, एक बार उनके आकर्षक गुणों के बारे में सजग होने के बाद वह यह नहीं समझ पा रहा था कि वह उन्हें क्यों नापसंद करता था। ज़ाहिर है कि जब वह दूसरों के बारे में यह खोज कर रहा था तो वे भी उसमें नये और पसंद किये जाने वाले गुणों को देख रहे थे।

अगर आप जीवन में इस बिन्दु तक संतोषजनक मानवीय संबंध स्थापित किये बिना पहुँच गये हों तो यह न मान लें कि आप इसे बदल नहीं सकते, परंतु समस्या को सुलझाने के लिये आपको बहुत निश्चित क़दम अवश्य उठाने होंगे। आप बदल सकते हैं और लोकप्रिय व्यक्ति बन सकते हैं, जिसे लोग पसंद करेंगे और जिसका सम्मान करेंगे बशर्ते आप प्रयास करने के इच्छुक हों। मैं आपको याद दिला दूँ जैसा मैं अक्सर खुद को याद दिलाता रहता हूँ कि औसत व्यक्ति की सबसे सुखद त्रासदियों में से एक यह प्रवृत्ति होती है कि हम जीवन भर अपनी ग़लतियों को आदर्श बनाने में गुज़ार देते हैं। हम एक ग़लती को विकसित करते हैं और इसे पालते-पोसते हैं और इसे कभी नहीं बदलते। ग्रामोफ़ोन के दोषपूर्ण रिकॉर्ड में फँसी हुई सुई की तरह यह उसी पुरानी धुन को बार-बार बजाती रहती है। आपको सुई को उस दोषपूर्ण स्थान से निकालना होगा, इसके बाद वहाँ किसी तरह का शोर नहीं होगा, बल्कि सामंजस्यपूर्ण मधुर धुन होगी।

मानवीय संबंधों में ग़लतियों को परिपूर्ण बनाने में अपने जीवन का और अधिक वक़्त बर्बाद न करें। अपने जीवन का बाक़ी समय दोस्ती की अपनी महान क्षमताओं को परिपूर्ण बनाने में बितायें क्योंकि व्यक्तिगत संबंध सफल जीवन के लिये अत्यधिक महत्त्वपूर्ण हैं।

लोगों द्वारा खुद को पसंद करवाये जाने का एक और महत्त्वपूर्ण तत्व है कि आप सामने वाले के ईगो को बढ़ावा देने का अभ्यास करें। हम सबके लिये ईगो हमारे व्यक्तित्व का सार होने के कारण पवित्र होता है। हर व्यक्ति में खुद को महत्त्वपूर्ण समझने की आदत और सामान्य इच्छा होती है। अगर मैं आपके अहं को चोट पहुँचाता हूँ, तो हो सकता है कि आप उस समय उस बात को हँसी में उड़ा दें, परंतु मैंने आपको गहरी चोट पहुँचायी है। दरअसल, मैंने आपके प्रति असम्मान दर्शाया है और हालाँकि आप मेरे प्रति दयाभाव बनाये रखेंगे, परंतु जब तक कि आप आध्यात्मिक रूप से अत्यधिक विकसित नहीं होंगे, आप अंदर से मुझे ज़्यादा पसंद नहीं करेंगे।

दूसरी तरफ़, यदि मैं आपके आत्म-सम्मान को बढ़ावा देता हूँ और आपके व्यक्तिगत महत्त्व की भावना में योगदान देता हूँ तो मैं आपके ईगो के प्रति काफ़ी सम्मान दर्शा रहा हूँ। मैं सर्वश्रेष्ठ रूप में होने में आपकी मदद कर रहा हूँ और इसलिये आप मेरे इस कार्य को पसंद करेंगे। आप मेरे प्रति कृतज्ञ होंगे और मुझे पसंद करेंगे।

दूसरे व्यक्ति के ईगो को पिचकाने की प्रक्रिया को आहिस्ता से भी किया जा सकता है, परंतु आप इस बात का अंदाज़ा नहीं लगा सकते कि सिर्फ़ एक वाक्य या नज़रिये से सामने वाले को कितना बुरा लग सकता है, जबकि आपका उसे नीचा दिखाने का कोई इरादा नहीं था। यह रहा वह तरीक़ा जिससे ईगो अक्सर पिचकता है -

अगली बार जब आप समूह में हों और कोई व्यक्ति चुटकुला सुना रहा हो, जिसे सुनकर आपको छोड़कर हर व्यक्ति हँस रहा हो, तभी हँसी के ख़त्म होने के बाद आप व्यंग्य से यह कहें, "चुटकुला तो अच्छा है। मैंने इसे पिछले महीने ही अमुक मैग्ज़ीन में पढ़ा है।"

निश्चित रूप से आपने अपने सुपीरियर ज्ञान का प्रदर्शन करके खुद को महत्त्वपूर्ण तो साबित कर दिया, परंतु इससे चुटकुला सुनाने वाले व्यक्ति पर क्या असर हुआ। आपने उससे एक अच्छा चुटकुला सुनाने की संतुष्टि छीन ली। आपने उसे उसकी क्षणिक लोकप्रियता के मंच से उतार दिया और सारा ध्यान अपनी ओर खींच लिया। दरअसल आपने उसके गुब्बारे की सारी हवा निकाल दी और आपने उसे पूरी तरह पंचर कर दिया। वह अपनी क्षणिक लोकप्रियता का आनंद ले रहा था, परंतु आपने उसे इससे दूर खींच लिया। आपने जो किया उसके लिये आपको उस समूह का कोई व्यक्ति पसंद नहीं

करेगा और निश्चित रूप से वह व्यक्ति तो क़तई नहीं करेगा जिसके चुटकुले का आपने सत्यानाश किया था। चाहे आपको चुटकुला पसंद आया हो या न आया हो, उसे सुनाने वाले और सुनने वालों को इसका आनंद लेने दें। याद रखें वह थोड़ा संकोची और दब्बू क़िस्म का व्यक्ति हो सकता है। उसे इस तरह की लोकप्रियता और सराहना प्राप्त करके अच्छा महससू होता। लोगों के गुब्बारे में से हवा न निकालें। उसमें हवा भरें और वे आपसे प्रेम करेंगे।

इस अध्याय को लिखते समय मैंने अपने पुराने और प्रिय मित्र डॉ. जॉनसन डब्ल्यू. हॉफ़मैन के साथ एक यात्रा का आनंद लिया जो एक समय ओहियो वेस्लियन युनिवर्सिटी के प्रेसिडेंट रह चुके हैं। जब मैं उनके साथ पैसाडेना में बैठा तो मैंने एक बार फिर महससू किया कि यह महान व्यक्तित्व मेरे लिये हमेशा कितना मायने रखता था। कई साल पहले कॉलेज से मेरे ग्रेजुएशन के पहले वाली रात को हमने एक समारोह का आयोजन किया था जिसमें वे उपस्थित थे और जहाँ उन्होंने भाषण दिया था। डिनर के बाद उन्होंने मुझसे कहा था कि मैं उनके साथ उनके घर तक घूमने चलूँ।

जून की सुंदर चाँदनी रात थी। पूरी पहाड़ी भर वे मुझसे जीवन और अवसरों के बारे में बात करते रहे और उन्होंने मुझे बताया कि जब मैं बाहरी दुनिया में क़दम रखूँगा तो कितना रोमांच मेरा इंतज़ार कर रहा है। जब हम उनके घर के सामने खड़े थे तो उन्होंने मेरे कंधे पर अपना हाथ रखा और कहा, "नॉर्मन, मैंने हमेशा तुम्हें पसंद किया है। मुझे तुममें विश्वास है। तुममें महान संभावनायें हैं। मुझे तुम पर हमेशा गर्व रहेगा। तुममें वह सब है जिससे तुम सफल हो सकते हो।" ज़ाहिर है उन्होंने मेरी क्षमताओं का अनुमान कुछ ज़्यादा ही लगा लिया था, परंतु निश्चित रूप से यह किसी इन्सान को कम आँकने से बहुत बेहतर है।

चूँकि यह जून का महीना था और ग्रेजुएशन के पहले वाली रात थी और मेरे दिल में रोमांच था, इसलिये मेरी भावनायें बिलकुल सतह के क़रीब थीं और मैंने उन्हें आँसुओं के कोहरे के बीच से गुड नाइट कहा जिन्हें छुपाने की मैंने कोशिश की। इस बात को कई साल हो चुके हैं, परंतु जून की उस रात को इतने साल पहले कही गयी उनकी बात को या उनकी बात कहने के अंदाज़ को मैं कभी नहीं भूला। मैं इतने सालों तक उनसे प्रेम करता रहा।

मैंने यह पाया कि उन्होंने इसी तरह की बातें कई और लड़के-लड़कियों से कही थीं। जो अब बड़े हो गये हैं और वे भी उन्हें प्रेम करते हैं क्योंकि

उन्होंने उनके व्यक्तित्व का सम्मान किया था और उन्हें लगातार ऊपर उठाया था। वर्षों तक वे मुझे और दूसरे लोगों को हमारी छोटी-छोटी उपलब्धियों पर बधाई देते रहे और उनकी प्रशंसा का एक शब्द हमारे लिये महत्त्व रखता था। कोई हैरानी नहीं कि युवकों का यह सम्मानित मार्गदर्शक हज़ारों लोगों के प्रेम और निष्ठा हासिल करने में कामयाब हुआ जिसके जीवन को उन्होंने स्पर्श किया था।

आप जिसकी भी बेहतर, अधिक दृढ़ और अधिक अच्छा इन्सान बनने में मदद करेंगे वह आपको आजीवन निष्ठा देगा। आप जितने अधिक लोगों को बना सकते हों, बनायें। इसे निःस्वार्थ भाव से करें। इसे करें क्योंकि आप उन्हें पसंद करते हैं और इसलिये क्योंकि आप उनमें संभावनायें देखते हैं। इसे अपनायें और आपको दोस्तों की कभी कमी नहीं होगी। आपके बारे में हमेशा अच्छा सोचा जायेगा। लोगों को बनायें और उनसे सचमुच प्रेम करें। उनकी भलाई करें और उनका सम्मान और प्रेम आपकी ओर प्रवाहित हो जायेगा।

लोग आपको पसंद करें इसके मूलभूत सिद्धांतों पर अधिक लंबा कुछ कहने की ज़रूरत नहीं है, क्योंकि वे बहुत आसान हैं और अपनी सच्चाई खुद बयान करते हैं। बहरहाल, मैं यहाँ पर दस व्यावहारिक नियमों की सूची दे रहा हूँ जिनसे आप दूसरों का सम्मान हासिल कर सकते हैं। यह सिद्धांत कितने कारगर हैं, यह असंख्य बार प्रदर्शित हो चुका है। इनका अभ्यास करें जब तक कि आप इनमें पारंगत न हो जायें और जब तक लोग आपको पसंद न करने लगें :

1. नाम याद रखने की आदत डालें। अगर आपको नाम याद नहीं रहते, तो इससे सामने वाला यह समझ सकता है कि आप उसमें रुचि नहीं ले रहे हैं। किसी भी व्यक्ति का नाम उसके लिये बहुत महत्त्वपूर्ण होता है।
2. आरामदेह व्यक्ति बनें ताकि आपके साथ रहने से कोई तनाव में न रहे - उस तरह के व्यक्ति जैसे पुराना जूता या पुराना कोट होता है।
3. रिलैक्स्ड रहने का गुण विकसित करें, ताकि आप छोटी-छोटी चीज़ों या बातों का बुरा न मानें।
4. अहंकारी न बनें। ऐसे संकेत न दें जैसे आप सब कुछ जानते हों। स्वाभाविक बनें और विनम्र रहें।

5. रोचक बनने का गुण विकसित करें ताकि लोग आपके साथ रहना चाहें और आपके साहचर्य से कुछ प्रेरक या महत्त्वपूर्ण बात जान सकें।
6. अपने व्यक्तित्व से खुरदुरे तत्वों को निकालने के बारे में अध्ययन करें, उन तत्वों को भी जिनके बारे में आप जानते न हों।
7. सच्चे ईसाई आधार पर हर ग़लतफ़हमी को दूर करने का प्रयास करें। नफ़रत और शिकायतों को अपने दिल से निकाल दें।
8. लोगों को पसंद करने की कोशिश करें जब तक कि आप सचमुच ऐसा न करने लगें। याद रखें विल रॉजर्स ने क्या कहा था, "मैं कभी किसी ऐसे व्यक्ति से नहीं मिला जिसे मैंने पसंद न किया हो।" ऐसा बनने की कोशिश करें।
9. किसी की उपलब्धि पर बधाई देने का अवसर न छोड़ें, न ही किसी के दुख या निराशा में सहानुभूति व्यक्त करने का कोई अवसर जाने दें।
10. गहन आध्यात्मिक अनुभव हासिल करें ताकि आप लोगों को बेहतर और सुखी बनाने में मदद कर सकें, ताकि वे जीवन का सामना अधिक प्रभावी ढंग से और अधिक दृढ़ता से कर सकें। आप लोगों को प्रेम और सुख देंगे, तो वे भी आपको बदले में प्रेम और सुख देंगे।

16

दिल के दर्द की दवा

"कृपया मुझे दिल के दर्द की दवा दे दें।"

यह अजीब और दुखद आग्रह उस व्यक्ति ने किया जिसे उसके डॉक्टर ने बताया था कि जिस बीमारी की शिकायत वह कर रहा था उसका संबंध उसके शरीर से नहीं था। उसकी समस्या यह थी कि वह अपने दुख से ऊपर नहीं उठ पा रहा था। वह दुख के कारण "अपने व्यक्तित्व में दर्द" से पीड़ित था।

उसके डॉक्टर ने सलाह दी कि वह आध्यात्मिक परामर्श ले और आध्यात्मिक उपचार कराये। इसलिये दवा की भाषा का प्रयोग करते हुये वह मुझसे पूछ रहा था, "क्या कोई आध्यात्मिक उपचार है जिससे मेरी आंतरिक पीड़ा कम हो जाये जो मुझे लगातार परेशान करती रहती है? मुझे लगता है कि दुख हर एक के जीवन में आता है और मुझे भी दूसरों की तरह इसका सामना करने में समर्थ होना चाहिये। मैंने हर संभव प्रयास किया है परंतु मुझे किसी भी तरह की शांति नहीं मिल रही है।" एक बार फिर उसने दुख भरे स्वर में धीमी मुस्कराहट के साथ कहा, "मुझे दिल के दर्द की दवा दे दें।"

दिल के दर्द की दवा सचमुच होती है। इस उपचार का एक तत्व है शारीरिक श्रम। दुखी व्यक्ति को ख़ाली बैठकर चिंता करने के मोह से बचना चाहिये। बेकार के चिंतन की जगह शारीरिक श्रम करने के समझदारी भरे तरीक़े से मस्तिष्क के उस क्षेत्र पर तनाव कम होता है जहाँ हम सोचते हैं, चिंतन करते हैं और मानसिक दर्द अनुभव करते हैं। मांसपेशीय गतिविधि मस्तिष्क के दूसरे हिस्से का उपयोग करती है और इसलिये इससे तनाव की दिशा बदल जाती है और व्यक्ति को राहत मिलती है।

एक देहाती वकील, जिसकी फ़िलॉसफ़ी दमदार थी और जिसमें बहुत समझदारी थी, उसने एक दुखी महिला को यह सलाह दी थी कि टूटे हुये

दिल की सबसे अच्छी दवा यह है कि "झाड़ू हाथ में लेकर घुटनों के बल बैठ जायें और काम में जुट जायें। पुरुष के लिये सबसे अच्छी दवा यह है कि वह अपने हाथ में कुल्हाड़ी लेकर तब तक लकड़ियाँ काटे जब तक कि वह थककर चूर न हो जाये।" हालाँकि यह दिल के दर्द के पूर्ण और शर्तिया उपचार की गारंटी तो नहीं है, परंतु इससे दर्द कम ज़रूर होता है।

आपके दिल का दर्द या आपका दुख कैसा भी हो, इसे कम करने का पहला तरीक़ा तो यह है कि आप उस निराशावादी स्थिति से बाहर निकलने का संकल्प करें जो आपने अपने चारों तरफ़ निर्मित कर ली है। हालाँकि ऐसा करना कठिन होगा, परंतु आप एक बार फिर अपने जीवन की गाड़ी को सामान्य पटरी पर ले आयें। जीवन की गतिविधियों की मुख्य धारा में लौट आयें। पुराने दोस्तों के साथ रहें। नये दोस्त बनायें। घूमने, घुड़सवारी करने, तैरने, खेलने में अपने आपको व्यस्त रखें - रक्त को अपने सिस्टम में प्रवाहित होने दें। किसी महत्त्वपूर्ण काम में जुट जायें। अपने जीवन को रचनात्मक गतिविधि से भर लें और शारीरिक श्रम पर विशेष ज़ोर दें। स्वस्थ और मस्तिष्क को राहत देने वाली व्यस्तता का प्रयोग करें परंतु यह सुनिश्चित कर लें कि आपकी गतिविधि से सतही पलायनवाद दर्द को सिर्फ़ कुछ समय के लिये दबा देता है और उपचार नहीं करता। उदाहरण के तौर पर पार्टियाँ और शराब पीना।

दिल के दर्द की एक और बढ़िया तथा स्वाभाविक दवा है - दुख को बाहर निकाल देना। आजकल एक मूर्खतापूर्ण दृष्टिकोण लोकप्रिय है कि इन्सान को अपना दुख नहीं दिखाना चाहिये। आँसू और सुबकियों के प्राकृतिक तंत्र द्वारा रोना या अपने आपको अभिव्यक्त करना उचित नहीं है। यह प्रकृति के नियम को नकारना है। जब दर्द या दुख आता है तो रोना स्वाभाविक है। सर्वशक्तिमान ईश्वर ने शरीर में यह राहत का तंत्र दिया है और इसका प्रयोग किया जाना चाहिये।

दुख को रोकना, इसे दबाना, इसे बोतल में बंद रखने का मतलब यह है कि हम ईश्वर के दिये हुये उपहार का प्रयोग नहीं कर रहे हैं जो उसने हमें दुख के दबाव को ख़त्म करने के लिये उपलब्ध कराया है। मानवीय शरीर और नर्वस सिस्टम के हर अन्य कार्य की तरह, इसे भी नियंत्रित किया जाना चाहिये, परंतु इसे पूरी तरह से नकारना ठीक नहीं है। आदमी या औरत को अच्छी तरह रोने से दिल के दर्द से मुक्ति मिल जाती है। बहरहाल, मैं चेतावनी दे दूँ कि इसका ज़रूरत से ज़्यादा प्रयोग नहीं करना चाहिये तथा

इसकी आदत नहीं डालना चाहिये। अगर ऐसा होगा तो यह असामान्य दुख का रूप ले लेगा और मनोविकार में बदल जायेगा। किसी भी प्रकार की नियंत्रणहीनता की अनुमति नहीं दी जाना चाहिये।

मुझे कई लोगों के पत्र मिलते हैं जिनके प्रियजनों की मृत्यु हो गयी है। वे मुझे बताते हैं कि उनके लिये अब उन स्थानों पर जाना बहुत कठिन है जहाँ वे साथ-साथ जाया करते थे या उन लोगों के साथ रहना मुश्किल है जिनके साथ वे युगल या परिवार के रूप में मिला करते थे। इसलिये वे पुरानी जगहों और दोस्तों से कतराने लगे हैं।

मैं इसे एक गंभीर ग़लती मानता हूँ। दिल के दर्द के इलाज का रहस्य यथासंभव स्वाभाविक और सहज रहना है। इसमें किसी क़िस्म की बेवफ़ाई या उदासीनता नहीं झलकती। असामान्य दुख की स्थिति से बचने के लिये यह नीति महत्त्वपूर्ण है। सामान्य दुख एक प्राकृतिक प्रक्रिया है और इसकी स्वाभाविकता का प्रमाण इस बात से मिलता है कि व्यक्ति अपने सामान्य काम और ज़िम्मेदारियों की तरफ़ लौटता है और उन्हें पहले की तरह करना जारी रखता है।

दिल के दर्द की इससे गहरी दवा, ज़ाहिर है, उपचारक आराम है जो ईश्वर में आस्था से मिलता है। निश्चित रूप से दिल के दर्द का मूलभूत नुस्ख़ा आस्था के नज़रिये से ईश्वर की ओर मुड़ना और मस्तिष्क और दिल को उसके सामने ख़ाली करना है। आध्यात्मिक रूप से अपने आपको ख़ाली करने का कार्य अगर लगन से किया जाये तो इससे अंततः टूटे हुये दिल का उपचार हो जाता है। इस पीढ़ी ने पहले की पीढ़ियों से ज़्यादा नहीं तो उनके बराबर दिल का दर्द सहा है और इसे यह दुबारा सीखने की ज़रूरत है, जो हर युग के सबसे समझदार लोग जानते थे कि मानवता द्वारा सहन किये जा रहे दर्द की दवा नहीं है सिवाय आस्था के।

ब्रदर लॉरेन्स एक महान व्यक्ति थे और उन्होंने कहा था, "अगर इस जीवन में हमें स्वर्ग की शांति पाना है तो ईश्वर के साथ परिचित, विनम्र और प्रेमपूर्ण चर्चा करने की आदत डाल लेना चाहिये।" दैवी सहायता के बिना मानसिक दर्द और दुख का बोझ उठाने का प्रयास करने की सलाह नहीं दी जा सकती क्योंकि यह बोझ उससे कहीं ज़्यादा होता है जो कोई भी व्यक्ति उठा सकता है। दिल के दर्द के समस्त उपचारों में सबसे आसान और सबसे प्रभावी उपचार ईश्वर की उपस्थिति का अभ्यास करना है। यह आपके दिल के दर्द को शांत करेगा और आख़िरकार घाव को भर देगा।

जिन पुरुषों और महिलाओं को बड़ी त्रासदी का अनुभव हुआ है वे बताते हैं कि यह उपचार प्रभावी है।

दिल के दर्द के उपचार में एक गहन उपचारक तत्व यह है कि हम जीवन और मौत तथा अमरता के बारे में अच्छी फ़िलॉसफ़ी विकसित कर लें। जहाँ तक मेरा सवाल है, जब मुझे यह अटल विश्वास हो गया कि मौत कुछ नहीं है, कि समस्त जीवन अविभाज्य है। यहाँ और यहाँ के बाद एक ही है कि समय और अमरता एक-दूसरे से अलग नहीं हैं, कि यह एक अबाध ब्रह्मांड है तो मैंने अपने पूरे जीवन की सबसे शांतिदायक और विश्वासपूर्ण फ़िलॉसफ़ी को पाया।

यह विश्वास बाइबल की सुदृढ़ नींव पर आधारित है। मुझे विश्वास है कि बाइबल हमें इस प्रश्न में बहुत सूक्ष्म ओर जैसा अंततः सिद्ध होगा, वैज्ञानिक अंतदृष्टि देती है, "जब कोई इन्सान इस दुनिया से जाता है तो क्या होता है?" इसके अलावा बाइबल बहुत समझदारी से बताती है कि हम आस्था द्वारा इन सच्चाइयों को जानते हैं। दार्शनिक हेनरी बर्गसन कहते हैं कि सत्य तक पहुँचने का सबसे अचूक तरीक़ा आभास या अंतर्ज्ञान है यानी कि एक निश्चित बिंदु तक तर्क का उपयोग किया जाये और फिर एक "मौत की छलाँग" लगायी जाये और अंतर्ज्ञान द्वारा सत्य को हासिल किया जाये। इस तरह आप उस सुखद क्षण तक पहुँच जाते हैं जहाँ आप बस "जान" लेते हैं। यही मेरे साथ हुआ था।

मैं पूरी तरह और पूरे दिल से उस बात की सच्चाई पर विश्वास करता हूँ जो मैं लिख रहा हूँ और मुझे इस बारे में ज़रा भी संदेह नहीं है, रत्ती भर भी नहीं। मैं इस सकारात्मक आस्था तक धीरे-धीरे पहुँचा परंतु एक क्षण ऐसा आया जब मैं जान गया।

यह फ़िलॉसफ़ी आपको उस दुख से नहीं बचायेगी जब कोई प्रियजन मर जायेगा और शारीरिक, सांसारिक विलगाव होगा। परंतु यह आपके दुख को हटा देगी और कम कर देगी। यह आपके मस्तिष्क को अवश्यंभावी परिस्थिति के अर्थ की गहरी समझ से भर देगी। यह आपको एक गहरी सांत्वना भी देगी कि आपने अपने प्रियजन को नहीं खोया है। इस आस्था के अनुसार जियें और आप शांति से रह सकेंगे और दर्द आपके दिल से निकल जायेगा।

अपने मन में बाइबल की सबसे अद्भुत पंक्तियों में से एक को बिठा

लें - "जो आँख से देखी नहीं गयीं, जो कानों से सुनी नहीं गयीं, न ही जो मनुष्य के दिल में सोची गयी हैं वह वस्तुयें ईश्वर ने उन लोगों के लिये तैयार रखी हैं जो उनसे प्रेम करते हैं।" (1 कोरिन्थियन्स 2:9)।

इसका अर्थ यह है कि आपने चाहे कितना भी देखा हो और कितनी भी अच्छी चीज़ें देखी हों, परंतु आपने कभी कोई ऐसी चीज़ नहीं देखी जिसकी तुलना उन अद्‌भुत वस्तुओं से की जा सके जो ईश्वर ने उन लोगों के लिये तैयार रखी हैं जो उससे प्रेम करते हैं और उसमें विश्वास करते हैं। इससे भी अधिक यह कहती है कि आपने ऐसी कोई चीज़ कभी नहीं सुनी जिसकी तुलना उन आश्चर्यजनक चमत्कारों से की जा सके जो ईश्वर ने उन लोगों के लिये सुरक्षित रखे हैं जो उसके उपदेशों का अनुसरण करते हैं और जो उसकी भावना के अनुसार जीते हैं। न सिर्फ़ आपने कभी देखा है न ही सुना है बल्कि आपने हल्की सी भी कल्पना नहीं की है कि वह आपके लिये क्या करने जा रहा है। यह वाक्य उन लोगों से पूरी तरह से आराम, अमरता, पुनर्मिलन और हर अच्छी चीज़ का वादा करता है जो अपने जीवन में ईश्वर को केंद्र में रखते हैं।

कई वर्षों तक **बाइबल** को पढ़ने और सैकड़ों लोगों के जीवन के सभी दौरों से अंतरंगता से जुड़े रहने के बाद में इस बात को पूरी तरह से ज़ोर देकर कहना चाहता हूँ कि मैंने **बाइबल** के इस वादे को पूरी तरह सच पाया है। यह इस संसार में भी काम करता है। जो लोग सचमुच ईसा मसीह के आधार पर जीते हैं उनके साथ बहुत अविश्वसनीय चीज़ें घटित होती हैं।

यह वाक्य उन लोगों के अस्तित्व की अवस्था को भी बताता है जो दूसरी ओर रह रहे हैं और हमारे जीवन में हमारे उन लोगों के साथ संबंध को भी बताता है जो हमसे पहले उस बैरियर से गुज़र चुके हैं जिसे हम मृत्यु कहते हैं। हमने हमेशा मौत को एक बैरियर के रूप में सोचा है जिसमें अलग करने की अवधारणा शामिल है।

पैरासाइकोलॉजी, अतीन्द्रिय अनुभूति और पूर्वाभास, टेलीपैथी, क्लेयरवॉयेन्स (जिन सभी को पहले पागलों की उधेड़बुन माना जाता था, दमदार और वैज्ञानिक खोज बन चुकी हैं) के क्षेत्र में काम कर रहे वैज्ञानिक भी अब यह विश्वास प्रकट करने लगे हैं कि आत्मा समय और दूरी के बैरियर से बची रहती है। दरअसल, हम लोग इतिहास में महानतम वैज्ञानिक खोजों में से एक की कगार पर हैं जो प्रयोगशाला की खोज के आधार पर यह सिद्ध करेगी कि आत्मा का अस्तित्व होता है और यह अमर है।

मैंने कई वर्षों तक ऐसी बहुत सी घटनाओं को एकत्रित किया है जिनकी सत्यता को मैं स्वीकार करता हूँ और जिसके द्वारा मुझे विश्वास होता है कि हम एक ऐसे ब्रह्मांड में रह रहे हैं जहाँ मृत्यु नहीं, बल्कि जीवन मूलभूत सिद्धांत है। मुझे उन लोगों पर विश्वास है जिन्होंने निम्नलिखित अनुभवों का वर्णन किया है और मुझे विश्वास है कि वे एक ऐसे संसार की ओर संकेत करते हैं जो हमारे संसार से जुड़ा हुआ है और इस तरह से मौत के दोनों तरफ़ मानवीय आत्मायें अविभाजित साहचर्य में निवास करती हैं। दूसरी तरफ़ जीवन की स्थितियाँ उससे भिन्न होती हैं जो इस संसार में पायी जाती हैं। निस्संदेह जो लोग दूसरी ओर रहने के लिये चले जाते हैं वे हमसे अधिक उच्च माध्यम में निवास करते हैं और उनकी समझ हमारी समझ से बहुत अधिक विस्तृत होती है, परंतु सभी तथ्य बताते हैं कि हमारे प्रियजनों का अस्तित्व बना रहता है और वे हमसे बहुत दूर नहीं रहते हैं। इसमें यह तथ्य भी निहित है कि एक दिन हमारा उनके साथ दुबारा मिलन होगा। इस बीच, हम उन लोगों के साथ साहचर्य में बने रहते हैं जो आत्मा के संसार में रहते हैं।

विलियम जेम्स, जो अमेरिका के महानतम विद्वानों में से एक थे, ने जीवन भर अध्ययन करने के बाद यह कहा था कि वे अब संतुष्ट हो चुके हैं कि मानवीय मस्तिष्क सिर्फ़ आत्मा के अस्तित्व का माध्यम है और यह कि वर्तमान मस्तिष्क के बदले में अंत में एक ऐसा मस्तिष्क मिल जायेगा जिसके द्वारा इसके मालिक को समझ के छुपे हुये क्षेत्रों की जानकारी हो जायेगी। जब इस धरती पर हमारा आध्यात्मिक स्तर विस्तृत होता है और हम उम्र और अनुभव में बड़े होते हैं तो हम अपने चारों तरफ़ के इस वृहद जगत के बारे में अधिक सचेत होते हैं और जब हम मरते हैं तो हम सिर्फ़ एक बढ़ी हुई क्षमता में प्रवेश करते हैं।

प्राचीन महान चिंतक युरिपिडीज़ का विश्वास था कि मृत्यु के बाद का जीवन बहुत विराट होता है। सुकरात भी यही मानते थे। उनके द्वारा आराम प्रदान करने वाले वाक्यों में से यह प्रमुख था, "अच्छे व्यक्ति के साथ न तो इस जीवन में कुछ बुरा हो सकता है, न ही अगले जीवन में।"

टेक्नीकलर में वैज्ञानिक विशेषज्ञ नैटेली कैल्मस अपनी बहन की मौत के बारे में बताती हैं। निम्नलिखित वर्णन वैज्ञानिक रूप से प्रशिक्षित इस महिला द्वारा दिया गया था जो प्रेरणादायक पत्रिका **गाइडपोस्ट्स** में छपा।

नैटेली कैल्मस की बहन एलीनोर मृत्युशैया पर थीं। एलीनोर ने मौत के वक़्त कहा, "नैटेली, मुझसे वादा करो कि तुम डॉक्टरों को दर्द की दवा नहीं देने दोगी। मुझे एहसास है कि वे लोग मेरे दर्द को कम करने की कोशिश कर रहे हैं, परंतु मैं हर तरह की अनुभूति के बारे में पूरी तरह जागरूक रहना चाहती हूँ। मुझे विश्वास है कि मृत्यु एक सुंदर अनुभव होगी।"

"मैंने वादा किया। बाद में, मैं अकेले में रोयी, उसके साहस के बारे में सोचते हुये। फिर जब मैं रात भर बिस्तर पर करवटें बदलती रही तो मुझे यह एहसास हुआ कि मैं जिसे दुर्भाग्य समझ रही थी, उसे मेरी बहन विजय के रूप में ले रही थी।

"दस दिन बाद अंतिम घड़ी क़रीब आ गयी। मैं घंटों से उसके बिस्तर के पास ही थी। हमने कई चीज़ों के बारे में बातें कीं और मैं हमेशा जीवन की अमरता में उसके शांत, संजीदा विश्वास को याद करूँगी। एक बार भी उसकी शारीरिक पीड़ा उसकी आध्यात्मिक शक्ति को हरा नहीं पाई। यह ऐसी बात थी जिसके बारे में डॉक्टरों ने कल्पना भी नहीं की थी।

"हे दयालु ईश्वर, मेरे मस्तिष्क को स्पष्ट रखो और मुझे शांति दो," वह पिछले कुछ दिनों से बार-बार यह दोहरा रही थी।

"हमने इतनी देर तक बातें कीं कि मैंने उसे नर्स के पास चुपचाप छोड़ दिया और मैं भी कुछ देर आराम करने चली गयी। कुछ मिनट बाद मुझे अपनी बहन की आवाज़ सुनायी दी जो मुझे बुला रही थी। जल्दी ही मैं उसके कमरे में लौटी। वह मर रही थी।

"मैं बिस्तर पर बैठी और उसका हाथ थाम लिया। उसका हाथ तप रहा था। फिर वह बिस्तर में उठने लगी और लगभग बैठने की मुद्रा में आ गयी।

"नैटेली," उसने कहा, "इतने सारे लोग मुझे लेने के लिये आये हैं। फ़्रेड भी है... और रूथ भी... रूथ यहाँ क्या कर रही है? अच्छा, अब मैं समझ गयी।"

"यह सुनकर मुझे बिजली का झटका लगा। उसने रूथ का नाम लिया था। रूथ उसकी कज़िन थी जिसकी पिछले सप्ताह ही मौत हुई थी। परंतु किसी ने भी एलीनोर को रूथ के अचानक मरने की ख़बर नहीं दी थी।

"यह सुनकर मुझे कंपकंपी आ गयी। मैंने महसूस किया कि मैं किसी शक्तिशाली, लगभग डरावने ज्ञान के कगार पर खड़ी हुई हूँ। उसने रूथ का नाम लिया था।

"उसकी आवाज़ आश्चर्यजनक रूप से स्पष्ट थी। 'यह इतना दुविधापूर्ण है। इतने सारे लोग!' अचानक उसकी बाँहें खुशी से खुल गयीं जैसे वह मेरा स्वागत कर रही हो! 'मैं ऊपर जा रही हूँ,' उसने कहा।

"फिर उसने अपनी बाँहों को मेरे गले में डाल दिया - और मेरी बाँहों में आराम करने लगी। उसकी आत्मा की इच्छा ने उसकी अंतिम पीड़ा को आनंद में बदल दिया था।

"जब मैंने उसके सिर को तकिये पर रखा तो उसके चेहरे पर एक गर्म और शांत मुस्कान थी। उसके सुनहरे-भूरे बाल तकिये पर बिखरे हुये थे। मैंने गुलदान से एक सफ़ेद फूल निकाला और उसके बालों में लगा दिया। उसका दुबला, सुंदर शरीर, उसके लहराते हुये बाल, सफ़ेद फूल और नर्म मुस्कान के कारण वह एक बार फिर - और हमेशा के लिये - स्कूल की लड़की की तरह दिख रही थी।

मरती हुई लड़की द्वारा अपनी कज़िन रूथ का ज़िक्र और यह स्पष्ट तथ्य कि उसने उसे स्पष्ट रूप से देखा एक ऐसी बात है जो बार-बार उन घटनाओं में दोहरायी जाती है जो मेरी जानकारी में आयी हैं। यह बात इतनी दोहरायी जाती है और इस अनुभव के लक्षण इतने समान हैं कि यह एक तरह से महत्त्वपूर्ण प्रमाण है कि वे लोग जिनके नाम लिये जाते हैं, जिनके चेहरे देखे जाते हैं, वे सचमुच उपस्थित होते हैं।

वे कहाँ हैं? उनकी स्थिति क्या है? उनके शरीर किस तरह के हैं? यह कुछ ऐसे सवाल हैं जिनका जवाब देना कठिन है। शायद एक अलग आयाम का विचार सबसे तार्किक होगा, या यह विश्वास करना अधिक सटीक होगा कि वे एक अलग फ़्रीक्वेन्सी साइकल में रहते हैं।

जब बिजली का पंखा स्थिर होता है तो उसके ब्लेड के पार देखना असंभव होता है। परंतु जब यह तेज़ गति से चलता है तो ब्लेड पारदर्शी दिखाई देते हैं। उच्च फ़्रीक्वेन्सी में उस अवस्था में जिसमें हमारे प्रियजन निवास करते हैं, ब्रह्मांड की न दिखाई देने वाली बातें उस व्यक्ति को नज़र आने लगती हैं जो रहस्यों की ओर जा रहा है। हमारे अपने जीवन के गहन क्षणों में यह पूरी तरह संभव है कि हम कम से कम उस उच्च फ़्रीक्वेन्सी में कुछ हद तक दाख़िल हो जायें। अँग्रेज़ी साहित्य की एक बहुत सुंदर पंक्ति में रॉबर्ट इंगरसॉल इस महान सच्चाई को इंगित करते हैं : "मौम की रात में, आशा एक सितारा देखती है और सुन रहा प्रेम पंख की फड़फड़ाहट सुन सकता है।"

एक प्रसिद्ध न्यूरोलॉजिस्ट ने एक व्यक्ति के बारे में बताया जो मौत के दरवाज़े पर था। मरने वाले व्यक्ति ने डॉक्टर की तरफ़ देखा जो उसके बिस्तर के पास बैठा हुआ था और कुछ नाम बोलने शुरू किये जिन्हें डॉक्टर ने लिख लिया। डॉक्टर व्यक्तिगत रूप से उन नामों से परिचित नहीं था। बाद में डॉक्टर ने उस व्यक्ति की पुत्री से पूछा : "यह लोग कौन हैं? तुम्हारे पिताजी ने उनके नाम ऐसे लिये थे जैसे वे उन्हें देख रहे थे।"

"वे सभी रिश्तेदार हैं," उसने कहा, "जो काफ़ी समय पहले मर चुके हैं।"

डॉक्टर ने कहा कि उसे विश्वास था कि उसके मरीज़ ने उन्हें देखा था।

मेरे मित्र मिस्टर और मिसेज़ विलियम सेज न्यू जर्सी में रहते थे और मैं अक्सर उनके घर जाता था। मिस्टर सेज, जिसे उनकी पत्नी विल कहकर बुलाती थीं, पहले मर गये। कुछ सालों बाद जब मिसेज़ सेज अपनी मृत्युशैया पर थीं, तो उनके चेहरे पर बहुत हैरानी के भाव आये और इसके बाद उनके चेहरे पर एक अद्‌भुत मुस्कान खिल गयी जब उन्होंने कहा, "अरे, यह तो विल है।" उसने अपने मृत पति को देखा था, इस बारे में उसके आसपास वालों को ज़रा भी संदेह नहीं था।

आर्थर गॉडफ़्रे नामक प्रसिद्ध रेडियो कलाकार बताते हैं कि वे प्रथम विश्वयुद्ध के दौरान अपने बंकर में सोये हुये थे। तभी उन्होंने अपने पिता को अपने पास खड़े हुये देखा। पिता ने अपना हाथ उठाया, वे मुस्कराये ओर उन्होंने कहा, "अच्छा बेटे, चलते हैं।" और गॉडफ़्रे ने भी जवाब दिया, "ठीक है डैडी।"

बाद में उसे उठाया गया और एक टेलीग्राम दिया गया जिसमें उसके पिता की मौत की ख़बर थी। टेलीग्राम में उनकी मौत का समय भी दिया गया था और उनकी मौत का समय ठीक वही था, जब गॉडफ़्रे ने अपनी नींद में अपने पिता को "देखा" था।

मैरी मार्गरेट मैक्ब्राइड भी एक प्रसिद्ध रेडियो कलाकार हैं। वे अपनी माँ की मृत्यु पर बुरी तरह दुखी थीं। वे एक-दुसरे के बहुत क़रीब थे। वे एक रात जागीं और अपने बिस्तर के किनारे पर बैठ गयीं। अचानक उन्हें ऐसा लगा, और यह बात मैं उन्हीं के शब्दों में बता रहा हूँ, जैसे "मम्मा मेरे साथ थीं।" उन्होंने अपनी माँ को नहीं देखा, न ही उनकी आवाज़ सुनी, परंतु उस समय के बाद से, "मैं जानती थी कि मेरी माँ मरी नहीं हैं - वे पास में ही हैं।"

स्वर्गीय रयूफस जोन्स हमारे समय के प्रसिद्ध आध्यात्मिक लीडर हैं। वे अपने पुत्र लॉवेल के बारे में बताते हैं जो बारह वर्ष की उम्र में मर गया था। वह अपने पिता की आँख का तारा था। बच्चा तब बीमार पड़ा था जब डॉ. जोन्स समुद्र से यूरोप जा रहे थे। लिवरपूल में प्रवेश करने से पहले वाली रात को अपने बंक में पड़े हुये उन्हें दुखद भावना का एहसास हुआ जिसका कोई कारण या स्पष्टीकरण नहीं था। फिर उन्होंने कहा कि उन्हें ऐसा लगा कि वे ईश्वर की बाँहों में हैं। शांति की अद्भुत भावना और अपने पुत्र के गहन सामीप्य की भावना उनके मन में आयी।

लिवरपूल में उतरने के बाद उन्हें बताया गया कि उनके पुत्र की मृत्यु हो गयी थी और उसकी मौत उसी समय हुई थी जब डॉ. जोन्स को ईश्वर की उपस्थिति और अपने पुत्र के सामीप्य का आभास हुआ था।

मेरे चर्च की एक सदस्य मिसेज़ ब्राइसन काल्ट अपनी चाची के बारे में बताती हैं, जिनके पति और तीन बच्चे जलकर मर गये थे जब उनका घर आग से जलकर ख़ाक हो गया था। चाची बुरी तरह से जल चुकी थीं, परंतु वे तीन साल तक जीवित रहीं। जब आख़िरकार वे मर रही थीं तो उनके चेहरे पर अचानक एक चमक आ गयी। "यह सब इतना सुंदर है," उन्होंने कहा। "वे लोग मुझसे मिलने आ रहे हैं। मेरा तकिया सही कर दो और मुझे सोने दो।"

मेरे एक पुराने दोस्त मिस्टर एच.बी. क्लार्क कई सालों तक कन्स्ट्रक्शन इंजीनियर थे। काम के सिलसिले में उन्हें दुनिया के सभी हिस्सों में जाना होता था। वे एक वैज्ञानिक प्रकृति के, परंतु शांत, संयमित, तथ्यात्मक और ग़ैर-भावुक क़िस्म के व्यक्ति थे। मुझे एक रात उनके डॉक्टर ने बुलवाया और कहा कि वह कुछ घंटो से अधिक जीवित नहीं रहेगा। उसके दिल की धड़कन धीमी चल रही है और उसका ब्लड प्रेशर भी असाधारण रूप से कम है। कोई भी रिफ़्लेक्स एक्शन नहीं हो रही है। डॉक्टर ने आशा छोड़ दी थी।

मैंने उसके लिये प्रार्थना करना शुरू की और ऐसा ही दूसरों ने भी किया। अगले दिन उसकी आँखें और खुलीं और कुछ दिनों के बाद वह बोलने के क़ाबिल हुआ। उसके दिल की धड़कन और ब्लड प्रेशर एक बार फिर सामान्य हो गये। जब उसमें ताक़त आ गयी तो उसने कहा : "मेरी बीमारी के दौरान किसी समय मेरे साथ एक बहुत अजीब सी घटना हुई। मैं इसे स्पष्ट नहीं कर सकता। ऐसा लग रहा था जैसे मैं बहुत लंबी दूरी

पर था। मैं बहुत सुंदर और आकर्षक स्थान पर था और मैंने आज तक इतनी सुंदर जगह नहीं देखी। मेरे चारों तरफ़ सुंदर रोशनियाँ थीं। मुझे धुँधले चेहरे दिख रहे थे, जो दयालु चेहरे थे और मैं बहुत शांति और सुख का अनुभव कर रहा था। दरअसल मैंने अपने जीवन में इतना अधिक सुख कभी अनुभव नहीं किया।

"फिर मेरे मन में यह विचार आया : 'मैं मर रहा होऊँगा।' फिर मेरे मन में यह विचार आया : 'शायद मैं मर चुका हूँ।' तब मैं ज़ोर से हँसा और मैंने खुद से पूछा : 'मैं अपने पूरे जीवन मौत से डर रहा था? इसमें डरने की कोई बात ही नहीं थी।'

"आपको इस बारे में कैसा अनुभव हो रहा था?" मैंने पूछा। "क्या आप वापस ज़िंदा होना चाहते थे? क्या आप जीवित होना चाहते थे, क्योंकि आप मृत नहीं थे, हालाँकि डॉक्टर के हिसाब से आप मौत के बहुत क़रीब थे। क्या आप ज़िंदा रहना चाहते थे?"

वह मुस्कराया और उसने कहा : "इससे ज़रा भी फ़र्क़ नहीं पड़ा। बहरहाल, मुझे लगता है कि मैं उस सुंदर जगह में रहना अधिक पसंद करता।"

हैल्युसिनेशन, सपना, कपोलकल्पना - मुझे तो ऐसा नहीं लगता। मैंने ऐसे लोगों से बातें करने में कई साल बिताये हैं जो "मौत" के क़रीब आ गये थे और वे उसके पार देख पाये थे और उन्होंने एकमत होकर सुंदरता, प्रकाश और शांति का विवरण सुनाया है जिसके बारे में मुझे ज़रा भी संदेह नहीं है।

बाइबल जीवन के अविनाशी होने की शिक्षा बहुत ही रोचक और आसान तरीक़े से देती है। सलीब पर चढ़ाये जाने के बाद ईसा मसीह प्रकट होते हैं, ग़ायब होते हैं और फिर से प्रकट होते हैं। कुछ उन्हें देखते हैं और फिर वे उनकी आँखों से ओझल हो जाते हैं। फिर कई और लोग उन्हें देखते थे और वे एक बार फिर ओझल हो जाते थे। मानो वे कह रहे थे : "आप मुझे देखते हैं और फिर भी आप मुझे नहीं देख पाते।" इससे यह पता चलता है कि वे हमें यह बताने की कोशिश कर रहे हैं कि जब हम उन्हें नहीं देख पाते तो इसका मतलब यह नहीं है कि वे वहाँ नहीं हैं। नज़रों से ओझल हो जाने का मतलब जीवन से दूर चले जाना नहीं होता। कभी-कभार लोगों को उनकी रहस्यमयी उपस्थिति के जो अनुभव हुये हैं वे भी इसी सत्य की ओर संकेत करते हैं कि वे क़रीब ही हैं। क्या उन्होंने नहीं कहा था : "...चूँकि

मैं जीवित हूँ, इसलिये तुम भी जीवित रहोगे।" (जॉन 14:19)। दूसरे शब्दों में हमारे वे प्रियजन जिनकी उनमें आस्था थी वे क़रीब ही रहते हैं और कभी-कभार हमें राहत देने के लिये हमारे पास भी आ जाते हैं।

कोरिया में सेना में गये एक युवक ने अपनी माँ को लिखा, "मेरे साथ अजीब घटनायें हो रही हैं। कभी-कभार रात को, जब मैं डरा हुआ होता हूँ, तो ऐसा लगता है जैसे डैडी मेरे साथ हों।" डैडी को मेरे हुये दस साल हो चुके थे। फिर जब युवक ने अपनी माँ से भावुकता से पूछा : "क्या तुम्हें लगता है कि डैडी सचमुच मेरे साथ कोरिया की युद्ध के मैदान में हो सकते हैं?" जवाब है : "क्यों नहीं?" हम वैज्ञानिक पीढ़ी के नागरिक होकर यह कैसे सोच सकते हैं कि यह सच नहीं हो सकता? बार-बार ऐसे प्रमाण दिये जा रहे हैं कि यह ब्रह्मांड रहस्यमयी, विद्युत, अणु इत्यादि शक्तियों से भरा हुआ है और ये सभी शक्तियाँ इतनी अद्‌भुत हैं कि हम अभी तक इन्हें नहीं समझ पाये हैं। यह ब्रह्मांड एक महान आध्यात्मिक स्थल है, जो जीवंत है।

प्रसिद्ध कैनेडियन लेखक अल्बर्ट ई. क्लिफ़ अपने पिता की मृत्यु के बारे में बताते हैं। मरता हुआ व्यक्ति कोमा में चला गया था और यह सोचा जा रहा था कि वे चल बसे। फिर जीवन का एक क्षणिक लक्षण दिखाई दिया। उनकी आँखें खुलीं। दीवार पर एक पुराना वाक्य लिखा हुआ था : "मैं जानता हूँ कि मेरा उद्धार करने वाला जीवित है।" मृत व्यक्ति ने अपनी आँखें खोलीं, उस वाक्य पर निगाह डाली और कहा : "मैं अब सचमुच जानता हूँ कि मेरा उद्धार करने वाला जीवित है, क्योंकि यह सभी लोग मेरे चारों तरफ़ हैं - माता, पिता, बहन, भाई।" वे सभी इस धरती से काफ़ी पहले चले गये थे, परंतु स्पष्ट रूप से वह उन्हें देख रहा था। इसे कौन नकार सकता है?

स्वर्गीय मिसेज़ थॉमस ए. एडीसन ने मुझे बताया कि जब उनके प्रसिद्ध पति मर रहे थे तो वे डॉक्टर से फुसफुसाकर बोले थे : "वहाँ पर बहुत सुंदर है।" एडीसन दुनिया के महानतम वैज्ञानिक थे। पूरी ज़िंदगी उन्होंने विज्ञान की खोज में लगा दी थी। उनका मस्तिष्क तथ्यों के साँचे में ढला था। उन्होंने कभी किसी ऐसी चीज़ को तथ्य के रूप में मान्यता नहीं दी जिसे उन्होंने खुद काम करते हुये नहीं देख लिया। उन्होंने यह कभी नहीं कहा होता, "वहाँ पर बहुत सुंदर है" जब तक कि उन्होंने यह खुद नहीं देखा होता और जब तक कि उन्होंने इसे सच नहीं माना होता।

कई साल पहले एक मिशनरी साउथ सी आईलैण्ड्स में नरभक्षी लोगों के बीच काम करने गया। कई महीने बाद उसने मुखिया को ईसाई धर्म का बना लिया। एक दिन उसे बूढ़े मुखिया ने मिशनरी से कहा : "आपको वह समय याद है, जब आप पहली बार आये थे?"

"हाँ, मुझे सचमुच याद है," मिशनरी ने जवाब दिया। "जब मैं जंगल से गुज़र रहा था तो मुझे ऐसा आभास हुआ जैसे मेरे चारों तरफ़ शत्रु शक्तियाँ सक्रिय थीं।"

"वे सचमुच सक्रिय थीं," मुखिया ने कहा, "क्योंकि हम लोग तुम्हें मारने के लिये तुम्हारा पीछा कर रहे थे, परंतु किसी चीज़ ने हमें ऐसा करने से रोक दिया।"

"और वह चीज़ क्या थी?" मिशनरी ने पूछा।

"अब चूँकि हम दोस्त बन चुके हैं, इसलिये मुझे बताओ," मुखिया ने मनुहार करते हुये कहा, "वे दो चमकते हुये लोग कौन थे जो तुम्हारे दोनों तरफ़ चल रहे थे?"

मेरे मित्र और प्रसिद्ध गीतकार जियॉफ्री ओ' हारा ने प्रसिद्ध प्रथम विश्वयुद्ध का गीत "केटी" और "देयर इज़ नो डैथ," "गिव ए मैन ए हॉर्स ही कैन राइड" और अन्य कई गीत लिखे हैं। वे प्रथम विश्वयुद्ध के एक कर्नल के बारे में बताते हैं जिसकी रेजीमेंट युद्ध में मिट्टी में मिल गयी। जब वे अपने ट्रैंच में इधर से उधर टहल रहे थे तो उन्हें अपने मर चुके सैनिकों के हाथों का एहसास हुआ और उनकी उपस्थिति का अनुभव हुआ। उसने जियॉफ्री ओ' हारा से कहा : "मैं आपको बता दूँ, मौत कुछ नहीं होती।" मिस्टर ओ' हारा ने इस शीर्षक का प्रयोग करते हुये अपने महानतम गीतों में से एक की रचना की, "देयर इज़ नो डैथ"।

इन गहरे और नाजुक मसलों पर व्यक्तिगत रूप से मुझे कोई संदेह नहीं है। मुझे दृढ़ विश्वास है कि जिसे हम मौत कहते हैं उसके बाद भी जीवन निरंतर जारी रहता है। मुझे विश्वास है कि मौत के दो सिरे हैं - एक सिरा वह जहाँ हम अभी रहते हैं और दूसरा सिरा वह जहाँ हम जीवित रहेंगे। अमरता मृत्यु से शुरू नहीं होती। हम अब भी अमरता में रह रहे हैं। हम अमरता के नागरिक हैं। हम सिर्फ़ उस अनुभव का रूप बदल लेते हैं जिसे जीवन कहा जाता है और मुझे यह विश्वास हो चुका है कि यह परिवर्तन बेहतरी के लिये होता है।

मेरी माँ एक महान आत्मा थीं और उनका मुझ पर इतना गहरा प्रभाव पड़ा कि उनका प्रभाव मेरे जीवन में एक ऐसे अनुभव के रूप में बना रहेगा जिसकी तुलना नहीं हो सकती। वे बातचीत करने की कला में माहिर थीं। उनका मस्तिष्क तीक्ष्ण और चौकस था। वे दुनिया भर में घूम चुकी थीं और उन्होंने मिशनरी कार्यों में काफ़ी संबंध बनाये थे। उनका जीवन पूर्ण और समृद्ध था। उनका हास्य का पुट भी शानदार था। उनके साथ रहना अच्छा लगता था और मैं हमेशा उनके साथ रहना पसंद करता था। जो लोग उन्हें जानते थे, उन सभी की राय में वे एक असामान्य रूप से आकर्षक और रोचक व्यक्तित्व थीं।

मेरे वयस्क वर्षों में जब भी मुझे मौक़ा मिलता था मैं उन्हें देखने के लिये घर चला जाता था। मैं हमेशा अपने पारिवारिक घर में आने की कल्पना करता था क्योंकि यह एक रोमांचक अनुभव था जिसमें जब हम लोग नाश्ते की टेबल पर चारों तरफ़ बैठते थे तो सभी इकट्ठे बोलने लगते थे। क्या सुखद मिलन थे - क्या शानदार बातें थीं! फिर उनकी मौत का दिन आया और हमने उनके शरीर को दक्षिणी ओहियो में लिंचबर्ग के सुंदर छोटे से क़ब्रिस्तान में लिटा दिया जहाँ उन्होंने अपना बचपन गुज़ारा था। जब हमने उन्हें वहाँ छोड़ा, उस दिन मैं बहुत दुखी था। मैं भारी दिल से वहाँ से गया। यह गर्मी के दिन थे जब हम उन्हें उनके अंतिम शयनस्थल तक ले गये थे।

जब शरद ऋतु आयी तो मुझे लगा कि मैं अपनी माँ के साथ एक बार फिर रहना चाहता हूँ। मैं उनके बिना अकेला था और इसलिये मैंने लिंचबर्ग जाने का फ़ैसला किया। पूरी रात ट्रेन में मैं उन सुखद दिनों के बारे में दुखी होता रहा जो हमने साथ गुज़ारे थे और किस तरह चीज़ें पूरी तरह से बदल गयी थीं और अब कभी वे पहले जैसी नहीं रहेंगी।

तो मैं छोटे शहर में आ गया। जब मैं क़ब्रिस्तान में पहुँचा तो मौसम ठंडा था और आसमान में बादल थे। मैंने पुराने लोहे के गेट खोले और जब मैं उनकी क़ब्र तक पैदल गया तो मेरे पैर पत्तियों में टकराकर आवाज़ कर रहे थे। मैं क़ब्र पर दुखी और अकेला बैठा था। अचानक बादल हट गये और सूरज बाहर निकल आया। इसने ओहियो की पहाड़ियों को सुंदर शरद रंगों में चमका दिया, उन पहाड़ियों को जहाँ मैंने अपना बचपन गुज़ारा था, जिन्हें मैं हमेशा बहुत प्रेम करता था, जहाँ मेरी माँ भी बहुत समय पहले बचपन में खेली थीं।

अचानक मुझे लगा जैसे मैं उनकी आवाज़ सुन रहा हूँ। अब मैंने सचमुच उनकी आवाज़ नहीं सुनी, परंतु मुझे ऐसा लगा। मुझे विश्वास है कि मैंने अपने अंदरूनी कान से उस आवाज़ को सुना था। संदेश स्पष्ट था। यह उनकी प्रिय पुरानी टोन में था और उन्होंने यह कहा : "तुम जीवित लोगों को मुर्दों में क्यों तलाश रहे हो? मैं यहाँ नहीं हूँ। क्या तुम सोचते हो कि मैं इस अँधेरी और उदास जगह पर रुकूँगी? मैं तुम्हारे और मेरे प्रियजनों के हमेशा साथ हूँ।" अंदरूनी प्रकाश की चकाचौंध में मैं आश्चर्यजनक रूप से सुखी हो गया। मैं जानता था कि मैंने जो सुना था वह सच था। संदेश पूरे यथार्थ की शक्ति के साथ मेरे पास आया था। मैं चिल्ला सकता था और खड़ा हो सकता था और अपने हाथ को क़ब्र के पत्थर पर लपेट सकता था और देख सकता था कि यह क्या है, यह केवल एक ऐसी जगह है जहाँ शरीर के अवशेष विश्राम करते हैं। निश्चित रूप से शरीर वहाँ पर था, परंतु यह सिर्फ़ एक ऐसा कोट था जिसे उतार दिया गया था क्योंकि इसे पहनने वाले को इसकी अब और ज़रूरत नहीं थी। परंतु वह, सुखद प्रिय आत्मा, अब वहाँ नहीं थी।

मैं उस जगह से चल दिया और तब से मैं शायद ही कभी वहाँ लौटा। मैं वहाँ जाना पसंद करता हूँ और उनके बारे में और अपनी जवानी के पुराने दिनों के बारे में सोचना पसंद करता हूँ, परंतु अब यह दुखद जगह नहीं है। यह सिर्फ़ एक प्रतीक है क्योंकि वह वहाँ नहीं हैं। वह हमारे साथ, अपने प्रियजनों के साथ हैं। "तुम जीवित लोगों को मुर्दों में क्यों खोज रहे हो?" (ल्यूक 24:5)।

बाइबल को पढ़ें और उसमें विश्वास करें जब यह आपको ईश्वर की अच्छाई और आत्मा की अमरता के बारे में बताती है। सच्चे दिल और आस्था से प्रार्थना करें। प्रार्थना और आस्था को अपने जीवन की आदत बना लें। ईश्वर और ईसा मसीह के साथ सच्चा साहचर्य बनाना सीखें। जब आप ऐसा करेंगे तो आपके मन में एक गहरा विश्वास उमड़ पड़ेगा कि यह आश्चर्यजनक चीज़ें सचमुच सच हैं।

"...अगर ऐसा नहीं होता, तो मैंने तुम्हें बता दिया होता।" (जॉन 14:2)। आप ईसा मसीह की विश्वसनीयता पर भरोसा कर सकते हैं। अगर यह पूरी तरह से सच नहीं होता, तो वह आपको पवित्र प्रकृति की इन चीज़ों में विश्वास करने की अनुमति नहीं देते।

तो इस आस्था में, जो जीवन और अमरता का एक दमदार, महत्त्वपूर्ण और तार्किक दृष्टिकोण है, आपको अपने दिल के दर्द की दवा मिल जायेगी।

17

ईश्वर से शक्ति कैसे प्राप्त करें

गोल्फ़ क्लब में गेम के बाद लॉकर रूम में चार लोग बैठे हुये थे। गोल्फ़ के स्कोर पर बात होते-होते चर्चा व्यक्तिगत कठिनाइयों और समस्याओं की ओर मुड़ गयी। उनमें से एक व्यक्ति ख़ास तौर पर निराश और परेशान दिख रहा था। बाक़ी लोग जो उसके मित्र थे, उसकी दुखी मानसिक अवस्था का अनुभव कर रहे थे और उन्होंने इस गेम का आयोजन इसीलिये किया था ताकि उसका ध्यान उसकी परेशानी से हटाया जा सके। उन्होंने आशा की थी कि गोल्फ़ कोर्स पर कुछ घंटे गुज़ारने से उसे कुछ राहत मिलेगी।

जब वे खेल के बाद चारों तरफ़ बैठे तो उसे बहुत से सुझाव दिये गये। आख़िरकार एक व्यक्ति उठा। वह कठिनाइयों के बारे में जानता था, क्योंकि उसने बहुत सी परेशानियों का सामना किया था, परंतु उसे अपनी समस्याओं के कुछ महत्त्वपूर्ण जवाब मिल गये थे। वह हिचकते हुये खड़ा हुआ और अपने समस्याग्रस्त मित्र के कंधे पर अपना हाथ रखते हुये उसने कहा। "जॉर्ज, मुझे आशा है कि तुम यह नहीं समझोगे कि मैं तुम्हें उपदेश दे रहा हूँ। दरअसल, मैं ऐसा नहीं कर रहा हुं, परंतु मैं तुम्हें कुछ सुझाव देना चाहूँगा। मैंने इसी तरह अपनी मुश्किलों को हल किया है। अगर तुम ऐसा करोगे, तो तुम भी इसमें सफल हो सकते हो। और मेरा फ़ॉमूला है, 'क्यों न ईश्वर से शक्ति ली जाये?'"

उसने अपने मित्र की पीठ पर स्नेह से हाथ ठोंका और समूह को छोड़कर चला गया। बाक़ी लोग इस बारे में सोचते रहे। आख़िरकार हताश व्यक्ति ने धीमे से कहा : "मैं जानता हूँ कि उसका क्या मतलब है और मैं जानता हूँ कि ईश्वर कहाँ है। काश मुझे यह पता होता कि ईश्वर से शक्ति कैसे हासिल की जाये। यही मैं जानना चाहता हूँ।"

समय के साथ-साथ उसने अपने आप वह रास्ता खोज लिया, जिसके ज़रिये उसे ईश्वर से शक्ति मिली और उसका जीवन बदल गया। अब वह एक स्वस्थ और सुखी इन्सान है।

गोल्फ़ क्लब में दी गयी सलाह सचमुच बहुत समझदारीपूर्ण है। बहुत से लोग आज दुखी और निराश हैं और वे अपने आपसे या अपनी परिस्थितियों से क़तई सुखी नहीं हैं। परंतु उन्हें ऐसे रहने की कोई ज़रूरत नहीं है। सचमुच नहीं है। रहस्य यह है कि वे ईश्वर से शक्ति प्राप्त करें और ऐसा किस तरह किया जाता है?

इस बारे में मैं आपको अपना व्यक्तिगत अनुभव बताना चाहूँगा। जब मैं युवा था तो मुझे एक युनिवर्सिटी समुदाय में एक बड़े चर्च में बुलाया गया। मेरी सभा के कई लोग युनिवर्सिटी के प्रोफ़ेसर थे और शहर के अग्रणी नागरिक थे। मैं उन लोगों के विश्वास को सही साबित करना चाहता था जिन्होंने मुझे यह असाधारण अवसर दिया था और इसलिये मैंने कड़ी मेहनत की। इसका परिणाम यह हुआ कि मुझे अति-तनाव का अनुभव होने लगा। हर एक को कड़ी मेहनत करना चाहिये, परंतु अति-प्रयास या अति-दबाव से कोई लाभ नहीं है अगर यह इस हद तक बढ़ जाये कि आप प्रभावी ढंग से काम न कर पायें। यह उसी तरह की बात थी जैसे गोल्फ़ के खेल में आप गेंद को चकनाचूर कर देना चाहें, क्योंकि जब आप ऐसा करना चाहते हैं तो आपका शॉट सही नहीं पड़ता। यही आपके काम के संदर्भ में होता है। मैं थका हुआ था, नर्वस था और मुझमें सामान्य शक्ति का एहसास नहीं था।

एक दिन मैं अपने एक प्रोफ़ेसर से मिलने गया। स्वर्गीय ह्यू एम. टिलरो मेरे अच्छे मित्र थे। वे न सिर्फ़ एक बढ़िया अध्यापक थे, बल्कि एक श्रेष्ठ फ़िशरमैन और शिकारी भी थे। वे पूरी तरह से मर्दाना थे यानी कि आउटडोर व्यक्तित्व के थे। मैं जानता था कि अगर वे मुझे युनिवर्सिटी में नहीं मिलेंगे तो वे झील किनारे मछली पकड़ रहे होंगे और सचमुच वे वहीं पर थे। वे मेरी आवाज़ सुनकर किनारे पर आये। "मछली काट रही हैं - आ जाओ," उसने कहा। मैं उनकी नाव में चढ़ा और हम फ़िशिंग करने लगे।

"क्या बात है, बेटे?" उन्होंने समझते हुये पूछा। मैने उन्हें बताया कि मैं कितनी अधिक मेहनत से कोशिश कर रहा था और इस वजह से मैं नर्वस हुआ जा रहा था। "मेरे पास कोई शक्ति या ऊपर उठाने वाली भावना नहीं बची।"

वे हँसे, "शायद तुम थोड़ी ज़्यादा कोशिश कर रहे हो।"

जब नाव किनारे पर पहुँची तो उन्होंने कहा : "मेरे साथ घर में आओ।" जब हम उनके केबिन में पहुँचे तो उन्होंने आदेश दिया : "अब उस बिस्तर पर लेट जाओ। मैं तुम्हें कुछ पढ़कर सुनाऊँगा। अपनी आँखे बंद कर लो ओर आराम से लेटो तब तक मैं कोटेशन ढूँढ़ता हूँ।"

मैंने उनके आदेश का पालन किया और सोचा कि शायद वे मुझे कोई दार्शनिक या मनोरंजक बात पढ़कर सुनायेंगे परंतु इसके बजाय उन्होंने कहा : "यह रहा। शांति से वह सुनो जो मैं तुम्हें पढ़कर सुना रहा हूँ। इन शब्दों को अपने अंदर उतरने दो। 'क्या तुम नहीं जानते? क्या तुमने नहीं सुना कि परम पिता ईश्वर, जिसने दुनिया बनाई है, कभी नहीं थकता, न ही कभी कमज़ोर होता है? उसकी समझ की कोई सीमा नहीं है। वह कमज़ोरो को शक्ति देता है और जिनमें शक्ति नहीं होती उनकी शक्ति को बढ़ा देता है। जवान लोग भी थक सकते हैं और कमज़ोर महसूस कर सकते हैं और पूरी तरह से गिर सकते हैं। परंतु जो लोग ईश्वर के सच्चे भक्त हैं वे कभी नहीं थकेंगे, उनकी ताक़त नई होगी; वे गरुड़ की तरह पंखों से उड़ सकेंगे; वे दौडेंगे और थकेंगे नहीं; वे चलेंगे, परंतु कमज़ोरी महसूस नहीं करेंगे।' (यशायाह 40:28-31)। फिर उन्होंने पूछा, "क्या तुम जानते हो, मैं क्या पढ़ रहा था?"

"हाँ, यशायाह का चालीसवाँ अध्याय।" मैंने जवाब दिया।

"मुझे ख़ुशी है कि तुम्हें बाइबल याद है," उन्होंने कहा। "क्यों न इसके कहे अनुसार किया जाये? रिलैक्स हो जाओ। तीन गहरी साँसें लो - अंदर और बाहर। ईश्वर का ध्यान करते हुये विश्राम का अभ्यास करो। यह विश्वास करो कि वह तुम्हें अभी यह प्रदान कर रहा है और उस शक्ति के संपर्क में बने रहो। अपने आपको पूरी तरह से इसके हवाले कर दो - इसे अपने आपमें प्रवाहित होने दो।

"अपने काम को अपनी पूरी शक्ति से करें। ज़ाहिर है कि आपको यह करना होगा। परंतु इसे आराम से और आसान अंदाज़ में करें जैसे कोई बैटर बिग-लीग बेसबॉल गेम में करता है। वह बैट को सहजता से घुमाता है और बॉल को पार्क से बाहर उछालने की कोशिश नहीं करता। वह अपनी सर्वश्रेष्ठ क्षमता के हिसाब से प्रदर्शन करता है और ख़ुद में विश्वास रखता है क्योंकि वह जानता है कि उसमें बहुत सी संग्रहित शक्ति है।" फिर उन्होंने

उस वाक्य को फिर दोहराया। "जो लोग ईश्वर के सच्चे भक्त हैं वे कभी नहीं थकेंगे, उनकी ताक़त नई होगी।"

यह बहुत पहले की बात है, परंतु मैं यह सबक़ आज तक नहीं भूला। उन्होंने मुझे सिखाया कि किस तरह ईश्वर से शक्ति हासिल की जाये और मेरा विश्वास करें उनके सुझावों ने असर किया। मैं अपने मित्र की सलाह का पालन आज भी करता हूँ और तब से अब तक पच्चीस साल से भी अधिक समय में यह कभी असफल नहीं हुई है। मेरा जीवन गतिविधियों से भरा हुआ है परंतु इस फ़ॉमूले की वजह से मुझे वह सारी शक्ति मिल जाती है जिसकी मुझे ज़रूरत है।

ईश्वर की शक्ति हासिल करने का दूसरा तरीक़ा हर समस्या के प्रति सकारात्मक, आशावादी नज़रिया रखना सीखना है। आपकी आस्था की जितनी गहनता होगी, उसी अनुपात में आपको अपनी स्थितियों का सामना करने की शक्ति मिलेगी। "आपकी जितनी आस्था होगी, आपको उतना ही मिलेगा।" (मैथ्यू 9:29)। यह सफल जीवन का मूलभूत नियम है।

ईश्वर में शक्ति होती है और वह शक्ति आपके लिये सब कुछ संभव बना सकती है। इसे प्राप्त करें और इसकी मदद से अपने जीवन को सफल बनायें। जब आप ईश्वर की मदद से जीत सकते हैं तो आप हार क्यों मानें? अपनी समस्या बतायें। स्पष्ट जवाब के लिये प्रार्थना और आग्रह करें। विश्वास करें कि आपको सही जवाब मिलेगा। विश्वास करें कि ईश्वर की सहायता से आप अभी अपनी समस्या को हल करने की शक्ति प्राप्त कर रहे हैं।

एक व्यक्ति और उनकी पत्नी जो सचमुच कठिनाई में थे मुझसे मिलने आये। यह सज्जन जो एक पूर्व मैग्ज़ीन संपादक थे, संगीत और कला जगत में प्रसिद्ध थे। हर व्यक्ति उनके मित्रतापूर्ण व्यवहार के कारण उन्हें पसंद करता था। उनकी पत्नी को भी इसी तरह का सम्मान मिलता था। पत्नी का शारीरिक स्वास्थ्य ठीक नहीं था और इसके परिणामस्वरूप वे देहात में रिटायर हो गये जहाँ वे अर्ध-एकाकी अवस्था में रहते थे।

इस व्यक्ति ने मुझे बताया कि उसे दो हार्ट अटैक हो चुके हैं, जिनमें से एक गंभीर था। उसकी पत्नी की हालत लगातार ख़राब हो रही थी और वह उसके बारे में गंभीरता से चिंतित था। उसने अपने सवाल को इस तरह से पूछा : "क्या मुझे ऐसी कोई शक्ति मिल सकती है जो शारीरिक रूप से ठीक होने में हमारी मदद कर सके और हमें नई आशा, साहस और शक्ति

प्रदान कर सके?" जिस स्थिति का वर्णन उसने किया वह हताशाओं और पराजयों की एक श्रृंखला थी।

सच कहा जाये तो मैंने महसूस किया कि वे लोग थोड़े अधिक सॉफ़िस्टिकेटेड हैं और इसलिये वे उस सहज विश्वास का प्रयोग नहीं कर पायेंगे जो आस्था के उपचार के लिये आवश्यक था। मैंने उन्हें बताया कि मुझे इस बारे में संदेह था कि उनमें उस सहज आस्था का अभ्यास करने की क्षमता थी जिसके द्वारा ईसाइयत की तकनीकों के अनुसार शक्ति के स्त्रोत पर्याप्त खुल पायेंगे।

परंतु उसने मुझे विश्वास दिलाया कि वह गंभीर है और उसने अपने दिमाग़ को खुला रखा है और वह मेरे निर्देशों का पालन करेगा, चाहे वे निर्देश कुछ भी हों। मैंने उसकी ईमानदारी को देखा और उसकी आत्मा के सच्चे गुण को देखा और मैं तब से उस व्यक्ति से बहुत प्रेम करता आ रहा हूँ। मैंने उसे एक आसान उपचार दिया। मैंने उसे सलाह दी कि वह न्यू टेस्टामेंट और भजनों को तब तक पढ़े जब तक कि उसका मस्तिष्क उनसे पूरी तरह न भर जाये। मैंने उसे सामान्य सुझाव भी दिया कि वह इसकी पंक्तियों को याद कर ले। ख़ास तौर पर मैंने आग्रह किया कि वह अपने जीवन को ईश्वर के हाथों में सौंपने के फ़ॉर्मूले का प्रयोग करे। साथ ही वह यह विश्वास भी करे कि ईश्वर उसे और उसकी पत्नी को भी शक्ति से भर रहा है और दोनों को यह अटल विश्वास करना था कि उन्हें जीवन की साधारण से साधारण घटना में भी ईश्वर का मार्गदर्शन मिल रहा है।

उन्हें यह विश्वास भी करना था कि उनके डॉक्टर के सहयोग से, जिसे मैं जानता था और जिसका मैं प्रशंसक था, ईसा मसीह की उपचारक कृपा उन्हें प्राप्त होगी। मैंने सुझाव दिया कि वे यह तस्वीर बनायें कि वह महान चिकित्सक उनके भीतर काम कर रहा है।

शायद ही मैंने कभी इतने अधिक उत्साही लोग देखे हैं जो अपनी आस्था में बच्चों की तरह हो गये थे और जिनका विश्वास इतना अधिक पूर्ण था। वे बाइबल को लेकर उत्साही हो गये और वे अक्सर मुझे किसी "अद्‌भुत अंश" के बारे में फ़ोन करते थे जिसे उन्होंने अभी प्राप्त किया है। यह एक सच्ची रचनात्मक प्रक्रिया थी जो इस व्यक्ति और उसकी पत्नी में काम कर रही थी।

अगली वसंत में हेलेन (जो उनकी पत्नी का नाम था) ने कहा : "मैंने कभी इतना अद्‌भुत वसंत नहीं देखा। इस साल फूल बहुत ही सुंदर हैं

और क्या आपने देखा कि आकाश में कितने असाधारण बादल तरह-तरह की संरचनायें बना रहे हैं तथा सूर्योदय और सूर्यास्त पर कितने कोमल रंग आसमान में उभर रहे हैं? पत्तियाँ इस साल अधिक हरी दिख रही हैं और मैंने चिड़ियों को इतने आनंद और मधुरता से गाते पहले कभी नहीं सुना।" जब उसने यह कहा तो उसके चेहरे पर आनंद की रोशनी थी और मैं जान गया कि उसकी आत्मा का पुनर्जन्म हुआ था। वह शारीरिक रूप से सुधरने लगी और उसकी पुरानी शक्ति का एक बड़ा हिस्सा हासिल करने लगी। उसकी मूल रचनात्मक शक्ति एक बार फिर से प्रवाहित होना शुरू हो गयी और उसे जीवन में एक नया अर्थ मिला।

जहाँ तक होरेस का सवाल है उसे फिर हृदय संबंधी कोई समस्या नहीं हुई और वह शारीरिक, मानसिक और आध्यात्मिक शक्ति से असाधारण रूप से ओतप्रोत था। वे अब एक नये समुदाय में रहने चले गये हैं और इसके जीवन के केंद्र बन चुके हैं। जहाँ भी वे जाते हैं वे लोगों को अजीब सी प्रेरक शक्ति द्वारा स्पर्श करते हैं।

उन्होंने किस रहस्य को खोजा था? सिर्फ़ यह कि उन्होंने ईश्वर की शक्ति हासिल करना सीख लिया था। ईश्वर की शक्ति मानवीय अस्तित्व के सबसे आश्चर्यजनक तथ्यों में से एक है। मैं आश्चर्यचकित हो जाता हूँ, चाहे मैंने कितनी ही बार यह होते देखा है, कि लोगों के जीवन में इसके द्वारा कितने ज़बर्दस्त और दूरगामी परिवर्तन होते हैं और भले के लिये होते हैं। व्यक्तिगत रूप से मैं इस बारे में इतना उत्साहित हूँ जो ईश्वर की शक्ति लोगों के लिये कर सकती है कि मैं इस पुस्तक को समाप्त करने का अनिच्छुक हूँ। मैं ऐसे लोगों की कहानी के बाद कहानी बता सकता हूँ, घटना के बाद घटना बयान कर सकता हूँ जिन्होंने इस शक्ति को हासिल करके नये जीवन की शुरुआत की।

यह शक्ति लगातार उपलब्ध रहती है। अगर आप इसके लिये अपने द्वार खोल देते हैं तो यह एक सशक्त तूफ़ान की तरह अंदर आ जाती है। यह हर स्थिति या दशा में हर एक के लिये मौजूद रहती है। शक्ति का यह ज़बर्दस्त प्रवाह इतना शक्तिशाली होता है कि इसके अंदर आने की प्रक्रिया में यह अपने सामने की हर चीज़ को हटा देता है। यह डर, नफ़रत, बीमारी, कमज़ोरी, नैतिक पराजय इत्यादि को बाहर निकाल देता है और उन्हें इस तरह बिखरा देता है जैसे इन्होंने कभी आपको स्पर्श भी न किया हो। यह एक बार फिर आपके जीवन में स्वास्थ्य, सुख और अच्छाई द्वारा ताज़गी

और शक्ति प्रदान करता है।

कई सालों तक मैंने शराबियों की समस्याओं और एल्कोहलिक्स एनॉनिमस नामक संगठन में रुचि ली। उनके मूलभूत सिद्धांतों में से एक यह है कि किसी व्यक्ति की मदद तभी हो सकती है जब पहले वह व्यक्ति यह पहचान ले कि वह एक शराबी है और वह अपने बारे में अपनी दम पर कुछ नहीं कर सकता, कि उसके अंदर कोई शक्ति नहीं है, कि वह पराजित हो चुका है। जब वह इस दृष्टिकोण को स्वीकार कर लेता है तो वह इस स्थिति में होता है कि वह दूसरे शराबियों और ईश्वर से मदद हासिल कर सके।

एक और सिद्धांत है - ईश्वर पर निर्भर होने की इच्छा, जिससे उसे शक्ति मिलती है जो उसके खुद के पास नहीं है। इन्सानों की ज़िंदगियों में इस शक्ति के काम करने की प्रक्रिया इस दुनिया में सबसे मर्मस्पर्शी और रोमांचक तथ्य है। किसी तरह की शक्ति का प्रकटीकरण इसकी बराबरी नहीं कर सकता। भौतिक शक्ति की उपलब्धि एक रोमांटिक कहानी है। मनुष्य नियम और फ़ॉर्मूला खोजकर शक्ति का दोहन उल्लेखनीय चीज़ें करने के लिये करता है। आध्यात्मिक शक्ति भी नियमों का अनुसरण करती है। इन नियमों में निपुणता उस क्षेत्र में चमत्कार कर देती है जो किसी भी तरह के तंत्र से अधिक जटिल होता है यानी कि मानव स्वभाव के क्षेत्र में। मशीन से सही तरह से काम करवाना एक बात है। मानवीय स्वभाव से सही तरह से काम करवाना बिलकुल दूसरी ही बात है। इसमें अधिक कुशलता की आवश्यकता होती है, परंतु इसे किया जा सकता है।

मैं फ़्लोरिडा में लहराते हुये पाम वृक्षों के नीचे एक दिन बैठा हुआ था। मुझे एक व्यक्ति अपने जीवन में ईश्वर की शक्ति का प्रदर्शन करने वाली घटना सुना रहा था। यह व्यक्ति त्रासदी से बाल-बाल बचा था। उसने मुझे बताया कि उसने सोलह साल की उम्र में ही पीना शुरू कर दिया था। "क्योंकि ऐसा करना स्मार्ट बनना था।" तेईस साल बाद, सामाजिक शराबी के रूप में शुरुआत करने के बाद वह "24 अप्रैल 1947 को उस सड़क के आख़िरी छोर पर आ गया।" उसके मन में अपनी पत्नी के प्रति कटुता और नफ़रत के भाव लगातार बढ़ रहे थे जो उसे छोड़कर चली गयी थी और अपनी सास और साली के प्रति भी। इस वजह से उसने यह फ़ैसला किया कि वह इन तीन महिलाओं की हत्या कर देगा। मैं यह कहानी उस तरह सुना रहा हूँ जिस तरह उसने यह मुझे अपने शब्दों में बतायी थी।

"अपने आपको इस ख़तरनाक काम में पक्का करने के लिये मैं बार में गया। कुछ और पैग पीने के बाद मुझमें यह तीन ख़ून करने का साहस आ जाता। जब मैं बार में घुसा तो मैंने एक युवक कार्ल को कॉफ़ी पीते देखा। हालाँकि मैं बचपन से ही कार्ल से नफ़रत करता था परंतु मैं उसके अच्छे हुलिये को देखकर पूरी तरह आश्चर्यचकित था और मैं यह देखकर भी हैरान था कि वह बार में बैठकर कॉफ़ी पी रहा था जबकि वह पहले अकेले ही हर महीने शराब पर औसतन 400 डॉलर ख़र्च कर दिया करता था। मैं इस बारे में भी हैरान था कि उसके चेहरे पर एक अजीब सी चमक दिखाई दे रही थी। उसके हुलिये से आकर्षित होने पर मैं कार्ल के पास गया और उससे पूछा : "तुम्हें क्या हो गया है जो तुम कॉफ़ी पी रहे हो?"

"मैंने एक साल से शराब को छुआ तक नहीं है," कार्ल ने जवाब दिया।

"मैं पूरी तरह से हैरान था, क्योंकि कार्ल और मैंने इकट्ठे कई बार शराब पी थी। इस मामले में एक अजीब घटना यह थी कि हालाँकि मैं कार्ल से नफ़रत करता था परंतु मुझ पर इसका अजीब सा प्रभाव पड़ा। जब उसने कहा तो मैंने उसकी बात को उत्सुकता से सुना : 'एड, क्या तुमने कभी शराब छोड़ने के बारे में सोचा है?'

"कार्ल मुस्कराया और उसने कहा : 'अगर तुम सचमुच अपनी समस्या के बारे में कुछ करना चाहते हो तो संजीदा हो जाओ और शनिवार को नौ बजे प्रेस्बाइटेरियन चर्च में मीटिंग में भाग ले लो। यह एल्कोहलिक्स एनॉनिमस की मीटिंग है।'

"मैंने उसे बताया कि मुझे धर्म में कोई दिलचस्पी नहीं है, परंतु शायद मैं आ जाऊँ। मुझ पर कोई ख़ास प्रभाव नहीं पड़ा था, परंतु मैं उसकी आँखों की चमक को अपने मस्तिष्क से नहीं निकाल पाया था।

"कार्ल ने इस बात पर ज़ोर नहीं दिया था कि मैं मीटिंग में भाग लूँ, परंतु उसने दोहराया कि अगर मैं अपने लिये कुछ करना चाहता हूँ तो कार्ल और उसके सहयोगियों के पास मेरी समस्या का जवाब था। इस वाक्य को कहने के बाद कार्ल चल दिया और मैंने बार में पैग का ऑर्डर दे दिया, परंतु किसी कारण इसका आकर्षण अब नहीं रहा था। इसलिये इसके बजाय मैं घर चला गया, वह अकेला घर जो मेरे पास बचा था, यानी मेरी माँ का घर।

"क्या मैं यह स्पष्ट करूँ कि मैं सत्रह साल तक एक बहुत अच्छी महिला का पति था, परंतु एक अधीर व्यक्ति होने के कारण और अपने

आपमें विश्वास न होने की वजह से और जिसका मूल कारण शराब पीने की मेरी आदत थी, उसने आख़िरकार तलाक़ लेने का फ़ैसला किया, इस तरह न सिर्फ़ मेरी नौकरी और मेरी सारी भौतिक सुख-सुविधायें बल्कि मेरा घर भी पूरी तरह से चला गया था।

"अपनी माँ के घर चले जाने के बाद मैं एक बोलत के साथ सुबह छह बजे तक रस्साकशी करता रहा, परंतु मैं शराब नहीं पी पाया। मैं कार्ल के हुनिये के बारे में सोचता रहा। इसलिये शनिवार की सुबह मैं कार्ल के पास गया और मैंने उससे पूछा कि मैं उस रात को नौ बजे तक शराब पीने से खुद को कैसे रोक सकता था, जब यह मीटिंग शुरू होगी।"

"कार्ल ने कहा : 'हर बार जब भी तुम बार या व्हिस्की का बोर्ड देखो या बियर गार्डन देखो, तो एक छोटी सी प्रार्थना करो - 'मेहरबानी करके ईश्वर, मुझे इस जगह के पास निकाल दो।' और फिर उसने आगे कहा : 'शैतान की तरह दौड़ लगा दो। यह ईश्वर के साथ सहयोग करना होगा। वह आपकी प्रार्थना सुनेगा और दौड़ना आपका हिस्सा होगा।'

"मैंने वही किया जो कार्ल ने मुझसे करने के लिये कहा था। कई घंटों तक मैं तनावग्रस्त और चिंतित था और अपनी बहन के साथ मैं शहर की सड़कों पर घूमता रहा। आख़िरकार आठ बजे मेरी बहन ने कहा : 'एड, जिस जगह तुम्हारी मीटिंग होने वाली है उस जगह और यहाँ के बीच सात शराबख़ाने हैं। तुम अकेले जाओ और अगर तुम वहाँ नहीं पहुँच पाओगे और पीकर घर आओगे तो हम इसके बाद भी तुमसे प्रेम करेंगे और अच्छे की उम्मीद करेंगे, परंतु न जाने क्यों मुझे लगता है कि यह मीटिंग उन मीटिंगों से अलग होगी जिनमें तुमने कभी भाग लिया होगा।' ईश्वर की मदद से मैं उन सात जगहों के पास निकल गया।

"चर्च के द्वार पर मैंने पलटकर देखा और मेरी फ़ेवरिट बार का बोर्ड सीधे मेरी आँखों में चमक रहा था। बार में जाऊँ या एल्कोहलिक्स एनॉनिमस की मीटिंग में - इस युद्ध को मैं कभी नहीं भूल पाऊँगा, परंतु मुझसे बड़ी किसी शक्ति ने मुझे मीटिंग की तरफ़ खींच लिया।

"मीटिंग रूम में अंदर आने के बाद मेरे पुराने मित्र कार्ल ने, जिससे मैं पहले नफ़रत करता था, गर्मजोशी से मुझ से हाथ मिलाया। उसके प्रति मेरा द्वेष अब ग़ायब हो रहा था। फिर जीवन के हर क्षेत्र के लोगों से मेरा परिचय का दौर शुरू हुआ - डॉक्टर, वकील, ईंट ढोने वाले, कोयले की खदान के

मज़दूर, कन्स्ट्रक्शन के कारीगर, प्लास्टर करने वाले, श्रमिक - सभी तरह के लोग वहाँ पर थे। पिछले दस से पच्चीस सालों से मैं इनमें से कुछ लोगों के साथ शराब पी रहा था और यह सभी लोग यहाँ पर शनिवार की रात को सूखे थे और उससे भी बड़ी बात यह कि वे सुखी थे।

"उस मीटिंग में क्या हुआ यह बहुत धुँधला है। मैं तो इतना जानता हूँ कि एक पुनर्जन्म हुआ था। अंदर गहराई में मैंने अपने आपको बदला हुआ महसूस किया।

"मीटिंग रूम को आधी रात को खुशी-खुशी छोड़ने के बाद मैं घर पर गया और मैं हवा में उड़ रहा था और मैं पाँच साल से अधिक समय में पहली बार शांति से सोया। अगली सुबह जागने पर मुझे लगा जैसे कोई चीज़ मुझसे स्पष्ट रूप से कह रही हो : 'तुमसे बड़ी भी एक शक्ति है। अगर तुम अपनी इच्छा और अपने जीवन को ईश्वर की निगरानी में सौंप दोगे तो वह तुम्हें शक्ति प्रदान करेगा।'

"यह रविवार की सुबह थी और मैंने चर्च जाने का फ़ैसला किया। मैं जिस चर्च में गया वहाँ का उपदेशक एक ऐसा व्यक्ति था जिससे मैं बचपन से नफ़रत करता था। (लेखक यहाँ पर यह बताना चाहता है कि नफ़रत का संबंध हमेशा भावनात्मक और आध्यात्मिक बीमारी से होता है। जब मस्तिष्क नफ़रत से ख़ाली हो जाता है तो सुधार की दिशा में एक बड़ा क़दम उठा लिया जाता है। प्रेम एक ज़बर्दस्त उपचारक शक्ति है।) यह उपदेशक शांत कोट पहने हुये प्रेस्बाइटेरियन पादरियों की तरह ही था। मैंने उससे कोई लाभ नहीं लिया और यह मेरी ग़लती थी। वह सचमुच बिलकुल सही था। मैं बैठा रहा जब भजन गाये गये और मैं नर्वस था। फिर उपदेशक ने बाइबल पढ़ी और अपना उपदेश दिया जिसका विषय था : 'किसी के अनुभव को छोटा मत समझो - उसे यह अनुभव हुआ है।' मैं उस उपदेश को ज़िंदगी भर नहीं भूल पाऊँगा। इसने मुझे एक बहुमूल्य सबक़ सिखाया - किसी भी अनुभव को छोटा मत समझो क्योंकि वह किसी दूसरे का है क्योंकि वह और ईश्वर उस अनुभव की गहराई और संजीदगी को जानते हैं।

"बाद में मैं इस पादरी से प्रेम करने लगा और वह मेरी नज़र में महानतम और सबसे संजीदा व्यक्तियों में से एक बन गया।"

"मेरा नया जीवन कहाँ से शुरू हुआ यह तय करना कठिन है। क्या यह तब शुरू हुआ जब मैं बार में कार्ल से मिला था, या जब मैं शराबख़ानों

के पार निकलने में संघर्ष कर रहा था या एल्कोहलिक्स एनॉनिमस मीटिंग में या चर्च में, मैं नहीं जानता। परंतु मैं, जो पच्चीस सालों से पक्का शराबी था, अचानक शराब छोड़ने में कामयाब हो गया। मैं इसे अकेले कभी नहीं कर सकता था, क्योंकि मैंने हज़ार बार कोशिश की थी और मैं असफल हुआ था। परंतु मैंने ईश्वर की शक्ति का सहारा लिया और ईश्वर ने ऐसा कर दिया था।"

मैं इस कहानी सुनाने वाले व्यक्ति को कई सालों से जानता हूँ। "सूखा" होने के बाद उसे कई कठिन आर्थिक और अन्य समस्याओं का सामना करना पड़ा था। परंतु कभी भी वह कमज़ोर नहीं पड़ा। उसके साथ चर्चा करते समय मैंने पाया कि उसकी बातें मेरे दिल को छू गयी थीं। उसकी बातों में या उसकी बातों को कहने के अंदाज़ में कुछ मर्मस्पर्शी नहीं था, परंतु मुझे उस व्यक्ति के अंदर से शक्ति निकलती महसूस हुई। वह एक प्रसिद्ध व्यक्ति नहीं है। वह एक आम, कड़ी मेहनत करने वाला सेल्समैन है, परंतु उसके अंदर ईश्वर की शक्ति है, जो उसमें प्रवाहित हो रही है और जो उसके द्वारा दूसरों तक पहुँच रही है। यह मुझ तक भी पहुँची।

यह अध्याय शराब पर कोई थीसिस नहीं है, हालाँकि मैं इस समस्या से जुड़े एक और संदर्भ का प्रयोग करूँगा। मैं इन अनुभवों को सिर्फ़ यह दर्शाने के लिये सुना रहा हूँ कि अगर कोई शक्ति है जो व्यक्ति को शराब के चंगुल से छुटकारा दिला सकती है तो वह शक्ति किसी दूसरे व्यक्ति को किसी दूसरी तरह की पराजय से भी मुक्ति दिला सकती है जिसका वह सामना करता हो। शराब की समस्या से अधिक कठिन समस्या शायद ही कोई होती हो। जो शक्ति इस मुश्किल काम को कर सकती हो वह, मैं आपको आश्वस्त कर दूँ, आपकी कठिनाइयों को दूर करने में आपकी मदद करेगी, चाहे आपकी कठिनाइयाँ कुछ भी हों।

मैं आपको एक और अनुभव बता दूँ। मैं इस घटना को भी उसी उद्देश्य से बता रहा हूँ, यानी कि इस बात पर ज़ोर देने के लिये कि कोई ऐसी शक्ति है जिसे अपनाया जा सकता है, हासिल किया जा सकता है और जिसका प्रयोग किया जा सकता है, जो आस्था रखने वाले लोगों को रहस्यमयी रूप से परंतु निश्चित रूप से अत्यधिक उल्लेखनीय विजय दिलवाती है।

रोआनोक, वर्जीनिया में होटल रोआनोक में एक रात को एक व्यक्ति ने, जो तब से मेरा अच्छा मित्र बन चुका है, मुझे यह घटना सुनाई। दो साल

पहले उसने मेरी पुस्तक **ए गाइड टु कॉन्फ़िडेंट लिविंग** पढ़ी थी। उस समय वह खुद और दूसरे लोग भी उसे पक्का शराबी समझते थे। जिसके सुधरने की कोई संभावना नहीं थी। वह वर्जीनिया टाउन में एक बिज़नेसमैन था और उसकी योग्यता इतनी अधिक थी कि उसके पीने की समस्या के बावजूद उसे अच्छी सफलता मिल रही थी। उसका अपने पीने पर कोई नियंत्रण नहीं था और इस वजह से स्थिति बिगड़ रही थी।

ऊपर लिखी इस पुस्तक को पढ़ने के बाद यह विचार उसके दिमाग़ में बैठ गया कि अगर वह न्यूयॉर्क तक चला जाये तो उसकी समस्या का इलाज हो सकता है। वह न्यूयॉर्क आया और जब वह यहाँ पहुँचा तो वह बुरी तरह शराब पिये था। एक दोस्त उसे होटल ले गया और उसे वहाँ छोड़ दिया। जब उसे थोड़ा होश आया तो उसने एक बेलबॉय को बुलाया और उसे बताया कि वह टाउन्स हॉस्पिटल जाना चाहता है जो शराबियों की एक प्रसिद्ध संस्था है और जिसके प्रमुख स्वर्गीय डॉ. सिल्कवर्थ थे, जो शराब की लत के क्षेत्र में महानतम लोगों में से एक थे - जो हालाँकि अब इस दुनिया में नहीं हैं, परंतु उन्हें कभी भुलाया नहीं जा सकता।

उसकी जेब में रखे सौ या उससे अधिक डॉलर लूटने के बाद बेलबॉय ने उसे हॉस्पिटल पहुँचा दिया। कई दिन के उपचार के बाद डॉ. सिल्कवर्थ उसे देखने के लिये आये और उन्होंने कहा : "चार्ल्स मुझे लगता है कि हम आपके लिये जितना कर सकते थे हमने कर दिया है। मुझे ऐसा लग रहा है कि आप ठीक हो चुके हैं।"

यह डॉ. सिल्कवर्थ का आम तरीक़ा नहीं था और उन्होंने इस प्रकरण में इस तरह का काम किया, इससे यह पता चलता है कि कोई उच्च शक्ति उनका मार्गदर्शन कर रही थी।

अब भी थोड़ा विचलित चार्ल्स नीचे उतरा और उसने अपने आपको मार्बल कॉलेजियेट चर्च, 1 वेस्ट 29वीं सड़क, न्यूयॉर्क सिटी के ऑफ़िस के दरवाज़े पर पाया। यह एक वैधानिक अवकाश था और चर्च बंद था। (इस तरह के अवकाशों के अलावा चर्च हमेशा खुला रहता है।) वह यहाँ पर झिझकता हुआ खड़ा रहा। उसने सोचा था कि वह चर्च में अंदर जायेगा और प्रार्थना करेगा। चूँकि वह अंदर नहीं घुस पा रहा था, इसलिये उसने एक अजीब काम किया। उसने अपने पर्स में से अपना बिज़नेस कार्ड निकाला और इसे दरवाज़े में लगे डाक के छिद्र में से अंदर डाल दिया।

जिस क्षण उसने ऐसा किया उसके भीतर शांति की एक प्रबल लहर दौड़ गयी। उसे मुक्ति की अद्भुत भावना का एहसास हुआ। उसने अपने सिर को दरवाज़े से टिकाया और वह एक बच्चे की तरह रोया, परंतु वह जानता था कि अब वह मुक्त था, कि उसके भीतर कोई ज़बर्दस्त परिवर्तन हो चुका है और इस बात का प्रमाण हमें इस तथ्य से मिलता है कि उस समय के बाद से उसने कभी पीछे मुड़कर नहीं देखा। वह उस पल के बाद हमेशा पूरी तरह से शराब छोड़ चुका था।

इस घटना के बारे में कई बातें ऐसी हैं जो प्रभावित करने वाली हैं। एक तो यह कि डॉ. सिल्कवर्थ ने उसे अस्पताल से सही मनोवैज्ञानिक, आध्यात्मिक और शायद सुपरनैचुरल क्षण में मुक्त किया जिससे यह संकेत मिलता है कि डॉक्टर स्वयं दैवी मार्गदर्शन का माध्यम था।

जब चार्ल्स ने मुझे होटल रोआनोक में इस घटना के दो साल बाद यह घटना सुनाई तो मुझे लग रहा था जैसे मैंने इसे कहीं सुना है। परंतु उसने मुझे यह घटना कभी नहीं सुनायी थी। दरअसल, मैंने इससे पहले उससे कभी बातें नहीं की थीं। फिर मुझे लगा कि शायद उसने मुझे यह कहानी लिखकर भेजी होगी और मैंने उसे पढ़ा होगा, परंतु उसने कहा कि उसने मुझे कभी कोई पत्र नहीं भेजा। फिर मैंने उससे पूछा कि क्या उसने यह कहानी मेरे किसी सेक्रेटरी, सहयोगी या किसी और व्यक्ति को सुनाई है जिसके संपर्क में मैं था, परंतु उसने कहा कि उसने यह घटना अपनी पत्नी को छोड़कर उस समय से पहले किसी और को नहीं सुनाई थी और मैं उसकी पत्नी से उस रात तक कभी नहीं मिला था। स्पष्ट रूप से यह घटना मेरे अवचेतन मन तक उस समय संचारित हो गयी थी जब यह घटित हो रही थी क्योंकि अब यह "मुझे याद आ रही" थी।

उसने डाक के छिद्र में से कार्ड क्यों डाला? शायद वह प्रतीकात्मक रूप से अपने आध्यात्मिक घर में रिपोर्ट कर रहा हो यानी ईश्वर को रिपोर्ट कर रहा हो। अपनी हार से यह एक नाटकीय और प्रतीकात्मक अलगाव था और यह उच्च शक्ति की ओर मुड़ना था जिसने तत्काल उसे अपने आप से मुक्त किया और उसका उपचार किया।

यह घटना संकेत देती है कि अगर गहरी इच्छा हो, अगर प्रबल आकांक्षा हो और ईश्वर की शक्ति तक पहुँचने की सच्ची चाहत हो तो यह अवश्य प्राप्त होगी।

इस अध्याय में मैंने मानवीय अनुभव के ख़ज़ाने में से विजय की कई कहानियाँ सुनाई हैं जिनमें से हर एक जीवन को नया करने वाली शक्ति की सतत उपस्थिति और उपलब्धता को सूचित करती है जो हमसे परे है परंतु हमारे भीतर है। आपकी समस्या हो सकता है शराब की लत न हो, परंतु यह तथ्य कि ईश्वर की शक्ति किसी इन्सान की सबसे मुश्किल समस्या का उपचार कर सकती है इस ज़बर्दस्त सत्य पर ज़ोर देती है जो इस अध्याय और इस पूरी पुस्तक से जुड़ा है कि ऐसी कोई समस्या, कठिनाई या पराजय नहीं है जिसे आप आस्था, सकारात्मक चिंतन और ईश्वर की प्रार्थना द्वारा न सुलझा पायें या जिस पर आप विजय हासिल न कर पायें। तकनीकें आसान और कारगर हैं और ईश्वर हमेशा आपकी मदद करेगा जिस तरह से उसने इस नीचे दिये गये पत्र को लिखने वाले की मदद की थी :

प्रिय डॉ. पील : जब हम उन अद्‌भुत चीज़ों के बारे में सोचते हैं जो हमारे साथ तब से घट रही हैं जब हम आपसे पहली बार मिले थे और जब से हमने मार्बल चर्च में आना शुरू किया है तो यह चमत्कार से कम नहीं लगती हैं। जब आपको यह एहसास होता है कि छह साल पहले मैं पूरी तरह दिवालिया था - दरअसल मैं कई हज़ार डॉलर क़र्ज़ में था - पूरी तरह शारीरकि रूप से कमज़ोर था - और बेइंतहा शराब पीने के कारण दुनिया में मेरा कोई दोस्त नहीं था - तो आप देख सकते हैं कि हम अपने आपको थोड़े-थोड़े समय बाद पिन चुभाकर यह देख लेते हैं कि हमारा यह सौभाग्य कहीं हमारे द्वारा देखा गया सपना तो नहीं है।

जैसा आप अच्छी तरह से जानते हैं, छह साल पहले अल्कोहल ही मेरी अकेली समस्या नहीं थी। यह कहा गया है कि मैं उन सबसे अधिक नकारात्मक व्यक्तियों में से एक था जो दुनिया में रह सकते हैं। यह केवल अर्धसत्य है। क्योंकि मैं हर तरह के दर्द, कुंठा, चिढ़ और आलोचनात्मकता, अधैर्य, अहंकार से ग्रस्त व्यक्ति था जिस तरह के लोगों से आप अपनी यात्राओं में शायद मिले होंगे।

अब, कृपया यह न सोचें कि मैं ऐसा समझता हूँ कि मैं इन सारे दुर्गुणों को जीत चुका हूँ। मैंने ऐसा नहीं किया है। मैं उन लोगों में से एक हूँ जिन्हें हर दिन खुद पर मेहनत करना होती है। परंतु धीरे-धीरे आपकी शिक्षाओं पर अमल करने की कोशिश द्वारा मैं यह सीख रहा हूँ कि अपने आप पर नियंत्रण कैसे करूँ और अपने साथी इन्सानों के बारे में कम आलोचना कैसे करूँ। और यह जेल से छूटने की तरह है। मैंने कभी सपने

में भी नहीं सोचा था कि जीवन इतना पूर्ण और अद्‌भुत हो सकता है। आपका (हस्ताक्षर) डिक।

क्यों न ईश्वर की शक्ति का सहारा लिया जाये?

उपसंहार

अब आपने यह पुस्तक पूरी पढ़ ली है। आपने इसमें क्या पढ़ा?

सफल जीवन जीने की व्यावहारिक और काम में आने वाली कुछ तकनीकें। आपने विश्वास और अभ्यास के फ़ॉर्मूले के बारे में पढ़ा जो किसी भी पराजय पर विजय दिलवाने में आपकी मदद करेगा।

ऐसे लोगों के उदाहरण दिये गये हैं जिन्होंने विश्वास किया और सुझायी गयी तकनीकों पर अमल किया। इन कहानियों को बताने का उद्देश्य आपको यह बताना था कि इन तरीक़ों द्वारा आप भी वही परिणाम हासिल कर सकते हैं जो उन्होंने किये थे। परंतु सिर्फ़ पढ़ने से काम नहीं चलेगा। अब कृपया पीछे जायें और लगन से इस पुस्तक में दी गयी हर तकनीक का अभ्यास करें। इस पर लगे रहें जब तक कि आपको अपेक्षित परिणाम हासिल न हो जायें।

मैंने यह पुस्तक इसलिये लिखी क्योंकि मैं सच्चे दिल से आपकी मदद करना चाहता था। अगर इस पुस्तक से आपको मदद मिलती है तो मुझे यह जानकर बेहद ख़ुशी होगी। मुझे इस पुस्तक के सिद्धांतों और फ़ॉर्मूलों में पूरा विश्वास है। आध्यात्मिक अनुभव की प्रयोगशाला में और रोज़मर्रा के जीवन में इनका परीक्षण किया गया है। जब आप इन पर काम करते हैं, तो ये आपके लिये काम करते हैं।

हम शायद कभी आमने-सामने मिल न पायें, परंतु इस पुस्तक में तो हम मिल ही लिये हैं। हम आध्यात्मिक मित्र हैं। मैं आपके लिये प्रार्थना करता हूँ। ईश्वर आपकी मदद करेगा - यह विश्वास करें और सफलता आपके क़दम चूमेगी।

- नॉर्मन विन्सेन्ट पील